DIREITO E ECONOMIA DA INFRAESTRUTURA

MARCOS NÓBREGA

Prefácio
Egon Bockmann Moreira

Apresentação
Frederico A. Turolla

DIREITO E ECONOMIA DA INFRAESTRUTURA

2ª edição revista, ampliada e atualizada

Belo Horizonte
FÓRUM
CONHECIMENTO JURÍDICO
2025

2025 2ª edição

FÓRUM
CONHECIMENTO JURÍDICO

Luís Cláudio Rodrigues Ferreira
Presidente e Editor

Coordenação editorial: Leonardo Eustáquio Siqueira Araújo
Thaynara Faleiro Malta
Revisão: Cida Ribeiro
Capa e projeto gráfico: Walter Santos
Diagramação: Fernanda Buccelli

Rua Paulo Ribeiro Bastos, 211 – Jardim Atlântico – CEP 31710-430
Belo Horizonte – Minas Gerais – Tel.: (31) 99412.0131
www.editoraforum.com.br – editoraforum@editoraforum.com.br

Técnica. Empenho. Zelo. Esses foram alguns dos cuidados aplicados na edição desta obra. No entanto, podem ocorrer erros de impressão, digitação ou mesmo restar alguma dúvida conceitual. Caso se constate algo assim, solicitamos a gentileza de nos comunicar através do e-mail editorial@editoraforum.com.br, para que possamos esclarecer no que couber. A sua contribuição é muito importante para mantermos a excelência editorial. A Editora Fórum agradece a sua contribuição. alguma dúvida conceitual. Caso se constate algo assim, solicitamos a gentileza de nos comunicar através do *e-mail* editorial@editoraforum.com.br para que possamos esclarecer, no que couber. A sua contribuição é muito importante para mantermos a excelência editorial. A Editora Fórum agradece a sua contribuição.

Dados Internacionais de Catalogação na Publicação (CIP) de acordo com ISBD

N754d Nóbrega, Marcos

Direito e economia da infraestrutura / Marcos Nóbrega. -- 2. ed. rev. ampl. e atual. --. Belo Horizonte: Fórum, 2025.
384 p. 14,5x21,5cm
ISBN impresso 978-65- 5518-728-1
ISBN digital 978-65- 5518-715-1

1. Direito econômico. 2. Economia. 3. Direito. I. Título.

CDD: 343.074
CDU: 346

Ficha catalográfica elaborada por Lissandra Ruas Lima – CRB/6 – 2851

Informação bibliográfica deste livro, conforme a NBR 6023:2018 da Associação Brasileira de Normas Técnicas (ABNT):

NÓBREGA, Marcos. *Direito e economia da infraestrutura*. 2. ed. rev. ampl. e atual. Belo Horizonte: Fórum, 2025. 384 p. ISBN 978-65- 5518-728-1.

Escrever, assim como ter filhos, é a ilusão que temos da imortalidade. À Isabele, por tantos anos de companheirismo, e ao Alfredo, à Luiza e ao Felipe, por darem um especial significado à minha vida e me ajudarem a resignificar o conceito de amor infinito.

Este livro é fruto de muitos anos de magistério, de debates, de dezenas de congressos, de viagens pelo mundo afora, de encontros, cafés, discussões... É resultado do que mais gosto de fazer, conversar e trocar ideias. Obrigado a todos os interlocutores, quer sejam da Academia ou dos Tribunais de Contas do Brasil.

A imaginação foi a companheira de toda a minha existência, viva, rápida, inquieta, alguma vez tímida e amiga de empacar, as mais delas capaz de engolir campanhas e campanhas, correndo.

Machado de Assis, em *Dom Casmurro*.

SUMÁRIO

NOTA DO AUTOR À SEGUNDA EDIÇÃO

É com imensa satisfação que apresento a segunda edição de *Direito e Economia da Infraestrutura*. A acolhida entusiástica da primeira edição evidenciou a relevância do tema para o desenvolvimento do país. Nos últimos anos, os investimentos em infraestrutura no Brasil atingiram patamares históricos. Em setembro de 2024, a Engie Brasil venceu um leilão para construir linhas de transmissão e subestações em cinco estados, com investimentos de R$2,9 bilhões. Além disso, em novembro de 2024, o BNDES firmou um acordo com o Banco Asiático de Investimento em Infraestrutura, destinando R$16,7 bilhões a projetos estratégicos alinhados ao fundo climático e ao crescimento econômico. Esses avanços reforçam a necessidade de um arcabouço jurídico mais adaptável às dinâmicas do setor.

A trajetória da primeira edição foi singular. Seu lançamento inicial ocorreu na Universidade de Oxford, em fevereiro de 2020. Naquele dia, o amigo e cientista político Marcus Melo, que me acompanhava, mencionou um vírus emergente na China que começava a se espalhar. Ainda houve tempo para um evento no Tribunal de Contas do Município de São Paulo, mas logo depois, o mundo mergulhou em uma crise sem precedentes.

Apesar das adversidades, o livro ganhou vida própria e foi amplamente acolhido pelos atores do setor. Agora, retorna em segunda edição, revisada e ampliada, incorporando novas abordagens sobre contratos incompletos e resiliência contratual, à luz do inovador "Teorema do Barquinho Klink". Além disso, apresenta um estudo inédito que formula uma "teoria econômica do (des)equilíbrio", abordando os desafios teóricos e epistemológicos na manutenção do equilíbrio econômico-financeiro dos contratos administrativos de longo prazo.

O trabalho é inovador porque rompe com os cânones do direito administrativo clássico, historicamente baseado em premissas como completude contratual, informação livre e gratuita, ausência de custos de transação e perfeito estabelecimento dos direitos de propriedade. Essas premissas, herdadas de um modelo jurídico formalista e pouco adaptado à complexidade dos investimentos em infraestrutura, são desafiadas pelos problemas reais enfrentados pelo setor. O livro se propõe a discutir os impactos da seleção adversa, do moral *hazard* e do *hold-up* (oportunismo) nos contratos administrativos, demonstrando que os desafios que enfrentamos não são apenas operacionais, mas também conceituais e teóricos.

Por isso, esta obra é inovadora. Ela não apenas analisa os desafios da infraestrutura sob a ótica do direito, mas propõe uma nova forma de pensar e estruturar contratos administrativos, incorporando elementos da teoria econômica e da governança adaptativa.

Espero que esta edição continue a fomentar reflexões e debates sobre o futuro da infraestrutura no Brasil. Críticas e sugestões serão sempre bem-vindas. Boa leitura!

Recife, verão de 2025.

Marcos Nóbrega.
Professor da Faculdade de
Direito do Recife – UFPE

DIREITO E ECONOMIA DA INFRAESTRUTURA: UM LIVRO IMPRESCINDÍVEL AO DESENVOLVIMENTO SOCIOECONÔMICO BRASILEIRO

De modo crescente, desde 1934, as Constituições brasileiras passaram a atribuir ao Estado responsabilidade pela organização, execução e desenvolvimento da infraestrutura nacional – isto é, de todo o sistema de suporte da economia, sem o qual ela simplesmente não funciona. Muito embora também celebrem a liberdade de empresa, as Leis Fundamentais outorgam a titularidade de muitos bens e fatores de produção aos Poderes Públicos. O que impede agentes econômicos de ingressar livremente em tais setores públicos da economia. As razões são as mais variadas possíveis (bens e serviços estratégicos; soberania nacional; subsidiariedade público-privada; autonomia federativa, etc. etc.), mas nenhuma delas com lastro em dados factuais e análises de impacto e/ou eficiência.

Bem vistas as coisas, trata-se da ampliação do poder econômico estatal por meio da positivação de competências no estatuto jurídico-político brasileiro. Ou, de modo objetivo: a constitucionalização de reservas públicas no mercado da infraestrutura.

Inicialmente, isso se deu de modo limitado a alguns meios de comunicação e modais de transporte (radiocomunicação, navegação aérea, portos e vias férreas), mas o domínio público sobre tais elementos estruturais da economia tornou-se gigantesco a partir da Constituição promulgada em 1988. Isso tanto por meio da titularidade constitucional de bens e serviços quanto através da criação de empresas estatais nas mais diversas atividades. O Estado não só tem suas reservas constitucionais, como também pode criar empresas, com ou sem acionistas privados (Constituição, art. 173).

Em específico quanto ao atual domínio estatal da economia, basta a leitura dos artigos 21 (bens e serviços cometidos à União), 25 (idem, quanto aos Estados) e 30 (Municípios), para se detectar o fato de que o sistema brasileiro de infraestrutura configura verdadeiro monopsônio público constitucionalizado. Em termos concorrenciais, portanto, a configuração brasileira do mercado comprador da infraestrutura se caracteriza por haver um único sujeito (fragmentado em várias esferas federativas), com presunção de liquidez, mas *accountability* imperfeita, para adquirir bens e serviços fornecidos pelos respectivos vendedores (públicos, privados e público-privados). Os setores com maior importância político-econômica dependem do Estado para se desenvolver.

Logo, este grande comprador estatal tem enorme poder de mercado e determina os preços dos respectivos bens e serviços, assim como a quantidade a ser comprada e a qualidade a ser exigida. Situação agravada pelo fato de que as escolhas de contratação são antes políticas do que propriamente econômicas. Basta a vontade política para que a ferrovia seja (ou não) executada; para que exista (ou não) o porto marítimo; para a empreitada de obra pública ou a concessão de serviços. O mesmo se diga de energia, telecomunicações, gás canalizado, transporte coletivo urbano e aeroportos (para ficarmos em apenas alguns exemplos). São escolhas públicas, nem sempre republicanas, caracterizadas pela brutal assimetria de informações entre contratante, contratado (e usuários).

Tais escolhas públicas de contratar – que dependem de necessidades muitas vezes definidas *interna corporis* – são submetidas ao processo de licitação (também constitucionalizado: art. 37, inc. XXI), o que faz surgir novas falhas (incentivos a assimetria de informações, abuso de posição dominante, desprezo à eficiência, ausência de planejamento, etc.). Tudo isso num mundo em que boa parte dos operadores jurídicos tem aversão a temas técnicos de outras ciências. Em vista dessas discrepâncias, os processos de licitação tornaram-se o lugar certo para formalismos exacerbados (a compensar a ignorância material em questões técnicas).

Com o passar do tempo e das práticas, tornou-se fácil constatar que tal monopsônio estatal – um único comprador nos principais setores da economia – instalou incentivos privados para a criação dos correspondentes oligopólios e cartéis na ponta de oferta. A indústria brasileira da construção pesada, com seus grandes projetos de engenharia, foi se concentrando cada vez mais no contratante público, com barreiras de entrada internas (lembremo-nos dos atestados exigidos nas licitações, bem como na habilitação anterior à análise da oferta de preço) e externas (por exemplo, a proibição à participação direta e liderança de empresas estrangeiras em consórcios). O excesso de formalismo nas licitações tem várias razões de ser.

Ocorre que a academia jurídica nem sempre se apercebeu dessas terríveis falhas do mercado da infraestrutura brasileira. Muitas vezes embevecidos pela compreensão acanhada do normativismo kelseniano, os juristas de Direito Público interpretavam a Constituição e a legislação das contratações públicas sob a perspectiva normativa pura: a lei enclausurada em si mesma, sem maiores preocupações quanto às suas premissas e consequências. Isso quando não se defendia a aplicação da norma constitucional brasileira com lastro imediato em belíssimas construções acadêmicas francesas do início do século 20: o exemplo do conceito material de serviço público é suficiente para nos conscientizarmos dessa influência. A teorização internacional era aplicada às cegas nas contratações públicas brasileiras.

Essa ortodoxia advinda da mistura de formalismos e conceitos clássicos como critério de interpretação constitucional deu no que deu; a infraestrutura brasileira que o diga. Vivemos hoje as consequências dessa compreensão que afasta o Direito de sua base empírica, que rejeita o estudo da engenharia, da economia e das finanças. Isso acabou por se revelar desde a Operação Lava Jato até a ausência de verbas públicas para a manutenção de estradas, ferrovias, portos e aeroportos, passando pelas dificuldades em aplicar o Procedimento de Manifestação de Interesse - PMI. Considerações à parte, os méritos e a respeitabilidade que se precisa devotar aos clássicos, fato é que se faz necessário dar um firme passo avante.

Daí a suma importância deste *Direito e Economia da Infraestrutura*, de autoria do Professor Marcos Nóbrega.

Já há alguns anos, o Professor Marcos Nóbrega é referência – nacional e internacional – nos estudos avançados que congregam o que existe de mais vanguardista na tecnologia (*big data, blockchain, bitcoins*, etc.) e na economia (assimetria de informações, teoria dos leilões, análise econômica do direito, riscos e oportunidades, etc.) ao mundo das contratações públicas. Este *Direito e Economia da Infraestrutura* é apenas pequena amostra da relevância do conhecimento e do estudo aprofundado de tais temas.

Já o título do primeiro capítulo é revelador de que se precisa "olhar para além do sistema jurídico" para se estabelecer os "novos marcos teóricos em licitação no Brasil". Tais referências fundamentais passam pelo estudo das teorias econômicas, bem como do conhecimento prático da legislação brasileira. A conjugação desses arsenais é que permitirá a transposição do sistema do monopsônio formal-ineficiente que hoje vivemos, a fim de que a infraestrutura brasileira possa retomar o seu desenvolvimento eficaz. Mas isso não é fácil e precisa de pessoas com elevada qualificação, que se disponham a enfrentar sem medos os desafios e sistematizar o que há de melhor no estudo da infraestrutura – como é o caso deste livro.

Infatigável – são poucos os que conseguem cursar formalmente estágios pós-doutorais em Harvard, no MIT e na Faculdade de Direito de Lisboa, além de ser professor visitante em universidades de destaque da Europa, África e Ásia –, o professor Marcos Nóbrega não poupa esforços em viajar, estudar e aprender nos melhores centros de excelência, a fim de trazer de volta ao Brasil os conhecimentos apreendidos, repartindo-os com seus compatriotas. Essa generosidade acadêmica beneficia a todos nós, eis que este livro representa o que há de melhor e mais atual em termos de contratações públicas complexas.

São vários os motivos, portanto, que fazem com que este *Direito e Economia da Infraestrutura* mereça ser celebrado, eis que nos atualiza e permite que consigamos dar os próximos passos rumo ao desenvolvimento da infraestrutura nacional.

Boa leitura e bom proveito a todos e todas!

Curitiba, setembro de 2019.

Egon Bockmann Moreira

Professor de Direito Econômico da Universidade Federal do Paraná. Professor Visitante na Faculdade de Direito de Lisboa (2011) e nos Programas de Mestrado e Doutorado da USP e da Escola de Direito da FGV/RJ (2018). Mestre e Doutor em Direito. Especialista em Mediação (*Harvard Law School* e *Pepperdine Law School*). Árbitro. Advogado.

UM JANTAR BARATO, UM VÍDEO BARATÍSSIMO, O PROJETO BÚFALO E ESTA OBRA

Em outubro de 2022, tive a honra de jantar com o professor Marcos Nóbrega, a convite do nosso grande amigo em comum, o professor Rafael Véras. Felizmente, os mercados não funcionam como idealizaram Arrow e Debreu, senão a conta dessa janta teria saído muito cara! Nós três teríamos que pagar *royalties* ao restaurante que então funcionava no *rooftop* do shopping Jardim Pamplona, não apenas pela noite de clima muito agradável (amenidade fracamente precificada no mundo real), mas principalmente, e muito mais caro, pela valiosa profusão de ideias que ali se desenvolveu. Por isso, descontando as externalidades, foi um jantar muito barato, foi uma verdadeira pechincha.

Nóbrega e Véras estavam em São Paulo para, no dia seguinte ao jantar do Pamplona, participarem de um debate na Faculdade de Direito da USP. Não tive a oportunidade de presenciar tal debate, mas tive, sim, a oportunidade de me beneficiar de uma extraordinária externalidade de rede: o debate foi lançado no YouTube, ao qual assisti "gratuitamente". Na realidade, em termos de recursos reais envolvidos, obtive superávit entre os benefícios não monetários daquela magnânima oferta de conhecimentos *versus* o tempo que empreguei na assistência cuidadosa e nas diversas repetições que comandei do meu computador sem qualquer contrapartida pecuniária. Permitindo-me uma digressão, antes que digam que o preço monetário zero desse valioso serviço se deveu à incompletude dos mercados como no aludido jantar, devo dizer que a economia das plataformas provavelmente explicará melhor a oferta gratuita à minha conta de usuário, sem descartar outras possíveis falhas de mercado. Novamente, essas sessões de YouTube foram baratíssimas, em realidade tiveram preço negativo se computadas as externalidades ou os custos de oportunidade totais.

Brindado por essas duas pechinchas — um jantar e um vídeo —, foi muito difícil para mim conter o ímpeto de avançar na sistematização do que ouvi. Logo reunimos os três amigos novamente e freneticamente passamos a desenvolver ideias sobre um marco teórico mais amplo, em torno de ideias que Nóbrega já professava há algum tempo, em suas obras e palestras sobre contratos administrativos. O ponto central era sobre o equilíbrio dos contratos administrativos a longo prazo e a analogia do barco que Amir Klink teve que desenvolver para sua desafiadora travessia do Oceano Atlântico. A questão de Nóbrega era, por semelhança, a travessia tormentosa dos contratos administrativos, sobre a qual nos debruçamos. Disse-lhe, sem temer exagero, que a sistematização de tais ideias é obra de uma vida, tamanha a sua importância.

Nascia então o "Projeto Búfalo", codinome da operação acadêmica que buscava uma formulação teórica para essa questão. A Equipe Búfalo, de três membros, era incidentalmente favorável à missão: um economista, um jurista e um híbrido. Marcos não ficará magoado em se enquadrar na terceira categoria, por sua formação e conhecimentos nas duas tradições epistemológicas, do Direito e da Economia, enquanto Véras e eu somos um pouco mais afeitos aos nossos campos profissionais de origem, ainda que apreciadores do diálogo cruzado incessante. No meu caso, o leitor já percebeu meu afeto ao campo original logo no primeiro parágrafo desta Apresentação, de modo que lhe parabenizo pela paciência se conseguiu chegar até este ponto da leitura sem se 'fastidiar'. Marcos certamente escreveria a mesma coisa de maneira muito mais intuitiva e divertida, como lhe é próprio, de maneira que a proporção de leitores que chegaria até este ponto do texto seria sensivelmente maior.

Realizamos alguns debates antes de apresentar uma primeira versão do Búfalo, como carinhosamente alcunhamos o artigo nascido dessa empreitada acadêmica. O maior deles foi a apresentação do artigo em evento do PSP Hub, que registrou *overbooking* do auditório. Como é próprio da dinâmica de construção da ciência, o artigo causou fortes reações, tanto positivas quanto negativas, todas muito apreciadas por nós. Causou também, como antecipávamos, reações territorialistas por parte de alguns praticantes menos afeitos ao debate acadêmico — o que desde o começo inspirou o codinome do projeto.

Em minha opinião, esta obra tem um duplo papel na trajetória do Professor Marcos Nóbrega. Em primeiro lugar, sistematiza seus pensamentos e visões sobre o Direito e a Economia da Infraestrutura, bebendo simultaneamente dos dois campos. Oferece, de uma forma ímpar, uma visão ao mesmo tempo teórica, enriquecida por muitos e diferentes segmentos da reflexão do Direito e da Economia, e aplicada, informada pelos casos práticos da vivência do autor e pela sua visão particular da realidade subjacente.

Em segundo lugar, refletem-se, nesta nova versão, os avanços acadêmicos dos quais tive a honra de participar e descrever acima. Estes configuram, a longo prazo, a "obra de uma vida" de Nóbrega. Recentes elaborações estão consubstanciadas na nova seção "Teoria geral do (des)equilíbrio contratual" que acompanha esta nova edição.

Por tudo que expus, celebro a nova edição desta obra não apenas pela sua importância histórica no desenvolvimento da teoria econômica e jurídica útil à prática dos contratos de Participação do Setor Privado (PSP) no Brasil, mas também pelo seu caráter dinâmico, com o contínuo aprimoramento das reflexões teóricas e aplicadas capitaneadas e espargidas em forma leve e agradável por Marcos Nóbrega.

Tenho, entretanto, a feliz certeza de que o estado da arte aqui apresentado se encontra em contínuo movimento, em direção a uma estrutura cada vez mais robusta que vem sendo construída para a compreensão dos fenômenos idiossincráticos da relação público-privada no Brasil.

São Paulo, fevereiro de 2025

Frederico A. Turolla

Professor de Economia, tendo atuado em instituições nacionais e internacionais como pesquisador e orientador de Mestrado e Doutorado. Doutor e Mestre em Economia de Empresas pela Fundação Getulio Vargas de São Paulo. Sócio-fundador da Pezco Economics. Presidente do PSP Hub Estudos em Infraestrutura e Urbanismo.

Assuntos referentes à infraestrutura são importantes em várias partes do mundo e ganham grande relevância no Brasil atual. Somente com a retomada dos investimentos em infraestrutura é que poderemos ter uma alavancagem consistente da economia do país.

Muitos poderiam indagar: Por que mais um texto sobre infraestrutura? O que acrescentaria um novo texto sobre o tema? Será que tudo já não foi dito na doutrina brasileira sobre o assunto? Absolutamente!

A literatura brasileira sobre o tema restringe-se a análises setoriais ou a abordagens procedimentais dos institutos, dirimindo dúvidas pontuais sobre questões ainda abertas. Foram livros que olharam para dentro do sistema com pouco questionamento sobre o porquê das coisas e como aperfeiçoá-las. É uma literatura eminentemente jurídica, com pouca reflexão sobre as *rationales* e os impactos econômicos das decisões tomadas pelos agentes que lidam com o tema.

A proposta deste livro vai além da mera análise dos dispositivos da lei, pois procura compreender quais os mecanismos que levam às decisões tomadas e quais as vantagens e imperfeições apresentadas pelo sistema ora em análise. Assim, estamos bem atentos às razões econômicas dessa ou daquela decisão.

Temas como assimetrias de informação, racionalidade limitada, teoria da agência, custo de transação, teoria dos jogos, economia comportamental e tantos outros serão discutidos, buscando liga-los aos princípios da igualdade e da eficiência, parâmetros norteadores de todos os procedimentos de infraestrutura estabelecidos no país.

Este livro é fruto de reflexões e análises estabelecidas nos últimos anos. É resultado também da interação com colegas em diversas universidades do Brasil e do mundo, bem como da profícua troca de ideias como os membros dos Tribunais de Contas do Brasil.

Nasce, portanto, da constatação que uma análise multidisciplinar é essencial para compreender procedimentos de licitações, contratos, taxa interna de retorno em concessões, orçamentos em obras e tantos outros temas que dificultam (e atordoam) o dia a dia dos operadores do direito e dos gestores públicos.

O livro é composto por nove capítulos, sendo a primeira parte dedicada a discutir aspectos econômicos e jurídicos das licitações, abordando aspectos como assimetrias de informações, teoria dos leilões, cartéis, orçamento sigiloso e reequilíbrio econômico financeiro dos contratos.

Os artigos remanescentes foram escritos em parceria com Bruno Lira, Isabel Matheus e Marcelo Bruto, diletos amigos que repartiram as angústias e os desafios de descortinar aspectos pouco explorados.

Por fim, é um livro de ideias, de novas abordagens, de experimentalismo. Toca em cânones profundos do Direito Administrativo e procura descortinar incompreensões e trilhar caminhos para enfrentar dilemas interpretativos. É um livro que olha a floresta, sem perder de vista a árvore mais próxima.

Recife, setembro 2019.

TEORIA GERAL DO (DES)EQUILÍBRIO CONTRATUAL: TEORIA DA COMPLEXIDADE; NÃO LINEARIDADE E PONTOS FOCAIS. A INSTRUÇÃO NORMATIVA Nº 33/24 DA ANTT SOBRE REEQUILÍBRIO DE CONTRATOS

1 Introdução[1]

O direito administrativo brasileiro passa por profundas transformações desde os anos 1990. Desde aquela década, o redesenho do Estado vem se estabelecendo, consignando novos desafios. Nesse contexto, desde a pioneira edição da Lei nº 8.987/95 (Lei Geral das Concessões), passando pela Lei nº 11.074/04 (lei das PPPs) e, mais recentemente, pela Lei nº 12.462/11 (Lei nº do RDC); a Lei nº 13.303/16 (Lei das Estatais) e, finalmente, a Lei nº 14.133/21 (lei de licitações), o papel do Estado, e, por conseguinte, os contratos administrativos, vem mudando significativamente.

Percebe-se ao percorrer esses diplomas que novos desafios foram estabelecidos nessas décadas e novas soluções foram propostas. Vê-se, portanto, que o direito administrativo tem avançado para dar respostas aos obstáculos encontrados com novos arranjos contratuais experimentados nessas mais de três décadas.

No entanto, malgrado os avanços legislativos, subsiste um descompasso entre as tentativas de encontrar soluções, a jurisprudência e a doutrina do direito administrativo brasileiro. Quanto a essas duas

[1] Gostaria de agradecer os comentários de Frederico Turolla e Rafael Véras, muito embora todos os erros e omissões do texto são de exclusiva responsabilidade do autor.

últimas fontes do direito, ainda estamos presos em ideias concebidas nos no século passado, quando não no século XIX.

Evidente que não temos explicações para essa falta de sincronia, mas cabem algumas sugestões. Em primeiro momento, temos as ideias estabelecidas com base nos postulados clássicos do direito administrativo construídos ainda no século XIX se espraiando e já se consolidando no começo do século XX. Trata-se de uma importação, muitas vezes acrítica, de ideias construídas para a realidade francesa novecentista e com a tecnologia jurídica disponível para resolver os desafios da época. Mais especificamente, tais paradigmas foram forjados para dar conta dos desafios experimentados pela existência de uma justiça administrativa (dualidade de jurisdições) — a qual sequer fora transposta para o direito brasileiro.

Nessa primeira fase do direito administrativo, percebem-se algumas características. Em primeiro plano, como já dissemos, a importação de institutos alienígenas, sobretudo franceses. Essa importação muitas vezes foi feita de maneira acrítica, sem aderência com as particularidades da Administração Pública brasileira ainda em formação. Além disso, malgrado essa importação, os autores pouco convívio tiveram com as ideias internacionais sobre o tema. Eram, em sua maioria, práticos ligados ao dia a dia da administração, ou professores com pouca, ou nenhuma, inserção ou intercâmbio internacional. Assim, o direito administrativo do século XX surge de maneira pragmática e insular.[2] Sundfeld assim se pronuncia a respeito: "Os integrantes da clássica Ordem dos Publicistas no Brasil, ao contrário, nem têm tradição de estudiosos de questões jurídico sociais, nem globalizantes, tampouco liberalizantes. O que eles estudam — ainda que eventualmente criticar seus processos autoritários — é o próprio Estado, de cujos valores se fazem portadores. Essa é uma orientação que se inicia no Império e ainda permanece".

Assim, como veremos mais adiante, esse direito administrativo do século XX (chamaremos *mainstream*) surge calcado nos postulados clássicos de completude contratual; simetria de informação; livre fluxo de informações e racionalidade plena (caudatárias de uma economia neoclássica de lousa), as quais certamente não podem vicejar atualmente para análise de contratos administrativos, sobretudo os de longo prazo.

---

2 SUNDFELD, Carlos A. A ordem dos Publicistas. *Revista Brasileira de Direito Público - RBDP*, Belo Horizonte, ano 3, n. 8, jan./mar. 2005

Essa cristalização das ideias que se tornaram hegemônicas no direito administrativo brasileiro também se justifica pela enorme influência de alguns dos seus juristas, cito o mais influente de todos — Hely Lopes Meirelles — e a cultura dos manuais acadêmicos que se seguiu nos anos 70, 80 e 90. Percebam, por óbvio, que naquela época não havia internet e o acesso à informação era muito restrito. Não podemos imaginar que uma repartição qualquer no interior do Brasil tivesse à disposição do servidor uma razoável biblioteca para pesquisa. Assim, os manuais viraram fonte segura, barata e rápida de consulta. Daí os cânones doutrinários consignados nesses manuais se espraiaram por toda a administração.

Além disso, os anos 1990 viram uma proliferação de cursos de direito pelo país, bem como uma expansão proporcional dos cursos de pós-graduação *strictu sensu* (mestrado e doutorado) em direito. Pois bem, esses juristas formados nos 1990 o foram com aprofundamento dessas ideias *mainstream,* **um amplo programa de preparação para o passado**. Eis que, passados 30 anos, agora ocupam posições de destaque como juízes, desembargares, procuradores de Estado e conselheiros dos Tribunais de Contas. O *mainstream* tornou-se, então, doutrinaria e jurisprudencialmente, dominante.

Ocorre, no entanto, que direito administrativo *mainstream*, como vimos e veremos, não dá conta dos desafios atuais da administração pública. Nesse aspecto, é sabido que os problemas acontecem de todo lado, mas vamos cingir nossa análise a um deles: *o reequilíbrio econômico-financeiro do contrato administrativo de longo prazo.*

Assim, após essa introdução, a segunda parte desse texto faz uma análise sobre o modelo clássico de reequilíbrio econômico-financeiro — (REF) dos contratos administrativos para, em seguida, tratar da visão axiomática desse equilíbrio. Adiante, discute o equilíbrio dentro de uma perspectiva dinâmica e não linear que caracteriza a realidade do REF desses contratos administrativos de longo prazo. A derradeira análise dessa primeira parte inclui aspectos da teoria da complexidade, elementos pouco explorados na ciência jurídica, mais ainda no direito administrativo.

A terceira parte trata das maneiras que esses contratos de longo prazo podem ser equilibrados e as alternativas que têm sido criadas para tentar minimizar os danos provocados pelo desequilíbrio. Nesse aspecto, a ideia original da "equalização contratual" será considerada, sendo gênero do qual o reequilíbrio econômico-financeiro do contrato é espécie. Assim, veremos a existência de múltiplos equilíbrios contratuais; a possibilidade de utilização do reequilíbrio cautelar desses contratos; o reequilíbrio baseado em evidência; teorias com a "teoria do barquinho Klink" e "Shock absorbers" e, por fim, como essas novidadeiras teorias têm aderência à realidade e como, enfim, conseguir estabiliza esses contratos administrativos de longo prazo.

A quarta parte do texto analisa a Instrução Normativa nº 33/24 (IN nº 33/24) da Agência Nacional de Transportes Terrestres (ANTT), mostrando o seu caráter inovador e como tem aderências à teoria geral do (des)equilíbro contratual proposta nas partes anteriores. Por fim, seguem as conclusões e as referências bibliográficas.

2 Epistemologia do (des)equilíbrio: do modelo mecanicista ao equilíbrio como "estabilizador de expectativas"

2.1 Dos modelos clássicos ao modelo neoclássico – dificuldades na revisão contratual em um contexto de autoengano

Antes de se adentrar na análise do Reequilíbrio Econômico-Financeiro dos contratos administrativos de longo prazo, objeto maior desse texto, torna-se imprescindível contextualizar e delimitar os problemas que desafiam os modelos tradicionais de equilíbrio. A reformulação de postulados clássicos não é apenas uma questão de atualização doutrinária, mas uma exigência diante da dinamicidade contratual resultante da incompletude, do longo prazo e do aspecto relacional dos contratos.[3-4] Esses elementos, frequentemente relegados a um segundo

---

3 Nessa acepção, o contrato relacional é aquele que as partes não reduzem termos fulcrais do seu entendimento a obrigações precisamente estipuladas, porque não podem ou porque não querem, e se remetem a modos informais e evolutivos de resolução da infinidade de contingências que podem vir a interferir na interdependência dos seus interesses e no desenvolvimento das suas condutas, afastando-se da intervenção judicial irrestrita como solução para os conflitos endógenos para privilegiarem o recurso a formas alternativas de conciliação de interesses, seja as que vão emergindo da relação contratual, seja as que são oferecidas pelo quadro das normas sociais. (ARAÚJO, Fernando. *Teoria econômica do contrato.* Coimbra: Almedina, 2007. p. 395).

4 Os *regulatory contracts* qualificam-se como incompletos, categorização essa que decorre de relevante contribuição da Economic Analysis of Law para a teoria geral do contrato. São incompletos porque realisticamente impossibilitados de regular todos os aspectos da relação contratual, o que os torna naturalmente inacabados e com lacunas, que reclamarão uma tecnologia contratual capaz de resolver a infinidade de contingências que poderão surgir durante a sua execução. (GARCIA, Flávio Amaral. Dispute boards e os contratos de concessão. *In:* CUÉLLAR, Leila *et al. Direito Administrativo e alternative dispute resolution.* 2. ed. Belo Horizonte: Fórum, 2022. p. 166-171).

plano, exigem um tratamento analítico cuidadoso para compreender suas implicações estruturais e funcionais.

O Direito Administrativo clássico, ou *mainstream*, fundamenta-se em quatro pilares que precisam ser reconsiderados diante das demandas contemporâneas.

A – Supremacia do Poder Público. A ideia de supremacia do Poder Público é um conceito tradicionalmente utilizado para justificar poderes extroversos do Estado, materializados nas chamadas cláusulas exorbitantes. Contudo, é necessário repensar sua aplicação em relações entre Estado e particulares, caracterizadas por dinamicidade e fluidez crescentes. Essas cláusulas, que deveriam ser exceção (reservadas, por exemplo, a situações de segurança nacional), são frequentemente utilizadas como regra, impondo um custo adicional ao particular, que inevitavelmente as precifica. Ademais, deve-se perceber que as cláusulas exorbitantes são riscos assumidos pelo contratado, daí a sua precificação. Esse verdadeiro "fetiche da Supremacia do Poder Público" merece discussão mais aprofundada no contexto de modernização do Direito Administrativo brasileiro. Para além de se tratar de característica que não é imanente aos contratos administrativos (já que diversos contratos privados trazem previsões dessa ordem), fato é que tais prerrogativas publicísticas incrementam os custos de transação de contratar com o poder público. Mais que isso, ao longo dos anos, tal arquitetura contratual fomentou a desconsideração do contrato administrativo como fonte de obrigações para o poder público, legitimando, neste quadrante, o "calote" estatal.

Diogo Jurubeba, a propósito da importância de Hely Lopes Meirelles na ideia de supremacia do poder público no direito administrativo, afirma:[5] "A partir da primeira edição de 'Licitação e contrato administrativo', o autor passou a consignar que a finalidade e o interesse público são pressupostos necessários de toda atuação administrativa, abrangendo todos os contratos celebrados pela Administração Pública, sejam eles de Direito Público ou de Direito Privado". Em suas palavras, "não se pode admitir que a Administração realize contratos sem finalidade pública, ou contra o interesse público. Se isto ocorrer, o ajuste será nulo por desvio de finalidade".

---

5 JURUBEBA, Diogo. *Contratações Públicas no Brasil:* uma abordagem de Direito, Economia e Organizações. 2024. Tese (Doutorado) – Faculdade de Direito, Universidade de São Paulo, São Paulo, 2024. p. 207.

Nesse diapasão, Meirelles passou a sustentar a participação do Estado na relação jurídica bilateral com "supremacia de poder" para fixar as condições iniciais do avença e a dinâmica de sua execução. É a partir dessa posição privilegiada que "surgem as chamadas cláusulas exorbitantes do direito comum e a faculdade implícita de alteração e de rescisão unilateral do contrato, nos limites exigidos pelo interesse público".[6]

Assim, o fetiche do princípio da Supremacia do Poder Público sobre o particular e a visão obliterada pelo radicalismo legalista escondem a abordagem de aspectos importantes como contratos incompletos, custos de transação, assimetria de informação e moral hazard.

B – Indisponibilidade do interesse público. A noção de que o interesse público é indisponível, embora relevante, deve ser temperada, diante dos grandes desafios da administração pública moderna. O tema é especialmente importante quando tratamos de métodos alternativos de resolução de conflitos. A possibilidade de renegociação e arbitragem representa um reconhecimento prático de que o Estado, ao celebrar contratos, também deve estar disposto a ajustá-los diante de novas contingências. Isso não significa abrir mão do interesse público, mas sim harmonizá-lo com a eficiência e a equidade nas relações contratuais.

A Administração Pública, malgrado os princípios da supremacia e a indisponibilidade do interesse público, deve despir-se dos resquícios de absolutismo, voltando-se para uma ideia de democratização do direito. Desse modo, tal qual entronizado na Lei de Segurança para a Inovação Pública (LINDB, Lei nº 13.655/18), a ação da Administração deve estar mais afeta ao conceito de interesse geral, ou seja, aquele que busca um ponto de equilíbrio ideal entre o Estado, o Mercado e Cidadão. Nesse passo, dentro dessa virada ontológica, tem-se que o Estado cumprirá seu desiderato se compuser, dialogar e consensualizar suas ideias perante as instituições de seu país, informado pela eficácia horizontal e vertical dos direitos fundamentais.

C – O contrato clássico. O modelo clássico de contrato — *completo; estático; linear; com baixos custos de transação; e com informação livre e gratuita* — é um resquício do século XIX que ainda permeia manuais e práticas administrativas no Brasil. Esse modelo pressupondo informações gratuitas, simétricas e incentivos alinhados é frequentemente tratado como paradigma, apesar de ser incapaz para lidar com a complexidade dos contratos modernos, particularmente os de longo prazo.

---

[6] JURUBEBA, *op. cit.*, p. 208 e ss.

Assim, perpetua-se um "autoengano institucionalizado", em que se assume um contrato ideal que raramente reflete a realidade. No entanto, para contratos simples, sobremodo contratos *spot*, de pronta entrega (ou de curta duração), boa parte dos pressupostos clássicos são aplicáveis. A questão fica mais complexa quando os contratos se alongam no tempo e há muitas variáveis que podem influenciar na sua execução, como se dá em longevos contratos de concessões de serviço público e Parcerias Público-Privadas.

D – Equilíbrio contratual. O conceito mecanicista de equilíbrio, inspirado na física clássica (século XVII), trata o contrato como um sistema simétrico e linear, onde o desequilíbrio seria apenas um desvio temporário, corrigido por forças estabilizadoras. Essa abordagem não apenas ignora a complexidade das relações contratuais de longo prazo, mas também falha em reconhecer o impacto das dinâmicas não lineares, onde pequenas variações podem gerar grandes consequências.

Assim, para estudarmos o reequilíbrio econômico-financeiro dos contratos de longo prazo é necessário entendermos seu supedâneo econômico, ou seja, qual a lógica econômica que justifica ou seu equilíbrio ou não. Para tanto, temos que olhar a evolução da ciência econômica no período, os influxos da matematização dessa ciência e as incongruências e os problemas que esse método promoveu e maneira de superá-los.

No final do século XIX e início do século XX, a ciência econômica passou por uma transformação radical que a conduziu a uma situação na qual a matemática tornou-se sua linguagem predominante. Esse movimento não foi apenas uma questão de incorporar ferramentas matemáticas para descrever fenômenos econômicos, mas de reconfigurar completamente a disciplina como uma ciência formal, moldada por axiomas e modelos abstratos. Essa transição, embora tenha proporcionado avanços significativos, também trouxe uma série de problemas e desafios, tanto no campo epistemológico quanto na prática econômica.[7]

A economia adotou então essas ideias iniciais do uso de linguagem matemática por conta de figuras-chave como Vilfredo Pareto e Léon Walras, que buscaram estruturar teorias econômicas baseadas em princípios matemáticos claros e rigorosos. O conceito de equilíbrio geral, por exemplo, tornou-se um dos pilares da nova economia

[7] WEINTRAUB, Roy. *How Economics Became a Mathematical Science*. London: Duke University Press, 2002.

matemática, oferecendo uma visão sistemática e formalizada das interações econômicas. Essa abordagem foi fortalecida por trabalhos posteriores de Kenneth Arrow e Gérard Debreu, que estabeleceram as bases axiomáticas para a teoria do equilíbrio competitivo. O rigor formal, defendido como uma necessidade científica, transformou a economia em uma disciplina preocupada com modelos abstratos, muitas vezes desconectados das complexidades do mundo real.

Essa transição, no entanto, não foi isenta de críticas. Um dos principais problemas decorrentes da matematização da economia foi a redução da riqueza e complexidade dos fenômenos econômicos a equações e modelos que, apesar de elegantes, nem sempre capturam as nuances da realidade. Por exemplo, o conceito de "homo economicus" — um agente racional que maximiza utilidade — é frequentemente criticado por ser uma simplificação extrema do comportamento humano. Além disso, a dependência de suposições idealizadas, como mercados perfeitamente competitivos e informação completa, limita a aplicabilidade prática dos modelos econômicos.

Outro desafio foi a crescente desconexão entre teoria e prática. A matemática, por sua natureza, tende a abstrair-se do contexto empírico, o que levou muitos economistas a se distanciarem das condições concretas que moldam os sistemas econômicos. Economistas como John Maynard Keynes expressaram ceticismo quanto à aplicação indiscriminada da matemática na economia, alertando que o foco excessivo em rigor formal poderia obscurecer questões essenciais relacionadas à realidade econômica.

Além disso, a matematização contribuiu para uma fragmentação na economia, criando barreiras entre diferentes abordagens teóricas. Escolas como a Austríaca, institucionalista e pós-keynesiana muitas vezes se veem em oposição à corrente principal, que adota a matemática como norma (*mainstream*). Essa fragmentação também é evidente na dificuldade de comunicação entre economistas e formuladores de políticas, já que a linguagem técnica da economia matemática muitas vezes se torna inacessível para não especialistas.

A matemática transformou a economia, oferecendo ferramentas poderosas para análise e previsão, mas também trouxe à tona a necessidade de analisar outros fatores. A aplicação da matemática deve ser complementada por uma compreensão profunda das realidades sociais, culturais e políticas que moldam os sistemas econômicos. Somente assim a economia pode cumprir seu objetivo último: compreender e melhorar as condições de vida humana em toda a sua complexidade.

2.2 Modelo mecanicista de reequilíbrio econômico-financeiro

A primeira abordagem teórica para buscar o equilíbrio é a mecanicista, embasada na ideia de um sistema simétrico e linear, como um pêndulo que vai e volta para o equilíbrio, existindo uma força invisível que levaria à natural estabilização desse sistema. Trazendo para a questão contratual, pode-se ter uma razoável probabilidade de como se equilibrará no futuro. Isso porque o tempo nessa abordagem mecanicista não tem muita importância, considerando que o agente econômico do futuro é praticamente igual ao agente econômico do presente.[8]

Essa visão clássica de economia tem por trás a ideia da plena eficiência dos mercados com expectativas racionais. Dessa forma, qualquer turbulência nos mercados deve advir de fatores externos e de maneira temporária. Do ponto de vista matemático, conforme salienta Chen,[9] o movimento Browniano e choques aleatórios são representações dessa economia *laissez faire*. O autor enfatiza que a ilusão de um equilibro mecanicista é baseado nas seguintes premissas: a) o principal instrumento na criação da ilusão do equilíbrio é a primeira diferenciação na prática econométrica que vê as flutuações de curto prazo fora das variações do ciclo de negócios. Essa deficiência, argumenta Chen, seria paralela ao sistema geocêntrico defendido por Ptolomeu. O segundo argumento (b) trata da economia do desequilíbrio na tradição Keynesiana, argumentando que os mercados são frágeis e podem colapsar mediante pânico irracional ou eventos históricos, na linha defendida por autores como Minsk[10] e Mandelbrot.[11]

A terceira linha de argumento (c), que critica a visão clássica do equilíbrio, é a ideia de auto-organização da economia, ou uma visão evolucionária. Isso é muito importante porque desde os anos 70 uma nova ciência de dinâmica não linear e sistemas complexos vem provendo novas ferramentas para modelar vários sistemas. Nessa visão, os movimentos do mercado não são "passeios aleatórios", mas ações com pequenas correções. A esse ponto voltaremos mais adiante.

---

8 PRIGOGINE, Ilya. *O fim das certezas: tempo, caos e as leis da natureza*. Tradução Roberto Leal Ferreira. São Paulo: Editora da Universidade Estadual Paulista, 1996. p. 11 e ss.

9 CHEN, Ping. *Economics Complexity and Equilibrium Illusion*: Essays on Market Instability and Macro Vitality. New York: Routledge Press, 2010. p. xxiv.

10 MINSKY, Hyman. *Stabilizing an Unstable Economy*. 2. ed. New York: McGraw-Hill, 2011.

11 MANDELBROT, Benoit; HUDSON, Richard. *The Misbehavior of Markets:* A Fractal View of Financial Turbulence. New York: Basic Books, 2007.

2.2.1 O modelo clássico e a crença na autoestabilização dos mercados

Toda essa análise se inicia com uma questão epistemológica, ou seja, como podemos conhecer a realidade ou nos aproximar dela? Portanto, o ponto central é investigar se a ideia de equilíbrio de contratos de longo prazo que temos não passa de uma visão distorcida da realidade. Essa questão é essencial porque somente se conseguirmos desvendá-la poderemos tratar de uma nova teoria geral do (des)equilíbrio de contratos administrativos de longo prazo.

A primeira abordagem para equilibrar contratos de longo prazo foi a ideia de equilíbrio da mecânica clássica que começou a emergir em meados do século XVII quando Issac Newton publicou sua monumental obra *Philosophiae naturalis principia mathematica,* em 1687. Nesse contexto newtoniano,[12] a visão de um processo natural é estritamente determinística: o conhecimento do presente estado de um sistema possibilita o cálculo do estado do sistema em qualquer momento do futuro, sem qualquer ambiguidade. A mecânica clássica, como sabemos, teve grande sucesso desde o início, reforçando a convicção de que poderíamos apresentar uma completa descrição da realidade e, acima de tudo, da futura evolução de um determinado sistema.

A mecânica clássica[13] apresenta as seguintes características:

a) **reducionismo**: separa o sistema a ser analisado em pequenas partes, em simples elementos;
b) **reversibilidade** tanto no tempo como no espaço;14 e
c) o sistema é **determinístico**, ou seja, o cálculo da dinâmica usa equações que reconhecem única solução que permanentemente depende do estado inicial e dos parâmetros estabelecidos para descrever o sistema.

Podemos, então, considerar que um sistema tende ao equilíbrio mediante a análise de um processo cuja trajetória é evolucionaria. Assim, ao sabermos as condições iniciais e usando as leis do movimento, expressadas em simples equação diferencial (uma equação diferencial linear), podemos estimar, com razoável probabilidade, os estados futuros do sistema.

---

12 CRISTOFORO, Sergio B.; VAIO, Franco. *Nonlinearity, Chaos & Complexity:* The Dynamic of Natural and Social System. Oxford: Oxford University Press, 2003. p. 36.

13 CRISTOFORO, *op. cit.*, p. 36.

14 Esse conceito é muito importante e vamos explorá-lo mais adiante nesse texto.

É importante notar que a dinâmica de modelos lineares são abstrações matemáticas feitas com base em premissas básicas que aceitam a abstração linear em casos nos quais as magnitudes das variações do sistema são pequenas, como, por exemplo, distúrbios no fluxo de caixa de empresas em contratos de prazo curto. Se, no entanto, os distúrbios no sistema não são pequenos, não são desprezíveis, então não é realístico assumir que o sistema inevitavelmente voltará a um estado de equilíbrio.

Também é importante notar que a visão mecanicista do equilíbrio em economia parte da ideia geral de um mundo sem fricção e apresenta-se com uma simples versão da economia neoclássica, considerando a condição ótima de convexidade; o conceito de informação perfeita, livre e gratuita e a ausência de custos de transação. Assim, fica claro que a economia recebeu muita influência da mecânica clássica, especialmente da década de 1860 até a década de 1920, e que o equilíbrio era o alvo principal para essa emulação.

Economistas neoclássicos utilizaram o conceito de utilidade, e sua maximização, e procuraram encontrar mecanismos que explicassem o equilíbrio além da simples intersecção entre oferta e demanda. Entre os pioneiros da abordagem estava Stanley Jevons (1835-82), que deu à matemática um papel importante nessa busca de equilíbrio. Jevons foi pioneiro no uso de cálculo integral e diferencial, e sua teoria era baseada na ideia de "utilidade" que seguia intuitivamente a lei dos retornos decrescentes. Graficamente, as curvas referentes a essas funções de utilidade podem ser côncavas ou convexas, embora a convexidade dessas curvas seja um ponto central na teoria neoclássica. Assim, Convexidade é um conceito estudado em microeconomia (Teoria do consumidor), que afirma que as médias são preferíveis, ao invés dos extremos, o que garante o formado das curvas de indiferença e de utilidade dos consumidores. Jevons, portanto viu os agentes econômicos buscando maximizar suas respectivas utilidades.

Um dos mais proeminentes formuladores da ideia mecanicista de equilíbrio foi Leon Walras, foi pioneiro em distinguir o equilíbrio dinâmico do equilíbrio estático, que tem relação com a dependência (ou não) do fator tempo. Walras interpretada as curvas de oferta e demanda da sociedade como agregações das curvas de oferta e demanda individuais, baseadas em equações lineares. Para o autor, existiria uma espécie de leiloeiro invisível (mão invisível!) que, através de mecanismos de tentativa e erro (*tâtonnement*), levaria a economia ao ponto de equilíbrio.

Nesse contexto,[15] existem três modelos básicos para retratar a autoestabilização dos mercados: (a) o estático, mediante a linear intersecção entre as curvas de oferta e demanda; (b) o modelo de otimização com funções de utilidade e produção convexas;[16] (c) o modelo linear estocástico de passeio aleatório (*random Walk*) e movimento Browniano. Todos partem de pressupostos semelhantes na busca do equilíbrio.

Para Ekeland,[17] a meta dos *founding fathers* da economia neoclássica (Walras, Pareto, Hicks, Stuart Mill) era ter um modelo dinâmico, mostrando que mercados perfeitos levariam ao uso ótimo dos recursos e à maximização da utilidade.[18] O problema, afirma Ekeland, é que na medida em que o modelo inicial de Walras foi se sofisticando matematicamente, foi também ficando mais clara a impossibilidade de provar a estabilidade dinâmica do modelo. Assim, sem uma prova de estabilidade, o modelo de Walras tornou-se cientificamente irrelevante.

Isso mostra que a questão dos modelos estáticos versus modelos dinâmicos tornou-se a fundamental divisão entre uma visão ortodoxa e heterodoxa do equilíbrio. E Ekeland ainda observa: "em ciência, o modelo estático é fundamentalmente ideológico".

Mirowski[19] observava que a aspiração dos primeiros economistas marginalistas era criar uma "física social" e que as ciências sociais deveriam emular a física. Porém, o problema da economia neoclássica era a impossibilidade de imitar ou mesmo aplicar a criatividade da física. Mirowski acreditava que, desde o começo do século XX, já ficava mais e mais óbvio (com inovações como teoria da relatividade, entropia, *path dependency*, teoria do caos) que o receituário neoclássico para resolver problemas de equilíbrio estava em xeque. Assim, segundo o autor, "para compreender verdadeiramente o impasse da teoria económica neoclássica, temos de reconhecer que a importação de metáforas físicas para a esfera econômica tem sido implacável e incessante na história do pensamento económico".[20]

---

15 CHEN, Ping, *op. cit.*, p. 14.

16 Para uma explicação convexidade e concavidade em funções econômicas, ver https://www.core-econ.org/the-economy/v1/book/pt/text/leibniz-03-01-03.html.

17 EKELAND, Anders. Dynamics versus statics On the nature of heterodox and orthodox economics in "Book Contemporary Issues in Heterodox Economics". 1st Edition. 2020. Routledge. p. 13 e ss.

18 MOSINI, Valeria. Introduction. *In:* MOSINI, Valeria (org.). *Equilibrium in Economics:* Scope and Limits. New York: Routledge, 2007. p. 1.

19 MIROWSKI, Philip. *More Heat than Light:* Economics as Social Physics. Cambridge: Cambridge University Press, 1989.

20 Weintraub, *op. cit.* p. 6.

Percebe-se então que a visão mecanicista do equilíbrio toma emprestado muito do arcabouço teórico da física, sobretudo da mecânica. Assim, termos usados em economia como "forças econômicas", "elasticidade" das curvas de oferta e demanda, "acelerador" da política monetária são, em última instância, emulações da física. Muitas dessas ideias são pouco testadas empiricamente, sobremodo quando discutimos os grandes problemas de causalidade e correlação que envolvem muitas variáveis econômicas.

Assim, diante de crises diversas na economia, o receituário neoclássico não tinha respostas concretas. Os marginalistas se apropriaram do formalismo matemático da física da conservação de energia do século XIX, ao passo que a utilidade se tornou análoga à ideia de energia potencial, considerando a restrição orçamentária parelha com a energia cinética, e por aí vai. A ideia de equilíbrio foi criada com base nos modelos de equilíbrio geral baseada na maximização das funções de produção. Mais adiante, técnicas avançadas, como o teorema dos pontos fixos em topologia, foram utilizadas para justificar a existência e estabilidade de um único equilíbrio no modelo de equilíbrio geral de Arrow-Debreu.

Ekerland lembra que economistas clássicos com Walras e Pareto se recusaram a entrar na discussão quando o seu modelo estático começou a ser desafiado. Nesse debate, Milowski não poupou Samuelson, que traduziu a imagem do economista neoclássico do século XX como verdadeiro cientista. Assim, ainda segundo Mirowski, Samuelson tinha o hábito de fazer referência à moderna física de maneira superficial e retórica, estabelecendo uma inadequada representação tanto dos conceitos físicos como do seu relacionamento com a economia neoclássica.

Segundo Mosini, o equilíbrio, e suas várias condições, formam um subconjunto que comporta a mecânica; a dinâmica e a cinética. Os experimentos no século XIX foram vários, desde a prova do equilíbrio termodinâmico, passando pela eletrodinâmica. Assim, a ciência do período era uma **ciência do equilíbrio**, buscando a conservação de energia e a estabilidade de forças em vários sistemas. Um sistema estaria em equilíbrio (em um dado domínio) quando seus parâmetros relevantes forem constantes no tempo. Nas ciências naturais, os vários conceitos de equilíbrio são idealizações da realidade, no entanto essas simulações têm sido exaustivamente testadas ao longo do tempo, repletas de evidências empíricas antes de serem aceitas conceitualmente com científicas. O mesmo não ocorre nas ciências sociais, como na economia.

No entanto, o mesmo não pode ser dito do equilíbrio econômico, que mais parece ser uma **retórica, um discurso, uma meta**, do que algo realmente testado empiricamente. Quando dizemos que um contrato administrativo de 30 anos de duração está em equilíbrio, o que estamos realmente querendo dizer? A forma mais usada de provar esse equilíbrio é estipular algumas hipóteses sobre o futuro e, por exemplo, trazer fluxo de caixa para o valor presente e tentar estimar um ponto de equilíbrio. Ocorre, no entanto, que essa visão mecanicista não corresponde na maioria dos casos à realidade. É uma simulação imperfeita, e quanto mais longo, incompleto e complexo o contrato, mais essas premissas mecanicistas do equilíbrio são falhas.

Ainda sobre o conceito neoclássico de equilíbrio, Lawson observa alguns aspectos importantes do conceito de equilíbrio na economia moderna:[21]

a) A doutrina econômica moderna é dominada por uma tradição cuja essência é uma insistência na modelagem matemático-dedutiva.
b) Como um projeto intelectual, a economia *mainstream* consegue alcançar poucos sucessos explicativos ou preditivos da economia real e é atormentada por inconsistências teóricas e práticas. Isso ocorre porque essa abordagem está lastreada em construções frágeis, como, por exemplo, a ideia mecanicista de equilíbrio.
c) Isso se explica porque os métodos matemático-dedutivos são geralmente aplicados em condições para as quais não são apropriados (como sistemas dinâmicos não lineares, por exemplo).
d) Se as alternativas heterodoxas são definidas por uma reação à insistência dominante no emprego onipresente de métodos de modelagem matemática, a explicação dessa oposição é uma visão discordante dos pressupostos ontológicos dos métodos de modelagem formalista utilizado pela economia *mainstream*.
e) A natureza ontológica da oposição ao *mainstream* é pouco teorizada e muitas vezes não reconhecida dentro das próprias tradições heterodoxas, sendo manifestada principalmente na defesa de categorias econômicas alternativas. Isso será mais debatido em parte adiantada deste texto, em que aspectos de teoria econômica do (des)equilíbrio e sistemas dinâmicos

[21] LAWSON, Tony. Tensions in Modern Economics: The case of equilibrium analysis. *In*: MOSINI, Valeria (org.). *Equilibrium in Economics*: Scope and Limits. New York: Routledge Press, 2007. p. 134.

não lineares serão abordados mediante uma perspectiva de sistemas complexos.

Lawson[22] também observa que dentro do campo teórico da economia *mainstream* há críticas que perceberam a incongruência de muitos dos seus postulados. Assim, encontramos vencedores do Prêmio Nobel de economia observando que "Página após página de periódicos econômicos profissionais estão cheios de fórmulas matemáticas que levam o leitor a conjuntos de suposições mais ou menos plausíveis mas inteiramente arbitrárias para conclusões teóricas precisamente declaradas, mas irrelevantes' (LEONTIEF ,1982); que "a economia se tornou cada vez mais um ramo arcano da matemática em vez de lidar com problemas econômicos reais" (Friedman, 1999); que "a economia existente é um sistema teórico que flutua no ar e que tem pouca relação com o que acontece no mundo real" (Coase, 1999) e Hayek, em seu *paper* "Economia e conhecimento", de 1968, enfatizou a ideia que seria mais adequado perseguir a ordem social do que o equilíbrio.

O uso da matemática com instrumento para análise econômica começou a sofrer questionamentos no início do século XX, embora vozes dissonantes (Keynes e Knight, por exemplo) foram sufocadas pelos economistas tradicionais[23][24]

Em análises jurídicas sobre contratos administrativos de longo prazo tem-se destacado a necessidade de superar paradigmas ultrapassados. Tradicionalmente, a abordagem utilizada é mecanicista, inspirada nos princípios da mecânica clássica, que assume um retorno ao equilíbrio de forma previsível e linear. No entanto, tal abordagem mostra-se inadequada diante da complexidade e das dinâmicas não lineares que esses contratos apresentam.

O procedimento tradicional, ancorado no direito administrativo *mainstream* — largamente utilizado no Brasil e fortemente influenciado pela doutrina francesa e por autores do século passado — não atende às exigências dos desafios contratuais da prática administrativa contemporânea. Ele se baseia em conceitos considerados obsoletos, como a simetria e gratuidade das informações, a completude contratual e a aplicação extensiva de cláusulas exorbitantes, todos restariam

---

22 LAWSON, *op. cit.*

23 WEINTRAUB, Roy. *How Economics Became a Mathematical Science* (Science and Cultural Theory). London: Duke University Press, 2002. p. 3

24 SAKAI, Yasuhiro. *J.M. Keynes Versus F.H. Knight: Risk, Probability, and Uncertainty*. Cham: Springer, 2019.

plasmados no art. 37, XXI, da CRFB, a partir da aplicação do conceito de "condições da proposta" aos contratos de longo prazo.

É crucial lembrar que, na doutrina clássica, o desequilíbrio em contratos de longo prazo é frequentemente visto como um sinal de falha. Porém, em contratos com duração de décadas, é irrealista esperar ausência de turbulências ou eventos que provoquem desequilíbrios. Portanto, o desequilíbrio em contratos de longo prazo deve ser tratado como um fenômeno comum, cabendo ao *designer* do contrato garantir sua flexibilidade e resiliência.

O modelo tradicional de reequilíbrio, repetimos, é baseado em equilíbrio econômico mecanicista, e considera os contratos como sistemas dinâmicos lineares que retornam a um estado de equilíbrio estável, desconsiderando o fator temporal. Esse modelo assume que as preferências e expectativas dos agentes permanecem constantes, o que não se sustenta em um contexto de dinâmicas contratuais não lineares.

Assim, o modelo mecanicista de equilíbrio de contratos de longo prazo apresenta várias limitações. Por exemplo, ao utilizar fluxos de caixa projetados descontados para o valor presente, comparam-se cenários distintos, desconsiderando mudanças no ambiente e nas estratégias dos agentes ao longo do tempo. Além disso, a não linearidade nas relações contratuais significa que pequenas variações nas condições iniciais podem causar grandes impactos nos resultados. Essas limitações tornam o modelo inapropriado para lidar com a complexidade e dinâmica dos contratos de longo prazo, que exigem mudanças contínuas e adaptações.

Logo, quando os juristas tradicionais dizem que um contrato administrativo de longo prazo está ou estará em equilíbrio, **não há base empírica nenhuma para dizer isso**. Não existe qualquer ideia clara de correlação/causalidade das variáveis que provoque o desequilíbrio e não se tem uma noção mínima da dinâmica desses contratos de longo prazo. Logo, em boa medida, a maneira como os juristas tratam o reequilíbrio econômico-financeiro dos contratos de longo prazo não passa de **retórica**, lastreada em *wishfull thinking*, autoengano e fincada na irrealista visão dos manuais de direito administrativo.

2.3 O modelo axiomático do equilíbrio de contratos

Malgrado o sucesso da visão mecanicista para equilibrar contratos, já no final do século XIX, mas principalmente no início do século XX, essas ideias começaram a ser contestadas. Inicialmente, pelo questionamento sobre a confiabilidade das respostas trazidas pela física clássica e pelo surgimento e viabilidade de outras abordagens matemáticas. O equilíbrio, portanto, por essa nova visão não seria uma mera questão mecanicista, mas um axioma, ou seja, um pressuposto dado sobre o qual o edifício conceitual se instaura.[25]

Historicamente, a matematização da economia não aconteceu em um vácuo. Ela foi profundamente influenciada pelas crises e transformações nas ciências exatas, particularmente na matemática e na física. No final do século XIX, as bases da geometria euclidiana foram questionadas pela emergência das geometrias não euclidianas, enquanto a física enfrentava o desafio de lidar com as implicações da termodinâmica e da teoria quântica. Esses avanços geraram uma crise de confiança nas formas tradicionais de conhecimento científico e levaram a uma busca por novas bases epistemológicas. Foi nesse contexto que matemáticos como David Hilbert propuseram a axiomatização como método para restaurar a coerência e a clareza nas ciências, influenciando profundamente a economia.[26]

Assim, no século XX, a matemática passou por uma transformação significativa com a adoção da abordagem axiomática, inicialmente aplicada na geometria e em outros ramos. Essa abordagem buscava criar uma base lógica e coerente a partir de axiomas fundamentais, de onde se derivavam teoremas e resultados matemáticos. Durante o século XIX, crises na matemática, como paradoxos na teoria dos conjuntos e novas geometrias não euclidianas, levaram matemáticos a adotar a axiomatização no século seguinte, para resolver essas questões e promover uma estrutura organizada para o conhecimento.

No início do século passado, economistas começaram a incorporar métodos matemáticos para formalizar teorias econômicas. A teoria do equilíbrio geral, desenvolvida por Walras e aprimorada por Pareto, foi fundamental nesse processo. A axiomatização na economia implicava a construção de modelos baseados em hipóteses claramente definidas e na derivação de conclusões lógicas dessas hipóteses, de forma similar ao que era feito na matemática.

Nos anos 30 e 40, os fundamentos da teoria da axiomatização foram estabelecidos, a dizer, uma profunda reformulação dos

---

[25] PRIGOGINE, Ilya. *O fim das certezas:* tempo, caos e as leis da natureza. Tradução Roberto Leal Ferreira. São Paulo: Editora da Universidade Estadual Paulista, 1996, p. 11 e ss.

[26] Esse conceito de axiomatização será muito importante quando discutirmos a importância do modelo Arrow-Debreu para a noção de equilíbrio.

pressupostos do equilíbrio com hipóteses perfeitamente delineadas e rigorosamente expressadas em linguagem matemática, insuladas da realidade empírica. **Um sistema de equações que se "bastava em si mesmo"**.

É uma discussão que tem relação direta com o modelo de Kennedy Arrow e Gerard Debreu (modelo Arrow-Debreu – MAD)[27] Assim, para fins de equilíbrio de contratos mais sofisticados, deixa-se de ter como alicerce o equilíbrio mecanicista e passa-se a ter como referência o equilíbrio axiológico. Nesse modelo, o equilíbrio vai existir como uma verdade, uma verdade baseada em fundamentos axiomáticos e matemáticos.[28]

O pressuposto axiomático é fundado na visão do modelo de equilíbrio geral. Nessa teoria, o contrato é visto como um simples processo de barganha, esvaziado de conteúdo, sendo, portanto, uma mera formalidade.[29] Os agentes são dotados de racionalidade ilimitada, e suas ações são observáveis, verificáveis e não há custo de transação. Esse é o contrato de Arrow-Debreu.

A transição da economia para uma abordagem mais formalizada e axiomática influenciou significativamente a análise de contratos administrativos de longo prazo, especialmente no que se refere ao equilíbrio econômico-financeiro desses contratos. Essa ideia de equilíbrio é tratada como um "dado" que deve ser alcançado pela resolução de um conjunto de equações matemáticas.

Gerard Debreu, em particular, foi uma figura central nesse movimento, e sua obra *Theory of Value* é um marco na axiomatização da teoria econômica. Ele utilizou rigor matemático para demonstrar a existência de equilíbrios econômicos, dissociando as interpretações econômicas dos formalismos matemáticos. A abordagem de Debreu exemplificou a transformação da economia em uma disciplina que utiliza estruturas matemáticas abstratas para analisar fenômenos econômicos.

A adoção da axiomatização na matemática e na economia trouxe um novo nível de rigor e clareza, essencial para o desenvolvimento de modelos formais aplicáveis a contratos de longo prazo.

---

27 ARROW, Kenneth; HAHN, Frank. *General Competitive Analysis*. San Francisco: Holden-Day, 1971.

28 DEBREU, G., 1991. The Mathematization of economic theory, *Am. Econ. Rev.* 81 (1), 1-7.

29 WALRAS, L.; 1874. *Eléments d´economie politique pure, ou théorie de larichesse sociale.*Verlag Wirstschaft und Finanzen, Dürsseldorf (1988, facsimile reprodution on the first edition).

Esse movimento transformou a economia em uma ciência centrada em teorias matemáticas, permitindo uma análise mais precisa e estruturada dos fenômenos econômicos e garantindo que o equilíbrio econômico-financeiro de contratos administrativos possa ser rigorosamente alcançado através de equações bem definidas.

Para entendermos melhor, vamos prestar um pouco mais atenção no modelo axiomático proposto por Arrow-Debreu.

2.3.1 O paradigma do Mundo Arrow-Debreu (MAD)

O modelo de mercados completos, desenvolvido por Kenneth Arrow e Gerard Debreu nas décadas de 1950 e 1960 (Arrow e Debreu, 1954), constitui um ponto de partida fundamental para a análise do regime de contratos complexos. Segundo esses autores, o equilíbrio competitivo é sustentado por uma economia abstrata, amplamente adotada na teoria econômica. No contexto desse modelo de equilíbrio geral, todas as relações contratuais são consideradas ótimas e idênticas em sua formulação analítica, com condições sempre perfeitas e a total ausência de custos de transação. Os contratos são vistos como plenos, sem qualquer grau de incompletude, garantindo, assim, resultados econômicos invariavelmente Pareto-eficientes.

Somente por essas iniciais condições, já somos levados a intuir que tal abordagem teórica está longe de ser adequada para equilibrar contratos administrativos de longo prazo, considerando que ao intrinsicamente incompletos e complexos.

Nesse cenário, os contratos MAD se configuram como simples registros formais do comportamento racional e maximizador de cada agente econômico.[30] No paradigma MAD, sua formação é de natureza endógena, derivada exclusivamente de ações orientadas à maximização da utilidade, resultando na eficiência de Pareto. Dessa forma, os contratos não desempenham um papel transformador no ambiente econômico, mas sim retratam a dinâmica econômica subjacente. Dessa forma, *fica muito mais fácil equilibrá-los no futuro, considerando que as expectativas dos agentes são previsíveis e o comportamento do sistema estatisticamente mensurável.*

---

[30] TUROLLA, Frederico. *A política cambial com dívida indexada em moeda estrangeira no Brasil, 1995-2004.* 2005. Tese (Doutorado em Economia) – Fundação Getulio Vargas de São Paulo, São Paulo, 2005.

Embora o paradigma MAD não presuma ergodicidade,[31] os resultados econômicos nele obtidos assemelham-se a sistemas ergódicos, ou seja, sistemas dinâmicos que permanecem invariáveis ao longo do tempo. Dessa forma, os contratos firmados nesse contexto incorporam a ideia de ergodicidade, possibilitando a previsão de variações e a mitigação de riscos por meio de instrumentos de proteção, como os contratos de hedge. Assim, a incerteza é efetivamente eliminada do processo contratual. Isso facilita imensamente a análise do equilíbrio dos contratos, mas são pressupostos irrealistas e tão mais serão quanto mais incompletos e longos forem os contratos.

2.3.2 Relaxando o paradigma do Mundo Arrow-Debreu

A análise da realidade revela que os mercados e contratos não podem ser considerados completos ou perfeitos, especialmente em economias de países em desenvolvimento. Nesse contexto, os modelos baseados no framework Arrow-Debreu oferecem uma referência teórica inicial, mas demandam a incorporação de elementos mais alinhados com as condições práticas.

Assim, Nóbrega, Véras e Turolla[32] propõem adaptações ao modelo ao tornar relevante a comparação entre o Paradigma Arrow-Debreu (MAD) e o Ambiente Real-Teórico (ART). No exercício que os autores fizeram, o modelo real ainda se distancia desse modelo ART, mas já dá uma boa ideia de como o MAD é incoerente para analisar contratos de longo prazo. Isso significa que os pressupostos teóricos que levam os operadores jurídicos a tentar equilibrar os contratos de longo prazo estão errados ou, no mínimo, incompletos. O modelo axiomático, como temos visto nesse texto, esvazia o contrato de valor e o considera apenas um "veículo" que transporta as expectativas presumíveis e estáveis para trás e para o futuro. Nesse sentido, Nóbrega, Turolla e Veras propõem o seguinte quadro resumo:

---

31 KAERCHER, G; NOBREGA, M. Equilíbrio econômico-financeiro de concessões à luz de um exame de caso: incompletude contratual, não ergodicidade e incerteza estratégica. *R. bras. de Dir. Público – RBDP*, Belo Horizonte, ano 19, n. 75, p. 73-119, out./dez. 2021.

32 NOBREGA, Marcos; TUROLLA, Frederico; VERAS, Rafael. Contratação incompleta de projetos de infraestrutura. Disponível em: https://www.researchgate.net/publication/372401108_Contratacao_incompleta_de_projetos_de_infraestrutura. Acesso em: 03 jun. 2024.

Mundo Arrow-Debreu (MAD)	Ambiente Real-Teórico (ART)
Ergodicidade	Não ergodicidade
Expectativas racionais	Expectativas adaptativas
Seguros plenamente disponíveis	Oferta limitada de seguros
Elasticidade infinita da oferta de players	Mercado maduro de players
Contratos completos	Contratos incompletos
Informação plenamente disponível	Assimetria informacional
Propriedade sem indivisibilidades	Bens públicos e monopólios naturais
Transações automáticas	Custos transacionais
Oportunismo ausente	Oportunismo presente

Fonte: NÓBREGA, VERAS; TUROLLA, 2023.

No Ambiente Real-Teórico (ART), destacam-se as fricções transacionais; a indeterminação de direitos de propriedade e as assimetrias informacionais, especialmente em contratos de longo prazo. Esses contratos são marcados por uma incompletude deliberada, decorrente de limitações cognitivas e elevados custos de transação.[33] A noção de equilíbrio *ex ante* fundamentada no princípio do *pacta sunt servanda* se dissolve após a formalização do contrato, uma vez que ele passa a desenvolver uma dinâmica própria. Dessa forma, o retorno ao equilíbrio inicial torna-se ilusório, refutando a hipótese de ergodicidade.

Adicionalmente, o modelo axiomático — paradigma Arrow-Debreu (MAD) — se distancia significativamente da realidade prática e enfrenta grandes dificuldades teóricas para equilibrar contratos administrativos de longo prazo. Juristas e economistas frequentemente ignoram que as expectativas dos agentes econômicos são dinâmicas e mutáveis. Como resultado, modelos baseados nos pressupostos do MAD funcionam apenas como âncoras teóricas, firmadas em hipóteses frágeis e irrealistas, incapazes de capturar a complexidade e a incerteza inerentes a esses contratos. *Assim, em um ambiente no qual os contratos estão em constante transformação, boa parte dos bacharéis em direito são náufragos jurídicos. Estão à deriva em um mundo que não compreendem e não sabem para onde os está levando.*

---

33 NÓBREGA, Marcos. Contratos incompletos e infraestrutura: contratos administrativos, concessões de serviço público e PPPs. *Revista Brasileira de Direito Público – RBDP*, Belo Horizonte, v. 7, n. 25, abr./jun., 2009.

De acordo com Hart,[34] contratos completos seriam capazes de prever todas as contingências possíveis. Contudo, na prática, os contratos reais são inerentemente incompletos. Uma questão central nessa abordagem é identificar quem detém o controle residual, ou seja, o poder de decidir sobre aspectos não contemplados no contrato. Essa situação gera custos adaptativos, que acabam sendo incorporados ao valor do contrato. Esse é uma questão importante que explica a intervenção do Poder Judiciário, dos Tribunais de Contas e do uso, cada vez mais disseminado, dos mecanismos alternativos de resolução de disputas. Assim, direitos de propriedade e sua alocação residual pelo contrato passa a ser elemento-chave no entendimento de reequilíbrio econômico-financeiro dos contratos de longo prazo.

É importante destacar que, como estamos lidando com contratos relacionais, frequentemente utilizados em arranjos de longo prazo, é necessário adaptações *ex post*, independentemente do planejamento inicial. Assim, os agentes precisam ajustar-se a imprevistos resultantes de lacunas contratuais e de comportamentos estratégicos oportunistas, o que torna indispensável o estabelecimento de estruturas de governança privadas para mitigar tais desafios.

Nos contratos de longo prazo, as partes desenvolvem estratégias que vão mudando com o tempo, reajustando suas expectativas e elaborando nova distribuição de probabilidades dos riscos. Assim, *os pressupostos axiomáticos do* pacta sunt servanda *e da imutabilidade da matriz de risco precisam ser repensados.*

Conforme apontam Nóbrega, Veras e Turolla,[35] no Ambiente Real-Teórico (ART), as expectativas dos agentes são adaptativas, e suas limitações cognitivas e racionais impactam diretamente as decisões em processos competitivos de longo prazo. Além disso, a inexistência de instrumentos de seguro para riscos macroeconômicos, como as oscilações do PIB, evidencia a incompletude dos mercados, tornando indispensáveis abordagens contratuais mais flexíveis e adaptativas.

Kenneth Arrow e Gerard Debreu[36] tiveram um papel fundamental na axiomatização da economia por meio do modelo de equilíbrio geral. Eles demonstraram que, sob determinadas condições, é

---

34 HART, O. Incomplete contracts and control. *The American Economics Review*, Pittsburgh, v. 107, n. 7, p. 1731-1752, 2017.

35 *Op. cit.*

36 DUPPE, Till; WEINTRAUB, Roy. *Finding Equilibrium: Arrow, Debreu, McKenzie and the Problem of Scientific Credit*. Princeton: Princeton University Press, 2014.

possível a existência de um conjunto de preços capaz de equilibrar simultaneamente todos os mercados de uma economia. A formalização precisa desse modelo, baseada em conceitos de teoria dos conjuntos e topologia, proporcionou uma estrutura matemática rigorosa, permitindo que as suposições e conclusões econômicas fossem claramente definidas e comprovadas.

A contribuição central de Arrow e Debreu foi demonstrar que, dadas as preferências dos consumidores e as tecnologias de produção, um equilíbrio de mercado sempre poderá ser alcançado, desde que determinadas condições sejam satisfeitas, como a convexidade das preferências e a continuidade das funções de produção. Essas preferências e tecnologias são consideradas como parâmetros que atendem a axiomas fundamentais, tais como completude, transitividade e convexidade, assegurando, assim, a existência do equilíbrio. Vejamos as características gerais desse modelo Arrow-Debreu.

Tratamento do contrato no Modelo Arrow-Debreu

Aspecto	Modelo Arrow – Debreu
Descrição dos bens	Precisa e perfeita
Racionalidade dos agentes	Ilimitada
Observabilidade das ações	Completa
Custos de transação	Inexistentes
Eficiências dos contratos	Sempre eficiente
Incompletude dos contratos	Inexistente
Função do contrato	Formalidade

Fonte: NÓBREGA, VERAS; TUROLLA, 2023.

A axiomatização promovida pelos modelos de Arrow-Debreu proporcionou uma *clareza formal sem precedentes na estruturação de contratos de longo prazo*. Ao estabelecer com rigor as condições necessárias para a eficiência e estabilidade dos contratos, essa abordagem oferece uma base robusta para a mitigação de riscos e incertezas ao longo do tempo. A análise de riscos vinculada a diferentes contratos tornou-se mais precisa, permitindo uma compreensão aprofundada sobre o impacto das mudanças nas condições de mercado na viabilidade e sustentabilidade dos contratos de longo prazo. Além disso, a aplicação dos princípios do equilíbrio geral assegura que esses contratos sejam direcionados para a eficiência de Pareto, garantindo que nenhuma das partes melhore sua condição em detrimento de outra — um fator essencial para a estabilidade de mercados complexos.

No entanto, ao considerar a crítica fundamentada de Klein,[37] o modelo de Arrow-Debreu apresenta limitações significativas. Nele, os contratos são tratados como meras formalidades, uma vez que os bens e contingências são descritos de forma precisa e perfeita, enquanto os agentes possuem racionalidade ilimitada, com ações totalmente observáveis e verificáveis, eliminando qualquer custo de transação. Dessa forma, os contratos no modelo Arrow-Debreu serão sempre considerados eficientes e completos, acabam funcionando apenas como representações teóricas do comportamento racional dos agentes, sem captar a complexidade e as nuances das relações contratuais no mundo real.

O modelo de equilíbrio geral, ao desconsiderar a assimetria de informações e os custos de transação, revela-se inadequado para capturar a complexidade dos contratos administrativos. Na prática, esses contratos funcionam como repositórios de assimetrias *ex ante*, onde os contratados incorporam custos adaptativos nos preços, enquanto o governo enfrenta o desafio de elaborar licitações mais detalhadas ou transferir as tensões para a fase de execução contratual. Nóbrega e Silva ressaltam que o reequilíbrio dos contratos administrativos deve levar em conta tanto a assimetria informacional quanto a necessidade de adaptação contínua, enfatizando que a solução não deve se restringir ao aspecto técnico, mas também envolver processos de consenso e renegociação.[38]

A crítica central de Klein ao modelo de equilíbrio geral está na sua incapacidade de lidar com a incerteza e a imperfeição da informação, fatores fundamentais nas relações contratuais reais. Em resposta a essas limitações, emergem a teoria dos contratos incompletos e a teoria dos incentivos. A primeira reconhece a inevitável incompletude dos contratos, enquanto a segunda busca alinhar os interesses entre principal e agente em um contexto de informação assimétrica. Ambas as abordagens representam avanços significativos ao oferecer uma visão mais realista e aplicável à economia dos contratos.

---

37 KLEIN, Vinicios. *A economia dos contratos: uma análise microeconômica*. São Paulo: CRV, 2020.

38 NÓBREGA, Marcos; SILVA, Eric Castro e. A reforma tributária e o equilíbrio econômico-financeiro dos contratos administrativos de longo prazo: a inadequação do modelo mecanicista; os pontos focais e a teoria dos múltiplos equilíbrios contratuais. *Revista Brasileira de Direito Público – RBDP*, Belo Horizonte, ano 22, n. 85, p. 9-47, abr./jun. 2024.

Embora a axiomatização introduzida por Arrow e Debreu tenha transformado a análise teórica, sua aplicação prática em contratos de longo prazo requer a incorporação de abordagens que levem em conta a incerteza e a informação imperfeita. Essa integração proporciona maior eficiência, estabilidade e confiança nas relações econômicas, ajustando-se de maneira mais realista às complexidades do mundo contemporâneo.

Assim, nos contratos de longo prazo, as partes desenvolvem estratégias que vão mudando com o tempo, reajustando suas expectativas e elaborando nova distribuição de probabilidades dos riscos. Assim, os pressupostos axiomáticos do *pacta sunt servanda* e da imutabilidade da matriz de risco precisam ser repensados.

Como vimos até aqui, a primeira ideia que expusemos foi a de um equilíbrio mecanicista, consolidada por leis e dados. A grande falha desse modelo decorre da desimportância do fator tempo, porquanto o tempo não distorceria o interesse das partes.[39]

Essa tese se desfaz quando submetida a uma análise contextual, pois as partes envolvidas ajustam seu comportamento estratégico ao longo do tempo, aspecto que o modelo mecanicista não é capaz de captar. Esse, aliás, é o argumento central do direito administrativo predominante. A partir dessa constatação, surge uma questão fundamental: *o equilíbrio contratual seria apenas uma construção narrativa?* Sob a ótica mecanicista, a resposta é afirmativa, uma vez que esse enfoque avalia o equilíbrio sob uma perspectiva formal, ignorando a dimensão material e os referenciais constitucionais que lhe conferem substância.

No modelo de equilíbrio geral, todas as relações contratuais são consideradas ótimas e idênticas sob o ponto de vista analítico. A imposição é perfeita, inexistem custos de transação e os contratos são completos, sem qualquer margem para incompletude. *Nesse contexto, um contrato eficiente nada mais é do que um registro formal do comportamento racional e maximizador de cada agente econômico.*

Esse modelo se fundamenta na ergodicidade, ou seja, na suposição de linearidade e previsibilidade dos sistemas ao longo do tempo. A ergodicidade é um conceito crucial que desafia tanto físicos quanto economistas, enquanto grande parte dos operadores do Direito permanece alheia às suas implicações. Surge, assim, uma série de questionamentos essenciais: *o equilíbrio realmente existe? Se existe um equilíbrio*

[39] PRIGOGINE, Ilya, *op. cit.*, p. 11 e ss.

inicial, é possível retornar a ele? Em caso afirmativo, de que maneira e em quanto tempo isso ocorreria?

É interessante notar que, no modelo baseado na ergodicidade, o tempo possui uma importância relativa, uma vez que não altera os incentivos nem as expectativas das partes envolvidas, que são consideradas constantes e previsíveis. No entanto, o contraponto a essa visão é que, na prática, o ambiente real em que os contratos de longo prazo são executados é inerentemente não linear, ou melhor, não ergódico. Nesse ambiente, as expectativas são adaptativas, o que significa que os agentes ajustam continuamente seu comportamento em resposta às mudanças no "estado de natureza".

Presumir que todos os contratos de longo prazo se desenrolam em um cenário de previsibilidade ontológica é a principal crítica e fragilidade do modelo axiológico. Isso porque, na realidade, os agentes não apenas se adaptam estrategicamente ao ambiente, mas, mais importante ainda, redefinem seus interesses e objetivos ao longo do tempo.[40-41-42-43]

---

[40] Cf. ELSNER, Wolfram; HEINRICH, Torsten; SCHWARDT, Henning. *The Economics of Complex Economies:* Evolutionary, Institutional, Neoclassical, and Complexity Perspectives. Oxford: Elsevier, 2015. p. 9.

[41] A verdade é ter apreendido o ser essencial da natureza, tê-la concebido como implicitamente infinita, como o processo mesmo. POPPER, K. *The open society and its enemies.* Princeton: Princeton, University Press, 1963.

[42] Com efeito, deve-se ter ressalvas a mecanismos reducionistas e simplificadores, pois devem ser consideradas as influências recebidas do ambiente interno e externo, enfrentar a incerteza e a contradição, e conviver com a solidariedade entre os fenômenos existentes. Consoante Morin, a complexidade sempre existiu e se amplia continuamente, aparecendo onde o pensamento simplificador falha. Surge para desvelar que sujeito e objeto estão implicados no mesmo processo, não se constituindo em polos dicotômicos. A teoria da complexidade questiona a forma fragmentada e tradicional de visualização do conhecimento, divergindo dos métodos utilizados pelas correntes do pensamento as quais acreditam que o conhecimento ocorre de forma linear e previsível, por meio de ideias reducionistas e preconcebidas. MORIN, E. *Ciência com consciência.* 4. ed. Rio de Janeiro: Bertrand Brasil, 2000, p. 132-133.

[43] A ideia central da Modelagem Baseada em Agentes é que muitos (se não a maioria) dos fenômenos no mundo podem ser efetivamente modelados com agentes, um ambiente e uma descrição das interações agente-agente e agente-ambiente. Um agente é um indivíduo ou objeto autônomo com propriedades, ações e possivelmente metas. O ambiente é a paisagem na qual os agentes interagem e pode ser geométrico, baseado em rede ou extraído de dados reais. As interações que ocorrem entre esses agentes ou com o ambiente podem ser bastante complexas. Os agentes podem interagir com outros agentes ou com o ambiente, e não apenas os comportamentos de interação do agente podem mudar com o tempo, mas o mesmo pode acontecer com as estratégias utilizadas para decidir que ação empregar num determinado momento. Essas interações são constituídas pela troca de informações. Como resultado dessas interações, os agentes podem atualizar seu estado interno ou realizar ações adicionais. WILNSKY, Uri; RAND, William. *An introduction to agent-based modeling:* modeling natural, social, and engineered complex systems with netlogo. Cambridge: MIT Press. 2015, p. 32.

Imagine um contrato de 30 anos de uma concessão de serviço público com uma negociação 20 anos depois da assinatura do contrato. As partes já aprenderam bastante com o passado, as partes já desejam outra coisa. Sem falar, evidentemente, de componentes adicionais que essa negociação madura estabelece, como, por exemplo, o problema do oportunismo (*hold-up*).

Assim, deve-se ter em mente que o contrato é uma máquina de processamento de informação, de maneira que serve como mecanismo de inventário e ponderação das assimetrias informacionais. A sua boa modelagem facilita o processamento adequado da informação, permitindo uma diminuição da assimetria informacional. Nesse quadrante, nos parece ter razão Rafael Véras,[44] para quem o reequilíbrio econômico-financeiro das concessões deve ser reinterpretado "um modelo de regulação endógeno experimental, que retrata um sistema de incentivos desenhado, no âmbito de uma relação agente-principal (lastreado na acionalidade limitada, na assimetria de informações, na prática de comporta mentos oportunistas e considerando a incompletude contratual), por intermédio do qual se busca, a partir da consumação de eventos qualificados como 'riscos' ou 'incertezas', estabelecer, durante a execução contratual e por procedimentos negociados, distintos crivos de reequilíbrio".

Desse modo, os paradigmas clássicos não dão conta das imperfeições do mundo real. Necessário se torna a construção de um modelo pragmático.

2.4 Propostas de revisão institucional do equilíbrio contratual – a teoria da complexidade como mecanismo de solução

Para uma compreensão mais adequada do fenômeno do (des) equilíbrio contratual, um bom referencial teórico pode ser a chamada teoria da complexidade. O conceito de "Economia da Complexidade" foi introduzido por Brian W. Arthur, do Santa Fe Institut (SFI), em New Mexico, USA, onde liderou o Programa de Economia do instituto no final da década de 1980. O site do Santa Fe Institute conceitua complexidade da seguinte forma:[45] "A complexidade surge em qualquer

[44] FREITAS, Rafael Véras de. *Equilíbrios econômico-financeiros das concessões*. Belo Horizonte: Fórum, 2023, p. 392.

[45] Disponível em: https://www.santafe.edu/about/overview.

sistema no qual muitos agentes interagem e se adaptam uns aos outros e aos seus ambientes. Exemplos desses sistemas complexos incluem o sistema nervoso, a Internet, ecossistemas, economias, cidades e civilizações. À medida que agentes individuais interagem e se adaptam dentro desses sistemas, processos evolutivos e comportamentos 'emergentes' frequentemente surpreendentes surgem no nível macro. A ciência da complexidade tenta encontrar mecanismos comuns que levam à complexidade em sistemas físicos, biológicos, sociais e tecnológicos nominalmente distintos".

A economia da complexidade, *por vezes também denominada teoria do desequilíbrio*, enxerga a economia não como um sistema necessariamente em equilíbrio, mas como um ambiente dinâmico, no qual os agentes ajustam constantemente suas ações e estratégias em resposta às mudanças no ambiente externo e ao aprendizado estratégico.

Nesse contexto, a economia pode operar sem a necessidade de um ponto de equilíbrio fixo. Em outras palavras, a teoria da complexidade desafia o postulado clássico de agentes perfeitamente racionais e maximizadores, munidos de funções de utilidade bem definidas. Assim, tais pressupostos não são indispensáveis para a análise da dinâmica contratual, que passa a ser compreendida como um processo adaptativo e em constante evolução.

A complexidade é um tema abrangente que pode se aplicar a diversos campos do conhecimento. Apesar da vasta quantidade de informações disponíveis sobre o assunto, ainda há pouca literatura publicada em português, sobremodo abordando casos práticos.[46] A ciência da complexidade é um campo relativamente novo na academia, oferecendo um potencial significativo para enfrentar problemas modernos que os métodos científicos tradicionais têm dificuldade em solucionar. Explorar a ciência da complexidade e sua aplicação em outros setores pode fornecer *insights* valiosos para melhorar os processos de construção.

Para Ladyman e Wiesner,[47] não existe acordo sobre a definição de "complexidade" ou "sistema complexo", mas existem exemplos de sistemas que as pessoas não duvidam que sejam complexos, como

[46] A literatura tem aumentado muito nos últimos anos. Para uma ampla compilação do tema, o Santa Fé Institute lançou uma coletânea em 4 volumes com a produção acadêmica desde os não 30 do século passado até os dias atuais.

[47] LADYMAN, James; WIESNER, Karoline. *What Is a Complex System?* New Haven: Yale University Press, 2020.

o sistema solar, porquanto é impossível descrever o comportamento desse sistema usando apenas física clássica. Enquanto outros autores acham que somente seria considerado sistemas complexos se apresentassem um comportamento adaptativo. Para exemplificar, o fluxo de água e a formação de cristais de neve são fenômenos muito complexos, envolvendo inúmeras variáveis (cristais de neve possuem bilhões de moléculas), mas não são sistemas adaptativos.

A ciência da complexidade estuda como as relações entre as partes de um sistema geram comportamentos coletivos e como esses sistemas interagem com o ambiente. Ela foca nos chamados **sistemas adaptativos complexos**, que são sistemas abertos, dinâmicos e auto-organizáveis, onde os componentes estão fortemente interligados. Exemplos incluem florestas tropicais, negócios, sociedades, o sistema imunológico, a internet e a economia global e, no nosso sentir, contratos administrativos de longo prazo. *Esses sistemas evoluem em interação com seus ambientes, exibindo características como a coexistência de ordem e desordem, previsibilidade e caos.*

O Santa Fe Institute aponta que comportamentos emergentes em sistemas complexos não podem ser previstos apenas pelo conhecimento das partes individuais, mas devem ser compreendidos através da análise das interações entre elas. A interação entre os agentes desses sistemas é altamente não linear e envolve adaptações constantes.

A ciência da complexidade se diferencia da abordagem científica tradicional, que se baseia em pressupostos de redução, observação objetiva e causalidade linear. A visão tradicional permitiu grandes avanços em diversas áreas, mas tem se mostrado insuficiente para lidar com os desafios atuais. A ascensão da ciência da complexidade reflete a crescente insatisfação com esses métodos convencionais. A nova abordagem não se limita a estudar sistemas complexos, mas propõe novos métodos para identificar padrões e regularidades, proporcionando uma maneira inovadora de compreender a realidade.

Em sistemas complexos, o fluxo de informações não é linear e, como o contrato, pode ser um instrumento de transferência de informação entre os contratantes, quanto mais incompleto e longevo for, mas complexo será.

Teoria da complexidade pode ter diversas características, como sinaliza Ladyman:[48]

---

[48] *Op. cit.*, p. 10.

1. **Numerosidade**: sistemas complexos envolvem muitas relações entre vários componentes. Em um contrato de longo prazo, por exemplo, há um grande contingente de interação entre os diversos interessados. Uma concessão de serviço público funciona como um dínamo de informações que vai se modificando ao longo de décadas.
2. **Desordem e diversidade**: as interações em um sistema complexo não são coordenadas ou controladas centralmente, e as interações dos agentes variam de forma imprevisível.
3. ***Feedback***: as interações em sistemas complexos são correlacionadas para que haja *feedback* de interações anteriores em uma escala de tempo relevante para a dinâmica emergente do sistema. Em outras palavras, o sistema se adapta e aprende com os movimentos anteriores do e no sistema.
4. **Não equilíbrio**: sistemas complexos são abertos ao ambiente e geralmente são conduzidos por algo externo. Isso não quer dizer que o sistema não caminhe para um determinado equilíbrio, mas que ele pode não se comportar de maneira errática e apresentar múltiplos equilíbrios ou até mesmo nenhum.
5. **Ordem espontânea e auto-organização**: sistemas complexos exibem estrutura e ordem que surgem das interações entre suas partes. Esse é um dos pontos mais importantes porque os sistemas se comportam mediante uma miríade de interações entre os seus agentes.
6. **Não linearidade**: sistemas complexos exibem dependência não linear de parâmetros ou fatores externos. Esse ponto é importante.

Nesse passo, vamos primeiro observar o conceito e características de um sistema dinâmico que, com base no desenvolvimento computacional, ganhou muito espaço a partir da segunda metade do século XX. A ciência matemática tem a pretensão de estimar o comportamento futuro de um determinado sistema com base nas condições iniciais e em equações que descrevem o funcionamento desse sistema. Assim parece ser usarmos a mecânica newtoniana para prever quando ocorrerá o próximo eclipse solar ou se utilizarmos algum sistema de equações para predizer o comportamento de um projetil.

A resolução de sistemas lineares é uma tarefa recorrente em diversas áreas, incluindo a análise de diversos contratos em setores como infraestrutura, obras públicas e fornecimento de serviços públicos. A busca por variáveis desconhecidas, como custos futuros, taxas de retorno ou níveis de desempenho contratual, levou ao desenvolvimento de métodos para resolver esses sistemas. Já para contratos mais complexos, como concessões de longo prazo, nos quais múltiplas cláusulas interdependentes precisam ser analisadas simultaneamente, possivelmente o sistema não se comportará de maneira linear

Por exemplo, considere um contrato de concessão rodoviária que envolva variáveis como receita de pedágio, custos de manutenção e investimentos em infraestrutura ao longo do tempo. Resolver esse tipo de contrato utilizando métodos lineares permite estimar o equilíbrio econômico-financeiro entre receitas e despesas, ajudando na tomada de decisões quanto à viabilidade da concessão e possíveis ajustes contratuais. Mas isso somente seria viável se variáveis como o comportamento estratégico dos agentes; flutuações econômicas; taxa de juros e outras variáveis pudessem ser estimadas com razoável distribuição de probabilidade. O problema é que muitas vezes isso não é possível.

Conforme explica Ladyman,[49] a definição matemática de linearidade estabelece que um sistema é linear se for possível somar quaisquer duas soluções das equações que o descrevem e obter outra solução, bem como multiplicar qualquer solução por um fator e obter uma nova solução.

Ao contrário da física, onde a abordagem mecanicista foi superada pela mecânica quântica, na economia essa abordagem mecanicista ainda persiste na teoria econômica atual, conhecida como teoria econômica neoclássica ou *mainstream*.[50] A teoria econômica neoclássica baseia-se no **determinismo científico**, assumindo que os agentes econômicos são racionais, analisam todas as informações disponíveis e se comportam de maneira idêntica, maximizando sua função de utilidade. No entanto, essas hipóteses irreais fazem com que essa teoria não consiga descrever com precisão os comportamentos econômicos dos agentes.

A maioria dos modelos desenvolvidos pela teoria econômica neoclássica são modelos lineares que descrevem apenas propriedades independentes do tempo no equilíbrio. A abordagem geral utilizada na formulação desses modelos é conhecida como abordagem *top-down* (de cima para baixo), na qual os modelos são puramente matemáticos e teóricos, sem uma conexão direta com evidências empíricas. Somente

---

49 *Op. cit.*, p. 78

50 PATELLI, Paolo. Nonlinear Dynamical Systems in Economics. *In:* PATELLI, Paolo (org.). *Universality of Nonclassical Nonlinearity*. Springer, 2006.

a partir das décadas de 1980 e 1990, a teoria econômica neoclássica passou a considerar as propriedades dinâmicas dos sistemas econômicos[51-52] e começou a desenvolver modelos não lineares (*Bottom up*).

Os modelos não lineares criados pela economia neoclássica, no entanto, são apenas extensões dos modelos lineares já existentes, mantendo grande parte das premissas originais da abordagem mecanicista.

Segundo Farmer,[53] um sistema é considerado não linear quando o todo não pode ser reduzido à mera soma de suas partes. Em contraposição, um sistema linear caracteriza-se pela relação direta e proporcional entre as partes e o todo. A realidade é predominantemente não linear, e a economia não constitui uma exceção a essa regra. Um exemplo clássico disso são as funções de produção que descrevem a capacidade de uma empresa ou setor produtivo gerar *output* a partir de um conjunto específico de insumos.

Essas funções podem ser comparadas a receitas básicas, com variações e adaptações possíveis. Em certos casos, um insumo pode ser imprescindível; em outros, pode haver substituições. O resultado da produção não é uma soma direta dos insumos, mas sim uma relação complexa entre eles, o que torna a função de produção intrinsecamente não linear. Essas não linearidades nas funções de produção podem gerar oscilações econômicas, similares aos ciclos de negócios, e o comportamento não linear nos pagamentos de empréstimos pode desencadear crises financeiras.

A complexidade da não linearidade frequentemente leva à tentação de evitá-la, pois dificulta a análise matemática. Economistas tradicionalmente preferem equações que ofereçam soluções de forma fechada — ou seja, fórmulas que permitem obter resultados diretos mediante a substituição de valores. Essa preferência ocorre porque soluções de forma fechada são práticas e de fácil interpretação. No entanto, essa busca por simplicidade pode desviar os economistas dos problemas realmente relevantes. A tradição econômica, profundamente enraizada na matemática formal, tem historicamente negligenciado a simulação como ferramenta de análise, o que resultou em uma compreensão limitada de fenômenos econômicos complexos.

---

[51] BENHABIB, Jess (ed.). *Cycles and Chaos in Economic Equilibrium*. Princeton: Princeton University Press, 1992.

[52] LORENZ, H. W. *Nonlinear Dynamical Economics and Chaotic Motion*. New York: Springer-Verlag, 1997.

[53] FARMER, J. Doyne. *Making Sense of Chaos:* Better Economics for a Better World. London: Penguin, 2024. p. 75.

Antes do advento da computação, os cientistas dispunham apenas de métodos matemáticos passíveis de resolução manual, o que impunha uma forte restrição à abordagem de problemas complexos. Como as equações lineares geralmente permitem soluções de forma fechada, enquanto as não lineares raramente o fazem, a conveniência levou à predominância de modelos lineares em praticamente todas as ciências. Assim, a vasta complexidade do mundo não linear permaneceu, por muito tempo, em grande parte inexplorada.

Assim, um sistema linear aplicado a contratos consiste em um conjunto de duas ou mais equações que relacionam diferentes variáveis contratuais, como preço, prazos e volumes de entrega, permitindo uma análise mais objetiva e estruturada para garantir o cumprimento dos termos acordados. A não linearidade, por outro lado, significa que esse princípio de "superposição" não se aplica. Ela pode se referir a equações dinâmicas ou a qualquer equação que descreva a relação entre variáveis. A não linearidade é frequentemente considerada necessária para a complexidade. As redes complexas, por exemplo, que são amplamente estudadas na ciência da complexidade, podem ser definidas por matrizes que são operações matematicamente lineares. Existem também sistemas complexos sujeitos a dinâmicas baseadas na teoria dos jogos e na mecânica quântica, que seguem dinâmicas lineares. *Isso demonstra que, em geral, a não linearidade na dinâmica dos elementos não é necessária para a complexidade, embora a não linearidade no nível global seja frequentemente uma característica dos sistemas complexos.*

É verdade, portanto, que a não linearidade não é suficiente para caracterizar um sistema como complexo (exceto na concepção mais abrangente), pois, por exemplo, um sistema simples composto por um pêndulo pode estar sujeito a dinâmicas não lineares e apresentar comportamento caótico, mas exibe apenas o mínimo tipo de emergência sem auto-organização.[54]

A complexidade é frequentemente associada ao caos e, como mencionado anteriormente, pode ser confundida com ele, mas o comportamento de um sistema caótico é indistinguível do comportamento aleatório. É verdade que existem sistemas que exibem complexidade em parte devido ao fato de serem caóticos, mas sua complexidade vai além de sua natureza caótica. Além disso, como o comportamento caótico é uma característica especial de alguns sistemas determinísticos, qualquer

54 FARMER, J. Doyne, *op. cit.*, p. 45.

sistema dinâmico que seja estocástico não é, por definição, caótico, e, no entanto, os cientistas da complexidade estudam muitos desses sistemas.

Como se vê, deve-se analisar os dados referentes a contratos administrativos de longo prazo para se ter uma visão clara do seu comportamento.

7. **História e memória**: sistemas complexos frequentemente requerem uma história muito longa para existir e frequentemente armazenam informações sobre esse período.
8. **Comportamento adaptativo**: sistemas complexos frequentemente são capazes de modificar seu comportamento dependendo do estado do ambiente e das previsões que fazem sobre ele. Esse é um dos pontos mais importantes em relação aos contratos administrativos de longo prazo.

Para Antoniadis,[55] os sistemas complexos apresentam as seguintes características:

Características da complexidade sócio-organizacional em projetos

Características	Breve Descrição
1. Instabilidade	Em longo prazo, os sistemas complexos experimentam mudanças dinâmicas.
2. Não equilíbrio	Os fluxos de energia afastarão o sistema de uma posição de equilíbrio e estabelecerão modos semiestáveis como atratores dinâmicos.
3. Não linear	As saídas do sistema complexo não são proporcionais às suas entradas.
4. Atratores	A auto-organização está relacionada com a presença no sistema de atratores dinâmicos.
5. Coevolução	As partes são consideradas como evoluindo em conjunto umas com as outras para se adaptarem a um ambiente de sistema mais amplo.
6. Causalidade	A existência e as propriedades das próprias partes são afetadas pelas propriedades emergentes do todo.
7. Mutabilidade	Mudanças internas aleatórias (mutações) ou inovações geralmente ocorrem nesses sistemas.
8. Imprevisibilidade	Em tais sistemas interativos podem ocorrer uma sensibilidade caótica às condições iniciais.

Fonte: ANTONIADIS, 2008.

[55] ANTONIADIS, Dimitris *et al*. *Exploring Complexity in Construction Projects*. *In:* PROJECT MANAGEMENT ADVANCES, TRAINING & CERTIFICATION IN THE MEDITERRANEAN, 29-31 maio 2008, Chios Island, Grécia.

Muitas dessas características podem ser conferidas para contratos administrativos de longo prazo, afastando-os da visão mecanicista ou axiomática do equilíbrio. No item 1, nota-se que, a longo prazo, os sistemas complexos experimentam mudanças dinâmicas. Esse é o caso de contratos administrativos de longo prazo quando mudanças econômicas como taxa de juros, inflação, taxa de cambio (estado de natureza), bem com a estratégia das partes dos contratos variam todo o tempo.

Da mesma forma, em 2 podemos considerar que os fluxos de energia afastarão o sistema de uma posição de equilíbrio e estabelecerão modos semiestáveis como atratores dinâmicos. Claro que não cabe discutir aqui a dimensão matemática de atratores, mas eles sinalizam a tendência de equilíbrio de determinado sistema. A não linearidade (3) significa, como já vimos, que as saídas do sistema complexo não são proporcionais às suas entradas, o que os torna muito difíceis de prever. Um sistema meteorológico certamente é assim, o mesmo pode acontecer com contratos administrativos de longo prazo.

Outra característica dos sistemas complexos apontada por Antoniadis é que sistemas complexos geralmente apresentam uma auto-organização (4) que está relacionada com a presença no sistema de **atratores dinâmicos**.

Um atrator é um conjunto no espaço de fase para o qual tendem todas as trajetórias vizinhas e descreve, dessa forma, o comportamento a longo prazo do sistema para todo o conjunto de condições iniciais diferentes. Assim, para a física matemática contemporânea,[56] um atrator pode ser definido como o conjunto de comportamentos característicos para os quais um sistema dinâmico converge ao longo do tempo, independentemente das condições iniciais. Em outras palavras, *um atrator representa o estado ou conjunto de estados para os quais a trajetória do sistema tende a evoluir, refletindo sua estabilidade e padrões de comportamento recorrentes.*

Um exemplo ilustrativo de atrator é o caso de uma bola rolando sobre uma superfície plana. Devido à influência do atrito, o movimento da bola gradualmente desacelera até atingir uma condição de repouso, onde a velocidade é nula. Esse estado final de imobilidade constitui o atrator do sistema, representando o **equilíbrio estático alcançado**.

---

[56] Conceito que pode ser conferido em: https://pt.wikipedia.org/wiki/Atractor.

Os sistemas dinâmicos podem apresentar diferentes tipos de atratores, dependendo da natureza de sua evolução temporal:

Atrator fixo – Corresponde a um estado estável e imutável para o qual o sistema converge. Um exemplo típico é o de uma bola girando em torno de uma cavidade, que, devido à ação da gravidade e do atrito, eventualmente se acomoda no fundo, cessando seu movimento.

Atrator periódico – Ocorre quando o sistema oscila entre um conjunto definido de estados de forma regular e repetitiva. Um exemplo clássico é o movimento de um pêndulo, cujo balanço tende a convergir para uma oscilação de período constante. Em condições ideais, sem dissipação de energia (atrito), o pêndulo continuaria oscilando indefinidamente, configurando um ciclo limite.

Atrator estranho – Caracteriza sistemas dinâmicos que apresentam comportamento caótico, ou seja, sua trajetória evolui de maneira complexa, sem ser puramente aleatória, fixa ou periódica. Um exemplo notável é o atrator de Lorenz, que descreve padrões imprevisíveis, mas determinísticos, com sensibilidade às condições iniciais, típicos de sistemas caóticos.

Os sistemas mais complexos frequentemente apresentam uma combinação desses três tipos de atratores, e pequenas variações nas condições iniciais podem resultar não apenas em trajetórias distintas, mas também em mudanças qualitativas no tipo de comportamento emergente. Isso demonstra a sensibilidade e a diversidade de dinâmicas possíveis dentro de um mesmo sistema, evidenciando a importância do estudo dos atratores para a compreensão da evolução e estabilidade de sistemas dinâmicos em diversas áreas do conhecimento.

James Gleick, em seu livro *Caos: a criação de uma nova ciência,*[57] aborda o conceito de atratores como elementos fundamentais para entender a evolução de sistemas dinâmicos complexos. Ele menciona que os atratores estranhos representam padrões recorrentes que surgem em sistemas aparentemente caóticos, como o clima e os mercados financeiros, permitindo uma compreensão mais profunda de suas dinâmicas subjacentes.

Ao aplicar esse conceito à análise do equilíbrio de contratos de longo prazo, podemos considerar que tais contratos funcionam como sistemas dinâmicos que podem evoluir para diferentes tipos de

[57] GLEICK, James. *Caos: a criação de uma nova ciência*. 16. ed. Rio de Janeiro: Elsevier, 1989.

atratores, dependendo das condições iniciais e das intervenções ao longo do tempo.

Gleick destaca que a compreensão de atratores em sistemas caóticos só foi possível com o uso de simulações computacionais, algo que pode ser aplicado ao estudo de contratos complexos. Modelos econômicos tradicionais tendem a buscar soluções lineares, mas a realidade dos contratos de longo prazo exige abordagens que considerem a não linearidade e a interdependência das variáveis envolvidas na criação de uma nova ciência.

Portanto, a aplicação do conceito de atratores nos contratos de longo prazo permite uma abordagem mais sofisticada para prever comportamentos futuros, identificar pontos de inflexão e desenvolver estratégias adaptativas para lidar com a complexidade e a incerteza inerentes a esses arranjos contratuais.

Voltando às características estipuladas por Antoniadis, no item 5 é dito que as partes evoluem em conjunto umas com as outras para se adaptarem a um ambiente de sistema mais amplo. Esse é um ponto essencial na análise de contratos administrativos de longo prazo porque as partes, além de mudarem seu comportamento estratégico, aprendem com experiências passadas, com outras situações ocorridas (crises econômicas, por exemplo), intuindo o comportamento estratégico do parceiro contratual. Acrescenta-se a isso a evolução do sistema de controle, sobremodo judiciário e Tribunais de Contas, que demandam das partes permanente adaptação e mudança de estratégia. Um bom exemplo desse comportamento estratégico é o problema do *lock-in* contratual, que ocorre quando há muitos custos fixos envolvidos e o custo de saída do contrato torna-se proibitivo. Tal efeito *hold-up* se aplica, segundo Patrícia Sampaio e Thiago Araújo,[58] "especialmente a contratos de longa duração e que requeiram investimentos em ativos específicos por uma das partes contratantes, gerando uma situação de dependência econômica de um dos agentes com a relação contratual. São variáveis que devem orientar o desenho regulatório e o equilíbrio econômico-financeiro desses instrumentos contratuais".

Isso porque os contratos de infraestrutura, como concessões e parcerias público-privadas (PPPs), apresentam um alto grau de complexidade devido a características estruturais que os diferenciam de

[58] SAMPAIO, Patrícia; ARAÚJO, Thiago. Previsibilidade ou resiliência? Notas sobre a repartição de riscos em contratos administrativos. *Revista de Direito da Procuradoria Geral*, Rio de Janeiro, edição especial: Administração Pública, risco e segurança jurídica, p. 311-333, 2014.

contratos convencionais. Entre os principais fatores que moldam essa complexidade, destacam-se os custos irrecuperáveis (*sunk costs*), a especificidade dos ativos e o fenômeno do *lock-in*.

A especificidade dos ativos refere-se ao fato de que os investimentos realizados pelo concessionário são altamente especializados e dificilmente podem ser realocados para outros usos ou mercados sem perdas substanciais. Já os custos irrecuperáveis decorrem da natureza dos investimentos, que, uma vez realizados, não podem ser recuperados integralmente em caso de rompimento contratual. Esses fatores geram uma relação de dependência mútua entre as partes ao longo do tempo.

De acordo com Williamson,[59] existem quatro modalidades de especificidade de ativos, a saber: (i) a especificidade local é uma condição decorrente da imobilidade de ativos, a qual importa em elevados custos de instalação e/ou relocalização; (ii) a especificidade de ativos físicos, a seu turno, tem de ver com a especialização e a tecnicidade do bem, o que poderá gerar um sistema de disputa entre as partes, *ex post*; (iii) a especificidade de capital humano se materializa, por intermédio do grau de aprendizado dos trabalhadores em determinada relação contratual; e (iv) a especificidade de ativos dedicados está relacionada com a destinação de determinado bem ao incremento de uma planta ou de determinada infraestrutura. Acontece que, de acordo com o autor, "a especificidade de ativos só se reveste de importância em conjunto com a racionalidade limitada/oportunismo e na presença de incerteza". Daí se pode depreender que, em Williamson, a contratação de longo prazo encerra, em si, um sistema de incentivos, que visa a reduzir os custos de transação, notadamente os despendidos para a realização de ativos específicos.

No contexto do *lock-in*, considere um contrato de concessão com prazo de trinta anos. Após quinze anos de execução, as partes se encontram em uma situação de dependência estratégica: a administração pública, se optar pelo rompimento do contrato, precisaria assumir a prestação dos serviços, enfrentando desafios operacionais e financeiros para os quais não possui a expertise necessária, tampouco o interesse em assumir integralmente a operação. Por outro lado, o concessionário, ao ser desligado do contrato, enfrenta dificuldades em encontrar

---

59 WILLIAMSON, O. E. *The Economic Institutions of Capitalism*. New York: The Free Press, 1985. p. 46.

um novo cliente ou projeto de porte similar, dada a complexidade e especificidade envolvidas na estrutura da concessão.

Diante desse cenário, a renegociação contratual torna-se não apenas desejável, mas essencial para garantir a continuidade da prestação do serviço em condições adequadas. O desafio reside em equilibrar os interesses das partes, revisando as cláusulas contratuais à luz das novas circunstâncias, sem comprometer os princípios de eficiência e economicidade que norteiam a gestão pública.

A abordagem tradicional, pautada na rigidez da estrita legalidade dos contratos administrativos, pode se revelar insuficiente para lidar com a dinamicidade inerente aos contratos de longo prazo. Assim, torna-se imperativo adotar uma perspectiva que enfatize a **centralidade do contrato**, reconhecendo-o como um instrumento vivo e adaptável, capaz de absorver e responder às mudanças do ambiente econômico, tecnológico e regulatório. Essa abordagem demanda **um novo olhar sobre a governança contratual**, privilegiando mecanismos de diálogo contínuo, flexibilidade nas renegociações e a construção de soluções que assegurem o equilíbrio econômico-financeiro do contrato ao longo de sua execução.

Nesse contexto também podemos entender o item 6, que trata de causalidade como a discussão mais ampla da relação causa e efeito ou causa/consequência, tema fundamental para melhor entendermos o reequilíbrio econômico-financeiro de contratos administrativos de longo prazo.

A análise da causalidade nos processos de reequilíbrio econômico-financeiro de contratos de longo prazo é frequentemente tratada sob uma ótica reducionista, que busca estabelecer uma relação linear e direta entre uma variável específica e o impacto observado em determinado aspecto contratual. Essa abordagem, comumente adotada, pressupõe que a identificação de um nexo causal objetivo, como o aumento de tributos ou a variação cambial, é suficiente para justificar a necessidade de reequilíbrio. No entanto, essa perspectiva ignora a natureza interdependente e dinâmica dos fatores econômicos, resultando em uma compreensão parcial e, por vezes, inadequada do problema.

A realidade econômica apresenta uma rede de interações complexas, na qual os eventos não ocorrem isoladamente, mas sim de maneira correlacionada e interdependente. Fatores como alterações tributárias, flutuações cambiais, mudanças regulatórias e variações no comportamento do mercado interagem de forma simultânea, potencializando ou mitigando seus efeitos. A tentativa de atribuir causalidade a uma única variável, desconsiderando essas interações, pode conduzir a interpretações equivocadas e decisões subótimas. Por exemplo, a desvalorização cambial pode, em um primeiro momento, elevar os custos de insumos importados, mas, em contrapartida, pode aumentar a competitividade das exportações, gerando efeitos compensatórios no fluxo de caixa da empresa. Assim, a relação de causa e efeito não pode ser avaliada de forma estanque, pois o impacto de uma variável está condicionado a um conjunto mais amplo de fatores e suas interações.

Além disso, a abordagem tradicional tende a subestimar a natureza não linear das relações econômicas, assumindo que a magnitude de uma variação sempre terá um impacto proporcional no contrato. No entanto, a complexidade dos sistemas econômicos revela que pequenos eventos podem desencadear reações em cadeia, amplificando ou distorcendo os efeitos esperados. Essa característica sistêmica exige uma análise que considere não apenas a causalidade direta, mas também a presença de mecanismos de retroalimentação, efeitos colaterais e a influência de fatores exógenos, como a conjuntura macroeconômica e as expectativas dos agentes de mercado.

Diante desse cenário, a análise de reequilíbrio econômico-financeiro deve adotar uma abordagem mais abrangente, baseada em métodos capazes de capturar a complexidade das relações envolvidas. Modelos estatísticos tradicionais, como regressões lineares, embora úteis em contextos estáveis, podem ser insuficientes para lidar com as interdependências e não linearidades presentes nos contratos de longo prazo. Alternativamente, a utilização de técnicas avançadas, como modelos de séries temporais correlacionadas, análise de redes causais e abordagens baseadas em simulações, permite uma compreensão mais holística e realista das relações causais, proporcionando maior precisão na identificação dos fatores determinantes e na formulação de soluções de reequilíbrio.

Assim, o desafio central na análise da causalidade em contratos de longo prazo reside na necessidade de abandonar uma visão estática e fragmentada, adotando uma perspectiva dinâmica e sistêmica. A compreensão do reequilíbrio econômico-financeiro exige uma análise que vá além da relação isolada entre causa e efeito, reconhecendo a interconectividade dos fatores e a natureza adaptativa do ambiente econômico. Dessa forma, decisões mais informadas e eficazes podem ser tomadas, alinhadas à realidade complexa dos contratos e às demandas de um ambiente econômico em constante transformação.

Esse ponto é importante porque deve lastrear a interpretação e a elaboração dos pleitos de reequilíbrio econômico-financeiro de contratos administrativos. Vários normativos e instruções dão conta dessa necessidade. Veja-se, por exemplo, que o Instituto Brasileiro de Obras Públicas (IBRAOP) emitiu a Orientação Técnica (OT) – IBR nº 009/2024 sobre o Reequilíbrio Econômico-Financeiro de Contratos de Obras e Serviços de Engenharia.[60] Eis algumas diretivas:

1 – a demonstração da onerosidade excessiva deve ser baseada em critérios objetivos, por meio de análise matemática que demonstre, de forma inequívoca, a inviabilidade financeira da continuidade do contrato da forma inicialmente pactuada;
2 – é necessário estabelecer um critério objetivo que determine quando o impacto financeiro global das variações extraordinárias dos custos dos insumos se torna excessivamente oneroso, inviabilizando a continuidade do contrato, tal como pactuado originalmente;
3 – se as parcelas integrantes do BDI forem utilizadas como critério para o item anterior, o BDI de referência adotado deve ser o especificado no orçamento-base da licitação;
4 – a possibilidade de que um futuro reajuste possa compensar os prejuízos do desequilíbrio contratual;
5 – a eventual concessão do reequilíbrio se dará a partir da data da ruptura do equilíbrio econômico-financeiro do contrato, desde que validada pela Administração;
6 – até o momento da efetiva análise, devem ser avaliados se houve variações dos custos dos insumos em favor da Administração em período pretérito ao fato gerador e/ou em período posterior ao alegado pela empresa contratada, bem como seus impactos na análise do pleito, com a finalidade de inibir a possibilidade de recorte temporal direcionado no pedido da empresa.

Todos esses elementos, em maior ou menor grau, tratam da questão da relação causa e efeito que merece realmente uma atenção especial. No mesmo diapasão, temos a Instrução Normativa nº 33/24, que será analisada mais detidamente adiante, mas já sinaliza a necessidade de apontar a causalidade para o recebimento pela ANTT dos pleitos de reequilíbrio dos contratos, a saber:

[60] Disponível em: https://www.ibraop.org.br/orientacoes-tecnicas/. Acesso em: 27 dez. 2024.

> Art. 5º O procedimento de recomposição do equilíbrio econômico-financeiro pode ser iniciado de ofício pela Superintendência de Infraestrutura Rodoviária (Surod) ou mediante requerimento da concessionária, por meio de formulário padrão disponibilizado pela Surod.
>
> (...)
>
> §4º Quando a solicitação de recomposição for apresentada pela concessionária, o pedido deverá ser preenchido no formulário padrão e deverá conter, no mínimo, os seguintes elementos:
>
> I – a descrição detalhada do evento ensejador do desequilíbrio econômico– financeiro do contrato, objeto do pedido de recomposição, *com indicação do momento da ocorrência e demonstração de nexo de causalidade* com os impactos apontados;
>
> II – o fundamento contratual que justifica a solicitação de recomposição;
>
> III – *a estimativa da variação de investimentos, custos, despesas ou receitas, resultantes do evento ensejador do desequilíbrio*, com indicação das fontes de dados e metodologias utilizadas na estimativa;
>
> IV – a documentação comprobatória dos fatos alegados;
>
> V – a proposta de aditamento do contrato, se for o caso;
>
> VI – Sugestão da forma de recomposição do equilíbrio econômico-financeiro do contrato, nos termos das disposições contratuais e das normas da ANTT; e
>
> VII – outras informações e documentos que a concessionária julgar pertinentes para a análise do pleito. (grifo nosso)

Voltando à tipologia de Antoniadis, o item 7 trata de mutabilidade e no 8 temos a imprevisibilidade. São temas correlatos e, como já intuímos nesse texto, característica intrínseca de contratos administrativos de longo prazo.

Dito isso, e considerando que os contratos administrativos de longo prazo são complexos, incompletos e dinâmicos, é necessário encontrarmos outros mecanismos para buscar entender melhor a dinâmica desses contratos. Uma possibilidade é o uso de modelos de Agent Based Model que procuramos expor a seguir.

2.5 Novos caminhos metodológicos: *Agent Based Models* (ABM)

A modelagem baseada em agentes é uma abordagem computacional que cria um ambiente artificial composto por **agentes heterogêneos**, permitindo investigar como esses agentes e o ambiente interagem para formar padrões observáveis no mundo real.[61] A principal característica do ABM é sua capacidade de representar indivíduos autônomos com características e regras de comportamento distintas, diferenciando-se dos modelos baseados em equações (EBM), que geralmente assumem homogeneidade e abordam os sistemas de forma agregada. Esse é o debate que precisa evoluir no reequilíbrio econômico-financeiro dos contratos de longo prazo, porque, como vimos, os modelos de simples equação não captam toda a dinâmica do sistema. Assim, na prática de reequilíbrio de contratos sobram boa vontade e autoengano e faltam dados, faltam informações.[62]

Os agentes em um modelo ABM podem representar uma variedade de entidades, desde indivíduos e empresas até governos e países. Esses agentes interagem em espaços definidos, que podem ser geográficos, sociais ou abstratos, permitindo a modelagem de fenômenos complexos que emergem da interação local entre agentes. Assim, ABM é especialmente útil em áreas como economia, onde os atores são diversos e interagem de maneira não linear.

A modelagem baseada em agentes tem suas raízes no estudo de sistemas dinâmicos não lineares e na inteligência artificial, tendo sido impulsionada pelo avanço dos computadores pessoais na década de 1980. Um dos primeiros modelos de destaque foi o "Sugarscape" de Epstein e Axtell (1996), que demonstrou como regras simples de comportamento individual podem levar à emergência de padrões complexos no nível do sistema.[63]

A abordagem ABM tem ganhado relevância na economia, especialmente após a crise financeira de 2008, que evidenciou as limitações dos modelos tradicionais, como os modelos de Equilíbrio Geral Dinâmico e Estocástico (DSGE). A crise demonstrou que tais modelos não capturavam adequadamente as interações heterogêneas e adaptativas dos agentes econômicos, levando a uma reavaliação da modelagem econômica. ABM, por sua vez, permite a inclusão de agentes com comportamentos realistas, aprendizado adaptativo e interações complexas, o que a torna uma alternativa promissora para representar a economia como um sistema complexo dinâmico.

---

61 GATTI, Domenico et ali. *Agent-Based Models in Economics:* A Toolkit. Cambridge University Press. 2018.

62 SMALDINO, Paul. *Modeling Social Behavior Mathematical and Agent-Based Models of Social Dynamics and Cultural Evolution.* Princeton University Press. 2023.

63 GATTI, *op. cit.*, p. 30

A relevância da ABM para a teoria da complexidade é evidente ao considerar os argumentos de Farmer,[64] que enfatiza a necessidade de modelos que reconheçam a natureza emergente e adaptativa dos sistemas econômicos. Segundo Farmer, a economia deve ser vista como um sistema em constante evolução, no qual pequenas mudanças nas interações locais podem levar a grandes transformações sistêmicas. A abordagem ABM permite capturar essa dinamicidade e heterogeneidade, fornecendo uma visão mais realista e flexível do comportamento econômico.

Os modelos baseados em agentes (ABMs) emergem como uma abordagem promissora para entender a dinâmica dos contratos administrativos de longo prazo. Essa abordagem permite capturar a complexidade inerente às interações entre múltiplos agentes que atuam em um ambiente em constante evolução, em vez de tentar encontrar um equilíbrio *ex ante* por meio de suposições simplificadas de comportamento racional.

Uma das principais vantagens dos ABMs é sua capacidade de lidar com a heterogeneidade dos agentes e comportamentos adaptativos. Diferentemente dos modelos tradicionais de equilíbrio geral, que assumem homogeneidade e racionalidade plena, os ABMs reconhecem que os agentes possuem racionalidade limitada e operam com regras heurísticas de decisão. Conforme destacado por Farmer, essa abordagem permite modelar sistemas econômicos complexos de forma mais realista, incorporando agentes heterogêneos cujas ações são baseadas em informações locais e interações com o ambiente.

Os ABMs capturam a diversidade de comportamentos e características dos agentes, como preferências, restrições financeiras e estratégias de tomada de decisão. No contexto dos contratos administrativos, essa heterogeneidade é crucial, pois permite simular diferentes abordagens de risco, capacidade de adaptação às mudanças regulatórias e influências externas. Os agentes em um modelo ABM interagem com seus vizinhos mais próximos, resultando em padrões emergentes que não poderiam ser previstos a partir do comportamento individual isolado. No caso dos contratos de infraestrutura, isso pode representar, por exemplo, como as decisões de um

---

64 FARMER, *op. cit.*, p. 24.

concessionário influenciam as expectativas de outros *stakeholders*, como órgãos reguladores e usuários.[65]

Ao contrário dos modelos tradicionais, os ABMs possibilitam que os agentes aprendam e se ajustem ao longo do tempo com base em experiências passadas e novas informações. Isso se alinha com a necessidade de revisão e reequilíbrio contínuo dos contratos administrativos de longo prazo, diante de choques econômicos, mudanças legislativas ou variações na demanda. Além disso, a construção de um modelo ABM robusto exige uma quantidade substancial de dados para validação empírica. Isso implica coletar informações detalhadas sobre os participantes do contrato, suas interações e o ambiente regulatório em que estão inseridos. A utilização de dados em larga escala e técnicas avançadas de simulação podem conferir maior precisão e confiabilidade às projeções dos modelos.

A aplicação dos ABMs ao reequilíbrio econômico-financeiro dos contratos administrativos de longo prazo oferece uma nova perspectiva que transcende as abordagens determinísticas tradicionais. A natureza iterativa dos ABMs permite simular diferentes cenários de reequilíbrio, considerando variações nas condições econômicas, comportamentos estratégicos dos agentes e impactos regulatórios. O uso de modelos baseados em agentes é fundamental para explorar situações em que múltiplos agentes interagem de maneira descentralizada, o que é característico dos contratos públicos.

Os ABMs podem ser aplicados de diversas maneiras em concessões e parcerias público-privadas para aprimorar a gestão e antecipar possíveis desafios. A simulação de diferentes cenários de precificação pode considerar a elasticidade da demanda dos usuários e as reações dos agentes privados e reguladores. A modelagem de como eventos inesperados, como crises econômicas ou desastres naturais, afetam o equilíbrio financeiro da concessão e a resposta dos *stakeholders* também é uma possibilidade relevante. Além disso, os ABMs podem ser utilizados para simular interações entre governo e concessionárias, avaliando como mudanças regulatórias podem impactar os compromissos financeiros e operacionais. A otimização da manutenção de ativos e do fluxo de caixa ao longo do tempo, considerando o comportamento adaptativo das concessionárias, e

65 TESFATSION, Leigh; JUDD, Kenneth L. (ed.). *Handbook of Computational Economics*. v. 2: Agent-Based Computational Economics. Amsterdam: Elsevier, 2006.

a avaliação de indicadores de qualidade de serviço e satisfação dos usuários permitem ajustes contratuais mais precisos e eficazes.

Para que os ABMs se consolidem como uma ferramenta eficaz na gestão e reequilíbrio de contratos administrativos de longo prazo, será necessário o desenvolvimento de metodologias adequadas, aliadas a uma infraestrutura robusta de dados. A aplicação de técnicas computacionais avançadas permitirá capturar a complexidade desses contratos e oferecer *insights* mais precisos para gestores públicos e concessionários.

Em sede conclusiva dessa segunda parte do texto, fica evidente que nos contratos de longo prazo não se pode falar em equilíbrio *ex ante* com base na ideia de *pacta sunt servanda*, porque essa discussão tem como alicerce a ideia da completude contratual. Ora, o pacto estabelecido naquele primeiro momento é um pacto para estabelecer as bases fundamentais. Vimos inúmeras vezes decisões da Administração, do Judiciário e dos Tribunais de Contas mandando que o reequilíbrio econômico-financeiro seja efetivado pelo retorno do que os agentes estabeleceram quando da celebração da avença, em um dado momento T=0. Isso, como já pontuamos,[66] é uma interpretação ultrapassada do comando contido no art. 37, XXI da Constituição Federal, a saber:

> Art. 37. A administração pública direta e indireta de qualquer dos Poderes da União, dos Estados, do Distrito Federal e dos Municípios obedecerá aos princípios de legalidade, impessoalidade, moralidade, publicidade e eficiência e, também, ao seguinte:
>
> (...)
>
> XXI – ressalvados os casos especificados na legislação, as obras, serviços, compras e alienações serão contratados mediante processo de licitação pública que assegure igualdade de condições a todos os concorrentes, com cláusulas que estabeleçam obrigações de pagamento, *mantidas as condições efetivas da proposta*, nos termos da lei, o qual somente permitirá as exigências de qualificação técnica e econômica indispensáveis à garantia do cumprimento das obrigações. (Grifo nosso)

Na verdade, quando as partes celebram o acordo, estabelecem um ***gap* de expectativas** e, geralmente o retorno ao início não se dá

[66] LOUREIRO, Gustavo Kaercher; NÓBREGA, Marcos. Equilíbrio econômico-financeiro de concessões à luz de um exame de caso: incompletude contratual, não ergodicidade e incerteza estratégica. *Revista Brasileira de Direito Público – RBDP*, Belo Horizonte, ano 19, n. 75, p. 73-119, out./dez. 2021.

dentro do ideal ergódico. Mas num ambiente variável onde podem estar envolvidas perspectivas e frustrações, e a trajetória temporal do equilíbrio do contrato administrativo de longo prazo é um processo estocástico, não ergódico, não linear.

Assim, a dinâmica do contrato administrativo não pode ficar presa à ilusão de sua inércia estrutural. Por natureza, os desequilíbrios são contingências naturais do passar do tempo. O modelo contratual padrão tem por premissa situações pré-definidas, ao passo que num sistema complexo os indivíduos seguem regras mais simples, pois é de sua essência o efeito tempo como suporte constante às manifestações de vontade. Não existe uma tipologia *ex post*, mas uma adaptabilidade orgânica.[67]

Os padrões de equilíbrio mecanicista ou axiomático no modelo Arrow Debreu_demonstram que os indivíduos devem satisfazer os axiomas da racionalidade dos economistas, quando na realidade se sabe que os agentes são parcialmente racionais.

No modelo clássico, os agentes devem otimizar isoladamente, enquanto no modelo de complexidade eles têm informações limitadas. Ainda no modelo clássico, eles entendem a economia em que funcionam, ao passo em, no modelo complexo, o comportamento agregado está na interação entre os indivíduos.

Como se depreende, toda a questão está encerrada no gerenciamento de informação. Em padrões clássicos, há previsibilidade, no modelo da teoria da complexidade, o que se pode fazer é precaver, pois a certeza é relativa.

O modelo mecanicista de reequilíbrio econômico-financeiro está ancorado em um paradigma simétrico e previsível, onde o contrato, como um pêndulo, retorna automaticamente ao equilíbrio. Essa visão, que desconsidera o fator temporal e as mutações no comportamento dos agentes, é insuficiente para lidar com contratos de longo prazo.

Necessário agora dar uma olhada mais de perto nas inovações para reequilíbrio econômico-financeiro dos contratos de longo prazo no Brasil e sua aderência ao referencial teórico que propomos até aqui.

---

[67] NORTH, Douglas C. Desempenho Econômico através do tempo. Tradução de Antonio José Maristello Porto. *Revista de Direito Administrativo*. Rio de Janeiro: FGV, v. 255, p. 13-30, set./dez., 2010, p. 28.

3 Múltiplos equilíbrios e dinâmica adaptativa

Já se constatou que a abordagem mecanicista de reequilíbrio contratual, fundamentada exclusivamente em análises de fluxos de caixa e taxa interna de retorno, revela-se insuficiente para capturar a complexidade e a adaptabilidade exigidas para enfrentar as transformações constantes no ambiente econômico. Nossa análise aqui introduz um cenário em que múltiplos equilíbrios podem surgir ao longo do tempo, demandando, portanto, uma abordagem mais flexível e adaptável.[68]

As mudanças econômicas e as transformações no contexto em que os contratos são firmados podem resultar em aumentos substanciais nos custos operacionais de determinados setores, enquanto outros podem se beneficiar dessas alterações. Esse cenário dinâmico impõe a necessidade de ajustes contínuos e proativos nos contratos, de modo a assegurar sua viabilidade e eficácia ao longo do tempo.

Para mitigar os custos de transação inerentes a esses ajustes, recomenda-se, por exemplo, a inclusão de cláusulas-padrão de reequilíbrio nos contratos vigentes. Essas cláusulas devem estabelecer procedimentos claros e previamente definidos, minimizando a necessidade de negociações prolongadas. Além disso, a adoção de sistemas de monitoramento contínuo e auditorias periódicas, com o suporte de tecnologias avançadas, possibilita um acompanhamento mais eficiente do desempenho e da conformidade contratual, reduzindo os custos de supervisão. Por fim, a utilização de mecanismos alternativos de resolução de disputas, como arbitragem e mediação, é essencial para garantir um *enforcement* ágil e economicamente viável.

A análise das implicações das mudanças no "estado de natureza" que impactam os contratos deve considerar não apenas os efeitos financeiros diretos, mas também as alterações nas expectativas e nos comportamentos das partes envolvidas. Além disso, é essencial a implementação de mecanismos de ajuste contínuo que assegurem o equilíbrio e a sustentabilidade dos contratos ao longo do tempo.

A natureza não linear e adaptativa dos contratos de longo prazo implica a possibilidade de múltiplos equilíbrios que podem emergir em diferentes momentos. Esses equilíbrios, estabelecidos por consenso entre as partes contratantes, Tribunais de Contas ou pelo Poder Judiciário, funcionam como pontos de referência (pontos focais) que

[68] MOSINI, Valeria (org.). *Equilibrium in Economics:* Scope and Limits. New York: Routledge Press, 2007.

delimitam o espaço tridimensional no qual o equilíbrio aceito se concretiza. Essa realidade demanda uma abordagem de gestão capaz de lidar com a complexidade e a incerteza, promovendo ajustes contínuos e proativos para garantir a viabilidade e a eficácia dos contratos.

Para enfrentar essa complexidade, uma alternativa viável é a criação de comitês de renegociação, compostos por representantes do contratante, contratado e órgãos reguladores. Esses comitês, ao se reunirem periodicamente, podem revisar e ajustar os termos contratuais conforme necessário, promovendo uma gestão mais dinâmica e alinhada às condições em constante transformação.

Essa abordagem de múltiplos equilíbrios e a existência de "pontos focais" é fundamental, como ilustrado no gráfico a seguir.

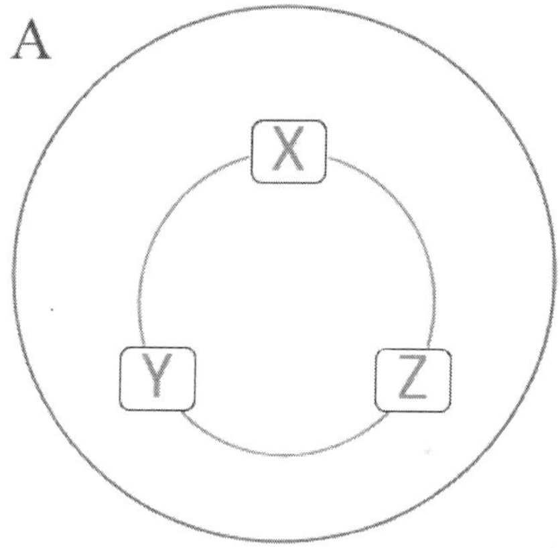

Figura 1

Se afirmamos que não existe um equilíbrio único e definitivo, qual é então a finalidade dos valores determinados pelas partes em análises, auditorias e perícias? O gráfico evidencia que há um vasto conjunto de possibilidades para definir o equilíbrio contratual (conjunto A), porém, nem todas essas possibilidades são viáveis. Assim, torna-se essencial delimitar esse universo de alternativas.

Imagine que a empresa contratada solicite um reequilíbrio baseado no valor X, enquanto a administração pública defenda o valor Y e o órgão de controle, seja o Tribunal de Contas ou o Poder Judiciário, determine o valor Z. Qual dessas posições está correta? A resposta — "todas estão" — não constitui uma contradição lógica, mas sim o reconhecimento de que diferentes agentes, a partir de perspectivas distintas, podem identificar pontos de equilíbrio igualmente válidos dentro do espaço delimitado, desde que respeitem os limites da racionalidade e da razoabilidade.

Os resultados obtidos nas simulações funcionam como "pontos focais", ou seja, elementos de ancoragem que delimitam um subconjunto do conjunto A, no qual coexistem múltiplos equilíbrios. Essa é a essência da chamada "teoria dos múltiplos equilíbrios". Na teoria dos jogos, os pontos focais são amplamente reconhecidos como fatores determinantes para o sucesso ou insucesso das negociações, influenciando o desfecho conforme o número de equilíbrios possíveis.

Aliás, uma abordagem mais sofisticada da ideia de pontos focais é o conceito de atratores que já discutimos na parte II deste texto. Ambos os conceitos — pontos focais e atratores — partem da mesma premissa, ou seja, da impossibilidade de determinar um único e isolado ponto de equilíbrio em contratos administrativos de longo prazo sujeitos a um comportamento adaptativo e dinâmico não linear.

É nesse espaço delimitado pelas perspectivas X, Y e Z que ocorrem as dinâmicas de barganha, renegociação e arbitragem, assim como as intervenções dos órgãos de controle e do poder judiciário. Esse espaço representa o cenário onde os interesses das partes interagem, exigindo uma abordagem estratégica para alcançar soluções sustentáveis e equilibradas.

Quando um contrato é assinado, estabelece-se inevitavelmente um "gap de expectativas" entre as partes, que se mantém ao longo de sua execução. Com o passar do tempo, é natural que haja oscilações dentro ou fora dessa faixa de equilíbrio. O papel do sistema de reequilíbrio é assegurar que o contrato permaneça dentro dessa faixa, onde pode haver um único equilíbrio ou múltiplos pontos de equilíbrio possíveis.

Sob essa ótica, a crença amplamente difundida de que a matriz de riscos funciona como o "braço operacional" do reequilíbrio econômico-financeiro não se sustenta no longo prazo. Primeiro, porque o conceito de "braço operacional" nunca foi claramente definido. Segundo, porque utilizar a matriz de riscos como uma referência exclusiva para o reequilíbrio implica cristalizar uma visão linear e previsível do comportamento contratual e dos riscos futuros, o que não corresponde à realidade dinâmica e complexa dos contratos de longo prazo.

Embora a matriz de riscos tenha um papel crucial, especialmente nas análises de curto prazo, ela não deve ser considerada o elemento definitivo em contratos de natureza relacional, não linear e intrinsecamente incompletos. Em uma abordagem de longo prazo, é essencial adotar uma visão mais adaptativa e flexível, capaz de lidar com as incertezas inerentes à execução contratual.

Isso ocorre porque o "estado de natureza" evolui ao longo do tempo, exigindo que a matriz de riscos acompanhe essas mudanças e se adapte continuamente. Para diferenciar claramente risco de incerteza, podemos recorrer à clássica definição de Knight (1921).[69] O risco diz respeito a situações em que é possível atribuir uma distribuição de probabilidade a determinados eventos. Em um contrato de concessão de rodovia, por exemplo, com base em experiências anteriores e no contexto econômico, é viável estimar o risco de demanda ou a probabilidade de eventos comuns, como a deterioração de postos de pedágio ou a obsolescência tecnológica.

Por outro lado, a incerteza refere-se a eventos cuja ocorrência não pode ser prevista, tornando inviável a atribuição de uma distribuição de probabilidade. No caso da chamada incerteza fundamental, sequer é possível conceber o impacto que tais eventos poderiam ter sobre o contrato.

Tomemos como exemplo a impossibilidade de incluir, de forma racional e economicamente viável, estimativas para eventos altamente improváveis, como a queda de um meteoro de grandes proporções na Terra ou um terremoto de grande magnitude no Brasil. Esses cenários extremos não são considerados na matriz de risco porque ultrapassam nossa capacidade de previsão e mensuração, tornando-se oneroso e desproporcional incorporá-los ao planejamento contratual.

De fato, com bem pondera Rafael Véras[70] "Em razão da incompletude dos contratos de concessão, é de se endereçar, de um lado, um regime jurídico para os eventos qualificados como 'riscos' (demanda, desapropriação, eventos ambientais) e, de outro, para eventos qualificados como "incertezas". Pressupondo a racionalidade limitada dos contratantes, os ativos específicos, os salientes custos de transação sobre os quais se entrelaça uma concessão, o que se propõe é que o contrato veicule modelos regulatórios de colmatação das "incertezas", na forma do que dispõe o art. 10 da Lei nº 8.987/1995. Assim é que, alteradas as condições dos contratos (por exemplo, pela materialização de evento não previsto na matriz de riscos), os múltiplos equilíbrios econômico-financeiros serão forjados, a partir de um regime de

---

69 KNIGHT, F. *Risk, Uncertainty and Profit.* London: Houghton Mifflin, 1921. (second edition 1933).

70 FREITAS, Rafael Véras de. *Equilíbrios econômico-financeiros das concessões.* Belo Horizonte: Fórum, 2023, p. 395.

renegociação experimental a ser instaurado em situações qualificadas como "incertezas".

É fundamental distinguir entre **incerteza ambígua** (*ambiguity uncertainty*) e **incerteza fundamental** (*fundamental uncertainty*). A incerteza ambígua ocorre quando não há capacidade cognitiva suficiente para estimar eventos futuros com precisão, levando-os a serem classificados como incerteza e não como risco. Um exemplo clássico seria um contrato firmado há 50 anos, em um contexto de condições econômicas e tecnológicas significativamente mais limitadas, o que tornava inviável prever determinados acontecimentos com a precisão de hoje.

Por outro lado, a incerteza fundamental refere-se a situações em que a previsão de eventos e seus impactos nos contratos é completamente inviável. Nesses casos, estamos diante de eventos que se enquadram claramente como força maior, protegidos pela **teoria da imprevisão**, que reconhece a impossibilidade de antecipação e adaptação contratual diante de circunstâncias extraordinárias e imprevisíveis.

É importante destacar que, como o risco é definido por meio de uma distribuição de probabilidade, essa distribuição pode se modificar ao longo do tempo. O que antes era considerado uma incerteza fundamental pode, com o avanço do conhecimento e da tecnologia, ser convertido em um risco quantificável e, eventualmente, deixar de representar qualquer preocupação. Um exemplo ilustrativo é a pandemia de covid-19: inicialmente um evento de incerteza fundamental, posteriormente passou a ser tratado como um risco, à medida que avanços na ciência, como o desenvolvimento de vacinas, tornaram possível mitigar seus impactos.

Compreender essas distinções é essencial para a elaboração de contratos e para o desenvolvimento de estratégias de gestão de riscos mais eficazes e adaptáveis às transformações do ambiente econômico e social.

A natureza dinâmica da matriz de riscos, embora intuitiva, tem ganhado cada vez mais reconhecimento tanto no campo teórico quanto na prática.[71] Essa abordagem evolutiva foi incorporada à regulamentação da matriz de alocação de riscos pela Secretaria de Estado de Infraestrutura de Mato Grosso, por meio da Instrução Normativa nº 004/2023/SINFRA4. Além de estabelecer diretrizes para a elaboração

---

[71] ALBUQUERQUE, Caio Felipe. A matriz de riscos dinâmica: uma solução para incertezas contratuais. Disponível em: https://ronnycharles.com.br/a-matriz-de-riscos-dinamica uma-solucao-para-incertezas-contratuais. Acesso em: 03 jun. 2024.

das matrizes de riscos, a normativa determina que elas sejam instrumentos vivos, sujeitos a revisões periódicas e adaptações conforme as condições evoluem. Essa diretriz está expressa de forma clara no seguinte dispositivo:

> Art. 12. A matriz de alocação de riscos terá a característica de ser **dinâmica**, devendo ser **periodicamente reavaliada** por meio de um processo contínuo de monitoramento de riscos e de documentação de novos riscos e/ou de novos dados sobre os riscos já documentados. (Grifo nosso).

Esse entendimento reforça a necessidade de uma gestão de riscos proativa e flexível, que reconheça a constante evolução do ambiente contratual e a importância da atualização contínua para garantir a eficácia e a sustentabilidade dos contratos de longo prazo.

Na realidade — e é importante reforçar — a função dos mecanismos de reequilíbrio econômico-financeiro em um contrato é preservar o **gap de expectativas** originalmente acordado entre as partes no momento da assinatura, e não manter inalterada a matriz de riscos. A ideia de que o reequilíbrio econômico-financeiro de contratos de longo prazo funciona como o "braço operacional" (sic) da matriz de riscos não se sustenta quando lidamos com contratos de comportamento não linear e marcados por um alto grau de imprevisibilidade.

No curto prazo, é verdade que a mecânica dos reequilíbrios está diretamente relacionada à estabilidade da matriz de riscos, pois esta proporciona segurança e previsibilidade à relação contratual. No entanto, é essencial reconhecer que os riscos frequentemente interagem de maneira dinâmica e interdependente, desafiando a visão convencional de que podem ser tratados de forma isolada. Dessa forma, fundamentar os reequilíbrios na matriz de riscos em horizontes temporais mais curtos representa uma estratégia de implementação contratual válida e eficaz. No entanto, à medida que o horizonte temporal se amplia, a adaptação contínua se torna indispensável, exigindo uma abordagem mais flexível e resiliente para garantir a sustentabilidade do contrato frente a mudanças imprevisíveis no ambiente econômico e operacional.

No longo prazo, ou seja, no horizonte de contratos de duração estendida, basear os reequilíbrios em uma matriz de riscos estática e potencialmente obsoleta seria um erro significativo. Grandes eventos, como pandemias, guerras, as recentes enchentes no Rio Grande do Sul e, possivelmente, a própria Reforma Tributária aprovada recentemente aceleram a obsolescência dessa matriz, mas não são os únicos fatores que demandam sua atualização.

A matriz de riscos deve ser adaptável ao longo do tempo para atender às especificidades dos contratos relacionais, e Nóbrega, Turolla e Veras[72] apontam para essa necessidade:

> Mudanças estruturais nos tipos dos agentes contratantes: em uma relação de longo prazo, após décadas, é possível que o tipo das partes contratantes se altere de forma que a alocação de riscos perca uma parte de seu sentido. Isso é especialmente relevante quanto ao lado público: um governo focado no aumento do PIB se torna, com o tempo, focado em um conceito alternativo de mensuração do desenvolvimento, considerando por exemplo em sua função objetivo os fatores ambientais. É difícil dizer a esse governo que se mantenha preso ao contrato nas condições em que foi estabelecido, e uma renegociação eficiente deverá ter lugar. Os contratos atuais deixam margem a essa mudança de tipo desse agente contratante, ou apenas oferecem mecanismos de saída para que o contrato seja extinto por não mais atender ao interesse público?

Portanto, como enfatizam os autores, o problema é como uma concepção de contrato anterior à emergência da consciência ambiental poderia governar uma relação antiga, de longo prazo, em que o contrato trata como desejável o aumento do consumo de combustíveis fósseis e aloca ao setor público o risco de que isso não ocorra?

Atualmente, não existe um modelo operacional consolidado para a adaptação da matriz de riscos ao longo do tempo. No entanto, a experiência prática sugere que o *design* contratual deve incorporar mecanismos de revisão programada, permitindo ajustes estruturados e previsíveis. Uma estratégia eficaz seria estabelecer intervalos mínimos, como cinco ou dez anos, para a revisão dessas matrizes, evitando alterações frequentes que possam comprometer a estabilidade e previsibilidade do contrato.

Nesses intervalos, os ajustes devem se limitar a revisões *ex ante*, ou seja, baseadas em projeções e dados disponíveis no momento da celebração do contrato. Revisões mais abrangentes da alocação de riscos, por outro lado, devem ser conduzidas somente diante de mudanças estruturais significativas, como transformações no ambiente

72 NOBREGA, Marcos; TUROLLA, Frederico; VERAS, Rafael. Contratação incompleta de projetos de infraestrutura. Disponível em: https://www.researchgate.net/publication/372401108_Contratacao_incompleta_de_projetos_de_infraestrutura. Acesso em: 03 jun. 2024.

regulatório, econômico ou tecnológico que impactem substancialmente as premissas originais do contrato.

Essa abordagem busca equilibrar a necessidade de flexibilidade com a preservação da segurança jurídica e da viabilidade econômico-financeira do contrato, evitando tanto o engessamento da matriz de riscos quanto a exposição excessiva a revisões oportunistas ou casuísticas.

Essa estratégia busca evitar o casuísmo e assegurar a estabilidade da relação contratual, reconhecendo, ao mesmo tempo, a mutabilidade como um elemento essencial nos contratos de longa duração. É crucial não adotar uma visão ingênua — ou possivelmente influenciada por interesses externos — que considere a matriz de riscos como um instrumento inflexível e imutável, desconsiderando as mudanças nas circunstâncias e na própria composição dos envolvidos no contrato.

Mas voltando à questão contratual, vale reiterar que, para lidar com a incerteza e a adaptabilidade dos contratos em curso, é essencial incluir cláusulas de ajuste regular que permitam revisões periódicas, para refletir mudanças nas condições econômicas e regulatórias. Ademais, a criação de painéis de revisão contratual pode garantir que os termos do contrato sejam reavaliados regularmente, considerando as mudanças no ambiente externo e interno. A modelagem de cenários também deve ser utilizada para prever possíveis impactos futuros e preparar ajustes proativos nos contratos.

A concepção e estruturação contratual (*design* contratual) são elementos determinantes para assegurar a eficácia e a sustentabilidade dos contratos de longo prazo. O sucesso desses contratos depende de uma abordagem que reconheça a complexidade inerente à sua execução, caracterizada por não linearidade, incertezas e a necessidade de contínua adaptação às mudanças contextuais. Assim, um desenho contratual eficaz deve prever mecanismos dinâmicos que permitam ajustes proativos e responsivos, alinhados com os interesses das partes e as condições de mercado em constante evolução.

Priorizar um *design* contratual robusto, fundamentado em princípios de flexibilidade e governança adaptativa, é uma estratégia mais eficiente do que a mera dependência de consultorias externas. Estas, muitas vezes, oferecem soluções baseadas em métricas rígidas e pontuais, sem uma compreensão profunda da dinâmica relacional e processual subjacente ao contrato.

Além disso, a construção e a preservação da confiança entre os contratantes não podem ser negligenciadas, mesmo após a celebração do contrato. A confiança é um ativo intangível essencial para a cooperação e a resolução ágil de conflitos. Sua manutenção exige uma governança relacional eficaz, sustentada por práticas como workshops conjuntos, programas de capacitação contínua e iniciativas de integração entre as equipes envolvidas. Relatórios periódicos sobre o andamento do contrato e a identificação proativa de potenciais riscos e desafios são medidas que favorecem um ambiente de transparência e comprometimento mútuo, contribuindo para o êxito da relação contratual no longo prazo.

3.1 Como adaptar os contratos administrativos de longo prazo?

Já vimos que o contrato quando assinado estabelece um "gap de expectativas" que deve ser mantido ao longo da execução contratual. Portanto, sob esse enfoque, o equilíbrio passa a ser um *cálculo que estabiliza expectativas*. As maneiras de equilibrar os contratos administrativos podem se dar de maneira endógena ou exógena a esses contratos, e neste texto nos restringiremos à primeira delas. Endogenamente, estamos falando de mecanismos intracontratuais de reequilíbrio, que chamaremos de Teoria do Barquinho Klink; *Shock absorber* e *tractors*, bem como a renegociação entre as partes.

A assinatura de um contrato formaliza uma relação que, inevitavelmente, incorpora um "gap de expectativas" entre as partes envolvidas. Esse hiato decorre das complexidades inerentes às projeções futuras, das assimetrias informacionais e das incertezas presentes em contratos de longo prazo. Assim, *a busca pelo equilíbrio contratual pode ser compreendida como um esforço contínuo de alinhamento e estabilização dessas expectativas ao longo da execução do contrato.*

Sob essa perspectiva, o equilíbrio não deve ser visto apenas como uma equação financeira estática, mas como um processo dinâmico de ajustamento progressivo às condições mutáveis do ambiente contratual. Os mecanismos para alcançar esse equilíbrio podem ser classificados em duas grandes categorias: **endógenos**, que derivam dos próprios dispositivos contratuais e da interação entre as partes, e **exógenos**, que resultam da intervenção de fatores externos, como decisões regulatórias ou mudanças de mercado.

Os mecanismos endógenos de reequilíbrio contratual incluem tantos dispositivos estruturados dentro do próprio contrato — aos quais nos referimos como o "Teorema do Barquinho Klink" — quanto a renegociação entre as partes. O "Teorema do Barquinho Klink" sugere uma abordagem adaptativa, baseada na ideia de pequenos ajustes incrementais e contínuos, que permitem ao contrato manter sua navegabilidade mesmo diante de turbulências inevitáveis. Já a renegociação se apresenta como uma ferramenta estratégica para a readequação mútua dos interesses, exigindo um alto grau de cooperação, transparência e flexibilidade por parte dos contratantes. Portanto, uma compreensão aprofundada desses mecanismos endógenos é essencial para garantir não apenas a viabilidade econômica do contrato, mas também sua capacidade de resistir às incertezas e manter a estabilidade ao longo de sua execução.

Os mecanismos exógenos, ao seu turno, seriam métodos alternativos de resolução de disputas ou ainda decisão de um terceiro verificador, como judiciário ou tribunais de contas, quer seja em processos administrativos ou judiciais ou mesmo no que se convencionou chamar de consensualismo.

Do ponto de vista de equilíbrio endógeno, a primeira opção é criar mecanismos no próprio contrato para estabilizar os choques exógenos. Em outras palavras, criar "amortecedores de reequilíbrio" (*shock absorbers*) para suportar as pressões que incidirão sobre o contrato.

Os mecanismos exógenos, por sua vez, representam uma abordagem externa à dinâmica contratual, englobando métodos alternativos de resolução de disputas, como mediação, arbitragem e a atuação de órgãos de controle, tais como o Judiciário e os Tribunais de Contas. Essas instâncias podem atuar tanto em processos administrativos quanto judiciais, e até mesmo no contexto do chamado consensualismo, onde a busca pela solução amigável dos conflitos é privilegiada. Contudo, tais mecanismos exógenos, embora relevantes, frequentemente implicam custos adicionais, prolongamento do tempo de resolução e riscos de interferências externas que podem comprometer a flexibilidade do contrato.

Sob a ótica do equilíbrio endógeno, a prioridade deve ser a criação de dispositivos contratuais capazes de absorver choques e preservar a sustentabilidade do contrato frente às pressões exógenas, como as decorrentes da reforma tributária recém-aprovada. Nesse sentido, a implementação de mecanismos de reequilíbrio deve ser concebida a partir da lógica dos chamados *shock absorbers* (amortecedores de impacto) e *tractors* (tracionadores), conforme proposto por Nóbrega e Lobo.[73]

[73] LOBO, Filipe; NÓBREGA, Marcos. Shock absorber, traction e equilíbrio dinâmico dos contratos: pela necessidade de modos adaptativos, não lineares e informados por sistemas complexos para o reequilíbrio contratual. *Revista Brasileira de Direito Público – RBDP*, Belo Horizonte, ano 22, n. 86, p. 33-57, jul./set. 2024.

Os *shock absorbers* funcionam como amortecedores internos ao contrato, projetados para atenuar os impactos de eventos inesperados e turbulências de curto prazo. Eles operam por meio da flexibilização de cláusulas financeiras, da inclusão de gatilhos automáticos de reequilíbrio e da adoção de métricas ajustáveis de desempenho. Dessa forma, tais mecanismos garantem que oscilações conjunturais, como mudanças tributárias e variações de demanda, não comprometam imediatamente a estabilidade econômico-financeira do contrato.

Por outro lado, os *tractors* atuam de forma proativa e adaptativa, fornecendo tração ao contrato ao longo do tempo. Esses mecanismos visam assegurar a capacidade contínua de adaptação às condições mutáveis do ambiente econômico e regulatório. A lógica dos *tractors* pressupõe uma governança contratual orientada por indicadores dinâmicos, revisões periódicas dos termos do contrato e um processo decisório colaborativo, envolvendo mecanismos de diálogo estruturado entre as partes. Eles permitem ajustes incrementais e progressivos, evitando a necessidade de reequilíbrios drásticos ou renegociações traumáticas.

A distinção entre esses dois conceitos é essencial para uma abordagem mais sofisticada do equilíbrio contratual. Enquanto os *shock absorbers* garantem uma resposta reativa e contingencial a eventos adversos, os *tractors* operam como vetores estratégicos de longo prazo, direcionando o contrato para a sustentabilidade e resiliência diante das incertezas inerentes aos contratos administrativos de longa duração.

Dessa maneira, a correta articulação entre *shock absorbers* e *tractors* dentro do contrato permite a construção de um modelo de equilíbrio dinâmico, que não apenas responde aos desafios conjunturais, mas também orienta o contrato rumo a um cenário de eficiência adaptativa. Assim, torna-se possível reduzir a dependência de mecanismos exógenos de resolução de disputas e fortalecer a autossuficiência contratual na gestão de riscos e incertezas.

Assim, a abordagem baseada nesses dois elementos — **absorção de choques e tração adaptativa** — possibilita que o contrato mantenha sua funcionalidade e eficácia ao longo do tempo, ajustando-se progressivamente às transformações do ambiente regulatório e econômico, sem comprometer a segurança jurídica ou a estabilidade das relações contratuais.

Incorporar cláusulas de flexibilidade e adaptação é fundamental para permitir ajustes ao longo do tempo sem a necessidade de renegociação completa do contrato. Assim, os dispositivos de *shock absorbers e tractors* são mecanismos que se inserem no chamado "Teorema do barquinho Klink", consignado no trabalho pioneiro de Nóbrega, Turolla e Veras.[74] Segundo os autores, um contrato de longo prazo sofre tantos impactos ao longo do tempo que é impossível que ele não se desequilibre. O mesmo ocorre com um pequeno barco que resolve atravessar o oceano. Impossível será esse barco navegar incólume à dimensão do oceano, com ondas imensas e toda sorte de intempéries. Esse barco inevitavelmente capotará.

Assim aconteceu com Amir Klink[75] em sua pioneira travessia do oceano atlântico em 1984, que teve a diligência de construir um barco com um centro de gravidade tal que quando capotasse por contas das ondas, rapidamente se desviraria, possuindo um mecanismo interno de lastro que assim permitia fazê-lo.

A travessia pioneira do Atlântico Sul realizada por Amyr Klink em 1984 representa um marco não apenas na navegação, mas também um exemplo paradigmático de como a compreensão equivocada de um problema poderia ter resultado em soluções catastróficas. Inicialmente, Klink encarava o desafio com uma abordagem tradicional: projetar uma embarcação que resistisse às intempéries oceânicas, tentando evitar a capotagem a todo custo. Esse enfoque, contudo, baseava-se em uma premissa equivocada — a de que era possível enfrentar diretamente as forças implacáveis do oceano com resistência estrutural isolada, sem considerar a inevitabilidade de certos eventos extremos.

Foi apenas com a contribuição do engenheiro naval José Carlos Belford Furia, formado pela Escola Politécnica da Universidade de São Paulo (Poli-USP), que a verdadeira natureza do problema foi compreendida de forma mais sofisticada. Furia demonstrou que, em vez de lutar contra as forças da natureza, a solução mais eficaz seria aceitá-las e integrá-las ao projeto da embarcação. Assim, propôs um *design* inovador que incorporava um centro de gravidade estrategicamente posicionado e um sistema interno de lastro, permitindo que, ao sofrer inevitáveis capotagens, o barco retornasse automaticamente à sua posição de navegação, garantindo a segurança da travessia.

Essa reavaliação do problema evitou um fracasso potencial e transformou um risco crítico em uma solução engenhosa, provando

---

[74] NOBREGA, Marcos; TUROLLA, Frederico; VERAS, Rafael. Contratação incompleta de projetos de infraestrutura. Disponível em: https://www.researchgate.net/publication/372401108_Contratacao_incompleta_de_projetos_de_infraestrutura. Acesso em: 03 jun. 2024.

[75] KLINK, Amir. *100 dias entre o céu e o mar*. São Paulo: Companhia de Bolso, 2005.

que um erro de diagnóstico inicial poderia ter levado a uma abordagem ineficaz e, possivelmente, desastrosa. Essa lição é particularmente relevante para o campo do reequilíbrio econômico-financeiro dos contratos de longo prazo, onde uma compreensão inadequada dos desafios pode resultar em soluções rígidas, ineficazes e até mesmo prejudiciais ao equilíbrio do contrato.

A inclusão de cláusulas de flexibilidade e adaptação nos contratos de longo prazo é essencial para viabilizar ajustes contínuos, sem que seja necessária uma renegociação completa, garantindo assim a estabilidade da relação contratual frente às incertezas e mudanças inerentes ao ambiente econômico e regulatório.

A metáfora do barquinho Klink ilustra essa realidade ao comparar a trajetória de um contrato de longo prazo com a travessia de um pequeno barco pelo oceano. Assim como a embarcação enfrenta ondas gigantescas, ventos imprevisíveis e condições meteorológicas adversas que desafiam sua estabilidade, o contrato também precisa lidar com mudanças econômicas, políticas e institucionais que o pressionam constantemente.

Diante disso, Nóbrega, Veras e Turolla defendem que, sem mecanismos de adaptação contínua, qualquer contrato, por mais bem estruturado que seja, acabará por enfrentar crises que exigirão soluções corretivas. A aplicação do "Teorema do Barquinho Klink" sugere que os contratos devem ser projetados com dispositivos que permitam ajustes incrementais e proativos, assegurando resiliência e evitando rupturas abruptas que poderiam comprometer sua execução e objetivos estratégicos.

Portanto, adotar mecanismos contratuais que contemplem essa perspectiva adaptativa não apenas melhora a governança dos contratos, mas também fortalece sua capacidade de resistir às pressões do ambiente externo, promovendo a sustentabilidade e a perenidade das obrigações pactuadas.

Nos contratos administrativos de longa duração, frequentemente se adota uma visão mecanicista e estática, que busca preservar o equilíbrio original diante de um ambiente em constante mudança. Assim como no caso do barco de Klink, essa abordagem pode se revelar inadequada diante da complexidade e imprevisibilidade do contexto econômico, político e regulatório. Insistir em um modelo contratual inflexível, que não reconhece a necessidade de adaptação, pode levar a litígios, inexecuções e perdas financeiras para todas as partes envolvidas.

Inspirando-se na abordagem de Furia, adotada por Klink, os contratos de longo prazo devem ser estruturados com mecanismos internos de ajuste e resiliência, permitindo que se adaptem às mudanças inevitáveis ao longo do tempo. Cláusulas de revisão periódica, matrizes de risco dinâmicas e modelos de governança colaborativa funcionam como os "sistemas de lastro" dos contratos, absorvendo impactos externos e garantindo sua estabilidade mesmo diante de turbulências econômicas e políticas.

Tal racional se aproxima do que Nassim Nicholas Taleb[76] denomina de "antifrágil", que é precisamente a "propriedade singular de nos permitir lidar com o desconhecido, fazer coisas sem compreendê-las — e fazê-las bem. De forma diferente do resistente ou do robusto, que suportam choques sem mudar, o antifrágil melhora com eles. Esse traço está na biologia, na evolução, na cultura e nos sistemas econômicos: é o segredo do sucesso e da sobrevivência em um mundo incerto".

Portanto, a experiência de Klink ilustra uma verdade essencial: interpretar equivocadamente um problema pode resultar em soluções ineficazes ou até catastróficas. Da mesma forma, a concepção de contratos de longo prazo exige uma compreensão profunda das forças que atuam sobre eles e a incorporação de mecanismos adaptativos que garantam sua sustentabilidade e equilíbrio ao longo do tempo.

É necessário, portanto, criar mecanismos internos que "desvirem" o contrato e permitam que este retome a trajetória de equilíbrio sem traumas e com baixos custos de transação. A propósito, a completa definição do Teorema do Barquinho Klink está assim definida:

> *Teorema do Barquinho Klink (TBK):
>
> Em ambiente não Arrow Debreu, com limitada existência de mercados líquidos de cobertura de determinados riscos, em ambiente não ergódico e de racionalidade limitada dos agentes, na vigência de falhas de mercado típicas de assimetria informacional e de questões de propriedade, o sistema de incentivos vigente levará à contratação *ex ante* de concessões de longo prazo se houver flexibilidade da renegociação contratual no caso da materialização dos cenários econômicos mais adversos ao contrato.

[76] TALEB, Nassim Nicholas. *Antifrágil*: coisas que se beneficiam com o caos. Rio de Janeiro: Objetiva, 2013.

Portanto, de que maneira esses "reequilibradores" internos poderiam ser efetivamente materializados? Uma solução viável seria a implementação de *gatilhos de reequilíbrio*, dispositivos contratuais concebidos para promover ajustes automáticos e periódicos, por exemplo, em intervalos de cinco anos. Esses mecanismos funcionam como **pontos de verificação estruturados**, permitindo que os contratos sejam recalibrados de forma sistemática em resposta a alterações nas condições econômicas, tecnológicas e regulatórias.

A introdução desses gatilhos proporciona uma abordagem proativa na gestão contratual, reduzindo a necessidade de renegociações complexas e evitando que pequenos desvios acumulados ao longo do tempo se transformem em desequilíbrios críticos. Além disso, a periodicidade estabelecida confere previsibilidade e segurança tanto para o contratante quanto para o contratado, promovendo um ambiente de maior estabilidade e adaptabilidade.

Ao incorporar tais mecanismos, os contratos de longo prazo podem funcionar de maneira mais resiliente, ajustando-se continuamente às mudanças do ambiente externo e mantendo sua viabilidade e alinhamento com os objetivos estratégicos das partes envolvidas.

É bem verdade que o Teorema do barquinho Klink revolucionou a maneira como pensamos e tentamos reequilibrar contratos de longo prazo. O jurista tradicional procura apenas entender o formalismo contratual e não compreende que o contrato sempre é um mecanismo para alinhar incentivos; repartir riscos e distribuir informação entre as partes.

No debate sobre o estudo de Nóbrega, Veras e Turolla, algumas críticas sugerem que as ideias apresentadas não são novas e não trazem contribuições substanciais aos fundamentos do equilíbrio econômico-financeiro dos contratos administrativos.[77] No entanto, essa visão desconsidera o verdadeiro propósito do estudo: fornecer um embasamento teórico robusto para práticas que os operadores de infraestrutura em especial e aqueles que gerem contratos de longo prazo já efetivam, mas que carece de sustentação acadêmica para avançar em práticas mais eficazes. A realidade do controle sobre esses contratos, por exemplo, ainda sofre com a falta de instrumentos teóricos

---

[77] PORTUGAL RIBEIRO, Mauricio. Comentários ao estudo sobre contratação incompleta de projetos de infraestrutura publicado por Nóbrega, Véras e Turolla. Agência Infracast, 31/07/23. Disponível em: https://agenciainfra.com/blog/infradebate-comentarios-ao-estudo-sobre-contratacao-incompleta-de-projetos-de-infraestrutura-publicado-por-nobrega-veras-e-turolla/.

adequados para decisões que reflitam a complexidade dos contratos, o que torna o estudo uma peça fundamental para suprir essa lacuna.

Aqueles que rechaçam novidades sofrem do mal de ignorar a relevância da vasta literatura internacional já existente e em franco desenvolvimento. Tal literatura fornece supedâneo aos argumentos trazidos por Nóbrega, Veras E Turolla, que pode ser encontrada no texto em questão. Um exemplo, entre muitos, dessas vertentes teóricas, é apresentado no livro *The Economics of Contracts: Theories and Applications*, de Eric Brousseau e Jean-Michel Glachant.[78] Ali é possível demonstrar que os pontos defendidos por Nóbrega, Veras e Turolla são respaldados por um arcabouço teórico robusto e amplamente reconhecido na literatura econômica. Ao afirmar que os conceitos apresentados pelo Teorema do barquinho Klink não são inovadores, os críticos ignoram o papel fundamental das teorias de contratos incompletos e custos de transação no aprimoramento da governança contratual em infraestrutura. Entretanto, pode-se ainda afirmar que essas vertentes de literatura vêm na verdade inovando, ao construir, sob alicerces sólidos, visões robustas sobre a realidade contratual das concessões e parcerias público-privadas.

Além disso, a abordagem da epistemologia do equilíbrio discutida por Nóbrega, Veras e Turolla encontra respaldo na teoria econômica ao reconhecer que contratos não são mecanismos puramente determinísticos, mas sim construções sociais sujeitas a revisões constantes. Conforme exposto por Hart,[79] a alocação de direitos de decisão e incentivos deve ser flexível, permitindo ajustes estratégicos à medida que o ambiente econômico evolui. Assim, a distinção entre equilíbrio axiomático e não axiomático proposta pelos autores é uma extensão legítima dos desafios contratuais modernos.

Outro ponto central que reforça a pertinência do estudo de Nóbrega, Veras e Turolla é o argumento de que a administração pública, o poder judiciário, alguns tribunais de contas e órgãos de controle ainda operam com base em paradigmas tradicionais. Brousseau e Glachant mostram como a teoria de contratos incompletos desafia os modelos mecanicistas clássicos, ressaltando a necessidade de uma

78 BROUSSEAU, Eric; GLACHANT, Jean-Michel (ed.). *The Economics of Contracts: Theories and Applications. Cambridge: Cambridge University Press, 2004.*

79 HART, Oliver. Norms and the theory of the firm. *In:* BROUSSEAU, Eric; GLACHANT, Jean-Michel (eds.). *The Economics of Contracts: Theories and Applications.* Cambridge: Cambridge University Press, 2004. p. 180-192.

visão institucional e adaptativa. O próprio conceito de incompletude contratual, destacado ao longo da obra, indica que os instrumentos de controle e regulação vêm aperfeiçoando seu ferramental para lidar com as complexidades do mundo real, reforçando a relevância do estudo ao apresentar um *framework* estruturado para tal finalidade.

Outro questionamento recorrente nas críticas ao texto de Nóbrega, Veras e Turolla se refere à alegação de que as limitações da racionalidade, as falhas de mercado e as assimetrias de informação já fazem parte do senso comum dos especialistas em contratos. Mas, afinal, o que pode ser considerado senso comum? Quem são esses especialistas? E onde estão as evidências concretas que sustentam essa afirmação? A realidade é que não há uma bibliografia nacional robusta que consolide essas premissas, e as decisões administrativas e judiciais frequentemente refutam tais teorias, aplicando uma abordagem tradicional e mecanicista aos contratos de longo prazo. *Tal esforço de consolidação, mais do que qualquer intenção de inovar radicalmente, é a principal contribuição do estudo. O objetivo dos autores não é modificar o pensamento vigente, mas sim explicá-lo.* Com isso, busca-se elucidar as razões pelas quais os contratos são concebidos de determinada maneira e, a partir dessa compreensão, proporcionar uma abordagem mais crítica e fundamentada. O estudo em questão, com seu Teorema do Barquinho Klink, não só preenche essa lacuna, mas também oferece um ferramental mais adequado para compreender e lidar com as incertezas e complexidades dos contratos de infraestrutura.

Também se questiona a aparente falta de clareza sobre os conceitos de equilíbrio axiomático e não axiomático abordados no estudo. Contudo, o texto apresenta uma discussão epistemológica aprofundada, explorando desde a visão mecanicista tradicional até a concepção de um equilíbrio adaptativo, flexível e aberto a renegociações e autocomposições. Essa abordagem se contrapõe ao paradigma tradicional, propondo uma evolução teórica alinhada às novas realidades e desafios dos contratos administrativos de longo prazo.

As críticas formuladas ao estudo em questão demonstram uma compreensão limitada de sua proposta e, em grande medida, revelam uma resistência à evolução e adaptação do pensamento jurídico e econômico no âmbito da infraestrutura. Assim, os questionamentos dirigidos ao "Teorema do Barquinho Klink" não parecem reconhecer a contribuição teórica significativa que o conceito oferece. A alegação de que os princípios abordados já integram o "senso comum" carece de embasamento sólido, considerando a ausência de uma bibliografia nacional consistente e a contínua aplicação de modelos ultrapassados pelas instâncias de controle. Dessa maneira, o estudo não apenas apresenta uma abordagem mais sofisticada, como também preenche uma lacuna relevante na literatura e na prática contratual brasileira no setor de infraestrutura.

Não seria o caso de discutir a incidência dos 25% de alterações qualitativas, em contratos de concessão, o que seria, no atual quadrante, rebarbativo. O art. 22 da Lei nº 13.448/2017 já bem endereçou o tema, a despeito do vezo dos órgãos de controle em não o aplicar em âmbito estadual e municipal. Claro que isso não significa romper com bases que foram licitadas (*v.g.* transformar um contrato de rodovias em um contrato de transporte metroferroviário de passageiros); permitir renegociações permeadas por oportunismos e assimetria de informações. Ou mesmo fomentar práticas corruptivas. Afinal, não se desconhece os estudos empíricos internacionais, que dão conta das ineficiências produzidas, por renegociações realizadas, em contratos de concessão, em um ambiente que não é permeado pela pressão competitiva.

Ademais disso, não se pode desconsiderar que a necessária abertura contratual para as renegociações, sugere que serão atraídos, para as licitações, licitantes mais idôneos, já que eles, *ex ante*, reconhecem que não executarão o contrato, nas mesmas bases licitadas, caso ele se torne inexequível pela materialização de um evento deste porte. De outro lado, a tese aqui defendida mostra-se adequada, a endereçar o formato de contratação pública brasileira, que é lastreado na lógica "pegar ou lagar", em um modelo no qual os licitantes devem aderir a um contrato que terá vigência por 30, 40 anos. É dizer, como não é permitido que o poder público apresente um menu de contratos de concessão aos licitantes, o que serviria para que eles tivessem incentivos para a revelação de informações, sugere-se que o regime de renegociações experimental, em situações de incerteza, produzirá melhores contratações para o próprio poder público.

Feitas essas observações sobre o Teorema do Barquinho Klink, cabe continuar analisando ideias inovadoras que apresentam aderência teórica com essas novas propostas que apresentamos.

Outra ideia é permitir o Reequilíbrio Cautelar, como instituído na legislação do Estado de São Paulo.[80] Essa abordagem permite

---

[80] BARCELOS, Marco Aurélio. Reequilíbrio em concessões: o barquinho em apuros precisa desvirar rápido. Disponível em: https://www.jota.info/opiniao-e-analise/artigos/reequilibrio-no-contratos-de-concessao-o-barquinho-em-apuros-precisa-desvirar-27102023?non-beta=1. Acesso em: 03 jun. 2024.

ajustes preventivos nos contratos em resposta a eventos que possam desequilibrá-los. Os reequilíbrios cautelares atuam como uma medida proativa para evitar crises contratuais, permitindo uma resposta rápida a choques exógenos antes que causem danos significativos aos contratos.

Nesse sentido, a Resolução nº 19 da Secretaria de Parcerias em Investimentos do Estado de São Paulo (29/5/23), estabelece critérios lógicos para o reequilíbrio cautelar dos contratos e prevê que essa medida corresponderá a 80% do impacto estimado do desequilíbrio. Essa Resolução Nobrega 19/23, conforme disposto nos incisos do art. 3º, determina que a **avaliação** da medida cautelar de reequilíbrio será obrigatória quando se constatar:

(i) risco de comprometimento da continuidade do serviço público, inclusive por comprometimento da solvência da concessionária, ou de vencimento antecipado ou de aceleração de vencimento de compromissos contratados com financiadores; ou

(ii) indicativo de subsistência de saldo regulatório em vista do prazo contratual remanescente; ou

(iii) desequilíbrio econômico-financeiro com projeção de impacto significativo. As métricas para determinar o impacto envolvem a aferição de custos adicionais ou de perda de arrecadação bruta.

O artigo 6º dessa mesma resolução, por sua vez, observa que, após ter sido recebida a manifestação de que trata o artigo 5º da resolução, ou transcorrido o prazo indicado nesse dispositivo sem que tenha sido apresentada, o Secretário de Parcerias em Investimentos do Estado de São Paulo, com base nas melhores informações disponíveis, decidirá sobre a aplicação de medida cautelar de mitigação de desequilíbrio econômico-financeiro, a qual será obrigatória nas hipóteses em que, cumulativamente:

I – a ocorrência do evento de desequilíbrio tenha sido definitivamente reconhecida pelo órgão competente ou possa ser presumida, nos termos do §2º do artigo 3º dessa resolução;

II – for possível a adoção de alguma das medidas cautelares previstas nas alíneas "c" ou "d" do inciso III do artigo 2º dessa resolução;

III – não houver comprovada indisponibilidade dos recursos para o cumprimento das obrigações orçamentárias e financeiras do Estado ou para a preservação da autonomia financeira da agência reguladora responsável pela fiscalização da execução do contrato.

Dessa forma, *o instituto do reequilíbrio cautelar é prova inconteste da viabilidade da Teoria do Barquinho Klink e certamente esse mecanismo deve se espraiar para vários tipos de contratos como instrumento para amortizar os efeitos adversos sobre os contratos de longo prazo.*

Assim, tanto os gatilhos de reequilíbrio quanto os reequilíbrios cautelares funcionam como amortecedores contratuais. Eles absorvem choques exógenos e mantêm a estabilidade dos contratos, permitindo ajustes contínuos e adaptativos em resposta às mudanças no ambiente externo. Esses mecanismos garantem que os contratos permaneçam viáveis e eficazes ao longo do tempo, mesmo diante de incertezas e variabilidades.

Outra possibilidade para permitir o reequilibro endógeno desses contratos é promover a renegociação entre as partes, que certamente acontecerá com bastante frequência. Nesse ponto, no entanto, alguns aspectos devem ser considerados.

Em primeiro lugar, como pontuamos acima, provavelmente não haverá um único ponto de equilíbrio, mas vários equilíbrios, que serão delimitados pelos valores estabelecidos pelos contratados e o contratante (e possivelmente controle) quando do início da renegociação (espaço X-Y-Z, na Figura 1). Os resultados encontrados nas simulações de contratos podem ser vistos como **pontos focais**, elementos de ancoragem em torno dos quais há múltiplos equilíbrios. Esses pontos focais delimitam o espaço onde a barganha, a renegociação, a arbitragem e a ação do controle ou a prestação jurisdicional devem se desenrolar. Eles delimitam os possíveis pontos de equilíbrio que as partes contratantes, os tribunais de contas e o poder judiciário podem considerar ao buscar soluções para manter a viabilidade dos contratos. Nesse ambiente de renegociação é possível que haja algum tipo de **vetor de equilíbrio**, sinalizando que o equilíbrio aceitável mais se aproxima de uma proposta X, Y ou Z.

3.2 Renegociação e reequilíbrio econômico-financeiro

Uma alternativa para viabilizar o reequilíbrio endógeno desses contratos é fomentar a renegociação entre as partes, um processo que, inevitavelmente, ocorrerá com frequência. No entanto, é essencial considerar alguns aspectos nesse contexto.

Conforme destacado anteriormente, é improvável a existência de um único ponto de equilíbrio. Em vez disso, há múltiplos equilíbrios delimitados pelos valores estabelecidos pelas partes contratantes (e, possivelmente, pelo controle) no início da renegociação, representados pelo espaço X-Y-Z na Figura 1. Os resultados das simulações contratuais podem ser interpretados como pontos focais, atuando como âncoras em torno das quais diferentes equilíbrios podem se formar.

Esses pontos focais definem o espaço dentro do qual ocorrem a barganha, a renegociação, a arbitragem, a atuação dos órgãos de controle e a prestação jurisdicional. Eles estabelecem os possíveis pontos de equilíbrio que as partes contratantes, os tribunais de contas e o poder judiciário podem considerar ao buscar soluções para garantir a viabilidade dos contratos. Nesse contexto de renegociação, pode emergir um vetor de equilíbrio, indicando que a solução mais aceitável se aproxima de uma das propostas X, Y ou Z.

A renegociação de contratos enfrenta diversos desafios, sendo talvez o principal deles o risco de *moral hazard*, que ocorre quando uma das partes age de forma oportunista, ciente de que os custos serão suportados pela outra.

No contexto de contratos de infraestrutura de longo prazo, o conceito de *hold-up* refere-se à situação em que uma das partes — geralmente a iniciativa privada — se aproveita da assimetria de informações ou de seu poder de barganha para buscar renegociações contratuais que lhe sejam favoráveis. Muitas vezes, isso ocorre em prejuízo da outra parte, normalmente uma entidade pública.

O *hold-up* está intimamente ligado a práticas oportunistas, nas quais a parte privada tenta extrair benefícios adicionais após o início da execução do contrato. Isso pode incluir aumentos de preços, redução nos investimentos ou revisões contratuais não previstas inicialmente. Como consequência, a eficácia dos projetos pode ser comprometida, resultando em custos mais elevados e resultados subótimos devido à falta de responsabilização e às assimetrias informacionais.

Embora o oportunismo privado seja frequentemente destacado, ele não é o único risco nesses contratos. O comportamento oportunista pode ocorrer também por parte das autoridades públicas ou de terceiros, influenciando as renegociações e afetando o equilíbrio contratual.

Nos contratos de longo prazo, o oportunismo privado ocorre quando o operador busca renegociar as condições contratuais para ampliar seus lucros, explorando a assimetria de poder de negociação em relação à parte pública. Essa vantagem decorre de sua maior expertise, controle de informações e disponibilidade de recursos. A fragilidade da parte pública, especialmente em entidades de menor porte, agrava essa assimetria. A falta de conhecimento técnico e habilidades gerenciais compromete a supervisão eficaz dos contratos, facilitando a ocorrência de práticas oportunistas.

Para mitigar o risco de *moral hazard*, é essencial a adoção de mecanismos rigorosos de supervisão e monitoramento, que aumentem a transparência e garantam a responsabilização das partes pelo cumprimento de suas obrigações. Além disso, a criação de incentivos bem estruturados, alinhados aos interesses de ambas as partes, pode minimizar comportamentos oportunistas e fortalecer o compromisso com o sucesso a longo prazo do projeto.

Apesar de potencialmente prejudicial à parte pública, a ameaça de retirada do parceiro privado frequentemente leva à aceitação de renegociações, comprometendo a eficiência e os benefícios da competição na concessão de contratos de longo prazo.

O oportunismo, como vimos, não se restringe ao setor privado. Autoridades públicas também podem utilizá-los para fins alheios à eficiência econômica, como a obtenção de vantagens eleitorais, a postergação de restrições orçamentárias de curto prazo ou o favorecimento de determinados grupos. Por outro lado, há casos em que agentes públicos evitam o oportunismo para preservar ou construir a reputação do governo ou de um político incumbente, o que pode funcionar como um mitigador relevante do *moral hazard*. Evidências apontam a existência de *ciclos políticos na renegociação de contratos de longo prazo*, especialmente em períodos eleitorais, quando se observa manipulação de preços e concessões que visam aumentar as chances de reeleição.

Caso não seja possível estabelecer mecanismos internos e endógenos de reequilíbrio, torna-se necessário recorrer a *soluções exógenas*, como arbitragem, consensualismo, atuação dos tribunais de contas ou mesmo intervenção do Poder Judiciário. Esses mecanismos, no entanto, apresentam grande complexidade e diversas especificidades, que exigem análises mais detalhadas em outro estudo.

4 A Instrução Normativa nº 33/24 da ANTT sobre reequilíbrio de contratos: aderência a novas teorias do reequilíbrio dos contratos de longo prazo

Uma importante inovação recente sobre o reequilíbrio econômico dos contratos, especificamente sobre os contratos de concessão rodoviária, foi estabelecida pela Instrução Normativa nº 33, de 14 de novembro de 2024 (IN nº 33/24), publicada pela Agência Nacional de Transportes Terrestres (ANTT). Esse diploma normativo revoluciona a maneira como podemos reequilibrar contratos administrativos de longo prazo e demonstra aderência a muitos conceitos teóricos que apresentamos nesse texto. Mais especificamente, a IN nº 33/24 trata dos procedimentos para *a tutela do equilíbrio econômico-financeiro* dos contratos de concessão de rodovia e para a aplicação de *medidas mitigadoras de desequilíbrios em contratos de concessão rodoviária* sob gestão da ANTT.

Vamos centrar nossa análise nos capítulos V e VI da IN nº 33/24, que tratam respectivamente da recomposição do equilíbrio e das medidas mitigadoras de desequilíbrio econômico-financeiros.

Assim, o art. 18 da IN nº 33/24 inaugura a regulamentação sobre recomposição do equilíbrio de contratos de concessão de rodovias. Antes, porém, a IN define o conceito de *recomposição* como os ajustes necessários para restabelecer o equilíbrio econômico-financeiro do contrato de concessão, quando há alteração dessa relação em função de eventos previstos ou imprevisíveis (art. 4º, V). Assim, a recomposição seria um restabelecimento da estabilidade do contrato. Nesse sentido, quando a IN nº 33/24 fala de evento previstos ou imprevisíveis está se reportando, em primeiro momento, a evento previsíveis de consequências incalculáveis e na sequência a eventos imprevisíveis.

O artigo 18 da IN nº 33/24 estabelece um rol de medidas que podem ser tomadas com o fito de reequilibrar o contrato, sendo essa lista exemplificativa, considerando que o contrato pode dispor de maneira diferente. São elas:

I – alteração do valor da tarifa de pedágio;
II – alteração do prazo da concessão;
III – aporte público;
IV – modificação de obrigações contratuais;
V – alteração da localização ou inclusão de praças de pedágio ou pórticos de fluxo livre;
VI – estabelecimento ou remoção de cabines de bloqueio; e
VII – transferência ou retenção de valores utilizando o mecanismo de contas da concessão

O §3º do artigo 18 da IN nº 33/24 também estabelece que a escolha do mecanismo de recomposição será realizada pela Diretoria Colegiada da ANTT, a partir de análise e sugestão da Superintendência de Infraestrutura Rodoviária (Surod), com base em critérios técnicos e financeiros, incluindo:

I – a extensão e a natureza do desequilíbrio econômico-financeiro;

II – a viabilidade técnica e econômica das alternativas de recomposição;

III – o impacto sobre os usuários, incluindo a modicidade e a equidade tarifária;

IV – a conformidade com as cláusulas contratuais e a matriz de riscos; e

V – a capacidade de minimizar os impactos negativos e maximizar os benefícios para a concessão e para a sociedade.

Até aqui nenhuma novidade, e a IN nº 33/24 segue os cânones da sistemática de reequilíbrio econômico-financeiro estabelecida pela Administração pública em diversos órgãos pelo país. No entanto, algumas observações são importantes. Em primeiro momento, cumpre observar o conceito de equilíbrio econômico-financeiro estabelecido no art. 4º, I, saber: "a relação entre encargos e vantagens contratuais mantida ao longo da execução do contrato, observada a matriz de alocação de riscos". Vê-se que para fins de equilíbrio contratual, devemos considerar a matriz de risco com proxy, como ancora, para esse procedimento. Aliás, esse entendimento volta ao §3º, inciso IV, do artigo 18.

Ocorre, no entanto, como discutimos anteriormente que a matriz de risco costuma ser elaborada de maneira estática, consignada com probabilidade subjetiva e errada compreensão da diferença de risco e incerteza. Assim, como acreditamos que essa matriz de risco pode mudar com o passar do tempo, cremos que fiar o reequilíbrio apenas na matriz de risco é equivocado e inútil. A matriz de risco é um elemento importante (fundamental!) para a discussão do reequilíbrio, mas a sua mutabilidade no longo prazo apresenta novos desafios a enfrentar.

Observa-se que o rol estabelecido no §3º do artigo 18 da IN nº 33/24 é desafiador. Isso vai demandar certamente novas tecnologias jurídicas e quantitativas para aferir esses desequilíbrios. Como argumentamos *ad nauseam* neste texto, os fatores são correlacionados e dinâmicos, e aferir, cravar, um ponto de equilíbrio é muito difícil, senão impossível. Esse rol do art. 18 deve, portanto perseguir a "estabilização de expectativas" dos contratantes, dentro do conjunto de informações que as partes dispõem no momento da proposição do reequilíbrio.

Nesse sentido, andou bem o art. 21 da IN nº 33/24 ao dispor que, em qualquer hipótese, a forma de recomposição poderá ser negociada entre ANTT e Concessionária, desde que sejam observadas as diretrizes estabelecidas pela Agência e as disposições contratuais vigentes. Diz ainda, que quando não houver negociação, caberá à ANTT justificar a(s) modalidade(s) de recomposição escolhida(s).

Essa regra do art. 21 é importante e deve ser analisada em conjunto com o art. 18. Como vimos que o elenco do artigo 18 é exemplificativo, abre-se a possibilidade de ampla negociação entre a concessionaria e a ANTT para encontrar a melhor maneira de estabilizar o contrato.

Nesse ponto, a IN nº 33/24 parece se preocupar mais com a *centralidade do contrato*, tentando encontrar melhores maneiras de viabilizar a manutenção da avença. Nesse ponto, portanto, a IN vai além do tradicional reequilíbrio econômico-financeiro e adota o conceito mais amplo de "equalização contratual" sendo gênero do qual o reequilíbrio econômico é espécie. A equalização, portanto, procura encontrar meios de preservar a viabilidade econômico-financeira do contrato.

A jurisprudência recente do TCU, especialmente no Acórdão nº 1.996/2024-Plenário, relativa à solicitação de solução consensual (SSC) formulada pela ANTT, demonstra a admissibilidade da equalização contratual. O caso envolveu a concessão da rodovia Eco101, assinada em abril de 2013, para a exploração de 478,7 km da BR-101 no Espírito Santo, cuja execução dos investimentos enfrentava dificuldades operacionais e financeiras, levando à solicitação de relicitação.

A solução consensual proposta buscava viabilizar investimentos imediatos, e a discussão sobre a possibilidade de modificação substancial do contrato foi enfrentada pelo TCU. Nos termos do Acórdão, o Tribunal reconheceu que ajustes contratuais, com a inclusão e exclusão de investimentos, são naturais e previstos na regulamentação, devendo a tarifa ser recalculada de maneira a preservar o equilíbrio econômico-financeiro.

Ademais, a orientação predominante no STJ reforça que a vinculação ao edital não é um princípio absoluto, mas sim instrumental, devendo ser respeitada na medida em que o núcleo essencial do contrato seja preservado.[81]

A discussão também abordou a questão da isonomia em relação aos concorrentes do certame original, que poderiam alegar que alterariam suas propostas caso soubessem das possíveis modificações contratuais. O TCU concluiu que as mudanças conjunturais e exógenas que impactaram o contrato afetariam qualquer concessionária que assumisse o empreendimento.

---

[81] RECURSO EM MANDADO DE SEGURANÇA Nº 48.584 – MS (2015/0144374-1). Disponível em: https://www.stj.jus.br/websecstj/cgi/revista/REJ.cgi/MON?seq=108123594&tipo=0&nreg=201501443741&SeqCgrmaSessao=&CodOrgaoJgdr=&dt=20200331&formato=HTML&salvar=false

Diante disso, o TCU reconheceu a necessidade de modernização e adaptação do contrato, consolidando o conceito que defendemos nesse texto de **equalização contratual** como um mecanismo essencial para assegurar a viabilidade dos investimentos e a continuidade dos serviços públicos. Essa abordagem, conforme a IN nº 33/2024 da ANTT, demonstra um alinhamento regulatório e jurídico com as melhores práticas de gestão de contratos de concessão.

É nessa perspectiva da equalização contratual *que esses dispositivos da IN nº 33/24 devem ser interpretados.*

O normativo da ANTT trata (capítulo VI) das Medidas Mitigadoras de Desequilíbrio econômico-financeiro que são conceituadas no inciso III do art. 4º da referida instrução normativa, a saber: "*Medidas Mitigadoras de Desequilíbrios Econômico-Financeiros – MMDEF*: ações temporárias e provisórias, adotadas em regime excepcional, com o objetivo de minimizar os impactos financeiros negativos em contratos de concessão de rodovias, visando recompor, ainda que de maneira transitória, o equilíbrio econômico-financeiro do contrato".

Em primeiro lugar, vê-se o caráter temporário e provisório dessas medidas, visando atenuar, mitigar, os impactos do desequilíbrio. Isso é importante porque o contrato tem, na verdade, uma natureza dinâmica e a todo tempo oscila tendendo seu equilíbrio para esse ou outro determinado ponto. As medidas mitigadoras chancelam a ideia dos pontos focais de equilíbrio, considerando que intervenções de equilíbrio podem ser feitas em caráter precário para manter a dinâmica do contrato dentro da "banda de expectativas" que as partes assentiram quando da assinatura do contrato.

As MMDEF podem ser divididas em duas espécies: o Reequilíbrio Parcial de Natureza Cautelar e; b) o Reequilíbrio Parcial Baseado em Evidência.

O Reequilíbrio Parcial de Natureza Cautelar é conceituado na IN nº 33/24 como medida mitigadora destinada a evitar danos maiores ao equilíbrio contratual e à prestação dos serviços concedidos, aplicável quando há urgência e risco significativo à continuidade e qualidade dos serviços. Sendo assim, a medida cautelar deve ser concedida depois que o contrato já se encontra desequilibrado e a continuidade dessa situação levaria ao agravamento da prestação de serviço, prejudicando a concessionaria e o usuário do serviço.

Mais adiante, explicita quais as características e critérios para utilizar esse equilíbrio cautelar, *in verbis*:

> Art. 23. O Reequilíbrio Parcial de Natureza Cautelar será aplicado quando houver necessidade urgente de mitigar impactos financeiros na concessão, com medidas destinadas a evitar danos maiores ao fluxo de caixa e à prestação dos serviços concedidos.
>
> §1º A Medida de Reequilíbrio Parcial de Natureza Cautelar poderá ser adotada quando forem atendidas, cumulativamente, as seguintes condições:
>
> I – Existência de elementos que evidenciem a probabilidade do direito da concessionária;
>
> II – Risco de dano ou perigo à continuidade e qualidade da prestação dos serviços concedidos; e
>
> III – impacto financeiro estimado do evento ou do conjunto de eventos de desequilíbrio superior a 2% (dois por cento) da receita tarifária bruta do último exercício financeiro auditado da concessionária.
>
> §2º A Medida de Reequilíbrio Parcial de Natureza Cautelar é excepcional e deve ser justificada detalhadamente, com indicação dos motivos da urgência e dos riscos envolvidos.
>
> §3º Não será promovido o Reequilíbrio Parcial de Natureza Cautelar quando houver perigo de irreversibilidade dos efeitos da medida adotada, devendo ser observado o disposto no art. 28, §2º desta norma.

Conforme se vê no §1º, a medida cautelar não pode ser banalizada e para tanto o dispositivo determina que ela somente poderá ser concedida se congregar três circunstâncias:

> *I – Existência de elementos que evidenciem a probabilidade do direito da concessionária;*
>
> *II – Risco de dano ou perigo à continuidade e qualidade da prestação dos serviços concedidos; e*
>
> *III – impacto financeiro estimado do evento ou do conjunto de eventos de desequilíbrio superior a 2% (dois por cento) da receita tarifária bruta do último exercício financeiro auditado da concessionária.*

O inciso I só pode tratar da presença do vetusto conceito de *fumus boni juris*, ou seja, uma chance razoável de que a demora em resolver a questão possa trazer um dano irreparável à parte. Também deve estar presente o *periculum in mora*, também consagrado como elemento constitutivo e *rationale* para a concessão de medidas acautelatórias (II). O último requisito é considerar que o(s) evento(s) ensejador(es) do desequilíbrio somente poderá(ão) possibilitar a concessão da medida acautelatório se os prejuízos à concessionaria forem superiores ao limite de 2% da receita tarifária bruta do último exercício financeiro auditado do concessionário.

Esse último requisito é novidadeiro para o procedimento. O mais difícil, já intuímos, é provar que o desequilíbrio provocou (ou pode provocar) prejuízo além dos 2% requeridos na norma. Como já vimos neste texto, o grande problema em pleitos de reequilíbrio é conseguir provar, comprovar, ou mesmo, estimar o valor do desequilíbrio. Claro que em sede precária, como é a seara cautelar, não há necessidade de cálculos meticulosos, mas simplesmente a dúvida razoável que o montante é robusto e que a manutenção do estado de coisas levará a prejuízos irreversíveis à execução do contrato. Ademais, como já vimos aqui mesmo nesse texto, a grande dificuldade é cravar um valor peremptório para o desequilíbrio, em razão mesmo da dinâmica própria dos contratos de longo prazo. Assim, mais uma vez reafirmamos que o montante (principalmente em sede cautelar) apresentado pelo contratado é apenas um dos pontos focais a partir dos quais as barganhas e as decisões definitivas sobre o pleito serão baseadas.

Acho que a IN nº 33/24 da ANTT foi feliz na estipulação dos requisitos para concessão de medida cautelar de reequilibro. Malgrado já sabemos que é difícil definir um valor para o desequilíbrio, um percentual mínimo certamente estabelece um norte, um parâmetro para a proposição do contratado e para decisão da Agência Reguladora, no caso, a ANTT.

O §2º do artigo IN nº 33/24 da ANTT estabelece que a Medida de Reequilíbrio Parcial de Natureza Cautelar é excepcional e deve ser justificada detalhadamente, com indicação dos motivos da urgência e dos riscos envolvidos. Essa regra é despicienda porque a medida tem sempre natureza precária, cautelar, só podendo ser acolhida em casos de urgência comprovada.

Já o §3º da referida IN estabelece que não será promovido o Reequilíbrio Parcial de Natureza Cautelar quando houver perigo de irreversibilidade dos efeitos da medida adotada. Essa norma é importante, mas pode ser de difícil aplicação prática, principalmente porque a concessão da medida cautelar se dará mediante intelecção de *fumus bonis juris* e *periculum in mora*, o que pode anuviar o entendimento do decisor sobre os impactos e possível reversibilidade mais à frente. De qualquer forma, ganha ponto a ANTT ao consignar tal regra em seu normativo, chamando a atenção para os impactos que a medida irá acarretar.

A grande novidade da IN nº 33/24 é o Reequilíbrio Parcial Baseado em Evidência, que é conceituado como medida mitigadora aplicada quando o direito ao reequilíbrio é incontroverso ou está em condições de reconhecimento imediato, mas a definição do valor de reequilíbrio requer procedimentos complexos e prolongados (art. 4º, VII).

Aqui é um pouco diferente do reequilíbrio cautelar já visto. Isso porque no Reequilíbrio Parcial Baseado em Evidência (RPBE) não há dúvida sobre o desequilíbrio do contrato, mas sim sobre o seu montante, o que poderá demandar apurações demoradas e custosas. Assim, o Reequilíbrio Parcial Baseado em Evidência tem total aderência à realidade do contrato e é medida engenhosa para resolver problemas urgentes de execução contratual. Isso porque o Reequilíbrio Parcial Baseado em Evidência parte do pressuposto de que há grande dificuldade de "cravar" um valor para o desequilíbrio do contrato. Há um sem-número de variáveis envolvidas — comportamentos estratégicos dos agentes; *moral hazard; lock in contratual;* assimetria de informação — que impacta a mensuração do valor do desequilíbrio.

Vê-se, portanto, que a ideia de Reequilíbrio Parcial Baseado em Evidência se coaduna com a noção de múltiplos pontos focais que desenvolvemos nesse texto. Em uma dimensão mais sofisticada, também vimos o conceito de atratores que existem em sistemas dinâmicos que determinam seu comportamento de longo prazo. Como nos lembra Farmer,[82] devido à resistência do ar, um pêndulo eventualmente chegará a um estado de repouso. Esse tipo de comportamento é associado a um *atrator de ponto fixo*, pois o sistema converge para um único estado estável e definitivo. No entanto, quando consideramos sistemas mais complexos, como um relógio de pêndulo, o comportamento se altera. Nesse caso, o pêndulo é mantido em movimento por uma mola que o impulsiona. Enquanto a mola estiver ativa, o pêndulo oscila para frente e para trás com uma frequência consistente. O atrator, nesse caso, não é um ponto fixo, mas sim um *ciclo limite*, um padrão repetitivo e fechado: ao observar a posição *versus* velocidade do pêndulo, o gráfico traça um círculo que se repete continuamente.

Ao transportar essa lógica para contratos de concessão de longo prazo, percebemos que eles não se comportam de forma linear nem apresentam atratores do tipo ponto fixo. Diferentemente de sistemas simples que convergem para um equilíbrio único e estático, contratos de longo prazo estão sujeitos a dinâmicas não lineares, caracterizadas por incertezas,

---

82 FARMER, *op. cit.*, p. 42.

renegociações e adaptações constantes. Esses contratos não evoluem para um estado estável único; em vez disso, comportam-se como sistemas dinâmicos que oscilam ao redor de diferentes equilíbrios temporários, moldados pelas interações entre fatores econômicos, políticos e sociais. *Assim, o "atrator" desses contratos não é um ponto fixo, mas um padrão dinâmico, onde ajustes periódicos e contextuais são necessários para manter a viabilidade do acordo.*

Mais à frente (art. 24, §1º), é dito que a aplicação do Reequilíbrio Parcial Baseado em Evidência será autorizada apenas nos casos em que a determinação do valor do reequilíbrio demande um procedimento de maior complexidade. Essa implementação está condicionada à capacidade da ANTT de definir um valor estimado para o reequilíbrio futuro, que será posteriormente ajustado ao término do processo administrativo principal de recomposição. Essa regra é corolário lógico do *caput* do art. 24, muito embora — repetimos — o fenômeno que se apresenta nesses contratos complexos é o de múltiplos equilíbrios.

É importante lembrar que o uso do instrumento de Reequilíbrio Parcial Baseado em Evidência não pode ser banalizado. Não se dará, portanto, para todo e qualquer tipo de pedido de reequilíbrio. A aplicação do Reequilíbrio Parcial Baseado em Evidência será de caráter excepcional (art. 24, §2º), sendo admitida apenas nos casos em que o prazo para a apuração definitiva do reequilíbrio seja prolongado e o valor envolvido seja significativo. Essa medida busca mitigar os impactos na tarifa e garantir a estabilidade e a modicidade tarifária, permitindo ajustes futuros após a conclusão do processo principal de recomposição.

O prazo para a análise da admissibilidade do pedido de RPBE é de até 60 (sessenta) dias, enquanto as fases de análise técnica e decisão pela Diretoria Colegiada da ANTT deverão ser concluídas em até 180 (cento e oitenta) dias (art. 17). Em casos de maior complexidade, que exijam análises adicionais ou mais aprofundadas, esses prazos poderão ser sucessivamente ampliados por períodos de até 90 (noventa) dias, desde que haja justificativa técnica devidamente fundamentada. Além disso, eventuais prorrogações ou o decurso dos prazos estabelecidos no art. 17 serão considerados na avaliação da necessidade de aplicação do Reequilíbrio Parcial Baseado em Evidência.

Por óbvio, não seria razoável exigir da ANTT prazos peremptórios, sobremodo quando se está lidando com processos complexos que demanda vultosos valores. Cautela e prudência bem se coadunam com prazos mais amplos de análise. Andou bem a IN nº 33/24 nesse ponto.

Em seguida, no art. 25, *caput*, a IN nº 33/24 determina que as medidas destinadas a mitigar desequilíbrios econômico-financeiros (Reequilíbrio Parcial de Natureza Cautelar e o Reequilíbrio Parcial Baseado em Evidência) possuem *caráter precário e provisório*, não configurando um direito adquirido pela concessionária, estando sujeitas à reversão por decisão da Diretoria Colegiada da ANTT e somente podendo ser implementadas mediante acordo mútuo entre as partes. Essa é a característica básica das medidas mitigadoras do desequilíbrio, diante de dúvida razoável, permitir que o contrato continue funcionando e gerando seus efeitos econômicos. Aliás — repetimos — essas medidas são importantes porque mantêm o contrato vivo e se baseiam na moderna ideia de centralidade do contrato.

Já o §2º do referido dispositivo está assim consignado: "No pedido, a Concessionária deverá declarar expressamente sua adesão às normas desta Instrução Normativa, reconhecer o caráter precário e reversível das medidas, admitir que tais medidas não constituem direito adquirido, e *comprometer-se a não pleitear, em qualquer foro judicial ou tribunal arbitral, a concessão de medidas liminares, tutelas de urgência ou antecipações de tutela* que, de qualquer forma, busquem obstar eventual decisão da Agência que reverta as medidas concedidas" (grifo nosso). Cremos que tal medida, em sua parte final, é desarrazoada, ademais, com lembra Reistofer,[83] tal medida é inconstitucional porque, conforme o autor: "Se nem mesmo a lei pode excluir "da apreciação do Poder Judiciário lesão ou ameaça a direito" (art. 5º, inc. XXV, da CF), muito menos o regulamento poderia fazê-lo".

Concordo plenamente com o autor, ademais nesse caso estamos diante de um problema de oportunismo contratual, ou *hold-up*, porque a ANTT, ao determinar essa regra, força a concessionaria a renunciar a um direito constitucionalmente assegurado tendo como contrapartida a sobrevivência do contrato. Trata-se, portanto, de um problema de *hold-up ex ante*, porque desloca-se do *locus* da renegociação contratual (o que é comum) e caracteriza-se como um critério para o conhecimento do pedido da concessionária da medida mitigadora do equilíbrio.

[83] REISDOFER, Guilherme. A Instrução Normativa 33/2024 da ANTT e os reequilíbrios cautelares e de evidência para concessões rodoviárias. Agência INFRA. Disponível em: https://agenciainfra.com/blog/opiniao-a-instrucao-normativa-33-2024-da-antt-e-os-reequilibrios-cautelares-e-de-evidencia-para-concessoes-rodoviarias/.

O art. 26 trata do tramite do pedido, observando que após o seu recebimento e a instauração do processo, a Surod realizará uma análise técnica conclusiva, fundamentando sua decisão pelo deferimento da medida ou pelo indeferimento sumário do pedido. O prazo para essa análise será de 60 (sessenta) dias, podendo ser prorrogado, de forma justificada, por mais 30 (trinta) dias. No §1º desse artigo é dito que o Superintendente poderá solicitar informações necessárias à análise do pleito às gerências da Surod, acerca de elementos como:

I – o reconhecimento do direito ao reequilíbrio contratual ou a presença das condições para o imediato reconhecimento, no caso de Reequilíbrio Parcial Baseado em Evidência, ou a probabilidade do direito, no caso de Reequilíbrio Parcial de Natureza Cautelar;

II – a viabilidade de obtenção de valores estimados do reequilíbrio e o grau de confiabilidade dessa estimativa;

III – o tempo necessário estimado para a conclusão do processo principal de reequilíbrio;

IV – os possíveis impactos econômico-financeiros, positivos ou negativos, do ponto de vista dos usuários e da prestação adequada dos serviços, da aplicação da medida mitigadora de desequilíbrio pleiteada; e

V – os mecanismos mais adequados de recomposição do equilíbrio econômico-financeiro do contrato de concessão.

Cumpre lembrar que o Superintendente da ANTT tem a prerrogativa de pedir quaisquer esclarecimentos sobre os pleitos propostos. Nesse sentido, o rol consignado no §1º do art. 26 resta exemplificativo. No inciso I, há prerrogativa de solicitar informações sobre o direito envolvido na concessão do Reequilíbrio e a presença dos elementos de *fumus boni juris* e *periculum in mora* para a o Reequilíbrio Parcial Baseado em Evidência e para o Reequilíbrio Parcial de Natureza Cautelar. Esse talvez seja o mais sensível aspecto da tramitação do pedido, o acolhimento da ideia de urgência, de emergência, da centralização do contrato como âncora da relação econômica.

Outro ponto é a solicitação sobre a viabilidade de obtenção de valores estimados do reequilíbrio e o grau de confiabilidade dessa estimativa. Já vimos (e revimos) nesse texto que tal estimativa é muito difícil, sobretudo em sede preliminar, cautelar. É claro que se o Superintendente pedir um número, o terá. Isso porque, sobretudo em sede acautelatória, não há certeza se haverá um, nenhum ou vários equilíbrios e, dessa forma, o Superintendente tem que ter a consciência que *a função do Reequilibro cautelar* **é estabilizar as expectativas dos agentes**, *e o número acertado é apenas o proxy para essa estabilização.*

O inciso III também faculta ao Superintendente da ANTT tomar ponto de situação dos potenciais impactos econômico-financeiros, favoráveis ou desfavoráveis, considerando tanto a perspectiva dos usuários quanto a adequada prestação dos serviços, decorrentes da aplicação da medida mitigadora de desequilíbrio solicitada. Essa medida é salutar para dar ciência das externalidades positivas ou negativas que a medida acautelatória pode ensejar.

Por fim, embora não menos importante, pode o dirigente máximo da Agência Reguladora tomar ciências dos mecanismos mais adequados de recomposição do equilíbrio econômico-financeiro do contrato de concessão. Como as opções são diversas, cabe uma análise sempre acurada sobre cada um deles.

O §2º do artigo 26 estabelece requisitos que devem ser avaliados pela Surod para a necessidade da emissão de *Reequilíbrio Parcial de Natureza Cautelar*. Em primeiro lugar (inciso I), deve ser avaliado o impacto nas contas da concessionária, incluindo a geração de fluxo de caixa livre negativo; comprometimento dos indicadores financeiros ou impacto em dívidas financeiras. Isso é importante porque a concessionária tem que subsidiar quantitativamente o pedido para demonstrar a emergência da concessão da medida e, se isso não se der, o irreversível prejuízo que acarretará. Claro, que estamos aqui em sede acautelatória, e novos documentos devem ser acostados aos autos mais à frente, para formar juízo sobre um possível reequilíbrio definitivo.

Além disso, o pedido feito a Surod deve evidenciar o momento contratual (inciso II), ou seja, o estágio de execução em que se encontra o contrato. Isso é importante especialmente quando houver grandes investimentos programados e possivelmente impactados pela medida. Essa regra é importante porque, como vimos, a trajetória do contrato provavelmente não é linear, e as expectativas dos agentes e seu comportamento estratégico mudam com o passar do tempo. O estágio em que se encontra o contrato é fundamental para entender o vetor do equilíbrio em direção de valores ofertados pelo concessionário; poder concedente e também agência reguladora. Ou em termos mais complexos, o atrator que demonstra o comportamento dinâmico do contrato.

Por fim, dentro dos elementos que subsidiarão a Surod para o deferimento da cautelar (inciso III), temos a continuidade e qualidade dos serviços, avaliando o risco de interrupção ou degradação dos serviços prestados aos usuários. Isso é importante e tem o viés consequencialista, bem no espírito do art. art. 21 do LINDB (Lei nº 13.655/18), a saber: "A decisão que, nas esferas administrativa, controladora ou judicial, decretar a invalidação de ato, contrato, ajuste, processo ou norma administrativa deverá indicar de modo expresso suas consequências jurídicas e administrativas".

Se porventura houver a manifestação favorável à medida cautelar, a Surod elaborará proposta de deliberação à Diretoria colegiada, com o seguinte conteúdo (art. 28):

I – descrição completa do pleito de reequilíbrio principal formulado pela Concessionária, bem como do andamento atualizado do processo principal de recomposição.

Isso demonstra o ponto de situação do contrato e do seu pedido de reequilíbrio cautelar. Essa análise deve ser acompanhada das tratativas contidas no processo principal de recomposição. Por obvio, quando uma medida definitiva for concedida, aquilo decidido e deferido na medida cautelar deverá ser levado em consideração para fins de ajustes e compensações.

II – Indicação do cronograma estimado para a conclusão da análise definitiva do pleito de reequilíbrio, apontando as etapas passadas e as pendentes. Em termos de contratos complexos e incompletos como são os contratos de concessão, o tempo é um componente muito importante. Assim, é preciso que haja um "horizonte de planejamento" para dar segurança jurídica ao concessionário sobre a resolução definitiva das suas demandas.

III – opinião técnica sobre o pleito de aplicação da medida mitigadora. Esse é um ponto crucial da análise porque todos os fundamentos técnicos e jurídicos devem estar contidos aqui. Claro está que se trata de juízo perfunctório por ainda estarmos na seara de uma medida acautelatória.

IV – os valores a serem reequilibrados e a forma de implementação do reequilíbrio; aqui, mais uma vez, teremos um valor que deverá ser suficiente para "manter o contrato vivo".

Esse montante naturalmente será depurado quando da decisão meritória. Nesse ponto repisamos a tese dos "múltiplos equilíbrios" e que o valor acordado pelas partes será um elemento de "estabilização de expectativas". Se assim não for, se o controlador ou regulador assim não entender, corre-se o risco de infindáveis pelejas jurídicas em que ao mesmo tempo todos têm razão e nenhum tem.

V – a forma de reversão da medida, caso necessária, e da implementação de ajustes após a conclusão do processo administrativo principal de reequilíbrio econômico-financeiro do contrato.

Como sabemos, toda medida cautelar tem caráter precário e é necessário ter uma razoável noção das consequências da medida e da possibilidade de uma reversão, caso se constate mais adiante que a solução encontrada na medida acautelatória não foi a melhor a ser escolhida.

Também é importante lembrar, conforme dispõe o §1º desse artigo 27, que a manifestação da Surod poderá propor o acolhimento total ou parcial do pleito, ou propor ajustes no pedido formulado pela concessionária. O que é salutar e importante é que a Surod terá um papel de *double check* na solução encontrada, sendo capaz de ponderar, com base em critérios de razoabilidade e custo benefício, os limites e conteúdo final da medida acautelatória, a razoabilidade da medida.

Por fim, o §2º observa que caso exista risco de irreversibilidade da medida, a Surod poderá recomendar que a aplicação da medida mitigadora seja condicionada à apresentação de garantia pela concessionária. Medida que parece razoável, muito embora essa garantia deverá mais servir como elemento de *signaling* para mostrar que a concessionário está de boa fé e apresenta informações confiáveis do que uma medida de elevado valor. Ademais, lembremos que ao solicitar a medida de emergência, supõe-se que a sustentabilidade do contrato está em xeque e a solicitação de garantia não pode ser mais um elemento apto a estressar as finanças da concessionária.

Após a manifestação conclusiva da Surod, nos termos do art. 28, a Procuradoria Federal junto à ANTT (PF-ANTT) poderá ser consultada em caso de dúvidas de natureza jurídica.

Ao fim e ao cabo, a Diretoria Colegiada decidirá sobre a aplicação das medidas mitigadoras, levando em conta os pareceres técnico e jurídico apresentados, sem comprometer o andamento regular do processo administrativo principal de recomposição. A medida mitigadora aplicada *poderá ser revertida ou ajustada a qualquer tempo,* caso surjam novas informações, ocorra alteração nas circunstâncias que evidencie a ausência dos requisitos para sua aplicação ou se for constatada a falta de cooperação da concessionária na conclusão do processo administrativo principal de recomposição do equilíbrio econômico-financeiro do contrato (art. 30, §1º). Isso corrobora o caráter precário da medida, ao passo que novas informações e estudos forem sendo carreados aos autos, e novo juízo de valor pode ser formado, inclusive um juízo invalidatório.

No entanto, a ANTT não poderá "dar com uma mão e tirar com outra", ou seja, deve fazer um *due diligence* invalidatório, sobretudo, nos termos do art. 21 da LINDB, ponderando as consequências dessa nova medida. Em qualquer hipótese restará à concessionária o direito ao contraditório quanto ao mérito da medida. Isso é o que está disposto nos §2º ao §5º do art. 30, que determina que antes de qualquer decisão que reverta ou modifique a medida mitigadora, será garantido à concessionária o direito de se manifestar no prazo de 10 (dez) dias. As razões apresentadas, bem como eventuais documentos submetidos, serão devidamente considerados na decisão que determinar a reversão ou alteração da decisão precária. Caso a medida mitigadora seja revogada, revertida ou modificada, a concessionária poderá apresentar pedido de reconsideração no prazo de 15 (quinze) dias. Por fim, observar que se a decisão implicar a devolução de valores antecipados pela concessionária, estes serão corrigidos monetariamente e a devolução ocorrerá na próxima revisão tarifária após a decisão final.

O art. 32 observa que a medida mitigadora não poderá antecipar mais de 80% (oitenta por cento) do valor estimado do desequilíbrio econômico-financeiro em apuração no processo administrativo principal de recomposição, nem permitir o recebimento de recursos antes da efetiva materialização do impacto financeiro do evento de desequilíbrio.

Essa regra tem parelha com a Resolução nº 19 da Secretaria de Parcerias em Investimentos do Estado de São Paulo, de 29 de maio de 2023, estabelecendo critérios racionais para o reequilíbrio cautelar dos contratos, determinando que essa medida corresponderá a 80% do impacto estimado do desequilíbrio. Essa medida parece razoável, sobremodo porque estamos diante de medida precária, de natureza cautelar.

5 Conclusão

A necessidade de repensar o reequilíbrio econômico-financeiro dos contratos administrativos de longo prazo impõe o desenvolvimento de uma nova tecnologia jurídica, capaz de lidar com os desafios de um sistema contratual dinâmico, não linear, não ergódigo e aleatório. Os modelos mecanicista e axiomático que historicamente fundamentaram a ideia de equilíbrio nesses contratos revelam-se insuficientes para capturar a complexidade e a incerteza inerentes a relações de longo prazo.

A questão é epistemológica: enquanto o equilíbrio é frequentemente visto como uma força restauradora e previsível ou como uma verdade axiomática, ambas as abordagens são falaciosas, pois ignoram as mudanças de contexto, a assimetria informacional e os custos de transação. A busca por um único ponto de equilíbrio, tal como proposto pela teoria do equilíbrio geral de Arrow e Debreu, se mostra ineficaz para contratos incompletos e relacionais, nos quais os valores apresentados pelos agentes funcionam como pontos focais para renegociação e barganha ao longo do tempo.

A nova abordagem requer compreender o equilíbrio não como um ponto fixo, mas como um mecanismo de estabilização das expectativas dos agentes, permitindo adaptações diante da incerteza. A dinamicidade desses contratos exige um modelo de governança regulatória que favoreça soluções pragmáticas e flexíveis. Apesar da doutrina e da jurisprudência insistirem em paradigmas do passado, observa-se que agências reguladoras como a ANTT têm avançado na construção de um novo arcabouço, promovendo um diálogo permanente com os concessionários na busca por soluções eficazes.

A Instrução Normativa nº 33/24 da ANTT surge como um exemplo relevante desse movimento de adaptação institucional, pois incorpora medidas mitigadoras de desequilíbrio que ressoam com os conceitos apresentados neste estudo. Ao reconhecer a existência de múltiplos equilíbrios e a necessidade de mecanismos de aprendizado adaptativo, essa normatização aponta para um caminho mais alinhado às condições reais dos contratos de longo prazo.

Diante disso, o futuro da teoria do reequilíbrio econômico-financeiro exige uma revisão estrutural dos pressupostos clássicos, abraçando a complexidade e a incerteza como elementos centrais da modelagem contratual. Nessa trajetória, o desafio consiste em consolidar um modelo jurídico dinâmico, no qual a estabilidades das expectativas se dê não pela fixação de pontos arbitrários de equilíbrio, mas pelo desenvolvimento de instituições capazes de responder, com flexibilidade e pragmatismo, aos desafios do tempo.

Referências

ALBUQUERQUE, Caio Felipe. A matriz de riscos dinâmica: uma solução para incertezas contratuais. Disponível em: https://ronnycharles.com.br/a-matriz-de-riscos-dinamica-uma-solucao-para-incertezas-contratuais. Acesso em: 3 jun. 2024.

ANTONIADIS, Dimitris *et al.* Exploring Complexity in Construction Projects. In: *Project Management Advances, Training & Certification in the Mediterranean*, 29-31 maio 2008, Chios Island, Grécia.

ARAUJO, Fernando. *Introdução à economia*. 3. ed. Coimbra: Almedina, 2000.

BARCELOS, Marco Aurélio. *Reequilíbrio em concessões:* o barquinho em apuros precisa desvirar rápido. Disponível em: https://www.jota.info/opiniao-e-analise/artigos/reequilibrio-no-contratos-de-concessao-o-barquinho-em-apuros-precisa-desvirar-27102023?non-beta=1. Acesso em: 3 jun. 2024.

BIDERMAN, Ciro; ARVATE, Paulo (org.). *Economia do setor público no Brasil*. São Paulo: Elsevier, 2015.

BRANDÃO JUNIOR, Salvador Cândido. *Federalismo e ICMS:* Estados-membros em "guerra fiscal". São Paulo: Quartier Latin, 2010.

BRASIL. *Recurso Extraordinário n. 1.221.330 (Tema 1094)*. Brasília, 2020. Disponível em: https://portal.stf.jus.br/jurisprudenciaRepercussao/verAndamentoProcesso.

CONTRATAÇÃO INCOMPLETA DE PROJETOS DE INFRAESTRUTURA

Marcos Nóbrega[1]
Rafael Véras[2]
Frederico Turolla[3]

1 Introdução

O Direito Administrativo e a Economia dos Contratos de Infraestrutura vêm se defrontando com desafios nunca imaginados. A evolução dos contratos de longo prazo de Participação do Setor Privado (PSP) não vem dando lugar a relações tão estáveis quanto se gostaria. Mais que isso, o resultado prático dos projetos é a captura de rendas econômicas pelos parceiros contratuais. Por outro lado, a aplicação das teorias jurídicas e econômicas ao universo contratual não apresenta uma satisfatória capacidade preditiva sobre o andamento e o desfecho da vida contratual. Em consequência, o ordenamento jurídico e os órgãos de controle assumem pressupostos irrealistas e preveem padrões de resultados que não correspondem aos que se verificam na prática. Nesse contexto, a hipótese veiculada neste artigo é a de que as teorias convencionais vêm se mostrando ineficientes para endereçar o

---

1 Conselheiro Substituto do Tribunal de Contas de Pernambuco. Mestre e doutor em Direito pela UFPE. Visiting Scholar na Harvard School of Government; Harvard Law School e MIT.

2 Doutor e Mestre em Direito da Regulação na Fundação Getulio Vargas – FGV-RJ, além de possuir Especialização em Direito do Estado e da Regulação também pela FGV-RJ e em Direito Administrativo Empresarial pela Universidade Candido Mendes.

3 Doutor e Mestre em Economia de Empresas pela Fundação Getulio Vargas - SP (2005, 1999), com intercâmbio em *International Economics and Finance pela Brandeis University* (1997). Graduado em Ciências Econômicas pela Universidade Federal de Juiz de Fora. É sócio da consultoria econômica PEZCO Economics.

regime jurídico e econômico-financeiro dos projetos de infraestrutura, ensejando novos esforços teóricos.

Este ensaio tem como objetivo descrever, em sede teórica, um ambiente específico de contratação de serviço público de infraestrutura, buscando prever resultados *ex post* e antever comportamentos *ex ante* sob diferentes cenários de realização de estados da natureza. Essa estratégia metodológica serve ao propósito de organização da discussão, ao tratar analiticamente e de forma simplificada uma ampla gama de elementos de alta complexidade.

O alto nível de abstração aqui praticado é uma condição necessária para o devido distanciamento em relação às idiossincrasias de cada contrato do mundo real. Trata-se, portanto, de uma estratégia analítica útil para a compreensão dos problemas subjacentes e para a formulação de um *framework* que seja capaz de dar maior operacionalidade ao racional econômico-jurídico de contratos de infraestrutura.

No ambiente que se cogita neste artigo, qualquer semelhança com a realidade de algum país conhecido será mera coincidência ou fonte de inspiração — notadamente quanto à realidade brasileira. Isso porque, mesmo em um determinado país, a variedade setorial pode trazer óbices a qualquer associação, com qualquer realidade específica com a qual se queira confrontar o ambiente caracterizado neste artigo.

A estrutura lógica do artigo é sumariada na figura a seguir:

Figura 1 – Estrutura lógica do artigo

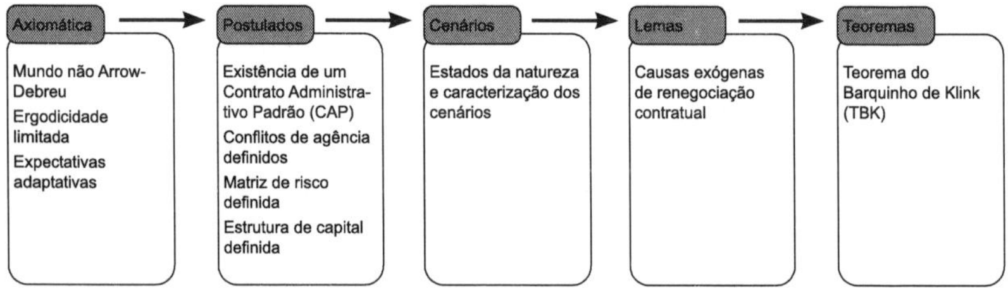

Lastreados nessa estrutura, o presente ensaio tem como objetivo uma contribuição concreta e específica para a teoria geral dos contratos incompletos de longo prazo, em países emergentes. Oferecemos, nesse sentido, uma contribuição teórica à discussão dos contratos administrativos de longo prazo, em jurisdições como a brasileira, sem nos restringirmos a esta, avaliando o sistema de incentivos que prevalece da licitação ao termo do contrato. Dada a sua natureza ensaística, o escrito se circunscreve aos aspectos teóricos, sem se vincular às especificidades casuísticas. Trata-se, portanto, de reflexão provocativa e construtiva, ora submetida ao bom debate acadêmico.

2 Delimitação dos contornos do mundo abstrato ergódico e do ambiente real-teórico

Em primeiro lugar, vamos descrever um paradigma de funcionamento da economia baseado no equilíbrio geral dos mercados, em ambiente ergódico e com relações contratuais ótimas. Esse paradigma ideal não dá conta das imperfeições do mundo real. Sua validade depende de condições práticas que serão relaxadas em seguida, criando a abstração de uma economia que respeita alguns dos principais desvios da realidade em relação ao equilíbrio geral pleno e automático dos mercados.

O paradigma do Mundo Arrow-Debreu (MAD)

Um ponto de partida para delimitar o regime dos contratos complexos é o modelo de mercados completos desenvolvido, nos anos cinquenta e sessenta por Kenneth Arrow e Gerard Debreu (Arrow e Debreu, 1954). De acordo com os autores, existiria um equilíbrio competitivo construído a partir de um conceito de uma economia abstrata que se tornou popular na teoria econômica. No modelo de equilíbrio geral originalmente apresentado por eles, todas as relações contratuais são ótimas e idênticas em termos de análise, a imposição é sempre perfeita e sem custos de transação salientes, e os contratos não apresentam nenhuma incompletude, gerando sempre resultados econômicos Pareto-eficientes.

Se os contratos firmados nesse ambiente são sempre eficientes, inclusive contribuindo para o atingimento da eficiência Pareto, eles não passam de indicadores por escrito do comportamento racional maximizador de cada agente. Na verdade, a contratação sob o MAD tem natureza endógena, e não exógena, ou seja, os contratos não têm capacidade de modificar o ambiente econômico, mas apenas surgem em resposta a comportamentos maximizadores de utilidade que resultam em pactos que conduzem à eficiência paretiana da economia.

Na linha de Turolla (2005), o paradigma do Mundo Arrow-Debreu (MAD) pressupõe a existência de mercados para o seguro de qualquer tipo de risco. Em um contexto de equilíbrio geral com essa característica, todos os indivíduos podem obter proteção total contra incertezas futuras. Todos os valores são expressos de forma que as decisões dos agentes econômicos levem plenamente em consideração os fluxos intertemporais.

O MAD não precisa necessariamente pressupor ergodicidade, mas os resultados econômicos são sempre obtidos como se os sistemas fossem ergódicos. Assim, é possível assumir que, no MAD, os agentes celebram contratos sob o pressuposto da ergodicidade, conceito relacionado à presença de sistemas dinâmicos invariantes.[4] Portanto, de acordo com o paradigma Arrow-Debreu, a hipótese principal é a de que estamos diante de uma economia governada por um processo estocástico ergódico. É dizer, a dinâmica de contratação se estabelece sob condições variantes, mas cujas variações podem ser antecipadas e os riscos presentes mitigados por contratos de proteção (*hedge*). Não há, dessa forma, incerteza no processo de contratação.

Imposições da realidade: relaxando o paradigma do Mundo Arrow-Debreu

Acontece que a observação da realidade fática sugere que os mercados e contratos não podem ser considerados completos nem perfeitos. Os desvios em relação a esse modelo são ainda mais evidentes em países em desenvolvimento. Por isso, os modelos do tipo Arrow-Debreu servem apenas como um paradigma preliminar base, a partir do qual pretende-se aportar circunstâncias mais realistas. Nesse quadrante, serão diferenciadas as características do Paradigma Arrow-Debreu (MAD) e Ambiente Real-Teórico (ART), como se depreende da ilustração colacionada:

Figura 2 – Comparação entre MAD e ART

Mundo Arrow-Debreu (MAD)	Ambiente Real-Teórico
Ergodicidade	Não ergodicidade
Expectativas racionais	Expectativas adaptativas
Seguros plenamente disponíveis	Oferta limitada de seguros

(continua)

4 Para uma análise do conceito de ergodicidade e sua aplicação na Teoria Econômica, ver Cattani (2019).

(continuação)

Mundo Arrow-Debreu (MAD)	Ambiente Real-Teórico
Elasticidade infinita da oferta de players	Mercado maduro de players
Contratos completos	Contratos incompletos
Informação plenamente disponível	Assimetria informacional
Propriedade sem indivisibilidades	Bens públicos, não rivais e monopólios naturais
Transações automáticas	Custos transacionais e ativos específicos
Oportunismo ausente	Oportunismo ausente

Fonte: Elaboração dos autores.

Como se pode depreender de tal ilustração, o Ambiente Real-Teórico (ART) é permeado por fricções transacionais, pela indeterminação dos direitos de propriedade, pela realização de diversas jogadas realizadas em contrato de logo prazo e por uma destacada assimetria de informações entre as partes. De fato, o ART não é ergódico. Nos contratos de longo prazo, não se pode falar em equilíbrio *ex ante*, com base na ideia de *pacta sunt servanda* (contratos completos), tendo em vista que essa ideia é baseada no elemento volitivo e se perde no momento T = 0. A partir daí, o contrato tem uma dinâmica própria, motivo pelo qual o retorno ao equilíbrio inicial é uma falácia, anulando o pressuposto da ergodicidade.

O ART é caracterizado pela incompletude contratual (HART, 2000). Em seu texto seminal *Incomplete Contracts and Control*, Oliver Hart discorre sobre a origem do seu pensamento a propósito dos contratos incompletos, bem como sobre os principais fundamentos de sua teoria. Contratos completos "são contratos onde tudo o que pode acontecer está escrito. Pode haver algumas restrições de incentivo decorrentes de risco moral ou informação assimétrica, mas não há contingências imprevistas". Nada obstante, a seu ver, os contratos reais não são assim, como os advogados já perceberam, há muito tempo. A partir disso, uma questão crucial em um contrato incompleto é saber quem possui o direito de decidir sobre as coisas que faltam no contrato, direito esse chamado de controle residual (*residual control*), ou direito de decisão (*decision right*). Neste ambiente, o contratado coloca no seu preço os "custos adaptativos".

Neste ensaio, estamos tratando de contratos complexos, incompletos e relacionais.

Conforme Nóbrega (2009), a incompletude decorre da impossibilidade (decorrente da racionalidade limitada) e dos elevados custos de transação de se tentar redigir um contrato completo. Nesse quadrante, costuma-se afirmar que os contratos de longo prazo possuem uma incompletude deliberada, o que é consistente com a estrutura do contrato aqui proposta. Adicionalmente, Marcos Nóbrega *et al.* (2009) asseveram que "Esses contratos relacionais são de longo prazo, podendo durar décadas, e têm uma relação distinta dos contratos de curto prazo, podendo ser descritos como jogos repetitivos". De acordo com os autores, "para esse tipo de relacionamento duradouro, existe ampla evidência sugerindo que os contratados e as autoridades públicas geralmente esperam uma certa quantidade de adaptações *ex post*, independentemente de quão bem o projeto foi planejado e executado". Egon Bockmann Moreira (2012) vai além, asseverando que "em tempos pós-modernos, nada mais adequado do que afirmar que a segurança advém da certeza da mudança".

Aqui, teremos os seguintes mercados incompletos devidamente caracterizados: ausência do mercado de seguro contra diversos riscos relevantes, notadamente: inexistência do mercado de seguro contra variação nas projeções macroeconômicas; e de seguros contra variações do PIB que impactam a demanda.

No ART, o mercado é maduro[5] tem *players* de várias naturezas para todos os itens relevantes (EPC, capital, operação, fornecedores etc.). Os *players* do mercado têm larga experiência e estão acostumados com processos de licitação de concessões, sendo um mercado que já tem um estoque importante de contratos. Essas características vão na linha de um mercado completo, o que é uma hipótese forte para o ART, que simplifica a análise, mas que precisaria ser relaxada em um ambiente real não teórico — o ambiente do Mundo Real (MR).

Em direção semelhante, para Oliver Williamson (2000), "as partes serão confrontadas com a necessidade de se adaptarem a perturbações imprevistas que surjam em razão de lacunas, erros e omissões no contrato original". De acordo com o autor, "os atores humanos não são

---

5 Maturidade aqui diz respeito à existência de um conjunto de players preparados e experientes em licitações de contratos de PSP no seu setor de atuação. O conceito alternativo de maturidade muitas vezes diz respeito a outras capacidades institucionais, como em Casady *et al.* (2019).

apenas confrontados com necessidades de adaptação ao imprevisto (por razão de racionalidade limitada), mas também afeitos a comportamentos estratégicos (por razão de oportunismo)". Assim é que, a seu ver, "nesse caso, os esforços devem ser no sentido da ordenação privada para conceber estruturas de governança, que sirvam para endereçar tais situações são desejáveis".

As expectativas dos agentes contratantes têm natureza adaptativa (AE, *adaptative expectations*). Os agentes não são intencionalmente racionais, mas limitados em termos de cognoscibilidade. Essa propriedade cognitiva influencia os estudos e as ofertas de lances dos *players* nos processos competitivos pelos contratos de longo prazo.

3 A caracterização analítica dos elementos práticos do ambiente real-teórico

Nesta seção, descemos um nível na caracterização do ART. Enquanto os grandes pressupostos (ergodicidade, completude contratual, expectativas racionais, entre outros) do MAD já foram relaxados, agora partimos para considerações sobre um elemento-chave do mundo por nós imaginado, ou seja, abordando a construção do Contrato Administrativo Padrão (CAP), o instrumento de longo prazo que regula as concessões no ART.

A formulação dos contratos: estruturação e condições de partida

É claro que, na prática, a Administração Pública está diante de um dilema: ou elabora uma licitação mais complexa, tentando extrair informação dos licitantes, ou empurra as tensões para a fase de execução contratual. Esses custos transacionais do processo licitatório são abstraídos neste ensaio. Ha um equilíbrio inicial nocional onde as partes têm assimetrias de informação e diferentes expectativas. Assim, o equilíbrio se dá quando as partes aceitam pactuar com um *gap* de expectativas, o que pressupõe assunção de riscos e, necessariamente, a presença de incertezas. O equilíbrio nocional seria algo como equilíbrio potencial do contrato, correspondendo a uma banda de expectativas dentro das quais as partes contratantes esperam que se insiram os comportamentos das suas contrapartes, ainda que tais expectativas estejam sujeitas a incerteza e, até mesmo, a um determinado nível de risco que se tolera assumir *ex ante*.

Em um sistema complexo, a tomada de decisão é difícil porque: não há um modelo apropriado para descrever a interação entre as variáveis do sistema; a distribuição de probabilidade não representa a incerteza sobre variáveis fundamentais do modelo; e como valorar os diversos cenários alternativos (processo bayesiano). Sob radical incerteza, os agentes econômicos não podem inferir: o contexto externo do sistema; como o sistema funciona e suas particularidades; e os possíveis *outcomes*.

Assimetrias informacionais, investimento em estudos, ergodicidade e seleção adversa

Na prática, a presença das assimetrias informacionais influencia até mesmo o investimento em estudos por parte dos potenciais licitantes, implicando um maior poder de influência do Concedente sobre as ofertas apresentadas pelos licitantes. O grau de investimento em estudos por parte de um licitante é uma *proxy* do seu perfil de risco: licitantes de tipo melhor realizam investimento adequado em estudos, normalmente refletindo também a sua aversão a risco (ou neutralidade frente aos riscos). Já os licitantes de tipo pior ("aventureiros") são os que subinvestem em estudos e apresentam propostas menos embasadas em estimativas consistentes, normalmente refletindo um perfil propenso ao risco (*risk lover*). Frequentemente, esse último tipo é o que atribui alta probabilidade de ocorrência de um comportamento de flexibilidade por parte do Poder Concedente nas negociações após a assinatura do contrato, ou seja, acredita no sucesso de pleitos de reequilíbrios econômico-financeiros ou de ajustes contratuais que reduzam suas obrigações ou aumentem seus ganhos relativamente ao cenário contratado.

É possível que a função de investimento em estudos, relativamente à complexidade do projeto (assimetria informacional envolvida), apresente um formato logístico para licitantes avessos ao risco. Isso porque os investimentos em estudos para projetos pouco complexos deverão se manter em um nível mínimo. A partir de um certo nível de complexidade, o investimento em estudos tende a aumentar sensivelmente. Níveis muito elevados de complexidade tendem a encontrar um teto de investimento em estudos.

Figura 3 – Relação teórica entre investimento em estudos e complexidade do projeto para licitantes risk-averse

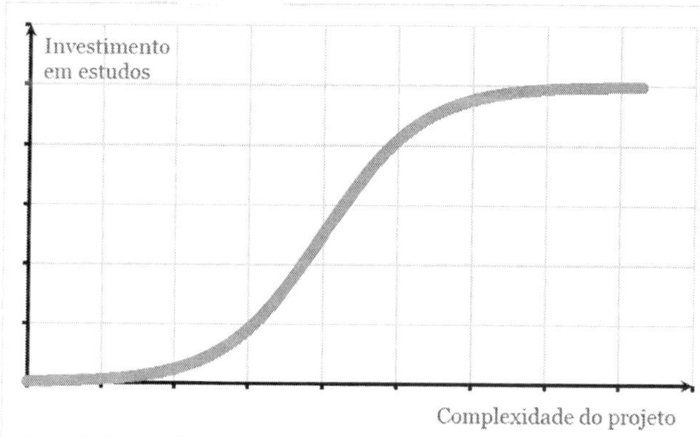

Fonte: Elaboração dos autores.

Outro aspecto da discussão é que os assessores técnicos e econômico-financeiros da estruturação de projetos do lado público frequentemente observam que há uma variedade de graus de uso pelo licitante vencedor dos estudos de viabilidade apresentados pela Administração Pública, quando esses são tornados públicos. Claramente o nível de assimetria informacional é relevante na avaliação desse grau de uso: para projetos tecnicamente mais desafiadores (projetos *greenfield* com engenharia sofisticada), a assimetria informacional é mais elevada. Para projetos *brownfield*, ou com soluções técnicas mais consolidadas e menos específicas ao caso, a assimetria informacional é relativamente mais modesta.

A figura a seguir ilustra como, na prática ou de forma típica, a relação entre assimetria informacional e o tamanho do contrato implica diferentes níveis de investimento em estudos por parte dos potenciais licitantes. Na construção dessa figura, é importante assumir licitante risco-neutro, ou seja, potenciais licitantes que fazem contas e avaliam racionalmente a sua participação em leilões na medida de sua capacidade e não se comportam como os do tipo "aventureiro". Níveis diferentes de propensão ao risco mudariam o próprio formato da curva de propensão ao investimento em estudos de cada licitante (gráfico apresentado acima), enquanto há elementos que apenas deslocariam a curva para um mesmo perfil de risco, havendo potenciais não linearidades relevantes nessa relação quando não há neutralidade em relação ao risco.

Figura 4 – Relação entre assimetria informacional (complexidade do projeto) e investimento privado em estudos, licitante avesso ao risco

Tamanho do contrato		
Revisão dos estudos é a base do contrato	Alto investimento em estudos	Assimetria informacional
Os próprios estudos são a base do contrato	Baixo investimento em estudos	

Fonte: Elaboração dos autores.

A figura acima ilustra a ideia de que, no caso particular de contratos pequenos, com elevada assimetria informacional, os estudos de viabilidade referenciais apresentados pela Administração Pública tendem a ser aproveitados pelos particulares como uma base da construção de sua proposta. Dessa forma, o nível de ergodicidade se torna ainda mais baixo, pois sequer os licitantes terão investido em seus próprios estudos, tomando por base os números que o estruturador propôs — sob hipóteses que admitem certo grau de discricionariedade metodológica em sua construção, refletido em premissas *ad hoc* que terão sido adotadas pelos assessores. Pode-se propor, portanto, que quanto menor o projeto, maior o desvio da realidade em relação ao MAD e até mesmo em relação ao ART, configurando um MR pouco ergódico para a maioria dos projetos.

Já em contratos grandes e com elevada assimetria informacional, o investimento em estudos será elevado por parte dos licitantes, gerando potencialmente ofertas mais responsáveis, o que poderia levar alguns analistas à proposição de que o ART teria uma validade mais efetiva, ou que o Direito Administrativo *mainstream* encontra mais aplicação — o que contestamos, pois a natureza das estimativas não permite a previsibilidade de resultados a partir do cálculo *ex ante* realizado para o leilão, admitindo também inúmeras premissas que não envolvem apenas riscos, mas também incertezas.

Ademais, ainda no caso de grandes projetos com assimetria informacional elevada, como já foi comentado acima, o problema aqui é distinto, de seleção adversa, que é na verdade outra manifestação da falha de mercado da assimetria informacional. Trata-se aqui de considerar a curva de aversão ao risco de cada licitante relativamente ao nível de assimetria informacional do projeto, e de prever quais licitantes serão efetivamente selecionados pela Administração Pública. Caso o objeto tenha sido precificado de forma agressiva (já contando com eficiências potenciais na fronteira do mercado subjacente), os licitantes mais eficientes poderão ficar no limite da decisão entre ofertar ou não ofertar, e eventualmente sairão do processo. Licitantes com maior propensão a risco e menor capacidade técnica poderão vencer o certame com base em estimativas agressivas relacionadas à prática do oportunismo pós-contratual. Isso enseja uma discussão sobre a seleção dos licitantes, relativamente às suas curvas de aversão ao risco típicas. As não linearidades presentes, portanto, implicam níveis de ergodicidade ainda mais complexos do que faria supor a teoria *mainstream* do Direito Administrativo, quando considera que os licitantes são capazes de antever as informações relevantes a custos economicamente razoáveis para a formulação de lances assertivos.

Instituições econômicas do capitalismo: a governança hierárquica dos contratos relacionais de longo prazo

Na lógica de Williamson (2012), as organizações oferecem uma lógica de governança que as posiciona como uma alternativa à governança dos mercados, internalizando várias decisões cujos custos de transação de execução por mecanismos de mercado (*arms' lenght transactions)* tornariam excessivamente dispendiosos. A contratação integrada, na hierarquia da firma, consegue produzir os incentivos para a construção de ativos específicos.

Seria muito estimulante estabelecer, na linha professada por Williamson, um paralelo — já tocado por ele em sua obra seminal *As instituições econômicas do capitalismo* e em artigos precedentes, da hierarquia das organizações com a hierarquia dos contratos administrativos de infraestrutura. Em uma analogia fácil, os contratos de longo prazo de infraestrutura são uma alternativa de governança em relação ao mercado respectivo. De fato, no Capítulo 13 do seu clássico *As instituições econômicas do capitalismo*, o que se vê é justamente essa forma de organização, definidora de uma das mais potentes contribuições ao entendimento do sistema capitalista na forma como este se desenrola na atualidade. Williamson descreveu o poder interno da hierarquia, próprio das organizações ou corporações, na tomada de decisões em substituição ao mercado. Claro está que as decisões tomadas, no âmbito da hierarquia, gozam de alguma liberdade em relação ao mercado e, em última instância, tais decisões são testadas pelo mercado em algum momento, determinando a vida e a morte das organizações hierárquicas. Os graus de liberdade das decisões hierárquicas, muitas vezes sem qualquer sentido em termos de eficiência econômica, é o aspecto que atraiu a atenção de Williamson e de toda uma vertente da literatura econômica desde Ronald Coase até autores da atualidade.

É no âmbito da realização de estudos de *Value for Money*, tradicionalmente empregados na escolha da forma de contratação dos contratos de PSP de longo prazo, que se toma a decisão entre a governança unificada na forma de um único contrato de longo prazo de concessão *versus* o feixe de contratos administrados, pela Administração Pública, frequentemente referidos como o Modelo Tradicional (MT), quando se utiliza a abordagem do Comparador do Setor Público (PSC). Dito em outras palavras, é a essência, que, no âmbito dos VfM, se compare, efetivamente, as duas estruturas de governança, a do contrato e a do feixe de contratos, o que corresponde em muito à engenhosa dicotomia da Teoria dos Custos de Transação em Oliver Williamson.

Na prática, não parece haver exagero em afirmar que os estudos de VfM, principalmente em jurisdições menos maduras, são bastante pobres e simplórios diante da análise relevante dos custos de transação envolvidos. Muitas vezes, esses estudos seguem uma lógica quase financeira, sem observar aspectos econômicos de grande magnitude. Isso pode estar ligado a exigências de órgãos de controle, os quais, frequentemente, preferem números que resultam de tais quantificações simplórias a estudos mais aprofundados cujos parâmetros quantitativos envolveriam elevado custo de consultoria e eventualmente até trabalhos de campo. É muito fácil, para controladores, comparar esses números ao alcance da visão do que adentrar em complexas considerações que envolvem elevada abstração e discricionariedade metodológica em sua formulação.[6] Obviamente esse estado de coisas implica contratos subótimos para a sociedade.

Agregando as lições de Rafael Véras de Freitas (FREITAS, 2021; MARQUES NETO, FREITAS, 2016) e sem perder esse mesmo contexto da Teoria dos Custos de Transação, pode-se incorporar a ideia de que um contrato de concessão é um modelo de regulação endógeno, por intermédio do qual se estabelece um sistema de incentivos que visa equilibrar todos os interesses enredados na relação jurídica concessória (de Estado, de governo, dos concessionários, dos usuários), no

---

6 Conforme Nóbrega e Oliveira Netto (2022), frequentemente as tentativas dos órgãos de controle e tribunais de contas em reequilibrar contratos administrativos complexos, incompletos e de longo prazo encerram a intenção de que as coisas se modem aos pressupostos teóricos e não o contrário.

âmbito de uma rede de contratos coligados — *connected contracts* (contrato de concessão, contratos de financiamento, contratos privados das concessionárias, contratos com os usuários, dentre outros). Tal ideia de regulação endógena respeita à construção de Oliver Williamson, agregando-se a proposição de que essa governança se estabelece justamente em substituição à governança de mercado, a qual, necessariamente conduzida pela Administração Pública, enfrenta elevados custos de transação que podem ser eliminados ou sensivelmente reduzidos com a reunião de todo o feixe contratual em um único grande contrato de longo prazo, chamado de Concessão. De acordo com essa proposição, os custos de transação são passados à estrutura de governança da Sociedade de Propósito Específico (SPE). Trata-se aqui, portanto, de uma das principais fontes de Value for Money, curiosamente uma fonte que é frequentemente ignorada pelo crivo do controle da Administração Pública em várias jurisdições não maduras.

O ***setup*** do Contrato Administrativo Padrão

Para fins deste ensaio e da adequada construção dos seus resultados, é preciso descrever uma figura abstrata que chamaremos doravante de Contrato Administrativo Padrão (CAP). É preciso partir de uma hipótese sobre a distribuição de riscos no CAP, bem como outros elementos de sua estrutura que são relevantes ao sistema de incentivos *ex ante* que ele estabelece, de forma a abordar os comportamentos *ex post* que poderemos prever diante dos cenários prospectivos que serão aqui propostos.

O CAP em tela para discussão neste ensaio é pautado, de maneira geral, na regra de ouro da alocação dos riscos relevantes para as partes que têm melhores de suportá-los, identificando tais riscos e seus impactos e atribuindo-os à parte mais capaz de gerenciar não somente riscos, mas também seus impactos. Assumem-se, entretanto, algumas alocações subótimas determinadas por aspectos institucionais típicos de jurisdições não maduras.

Na linha de Teixeira Junior, Nóbrega e Cabral (2021), a matriz de risco é uma técnica de gerenciamento de risco e segurança em projetos que é frequentemente manejada para dar suporte à tomada de decisões. Para esses autores, "o fetiche em torno das matrizes de risco, sobretudo em meio a juristas, parece ser agravado por um desconhecimento da distinção risco/incerteza — no direito quase nunca se vai além de Frank Knight (1921), que é um referencial importante, mas não é suficiente para compreender, com a profundidade necessária, a complexidade das contratações públicas na sociedade contemporânea".

Conforme Rafael Véras de Freitas (2023), a definição da matriz de riscos tem início na fase de estruturação do projeto, por meio da análise e identificação detalhada de riscos, que orientará a elaboração do contrato. Para tanto, deve-se ter em mente as características individuais de cada setor da infraestrutura, o que impossibilita a tentativa de se criar modelos fechados de alocação (*one-size-fits-all*). Hão de ser consideradas, ainda, as individualidades de cada contrato, por exemplo: sua localização, natureza, seus ativos e os serviços envolvidos. Apesar da crítica extante, o CAP prevê uma matriz de riscos que seria assim delimitada:

Tabela 1 – Matriz de riscos do CAP

Riscos	Concedente	Concessionário
Riscos operacionais		X
Risco de investimentos		X
Risco de capital		X
Demanda "gerenciável"		X
Demanda "não gerenciável"		X
Força maior	X	
Fato do príncipe	X	

Fonte: Elaboração dos autores.

O risco de demanda foi dividido, analiticamente, em duas partes. A primeira é a demanda "gerenciável", cujo risco se refere ao impacto das ações do próprio concessionário sobre a atração de clientes, tendo como exemplo uma deterioração de qualidade que levará a uma redução da demanda. Essa distinção é neutra neste ensaio, pois ambos os riscos foram alocados, no CAP, ao concessionário. Apenas apresentamos as duas fontes da variação da demanda em separado na matriz de riscos para enfatizar a nossa escolha analítica de que qualquer variação da demanda estará atribuída ao concessionário, o qual deverá assumir não apenas o risco relativo à sua própria capacidade de influência sobre a demanda do seu empreendimento, mas também a incerteza relativa às flutuações econômicas nacionais e internacionais. Trata-se realmente de uma incerteza, já que os cenários macroeconômicos apresentam, invariavelmente, baixa capacidade preditiva sobre o futuro. Na verdade, essa incerteza presente no nosso CAP será a grande fonte de ruína involuntária do concessionário, assim como a grande fonte de seu sucesso econômico-financeiro involuntário no cenário oposto. É interessante notar que, conforme observa ITF (2017, p. 21), a própria solvência soberana pode ser ameaçada por esse tipo de alocação de risco, como ocorreu no caso de Portugal em 2008.

Note-se que a percepção de risco se modifica com o tempo, porque a distribuição de probabilidade muda. No CAP aqui estabelecido, a matriz de riscos é congelada por todo o tempo do contrato, exceto quando repactuada bilateralmente.

Estrutura de capital e conflitos de agência no contrato padrão

As assimetrias informacionais são falhas de mercado com forte impacto no mercado de financiamentos. O projeto padrão é financiado por uma variedade de fontes de capital próprio e de terceiros, entre os quais frequentemente se poderia esperar a ocorrência de conflitos de agência. No caso dos instrumentos de dívida, é frequente a participação de debêntures, cujos detentores se reúnem em assembleias de debenturistas, com perfis variados de investidores, com baixa disposição para aprovação de reestruturação. Não se admite, contudo, um mecanismo de supermaioria de credores (*supermajority of creditors*), na linha do mecanismo soberano uma vez proposto por Anne Krueger. O próprio desenho do mecanismo encerra uma manifestação *ex ante* de conflitos de agência: quando o debenturista entra no projeto, avalia provavelmente como renda fixa, tendo em vista que a probabilidade do evento adverso é bastante baixa. Tal leitura decorre bastante do próprio perfil do mercado de capitais, que consiste em um mecanismo de "quebrar volumes" para sensibilizar as curvas de aversão ao risco na faixa mais propensa ao risco. Essa consideração do mercado de capitais é relevante por influenciar no custo envolvido na falência do concessionário ou na própria reestruturação da dívida em caso de manifestação de um cenário adverso.

Regulação e verificação independente

Sobre a escolha de modelos regulatórios, Rafael Véras de Freitas e Frederico Turolla (2021) apontam que

> (...) a regulação tarifária de cada projeto, ao invés de adotar preconcepções econômicas ou jurídicas, na verdade, deverá ser customizada considerando aspectos concretos, tais como um desenho de mecanismo, que considere, dentre outros aspectos:
>
> (i) a capacidade institucional e a neutralidade da agência regulatória setorial, tomadas prospectivamente em termos da robustez de seu desenho frente às pressões esperadas nos ciclos políticos do horizonte relevante, um tópico que, na prática, é capturado pela reputação do regulador;
>
> (ii) um modelo de remuneração para o concessionário que seja compatível com as expectativas e obrigações de investimento e de desempenho veiculadas no instrumento contratual, bem como com os percentuais esperados de recursos próprios e de terceiros, que serão aportados para financiar a exploração do ativo;
>
> (iii) um procedimento dialogado de reequilíbrio econômico-financeiro, em que o poder concedente e o concessionário tenham incentivos para cooperar, notadamente em situações de incerteza (não precificadas na estruturação do projeto);
>
> (iv) uma repartição de riscos não exaustiva, que preveja aberturas para adaptabilidade;
>
> (v) um regime dotado de previsibilidade a propósito da taxa desconto, a ser aplicada, para fins de reequilíbrio, bem como parâmetros de revelação de informações e critério objetivos de interseção entre o Fluxo de Caixa Originário (e o Plano de Negócios) e o Fluxo de Caixa Marginal, quando utilizados;
>
> (vi) a caracterização detalhada do evento desequilibrante, dando pouca margem para disputas da "Hermenêutica do equilíbrio econômico-financeiro.

Por simplicidade e para deixar de lado as discussões sobre a reputação do regulador bem como as demais complexidades apontadas acima por Rafael Véras e Frederico Turolla, assume-se aqui que o CAP tem alto risco regulatório e, por esse motivo, o estruturador do projeto optou pela recomendação de aplicação da Regulação Contratual (RC),7 ou *regulation by contract*, em oposição à Regulação Discricioná-

[7] Conforme Rafael Véras de Freitas e Frederico Turolla (2021), a regulação por contrato (Regulation by Contract), por sua vez, tem lugar pelo estabelecimento, *ex ante,* após a realização do leilão, dos custos que serão incorridos pela firma. Em resumo, essa modalidade de regulação contratual estabelece, desde a modelagem inicial, uma variação do preço obtido no âmbito do procedimento licitatório: (i) pelo reajuste anual; (ii) pelo estabelecimento de uma adequada matriz de riscos contratuais; (iii) pelo estabelecimento de níveis qualitativos de serviços; (iv) pela previsão de obrigações de investimentos, dentre outros arranjos contratuais. Por meio dessa modalidade, se estabelece que a formação do "preço" se dará pela exploração do monopólio natural, diante da competição pelo mercado (Competition for the Market).

ria (RD).[8] Em termos de dois paradigmas conhecidos, apresentados na tabela a seguir, o CAP se insere no contexto do modelo francês.

Figura 5 - Modelo francês e modelo norte-americano

Modelo Francês	Modelo Norte-Americano
Contrato Administrativo (pacto) Pacta sund servanda	Capital
Reequilíbrio Econômico-Financeiro	Justa Remuneração
Serviço Público	Serviço de utilidade pública *(public utilities)*
Regime Jurídico Administrativo - prerrogativas administrativas	Regulação para mitigar falhas de mercado

Fonte: Elaboração dos autores.

Neste contrato, a remuneração foi fixada *ex ante*, valendo para todo o prazo contratual de 30 anos. Na linha de Rafael Véras de Freitas (2021), esquadrinha-se aqui uma matriz de riscos e obrigações contratuais, valendo-se de juízos prospectivos e probabilísticos, que comporão o equilíbrio econômico-financeiro do contrato. Daí que, materializado um risco alocado a uma das partes, mas que produza impactos econômico-financeiros à outra, exsurgirá o direito de reequilíbrio contratual.

Esse ponto é interessante, pois, como asseveram Marcos Nóbrega *et al.* (2009), se o caso brasileiro fosse tomado como referência, "apesar de a doutrina tradicional dos contratos administrativos ter origem no direito francês, a prática jurisprudencial de reequilíbrio de contrato, devido ao avanço natural do mercado, se nutre mais das teorias inglesas e americanas". E concluem "embora o direito administrativo brasileiro ainda seja muito influenciado pelas matrizes do direito

[8] Conforme Rafael Véras de Freitas e Frederico Turolla (2021), a regulação discricionária (discretionary regulation) tem por desiderato estabelecer uma estrutura de custos para o agente regulado, a ser remunerada por determinada taxa de rentabilidade, ou preços que sejam compatíveis com os custos subjacentes em regime de incentivo à eficiência. Utilizando-se de tal metodologia, pode-se, por exemplo, estabelecer uma remuneração pelos investimentos realizados e/ou previstos (Capital Expenditure – CAPEX) e pelos custos operacionais incorridos e/ou previstos (Operational Expenditure – OPEX). Trata-se de uma modalidade de regulação que tem por objetivo primeiro interditar que o agente monopolista cobre preços supracompetitivos, entre outros comportamentos associados a falhas de mercado, por intermédio da emulação de um mercado competitivo (Competition in the Market).

francês, os conceitos modernos que estão associados à operacionalização do equilíbrio econômico de contratos de concessão não são derivados daquele direito". Em outra passagem, os autores são enfáticos ao afirmarem que "os conceitos da jurisprudência norte-americana se misturam na operacionalização da regulação por incentivos, e isso foi finalmente adaptado na forma do artigo 37, XXI da Constituição c/c o artigo 175 e posteriormente na Lei nº 8.987/95, depois também na Lei n° 8.666/1993, na Lei n° 11.079/04 e na Lei n° 14.133/2021".

A regulação técnica é efetuada por um verificador independente. Por simplicidade, assumimos que esse verificador; contratado pelo Poder Concedente, goza da necessária independência e faz a verificação técnica, imparcial, de todos os parâmetros que envolvem assimetria informacional na prestação (qualidade, etc.) e, portanto, elimina completamente essas assimetrias informacionais entre as partes contratuais nos aspectos técnicos da relação. Em palavras mais diretas, esse aspecto da relação contratual não será problematizado neste ensaio.

No tocante à solução de controvérsias, os mecanismos de solução de controvérsia disponíveis no CAP preveem uma Comissão de Acompanhamento do Contrato (*dispute board*). A recuperação judicial não está disponível, mas a reestruturação extrajudicial se encontra disponível para eventos contratuais adversos.

Seguros disponíveis

Para Marques, Ogasavara e Turolla (2022),

> em princípio, uma assimetria informacional dá causa aos riscos contratuais em projetos complexos de infraestrutura. Trata-se de uma falha de mercado que, doravante, será identificada como assimetria informacional primária (AIP), que frequentemente vem associada a um problema de agência. A AIP, em um mercado completo no MAD, seria mitigada por instrumentos como o Seguro Garantia, que eliminariam a AIP e permitiriam a contratação eficiente.

Os mesmos autores apontam que

> em que pese o fato de as garantias serem uma resposta a problemas potenciais de risco moral e de seleção adversa (Giuffrida & Rovigatti, 2019), quando as instituições não oferecem o adequado suporte contra os comportamentos oportunistas, os custos de transação são elevados.

Em outras palavras, em mercados onde as garantias de finalização de projeto não são efetivas, o Seguro Garantia deixa de ter o efeito esperado de gerar um mercado mais completo, desviando-se do paradigma Arrow-Debreu. *Ceteris paribus* o oportunismo contratual, o Seguro Garantia é um mitigador da AIP entre o tomador e o segurado. Quando se insere o oportunismo no ambiente contratual, essa mitigação da AIP pelo Seguro Garantia fica reduzida ou comprometida.

Entretanto, verificam que a mitigação da AIP através do Seguro Garantia é comprometida pelo oportunismo contratual em mercados emergentes como o Brasil e que o problema de agência primário (PAP) no Seguro Garantia só pode ser mitigado via adequações de mercado e estruturas de governança.

4 Cenários e estados da natureza

Nesta seção, especificamos alguns *outcomes* de cenários possíveis. Por simplicidade, pressupomos um comportamento diligente das partes contratuais quanto às suas responsabilidades, mas assumimos que os estados da natureza podem alterar seus resultados. Portanto, tratamos de eventos exógenos que afetam os resultados dos contratos de Participação do Setor Privado. Três cenários são pressupostos com iguais probabilidades de um terço cada um:

- Cenário benigno: o cenário econômico se materializa de forma a aumentar a demanda pelo objeto do contrato e, direta ou indiretamente, esse efeito se reflete em melhora das receitas do concessionário, conforme previsto na Matriz de Riscos do Contrato.
- Cenário base: *business as usual* (BAU) do contrato, que não apenas segue exatamente conforme pactuado, como também a melhor previsão de cenário econômico disponível à época da licitação se materializou perfeitamente durante a vida contratual.
- Cenário adverso: o cenário econômico mostra materialização dos riscos alocados ao concessionário, notadamente por intermédio da demanda, afetando adversamente e de forma significativa as suas receitas. Em tal circunstância, há elevada probabilidade de que a concessionária entre em uma situação de falência com abandono do contrato.

Tabela 2 – Cenários (estados da natureza)

	Benigno	BAU	Adverso
Situação financeira	Retorno sensivelmente superior ao contratado	Retorno igual ao contratado	Retorno sensivelmente inferior ao contratado
Solvência	Folga	Solvência	Insolvência

Fonte: Elaboração dos autores.

Eventos exógenos como causas de renegociação contratual

Note-se que a construção de cenários aqui apresentada diz respeito a eventos exógenos. Conforme a classificação de ITF (2017) sobre as categorias típicas de renegociação de contratos de parcerias público-privadas em sentido amplo, estamos falando de recessões econômicas, por exemplo, ou mudança de padrões de demanda, assim como mudanças no ambiente institucional que afetam os contratos, sendo que os seus efeitos aqui são objetivos (tecnocráticos) e o principal tratamento de literatura desses temas tem sido observado nos campos da teoria institucional e da teoria econômica neoclássica.

Figura 6 – Causas de renegociações contratuais e campos de pesquisa relevantes

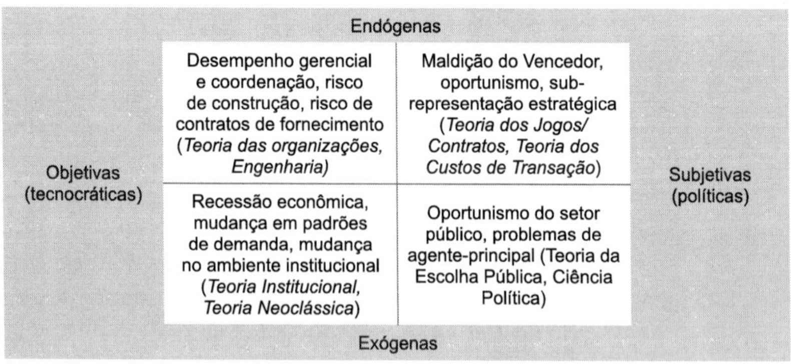

Fonte: Tradução livre de IFT (2017, p. 20), Cap. 1, por Dejan Makovsek, Stephen Perkins e Bjorn Hasselgren.

Consequências da materialização do cenário adverso

De interesse de nossa discussão, há pelo menos um cenário em que o concessionário enfrenta grandes dificuldades diante de um risco que ele conscientemente assumiu, sendo o concessionário conduzido involuntariamente a uma circunstância em que a SPE pode ser levada à falência, o que impõe diversos tipos de ônus ao parceiro público. Trata-se do Cenário Adverso, o qual, avaliado *ex post*, é a principal fonte de desincentivo *ex ante* aos potenciais licitantes de outros contratos de tipo padrão. Cumpre avaliar os incentivos *ex ante* que são estabelecidos a partir da probabilidade de um terço de materialização desse cenário, assunto da próxima seção.

5 Restauração da estabilidade contratual no cenário adverso

Esta seção se dedica à questão da restauração da estabilidade contratual no contexto da materialização do cenário adverso.

O problema do barquinho de Amir Klink

O famoso navegador Amyr Klink completou a primeira travessia do Atlântico Sul, da África ao Brasil em uma viagem de 102 dias em um barquinho a remo, avançando mais de 70 km por dia.[9] A travessia exigiu rigor científico nos três anos de planejamento da viabilidade do trajeto em barco a remo, com minuciosa avaliação dos regimes de ventos e correntes favoráveis, evitando os centros de alta pressão. O navegador tinha a informação de que uma das falhas mais comuns dos diversos navegadores precedentes cuja vida foi ceifada em tentativas infrutíferas de travessia semelhante teria sido que seus barcos teriam virado em ondas de até 10 metros de altura.

Além de escolher os trajetos menos arriscados, desenvolver um programa de alimentação à base de desidratados e evitar a atração de tubarões eliminando moluscos que a embarcação acaba desenvolvendo, Klink teria buscado construir um barco à prova de virada, mas foi aconselhado que essa abordagem seria fatal para seu projeto. Seu conselheiro acadêmico, o Eng. Naval José Carlos Furia, informou que

---

9 As informações desta seção são baseadas no vídeo "Amir Klink: 100 dias entre o céu e o mar", do Globo Ciência, disponível em: https://www.youtube.com/watch?v=99vd7MCUUJI.

uma onda pode virar até barcos maiores. Não haveria chance de um barco não virar nas condições da travessia do Atlântico. O único meio eficaz de chegar ao outro lado seria construir um barco que, ao virar, retornasse à posição original, um barco "desvirável" internamente sem a necessidade de sair por baixo d'água para desvirar, com características do brinquedo conhecido como João Teimoso. Foram usados tanques de lastro para abaixar o centro de gravidade da embarcação.

Em uma analogia com os contratos de longo prazo submetido a ondas grandes (cenários adversos), os dispositivos teóricos que preveem a possibilidade de retornar do barco à sua posição original são bem caracterizados e sua aplicação prática deve ser baseada em teorias de interação estratégica (Teoria dos Jogos). Porém, elementos institucionais podem balizar essa solução, de forma perfeita (teórica) ou imperfeita.[10] Assim, pode-se enunciar uma versão inicial do Teorema do Barquinho de Amir Klink: *se houver* ex post *uma forma de retornar o barco à posição original, o incentivo* ex ante *a atravessar o Oceano é positivo.* Ou seja, em situações de mudança das condições originalmente previstas, haverá impacto, mas será necessário restaurar a resiliência contratual.

O papel da teoria da imprevisão

A Teoria da Imprevisão é uma evolução em relação às cláusulas do tipo *rebus sic stantibus*, que admitem apenas a extinção do contrato, no caso de ocorrência de uma situação imprevisível, que importasse na onerosidade excessiva para uma das partes contratuais. Conforme Rafael Véras de Freitas (2021), com o advento da Teoria da Imprevisão, percebeu-se que poderia ser menos oneroso prosseguir com o contrato — ainda que em novas bases — do que extingui-lo. Assim é que o seu objetivo é minimizar os efeitos de um contrato que teve o seu suporte econômico alterado em relação às suas condições.

É cara aos economistas da área da Análise Econômica do Direito a possibilidade do "efficient breach", ou seja, quando uma parte contratual prefere pagar as penalidades pelo rompimento de forma vantajosa relativamente à continuidade da relação contratual. É possível que a natureza do *efficient breach* tenha aplicação mais direta aos contratos de curto prazo e que tal disposição perca potência em uma função direta do prazo contratual. Isso porque o desligamento voluntário do

---

[10] Um exemplo de dispositivo institucional que busca "desvirar barcos" de contratos problemáticos é o da Lei brasileira nº 13.448 de 2017, a qual não resultou em salvamentos adequados.

acordo de longo prazo tem importantes custos indiretos e pode ensejar uma negociação em que a parte passiva se vê em uma contingência de ceder e oferecer um valor positivo cuja magnitude reflete a sua disposição em continuar o contrato sem solução de continuidade tendo em vista custos externos ao mesmo (custo de *procurement* de um novo contrato, custos de transação, custos reputacionais envolvidos, etc.).

Portanto, a ênfase em contratos de longo prazo recai sobre remédios para a continuidade da relação contratual, e não sobre a busca de um rompimento de forma economicamente eficiente para as partes. Isso significa que há uma racionalidade na preservação de contratos ineficientes ou que atingiram o cenário adverso. Naturalmente, espera-se que essa constatação afete o comportamento *ex ante* dos agentes licitantes ao contrato padrão, de forma que estes já deverão precificar, nas condições de partida, um poder de barganha na renegociação do contrato.

Elementos da evidência empírica

O dilema (*trade-off*) entre os ganhos da flexibilidade contratual e o risco de renegociações oportunistas foi examinado por Athias e Saussier (2010), conforme ITF (2017). Esses autores identificaram que contratos de rodovias caracterizados por um alto grau de incerteza nas previsões de fluxo de tráfego tendem a ser menos rígidos e fornecemos fortes evidências de que as características das partes contratantes afetam o desenho do contrato. Em particular, um aumento no número de interações anteriores entre as partes contratantes diminui a rigidez da cláusula de reajuste de pedágio utilizada. Esses resultados confirmam e enfatizam a importância da confiança nesses acordos, entre uma autoridade pública e um operador privado. Fornecem também evidência de que os ambientes institucionais impactam na concepção do contrato, de modo que os contratos elaborados em um ambiente institucional forte provavelmente serão mais flexíveis, ou pelo menos mais adaptáveis. Dessa forma, preocupações relacionadas à eficiência econômica, assim como aquelas relacionadas à política, desempenham um papel importante no desenho dos contratos de PSP.

Incentivos *ex ante* à contratação imperfeita a longo prazo

O contrato relacional tem uma intrínseca ligação entre as partes por conta dos *sunk costs*, o que também possibilita comportamentos oportunistas. Os agentes agem com estratégias complexas, criando, se adaptando, copiando, reagindo. O objetivo, no caso, será continuamente de se preservar o contrato, considerando os elevados custos de transação envolvidos na ruptura contratual. Isso é diferente de meros agentes maximizadores de função utilidade/lucro.

Se essa avaliação acima é correta, será incorporada na precificação dos lances *ex ante* que são estipulados, a partir das condições de partida percebidas em sua licitação. Em outras palavras, o potencial concessionário assumirá que, com a probabilidade de um terço de materialização do cenário mais adverso possível, haverá uma oportunidade para renegociação contratual, tendo em vista o elevado custo que seria imposto ao Concedente caso este permitisse a falência do concessionário.

Essa oportunidade de renegociação independe da alocação prevista na Matriz de Riscos contratual, pois a ocorrência de um cenário indesejável ensejará, com alta probabilidade, uma renegociação do contrato. Surge, assim, a ideia de que a repartição objetiva dos riscos prevista na Matriz de Riscos não é absoluta em todos os cenários, havendo, portanto, uma percepção subjetiva do concessionário sobre a busca de resiliência contratual em casos de cenários adversos. Isso explicaria, por exemplo, a evidência de José Luiz Guasch (2014) sobre a baixa frequência de cancelamento de contratos ou de falência do concessionário na região da América Latina (inferior a 5%). Nossa hipótese adere aos fatos estilizados observados no continente latino-americano, região que não prima pela maior maturidade institucional entre os países emergentes e que segue tipicamente o regime jurídico romano-germânico, conhecido pela menor flexibilidade contratual relativamente ao regime do Direito Consuetudinário.

Dessa forma, este ensaio permite enunciar o Teorema da Estabilidade da Contratação Imperfeita ou Teorema do Barquinho de Klink (TBK):

> Em ambiente não Arrow-Debreu, com limitada existência de mercados líquidos de cobertura de determinados riscos, em ambiente não ergódico e de racionalidade limitada dos agentes, na vigência de falhas de mercado típicas de assimetria informacional e de questões de propriedade, o sistema de incentivos vigente levará à contratação ex ante de concessões de longo prazo se houver adaptabilidade para renegociação contratual no caso da materialização dos cenários econômicos mais adversos ao contrato.

O TBK enunciado acima é a principal construção derivada do esforço realizado neste ensaio teórico. Uma lição de política derivada dessa conclusão é que, na linha de Nóbrega (2022) e com base em Klein (2013) e Macneil (2000), os contratos de longo prazo compreendidos como relacionais ensejam a necessidade de uma cooperação efetiva entre os contratantes. A teoria relacional busca analisar o contexto fático de cada relação contratual de forma conglobante, não se restringindo a aferição de transações individualmente consideradas. Assim, as partes, durante a execução contratual, e diante do passar do tempo, vão mudando suas expectativas estratégicas conforme adquirem mais experiência e informação. Isso determina a necessidade (e utilidade) de diálogo permanente entre as partes e a perspectiva de renegociações frequentes para alinhar os interesses e a expectativa das partes.

O caráter relacional do contrato determina um novo olhar sobre o contrato administrativo. Os cânones clássicos ainda apontam a ideia de que no contrato administrativo a vontade das partes é antagônica. Ora, tal contrato, economicamente, não poderia nem poderá prosperar. Não se trata de avença estanque, marcada pela vontade férrea estabelecida quando de sua celebração. O contrato é instrumento dinâmico porque as condições econômicas e políticas (o chamado "estado de natureza" para os literatura sobre tema) mudam a todo instante.

Clama-se, assim, por adaptabilidade na gestão contratual, particularmente diante de cenários adversos quanto aos principais riscos contratuais. Isso poderia implicar o desenho de matrizes de risco imbuídas dessa necessária adaptabilidade. Uma versão mais simples, e talvez efetiva nesse sentido, é a introdução de bandas de variação da demanda que são de responsabilidade do concessionário, particularmente quando a fonte da variação da demanda decorre de fatos supervenientes do ambiente macroeconômico, institucional ou até mesmo sanitário — este último aspecto considerando as lições recentes da pandemia de covid-19. Tal providência contratual isola, ainda que com cortes pré-estabelecidos em níveis discricionários, os grandes riscos de demanda decorrentes de fatos supervenientes que são quase invariavelmente exógenos à discricionariedade das ações do concessionário, possivelmente conduzindo a ofertas *ex ante* menos sujeitas à seleção adversa de licitantes.

É claro que o estruturador de contratos que ouça nossos conselhos deverá ter em mente a possibilidade de que a adaptabilidade contratual incentive o oportunismo. Isso poderia ser verdade se a proposta fosse de uma flexibilidade mais ampla. Entretanto, propõe-se aqui que a ausência da adaptabilidade na estruturação de contratos é um autoengano, pois, na prática, os custos de ruptura levarão quase invariavelmente à renegociação imprevista. É melhor prevê-la e tratar tecnicamente do que encará-la sem regras contratuais que deem suporte a tal renegociação. Propomos, portanto, que há ganhos de bem-estar em introduzir, na avaliação *ex ante*, adaptabilidade contratual explicita, relativamente ao *status quo* que privilegia regras rígidas que se verificam, na prática, difíceis de cumprir por não satisfazerem os interesses das duas partes contratuais (e muitas vezes de terceiras partes, como financiadores). Isso evita resultados *ex post* não controlados, os quais, por não estarem regrados, abarcam mais potencial de oportunismo contratual das partes que uma flexibilidade regrada.

Note-se que este artigo focou em considerações sobre aspectos exógenos condutivos à renegociação contratual, mas um raciocínio semelhante poderia ser estendido a itens até mesmo endógenos, levando-se em conta as especificidades relevantes em seu contexto.

Na seção a seguir, oferecemos uma discussão de aspectos mais aplicados a jurisdições não maduras. Discutimos também o relaxamento de premissas para a construção de modelos mais realistas para ambientes institucionais mais específicos, tanto nacionais quanto setoriais.

6 Discussão das implicações iniciais

O sistema de incentivos descrito sob as premissas lógicas estabelecidas neste artigo é teórico e não se aplica a nenhum caso prático. A construção aqui realizada desenha um mundo abstrato, no qual a oferta de contratos de longo prazo de infraestrutura só levaria à contratação efetiva se ficar claro, para os potenciais licitantes, que há uma alta probabilidade de renegociação das bases econômicas sobre as quais se assentará o contrato, particularmente diante de cenários adversos. Como evidência prática que suporta essa elevada probabilidade, Guasch *et al.* (2014) descobriram que os governos na região da América Latina não costumam cancelar contratos ou permitir a falência do operador, sendo que nessa região menos de 5% dos contratos observados na amostra dos autores foram cancelados. Essa discussão poderia ser trazida à realidade de países específicos e de setores específicos nesses países, com relaxamento de premissas.

Um elemento adicional, a ser relaxado em trabalhos futuros, é a distribuição da concavidade da curva de aversão ao risco do universo de licitantes potenciais. Se a Matriz de Riscos contém um conjunto de elementos objetivos que direcionam as discussões durante a vida do contrato, no caso de um cenário adverso, ou até mesmo de um comportamento leniente do concessionário em relação aos seus custos ou outros elementos de seu desempenho, é possível que ainda assim o Concedente esteja disposto a "salvar" o contrato cedendo em reequilíbrios que não estejam exatamente em linha com a matriz de riscos. Essa possibilidade poderia ser considerada como um conjunto de elementos "subjetivos" da Matriz de Riscos.

O comportamento *ex ante* dos licitantes mais propensos a risco tende a precificar essa possibilidade, ainda mais quando o histórico de contratos autoriza essa avaliação. Essa percepção pode levar a tradicional alocação dos riscos operacionais ao concessionário e que pode não ser percebida pelos licitantes como "escrita em pedra". Em outras palavras, licitantes mais propensos ao risco tendem a levar em conta essas probabilidades positivas de *bail out* na própria formação do seu lance competitivo, o que fica agravado quando há possibilidade de prática de preços de transferência, por exemplo, por insuficiência de qualidade da contabilidade regulatória ou da própria estrutura de acompanhamento do contrato. O estruturador deveria estar atento quanto a esse fato.

Há diversos outros elementos que poderão ser relaxados para dar conta de situações reais, incluindo as que têm natureza país-específica e, dentro destas, as que têm natureza setor-específica. Por exemplo, não assumimos, neste artigo, o oportunismo forte por parte da Administração Pública, a potencial seleção adversa de *players*, os efeitos da forma de contabilização dos contratos no orçamento público, entre vários outros assuntos que devem ser deixados a uma próxima discussão.

Validade externa

A validade externa do quadro teórico aqui apresentado se assemelha, como ideia geral, à aplicabilidade do conhecido Teorema de Modigliani-Miller (M&M)11 sobre a escolha da estrutura de capital: mesmo desconhecendo a sua validade prática, boa parte da literatura especializada parte de M&M como paradigma e relaxa um conjunto de aspectos práticos da realidade para a obtenção de conclusões científicas. Esperamos aqui ter apresentado as linhas gerais de um teorema abstrato capaz de formalizar a contratação incompleta a longo prazo

[11] Vide a biografia de Franco Modigliani (2004) traduzida ao português por Frederico Turolla e Marcio Ferrari.

em mercados de infraestrutura, mas conscientes das limitações da aplicabilidade prática desse teorema sem o devido relaxamento de premissas fortes que foram aqui estipuladas para dar conta de um caso geral.

As instituições de países em desenvolvimento e as nuanças setoriais nesses países constituem um verdadeiro arcabouço de *insights* de aspectos a serem relaxados para uma abordagem realista dos contratos sob um prisma teórico. Em termos de países, a estrutura federativa do Brasil oferece uma riqueza única em comparação com a realidade unitária de diversos outros países da mesma região da América Latina, assim como os procedimentos de controle nacional e subnacional condicionam de forma única o desenvolvimento dos contratos nesse país. Em termos de setores, é difícil não perceber que contratos locais de serviços de mobilidade urbana sob pneus ou de resíduos sólidos apresentam, tipicamente, diferenças marcantes em relação aos contratos nacionais dos serviços de telecomunicações ou de energia elétrica. Todas essas nuanças e idiossincrasias são objetos de pesquisa que, a partir do paradigma geral fornecido, ganhariam mais tratabilidade científica.

Outro aspecto de alta relevância a ser observado diz respeito à construção lógica deste artigo. Como esforço inicial de reflexão e trabalho em progresso, os argumentos foram apresentados e encadeados de forma lógico-dedutiva, mas sem o recurso à necessária formalização. Um desafio adicional posto aos acadêmicos, particularmente os da área de Economia, diz respeito, portanto, à construção da estrutura formal dos teoremas aqui colocados. Os autores se propõem a seguir adiante nesse sentido, mas têm consciência de que as ideias são bens em alguma medida não rivais:[12] apreciariam que, a partir da publicação preliminar desse primeiro esforço teórico, se pudesse atingir colaborativamente a faixa de retornos crescentes à escala na função de produção do conhecimento sobre contratos de infraestrutura em países emergentes.

Consequências sobre o espaço de negociação contratual

Este ensaio tem importantes consequências sobre a definição, ainda que em sede teórica, da amplitude do espaço de adaptabilidade

---

[12] Romer (1990) reforçou o caminho da literatura nesse sentido, com importantes desdobramentos sobre a compreensão do potencial e dos limites da não rivalidade do conhecimento na teoria do crescimento econômico. Para uma consideração recente de links entre os aspectos macroeconômicos e microeconômicos nessa teoria, ver Hayashi, Rothengatter e Ram (2021), na Parte V: Research and Innovation for High-Speed Rail Development in Developing Nations Part VI: High-Speed Rail for the People

negocial (em oposição à simples flexibilidade contratual) atribuído aos contratos administrativos de longo prazo. É frequente que, no Direito Administrativo tradicional, esse espaço seja tido como nulo, ou seja, a negociação não é definida como ferramenta de ajuste de contratos. A jurisdição brasileira oferece exemplo eloquente. Conforme Mauricio Portugal Ribeiro,[13] em nossa teoria jurídica, por conta da ideia de que o interesse público é indisponível, tudo que envolvia negociação era, no mínimo, ajurídico, quando não, extrajurídico. Essa rigidez contratual pode servir, sob certas condições, à uniformização das condições de competição, de sorte que o contratado não encontre, em sua execução contratual, um conjunto de direitos e deveres distinto daquele que foi licitado. Entretanto, não serve à resiliência da relação contratual.

É preciso dizer que este ensaio não oferece meios para flexibilizar, de maneira indiscriminada, o espaço de flexibilidade contratual. Aqui, o ART pressupõe um CAP no qual, sob um cenário econômico de tipo "Adverso", no qual há uma fonte de resultados extremamente negativos, mas involuntários, do concessionário, há uma situação de colapso do contrato.

Olhando-se *ex ante*, o estruturador do projeto conseguiria antecipar a ocorrência do cenário (sujeito à probabilidade de um terço) e estabelecer um regramento contratual capaz de limitar seus efeitos. No caso, o estruturador poderia endereçar esse risco através de bandas de demanda. No caso teórico do ensaio, na verdade, as bandas de demanda bastariam, se aplicadas ao CAP, para resolver o problema *ex ante*, evitando a ocorrência de seleção adversa.

Note-se que isso somente se resolve *ex ante* pela diligência do estruturador porque os pressupostos que aqui utilizamos são restritivos. Não consideramos diversas situações reais, como o oportunismo do Poder Concedente que poderia ocorrer diante do risco sistêmico, já que frequentemente os cenários adversos afetam não apenas a miríade de contratos assinados, mas até mesmo a própria higidez fiscal da Administração Pública e dos usuários do serviço, o que reduz a disposição do Poder Concedente em aceitar variações de tarifas e contraprestações. É preciso, para discutir um cenário mais realista, que se possa aplicar efetivamente a jurisdições reais, relaxar mais hipóteses pertencentes ao mundo real. Dessa forma, relaxando essas hipóteses adicionais, será possível propor novos mitigadores para os cenários

[13] Vide Curso Equilíbrio Econômico-Financeiro de Concessões e PPPs 2015 - 2. Disponível em: https://www.youtube.com/watch?v=NZzEERvYf6Q. Acesso em: 21 maio 2023.

adversos. Devemos, entretanto, reconhecer que isso amplia consideravelmente a complexidade do exercício, devendo ser deixado a um futuro esforço teórico. Neste trabalho, ficaremos satisfeitos se tivermos oferecido um *framework* de trabalho que permita esses desdobramentos futuros até que se chegue a uma teoria mais efetiva para os casos reais, aplicados a cada jurisdição e a cada ambiente setorial.

O papel do reequilíbrio econômico-financeiro

A licitação do contrato é um mecanismo de revelação de informação sobre o concessionário que apresenta a melhor condição ao Poder Concedente, dentre os potenciais concessionários de tipo desejado. O universo de potenciais concessionários é definido pelos requisitos da licitação, de forma a restringir o certame aos detentores de determinadas condições: atestação como *proxy* de experiência prévia; nível mínimo de capacidade econômico-financeira, comprovada via requisitos objetivos; conforto do mercado segurador ou bancário, através de fianças ou garantias de licitação e de desempenho; entre outras. Dentro do universo de licitantes que satisfazem os requisitos estipulados, a licitação "informa" ao Poder Público qual é o licitante que oferece a maior vantajosidade sob o ponto de vista exclusivo da Administração Pública. No ART, esse processo se desenrola de maneira bem objetiva; porém, no mundo real, os processos de licitação (formas de leilão) são desenhados para melhorar os mecanismos de revelação dessa informação.

Se a licitação é um mecanismo de revelação de informação, o contrato é um instrumento de processamento de informação, distribuindo-a entre as partes e tentando ser captada pelo terceiro verificador (como um tribunal de contas ou o Poder Judiciário). No ART, o Reequilíbrio Econômico-Financeiro (REF) do contrato pode, portanto, ser um "choque" que se confere ao sistema para resgatá-lo à sua entropia original, tentando retirar os danos que os ruídos (racionalidade limitada, choques externos, controle excessivo, etc.) podem provocar no contrato. Obviamente, no mundo real, a presença de oportunismo contratual e as assimetrias de informação presentes (como a maior capacidade de contratação de assessoria jurídica, técnica e econômico-financeira sofisticadas) podem conferir natureza distinta ao processo de REF.

Do MAD ao ART e o próximo passo: o mundo real

O próximo passo deste trabalho requer um avanço mais significativo em direção ao mundo real (MR) das jurisdições não maduras. Estas são marcadas por diversos aspectos ainda não previstos no ART descrito neste trabalho, sendo o principal a presença de oportunismo contratual, tanto do lado público quanto privado. Essa característica pode tornar o modelo menos tratável, requerendo um grau de complexidade adicional. Um quadro mínimo de elementos a serem contemplados é apresentado a seguir.

Tabela 7 – Comparação entre MAD, ART e MR

Mundo Arrow-Debreu (MAD)	Ambiente Real-Teórico (ART)	Mundo Real (MR)
Ergodicidade	Não ergodicidade	Idem ART
Expectativas racionais	Expectativas adaptativas	Idem ART
Seguros plenamente disponíveis	Oferta limitada de seguros	Idem ART
Elasticidade infinita da oferta de players	Mercado maduro de players	Idem ART
Contratos completos	Contratos incompletos	Idem ART
Informação plenamente disponível	Assimetria informacional	Idem ART
Informação plenamente disponível	Problemas de agência	Problemas de agência
Propriedade sem indivisibilidades	Bens públicos, não rivais e monopólios naturais	Idem ART
Transações automáticas	Custos transacionais e ativos específicos	Idem ART
Oportunismo contratual (público) ausente	Oportunismo contratual (público) ausente	Oportunismo pervasivo
Oportunismo contratual (privado) ausente	Oportunismo contratual (privado) ausente	Oportunismo pervasivo
Falhas de Estado ausentes	Falhas de Estado ausentes	Falhas de Estado presentes

Fonte: Elaboração dos autores.

7 Implicações de política: flexibilidade *versus* adaptabilidade

No ambiente contratual, as partes contratantes, ao engajarem no contrato, renunciam a um conjunto importante de flexibilidade de suas ações e constrangem seus comportamentos para a obediência dos termos contratuais. A natureza do processo competitivo que leva à escolha do licitante vencedor implica se determinar uma perda de flexibilidade para que os licitantes candidatos possam fazer seus cálculos e determinar seus lances, engajando em um contrato com regras determinadas. À luz da teoria e da própria prática, seria absurdo permitir a **flexibilidade** contratual plena desde o dia seguinte à assinatura do contrato, o que levaria a uma completa desnaturação do próprio sentido das licitações de contratos de longo prazo de infraestrutura. Portanto, as consequências do TBK não devem ser interpretadas como uma defesa de plena flexibilidade contratual. Ademais, a presença do oportunismo contratual poderia potencializar os malefícios da flexibilidade no limite, desorganizando todo o sistema de competição *ex ante* por contratos de infraestrutura.

Assim, uma questão central às implicações práticas deste estudo diz respeito a uma possível leitura apressada sobre suas implicações: não se defende, com base na estrutura aqui proposta, a flexibilidade pura e simples no ambiente contratual. O que se defende aqui é uma **adaptabilidade** do contrato frente a mudanças de circunstâncias que, principalmente, se referem à materialização de estados da natureza imprevistos nas condições de partida, ou seja, a concretização de incertezas imprevistas na matriz de riscos. Na analogia do casamento, a mudança de maturidade e de objetivos das partes contratantes ao longo da vida contratual, se tratada em estrita observância das condições de partida do momento da cerimônia, causará uma instabilidade que levará à desestabilização da relação. De forma muito livre, talvez não seja ousado dizer que a adaptabilidade das partes do casamento frente a essas mudanças estruturais eventualmente possa ser o segredo que preserva o relacionamento resiliente a longo prazo.

A adaptabilidade serve aos propósitos da resiliência contratual sem, no entanto, ensejar uma flexibilidade negocial que permita a revisão das condições de partida do contrato sem mudanças nos fundamentos dessas condições. Estamos propondo, portanto, uma forma de flexibilidade que observa mudanças estruturais, intimamente ligadas à manifestação de incertezas que deixaram de ser incorporadas à matriz de risco. A adaptabilidade contratual serve, portanto, ao propósito de lidar com a condição da incompletude contratual, de forma a conferir resiliência ao contrato de longo prazo, aumentando os incentivos *ex ante* à contratação de parte a parte, enquanto se evita a seleção adversa de *players* nos processos licitatórios.

Um contrato precisa ter flexibilidade endógena, que na linguagem aqui proposta seria adaptabilidade, de forma que tenha resolutividade (na linha proposta pelo TBK). Propomos a ideia de que quanto mais adaptável o contrato, menor a ocorrência de seleção adversa, ao contrário da proposta de autores como *Guasch et al.* (2003, 2014). A poderosa ideia subjacente a essa discussão está justamente no aparente *trade-off* envolvido. Por um lado, a flexibilidade em relação às condições de partida poderia desnaturar a própria essência do contrato de longo prazo. De outro lado, a ausência de flexibilidade frente à materialização de incertezas ou de cenários adversos imprevistos que podem destruir o contrato de forma ineficiente. Então, a flexibilidade não deveria ser assegurada, a não ser que atenda às condições de adaptabilidade frente às incertezas e incompletudes.

A teoria da imprevisão e a proposta da adaptabilidade

A teoria da imprevisão é uma forma de colmatação da incompletude contratual, assim como a proposta de adaptabilidade aqui fundamentada. A ideia da teoria da imprevisão, assim como a proposta de adaptabilidade contratual, está ligada à ideia de que os comportamentos adaptáveis *ex post* validam os incentivos à contratação *ex ante*, produzindo resultados contratuais mais estáveis. Dessa forma, há que se explorar a possível correspondência entre a teoria da imprevisão e a proposta de adaptabilidade.

O papel do equilíbrio contratual

A ideia de equilíbrio tem uma conotação axiomática? Há duas respostas possíveis. Uma, a visão axiomática do equilíbrio, se tomada como pressuposto em um ambiente ergódico, Arrow-Debreu, de contratos incompletos e sem as imperfeições que são abordadas neste trabalho, terá consequências indesejáveis sobre a seleção de *players* em um ambiente em que o oportunismo contratual esteja presente. Um exemplo de situação real em que a axiomática do equilíbrio tem papel relevante, mesmo se relaxados pressupostos próprios do ART — ou do próprio mundo real. Como as cláusulas exorbitantes distorcem a alocação de riscos *ex post*, esse conceito pode ser relevante para a avaliação do mundo sob uma visão axiomático do equilíbrio.

Cumpre também explorar a possibilidade de que a ideia de equilíbrio não tenha conotação axiomática. Nesse ambiente, se o mundo é ergódico, Arrow-Debreu, e não tem incompletudes, a flexibilidade é instrumental ao equilíbrio econômico, mas isso seria irrelevante, pois a ergodicidade torna a contratação rígida plenamente ajustável à realidade — nenhum contrato rígido será assinado por prazo mais longo que a fonte de necessária flexibilidade se manifeste.

Por outro lado, se no mundo real o contrato não traz a ideia de equilíbrio com característica axiomática, há um espaço para negociação e renegociação flexível que torna o contrato bastante ajustável às circunstâncias. Perde-se, neste caso, a vantagem do prazo contratual longo. A natureza relacional se perde em função de um possível comportamento *arms-lenght* das partes contratuais, o que poderá, na prática, impossibilitar a formação dos ativos específicos (na prática, de grandes investimentos de capital) necessários à boa vida do contrato.

Figura 8 – MAD versus ART: equilíbrio como axioma

<table>
<tr><th></th><th>MAD</th><th>ART</th></tr>
<tr><td>Equilíbrio como axioma</td><td rowspan="2">É irrelevante a diferença entre contratos relacionais e conntratos arms-lenght</td><td>O custo de oportunidade da falta de flexibilidade é relevante.</td></tr>
<tr><td>Equilíbrio zero axioma</td><td>Contratos relacionais viram, na prática, contratos arms-lenght</td></tr>
</table>

Fonte: Elaboração dos autores.

É possível que a virtude esteja no meio. Equilíbrios com conotação plenamente axiomática, ou equilíbrios com conotação zero axiomática parecem, igualmente, inexequíveis sob o ponto de vista da prática da contratação a longo prazo. Assim, a adaptabilidade contratual (e não a simples flexibilidade contratual) parece servir ao propósito de criação dos incentivos *ex ante* adequados à resiliência contratual e à desejada criação de incentivos *ex ante* à contratação.

Uma defesa contra um possível caráter iconoclasta destrutivo deste ensaio

Na biografia de Fiódor Dostoiéviski, o autor relembra a frase que foi elevada à enésima potência por Nietsche, nos Irmãos Karamázov: se Deus não existe, tudo é possível. Quando se rompe com a ideia *mainstream* do Direito e se vai por outro patamar, isso gerará muita insegurança jurídica ou temos um porto seguro para que esses barcos que estavam à deriva teórica possam ancorar?

Isso porque, aqui, a ideia da resiliência contratual poderia ser interpretada como uma fonte de mutabilidade do contrato que, se relaxado o pressuposto da ausência de oportunismo contratual, como sói ocorrer no mundo real, poderia criar uma gigantesca lacuna. Por isso a importância central da distinção entre flexibilidade e adaptabilidade.

Em nossa defesa, a proposta não é iconoclasta porque não propõe sucatear uma matriz de risco dada nas condições de partida de um contrato sob condições que não terão mudanças significativas. Seria iconoclasta a proposta de que a matriz de risco deixa de valer a partir de mudanças circunstanciais, nela previstas. O que estamos propondo é que a matriz de riscos original deixa de valer quando determinadas incertezas não previstas na matriz de riscos efetivamente se materializam — ou seja, quando estruturas que deram suporte à modelagem contratual simplesmente não mais valem. Isso cria o espaço para uma renegociação em bases razoáveis, na linha do *efficient breach*. Estamos, portanto, propondo espaços de renegociação em função de incompletudes da matriz de risco que, em função de materialização de eventos, têm que ser abordadas ao longo da vida contratual. Trata-se de adaptabilidade e não de mera flexibilidade.

Note-se que as mudanças estruturais da matriz de risco que fazem sentido podem ser classificadas em dois tipos:

- Eventos: uma pandemia ou uma guerra, que são eventos disruptivos cujas consequências práticas não são plenamente aquilatáveis na avaliação do contrato.
- Mudanças estruturais nos tipos dos agentes contratantes: em uma relação de longo prazo, após décadas, é possível que o tipo das partes contratantes se altere de forma que a alocação de riscos perca uma parte de seu sentido. Isso é especialmente relevante quanto ao lado público: um governo focado no aumento do PIB se torna, com o tempo, focado em um conceito alternativo de mensuração do desenvolvimento, considerando, por exemplo, em sua função objetivo

os fatores ambientais. É difícil dizer a esse governo que se mantenha preso ao contrato nas condições em que foi estabelecido, e uma renegociação eficiente deverá ter lugar. Os contratos atuais deixam margem a essa mudança de tipo desse agente contratante, ou apenas oferecem mecanismos de saída para que o contrato seja extinto por não mais atender ao interesse público?

Ademais, nós apenas estamos defendendo a ideia de tornar real, em termos teóricos e de recomendações práticas, o que efetivamente já se verifica na realidade, a partir dos comportamentos racionais dos agentes públicos e privados que, efetivamente, ocorrem veladamente ou envergonhadamente e são frequentemente taxados de violar o regramento em benefício de interesses escusos (obviamente sem descartar a possibilidade de que negociações desse tipo tenham interesses oportunistas indesejados).

Neste ensaio, há apenas uma grande circunstância de renegociação contratual: o cenário econômico adverso. Neste ensaio, é possível que a colocação de bandas de demanda no processo de estruturação seja um remédio efetivo contra o problema colocado, sob as características do ART aqui desenhado. Mas no MR o problema do oportunismo pode tornar essa questão bem mais complexa.

Uma discussão acessória seria o risco sistêmico a partir das alocações de riscos previstas, o que enseja um importante papel de avaliação *ex ante* desses riscos no âmbito agregado das finanças públicas, e regulações dos tesouros nacionais com relação a esses riscos macroeconômicos subjacentes.

8 Conclusões

Este ensaio procura formular os contornos gerais para uma teoria econômico-jurídica da contratação de longo prazo, em jurisdições não maduras. Para atingir esse objetivo, seguimos um conjunto de passos:

(i) Descrevemos o paradigma do Mundo Arrow-Debreu (MAD), no qual as contratações a longo prazo são endógenas às oportunidades, gerando um ambiente ergódico de contratação administrativa;
(ii) relaxamos as grandes premissas do MAD, notadamente quanto à ergodicidade, completude contratual, expectativas racionais, entre outros;

(iii) definimos o Contrato Administrativo Padrão (CAP), assumindo uma Matriz de Riscos padronizada, na qual os riscos operacionais, de investimento, de demanda e de capital são alocados ao concessionário, enquanto o Concedente suporta os riscos de força maior, caso fortuito e fato do príncipe, sendo que o risco de demanda é plenamente alocado ao concessionário mesmo quando as fontes da variação da demanda decorrem de ações macroeconômicas;

(iv) criamos três cenários de desdobramento da demanda, que é a principal fonte de resultados involuntários do concessionário: cenário adverso, cenário *business-as-usual* e cenário benigno;

(v) avaliamos as consequências do cenário adverso, buscando compreender quais os incentivos para contratação *ex ante* diante da possibilidade de sua materialização.

Concluímos que em ambiente não Arrow Debreu, com determinadas especificações sobre a existência de mercados líquidos de cobertura de determinados riscos (x, y, z) em ambiente não ergódico e de racionalidade limitada dos agentes, o incentivo à contratação *ex ante* depende da adaptabilidade na renegociação contratual (Teorema do Barquinho de Klink, TBK). Mostra-se ainda que, sob a axiomática e os postulados apresentados, a validade do TBK oferece a única solução analítica possível para, diante de uma probabilidade positiva de materialização do cenário adverso, ainda haver incentivo *ex ante* para a contratação a longo prazo sem uma grave seleção adversa de licitantes!

Como implicação prática deste artigo, assumimos que a contratação incompleta em um ambiente institucional imperfeito é perfeitamente possível desde que haja uma predisposição a comportamentos pós-contratuais não autômatos, o que se relaciona, por exemplo, às atitudes dos agentes contratuais (Concessionário e Concedente) diante do temor da aceitação dos acordos pelas instâncias de controle do contrato. Muitas vezes, os agentes público privados não se movem por antecipar uma resposta negativa desses agentes de controle, por temerem o seu formalismo ou até mesmo o seu apego aos institutos da contratação de curto prazo que não fariam sentido na contratação a longo prazo.

Em outras palavras, a principal consequência deste artigo é que é perfeitamente possível desenvolver a infraestrutura de uma jurisdição não madura, por intermédio de contratos de concessão de longo prazo diante dos desafios atuais — mas é claro que avanços em direção à perfeição e completude devem ser pensados e efetivados para a obtenção dos melhores resultados em termos de bem-estar econômico da sociedade.

Note-se que aqui oferecemos um texto para discussão, enfatizando o papel fundamental da discussão e da crítica dos leitores para seu aprimoramento. Se formos bem-sucedidos, após fortes críticas e revisões, teremos oferecido duas contribuições relevantes:

1. Oferecer um *framework* mais desenvolvido para a análise teórica das questões dos contratos incompletos de longo prazo em jurisdições não maduras.
2. Oferecer lições para as práticas *ex ante* e *ex post* relativas à estruturação e à revisão ou regulação dos contratos incompletos de longo prazo, como uma alternativa às teorias dominantes em jurisdições as quais, aqui como paradigma, nos espelhamos na brasileira.

Referências

ALBUQUERQUE, Caio Felipe. *A matriz de riscos dinâmica: uma solução para incertezas contratuais*. Disponível em: https://ronnycharles.com.br/a-matriz-de-riscos-dinamica-uma-solucao-para-incertezas-contratuais. Acesso em: 3 jun. 2024.

ARROW, Kenneth J.; DEBREU, Gerard. Existence of an equilibrium for a competitive economy. *Econometrica*, v. 22, n. 3, p. 265-290, 1954.

ATHIAS, Laure; SAUSSIER, Stephane. *Contractual flexibility or rigidity for public private partnerships? Theory and evidence from infrastructure concession contracts*. (Discussion Paper Series EPPP DP n. 2010-3). Paris: Chaire Économie des Partenariats Public-Privé. Institut d'Administration des Entreprises, IAE-Pantheon Sorbonne, 2010.

BAKOVIC, Tonci; TENENBAUM, Bernard; WOOLF, Fiona. *Regulation by contract: a new way to privatize electricity distribution?* (World Bank Working Paper n. 14 – Energy and Mining Sector Board Discussion). Washington, DC: The World Bank, 2003.

CAMACHO, Fernando Tavares; RODRIGUES, Bruno da Costa Lucas. Regulação econômica de infraestrutura: como escolher o modelo mais adequado? *Revista do BNDES*, Rio de Janeiro, n. 41, p. 11-44, jun. 2014.

CAMELO, Bradson; NÓBREGA, Marcos; TORRES, Ronny Charles L. de. As licitações como um jogo: teoria dos leilões. *In:* CAMELO, Bradson; NÓBREGA, Marcos; TORRES, Ronny Charles L. de. *Análise econômica das licitações e contratos: de acordo com a Lei nº 14.133/2021 (nova Lei de Licitações)*. Belo Horizonte: Fórum, 2022. p. 208-209.

CASADY, Carter B. et al. (Re)defining public-private partnerships (PPPs) in the new public governance (NPG) paradigm: an institutional maturity perspective. *Public Management Review*, v. 22, n. 2, p. 161-183, 2020. DOI: 10.1080/14719037.2019.1577909.

CATTANI, Yan Nonato. A relevância da ergodicidade para a Teoria Econômica. *In:* CONGRESSO DE ADMINISTRAÇÃO, SOCIEDADE E INOVAÇÃO, 2019, Palhoça. *Anais*[...]. Palhoça: UNISUL, 2019.

FREITAS, Rafael Véras de. Incompletude em contratos de concessão: ainda a Teoria da Imprevisão? *Revista de Contratos Públicos,* Belo Horizonte, v. 9, n. 17, p. 151-188, mar./ago. 2020.

FREITAS, Rafael Véras de. Regulação por contratos de concessão em situações de incerteza. *Interesse Público,* Belo Horizonte, v. 23, n. 125, p. 45-67, jan./fev. 2021. Disponível em: https://dspace.almg.gov.br/handle/11037/39949. Acesso em: 15 maio 2024.

FREITAS, Rafael Véras de. *Revisão do regime jurídico do equilíbrio econômico-financeiro das concessões à luz do instrumental da Análise Econômica do Direito.* 2023. Tese (Doutorado em Direito da Regulação) – Fundação Getúlio Vargas, Rio de Janeiro, 2023.

FREITAS, Rafael Véras de; TUROLLA, Frederico A. Modelos de regulação tarifária em projetos de infraestrutura: hibridismos, contradições e perplexidades. *Revista Fórum de Direito Urbano e Ambiental,* Belo Horizonte, v. 20, n. 119, p. 9-31, set./out. 2021.

GIUFFRIDA, Luca; ROVIGATTI, Giulio. *Supplier selection and contract enforcement: evidence on performance bonding.* (Discussion Paper n. 18-045). Mannheim: Centre for European Economic Research, 2019.

GÓMEZ-IBÁÑEZ, José A. *Regulating infrastructure:* monopoly, contracts and discretion. Cambridge: Harvard University Press, 2003.

GUASCH, J. Luis et al. *The renegotiation of PPP contracts:* an overview of its recent evolution in Latin America. (ITF Discussion Paper n. 2014-18). Paris: OECD Publishing, 2014.

GUASCH, J. Luis; LAFFONT, Jean-Jacques; STRAUB, Stéphane. *Renegotiation of concession contracts in Latin America.* (Policy Research Working Paper n. 3011). Washington, DC: The World Bank, 2003.

HART, Oliver. Incomplete contracts and control. *American Economic Review,* v. 107, n. 7, p. 1731-1752, 2017.

HART, Oliver. *Rethinking incomplete contracts.* 2010. Disponível em: https://www.law.uchicago.edu/files/files/Hart%20slides.pdf. Acesso em: 30 maio 2022.

HAYASHI, Yoshitsugu; ROTHENGATTER, Werner; RAM, Ke Seetha. *Frontiers in high-speed rail development.* Tokyo: Asian Development Bank Institute, 2008. Disponível em: http://hdl.handle.net/11540/13987. Acesso em: 10 jun. 2024.

ITF – INTERNATIONAL TRANSPORT FORUM. *Public private partnerships for transport infrastructure:* renegotiation and economic outcomes. Paris: OECD Publishing, 2017. Disponível em: https://read.oecd-ilibrary.org/transport/public-private-partnerships-for-transport-infrastructure_9789282108130-en. Acesso em: 5 jun. 2024.

KLEIN, Vinícius. *A economia dos contratos na teoria microeconômica:* uma análise a partir do realismo crítico. 2013. Tese (Doutorado em Economia) – Universidade Federal do Paraná, Curitiba, 2013.

KNIGHT, Frank H. *Risk, uncertainty and profit.* Boston: Houghton Mifflin, 1921. Disponível em: https://fraser.stlouisfed.org/files/docs/publications/books/risk/riskuncertaintyprofit.pdf.

MACNEIL, Ian R. Relational contract theory: challenges and queries. *Northwestern University Law Review*, Chicago, v. 94, n. 3, p. 877-907, 2000.

MARQUES NETO, Floriano de Azevedo; FREITAS, Rafael Véras de. Uber, WhatsApp, Netflix: os novos quadrantes da publicatio e da assimetria regulatória. *Revista de Direito Público da Economia*, Belo Horizonte, v. 14, n. 56, p. 75-108, out./dez. 2016.

MARQUES, Tiago H. M.; OGASAVARA, Mário H.; TUROLLA, Frederico A. Surety bond in infrastructure in Brazil: transaction costs and agency theory perspectives. *Revista de Administração Contemporânea*, v. 26, n. 3, p. 1-20, 2022.

MODIGLIANI, Franco. *Aventuras de um economista:* autobiografia de um Nobel de Economia. Tradução Frederico Turolla, Marcio Ferrari. São Paulo: Fundamento, 2004.

MOREIRA, Egon Bockmann. *O contrato administrativo como instrumento de governo.* Coimbra: Almedina, 2012.

NÓBREGA, Marcos Antônio Rios da. Análise econômica do direito administrativo. *In:* TIMM, Luciano Benetti (org.). *Direito e economia no Brasil.* 2. ed. São Paulo: Atlas, 2014. p. 89-112.

NÓBREGA, Marcos. Contratos incompletos e infraestrutura: contratos administrativos, concessões de serviço público e PPPs. *Revista Brasileira de Direito Público*, Belo Horizonte, v. 7, n. 25, p. 15-38, abr./jun. 2009.

ROMER, Paul M. Endogenous technological change. *Journal of Political Economy*, v. 98, n. 5, pt. 2, p. S71-S102, 1990.

TEIXEIRA JÚNIOR, Flávio Germano de Sena; NÓBREGA, Marcos. A Teoria das Invalidades na nova Lei de Contratações Públicas e o equilíbrio dos interesses envolvidos. *Revista Brasileira de Direito Público*, Belo Horizonte, v. 19, n. 72, p. 117-141, jan./mar. 2021.

TEIXEIRA JÚNIOR, Flávio Germano de Sena; NÓBREGA, Marcos; CABRAL, Rodrigo Torres Pimenta. Matriz de riscos e a ilusão da perenidade do passado: precisamos ressignificar o conceito de tempo nas contratações públicas. *Revista Fórum de Direito Urbano e Ambiental*, Belo Horizonte, v. 20, n. 118, p. 33-57, jul./ago. 2021.

TUROLLA, Frederico A. *Política cambial com dívida indexada em moeda estrangeira no Brasil, 1995-2004.* 2005. Tese (Doutorado em Economia) – Fundação Getulio Vargas, São Paulo, 2005.

WILLIAMSON, Oliver E. The new institutional economics: taking stock, looking ahead. *Journal of Economic Literature*, v. 38, n. 3, p. 595-613, 2000.

WILLIAMSON, Oliver E. *As instituições econômicas do capitalismo.* São Paulo: Pezco Editora, 2012.

NOVOS MARCOS TEÓRICOS EM LICITAÇÃO NO BRASIL: OLHAR PARA ALÉM DO SISTEMA JURÍDICO

O tema de compras governamentais é um problema importante em muitos países. O montante de recursos gastos pelos Governos os coloca como principais agentes econômicos em muitas situações. Em paralelo, muitos procedimentos de compras governamentais são insuficientes para garantir a escolha mais vantajosa para a administração, considerando aspectos de eficiência e economicidade.

Muitos poderiam indagar: Por que mais um texto sobre licitação? O que acrescentaria um novo texto sobre o tema? Será que tudo já não foi dito na doutrina brasileira sobre o assunto? Absolutamente!

Apesar das dezenas de livros escritos no Brasil desde a edição da Lei de Licitações (Lei nº 8.666) em 1993, a grande maioria se restringiu a uma análise procedimental do instituto, dirimindo dúvidas pontuais sobre questões ainda abertas. Foram livros que olharam para dentro do sistema sem qualquer questionamento sobre o porquê das coisas e como aperfeiçoá-las. Infindáveis debates sobre temas como hipóteses de contratação direta (dispensa e inexigibilidade) ou mesmo requisitos de habilitação se seguiram dando ao gestor público condições de tomar decisões diante de uma legislação confusa, extensa e com muitas imperfeições.

A proposta deste trabalho vai além da mera análise dos dispositivos da lei, pois procura compreender quais mecanismos levam à escolha da proposta vencedora e quais as vantagens e imperfeições apresentadas pelo sistema ora em análise. Embora existam argumentos sobre a constitucionalidade dos dispositivos, mais preocupados estaremos com as razões econômicas da opção deste ou daquele procedimento para a escolha da proposta mais vantajosa.

Temas como assimetrias de informação, racionalidade limitada, teoria da agência, custo de transação, Teoria dos Jogos, economia comportamental e tantos outros serão discutidos buscando liga-los aos princípios da igualdade e da eficiência, parâmetros norteadores de todos os procedimentos licitatórios.

Este artigo está dividido em 5 partes. A primeira delas dará uma visão geral da Teoria da Informação, sua gênese e importância para estudo desse objeto. Na sequência, olharemos as contribuições da Teoria do Desenho de Mecanismos para o debate. Já na parte 3, a Teoria dos Leilões será vista e adaptada para o objeto de análise. A quarta parte tratará de novos desenvolvimentos da teoria dos leiloes, desenvolvendo a ideia do "desenho de mercados". O texto encerra-se com as conclusões.

1 A Teoria da Informação

Por mais das vezes, temos sinalizado que a doutrina de Direito Administrativo no Brasil apresenta-se em uma fase de transição. Tendo por referência os trabalhos do século XIX, a doutrina se adaptou seguindo os ciclos de desenvolvimento das relações entre o Estado e a sociedade.[1] Parece claro que a matriz teórica do Direito Administrativo remonta ao século XIX, século da certeza, no qual aspectos como custos de transação, racionalidade limitada, contratos incompletos e assimetria de informação simplesmente não eram considerados. Aliás, também a chamada economia neoclássica não lidava com esses conceitos que foram formatados no decorrer do século XX, ganhando robustez teórica nos últimos 40 anos.

O problema é que ainda raciocinamos o Direito Administrativo simplesmente como se esses elementos não existissem. Temos constructos teóricos absolutamente defasados e que são incapazes de resolver os problemas diários da Administração Pública. Esse arcaísmo permeia tanto a Administração Pública quanto os organismos de controle. Elementos como estrita legalidade e excesso de formalismo refletem sobremodo esse problema. Ademais, todos fomos formados na velha escola administrativista brasileira e poucos ousam apostar numa visão mais moderna e dar uma "olhadela" no mundo real.

Dessa forma, algumas teorias econômicas podem contribuir para entendermos melhor os dilemas do Direito Administrativo

---

[1] SUNDFELD, Carlos Ary. *Direito Administrativo para céticos*. São Paulo: Ed. Malheiros, 2012.

moderno. Não que possamos desvirtuar ou mesmo desprezar os parâmetros teóricos do sistema administrativo brasileiro, mas temos que dar uma nova visão aos problemas diários em questão.

Nesse aspecto, a licitação ganha uma dimensão especial.

A Teoria da Informação vem ganhando relevo em muitas décadas. Podemos citar os trabalhos pioneiros de Vickrey (1961) e Mirrlees (1971) que trataram dos problemas da teoria dos leilões.[2] Um marco importante foi a concessão do prêmio Nobel de Economia, em 2001, aos trabalhos de Akerlof, Stiglitz e Spence, o que, para muitos, consolidou uma verdadeira "revolução da economia da informação".

O tema, no entanto, não é novo. Segundo Stiglitz,[3] muitos autores já tinham consciência dos problemas informacionais, sem dedicar especial atenção a eles. São exemplos, Adam Smith (1987), Simonde de Sismondi (1814), John Stuart Mill (1848), Alfred Marshall (1890) e Max Weber (1925). A questão relevante, ainda segundo Stiglitz, é que esses autores tiveram a intuição, mas nenhum deles perseguiu as implicações lógicas dos seus argumentos, vendo os problemas informacionais apenas como argumentos secundários.

Friedrich Hayek[4] tratou diretamente a questão da assimetria de informação, mas chamou a atenção para os sistemas de preços como provedores de informação para a alocação de recursos escassos. O argumento intuitivo (que foi mais adiante aprimorado por Joseph Stiglitz em seu *Whither Socialism?*)[5] é que o sistema comunista e seu planejamento central são incapazes de abstrair a informação liberada pelos agentes econômicos pela incapacidade de observar exatamente o que esses agentes fazem. Herbert Simon[6] enfatizou a noção de "racionalidade limitada". Para o autor, era mais relevante a escala e a complexidade da informação do que, especificamente,

---

2 ROSSER JR., J. Barkley. *Nobel Prize for Asymmetric Information:* the economic contributions of George Akerlof, Michael Spence, and Joseph Stiglitz. Disponível em: http://cob.jmu.edu/rosserjb/Nobel Prize. Akerlof-Spence-Stiglitz.doc. Acesso em 11 jun. 2011.

3 STIGLITZ, Joseph Eugene. The causes and consequences of the dependence of quality on price. *Journal of Economic Literature*, 25, p. 1-48, 1987; STIGLITZ, Joseph Eugene. *Argentina shortchanged*. Washington Post, May 12, 2002a. p. B1.

4 HAYEK, Friedrich August. The use of knowledge in society. *American Economic Review*, 35, p. 519-530, 1945.

5 STIGLITZ, Joseph Eugene. *Whiter Socialism?* Cambridge, USA: MIT Press, 1996.

6 SIMON, Herbert Alexander. A behavioral model of rational choice. *Quarterly Journal of Economics*, 69, p. 99-118, 1955.

a sua assimetria. Já Berle & Means,[7] em 1933, foram os pioneiros a identificar o problema da assimetria de informação como um problema de gerenciamento da firma. Eles afirmaram um conflito entre "propriedade e controle" que culminou com o clássico dilema Agente-Principal, como é conhecido na doutrina, e que representa um contundente exemplo de assimetria de informação.

Foi a partir da década de 60, no entanto, que o tema da assimetria de informação ganhou novos contornos. Vickey,[8] em seu seminal trabalho sobre teoria dos leilões, mostrou como o problema das compras mediante leilão (e licitação é um tipo de leilão) pode ser caracterizada em essência como um problema de assimetria de informação. Oliver Willianson,[9] por sua vez, identificou os custos de transação como fonte dos contratos incompletos, resultando em ineficiências na economia. Indo além desses autores, o grande desafio hoje é como otimizar os custos de transação e as assimetrias informacionais, formatando sistemas que gerem menos ineficiência.

1.1 Akerlof e a Assimetria de Informação

Um fundamental artigo sobre assimetria de informação foi escrito por George Akerlof,[10] em 1970, sobre o mercado de carros usados nos Estados Unidos, os chamados *lemons*. O autor percebeu que os vendedores de carros usados detinham mais informações dos carros que estavam vendendo do que os potenciais compradores. Akerlof observou que a relativa ignorância das pessoas sobre a qualidade dos carros faria com que os potenciais compradores assumissem que todos teriam uma elevada probabilidade de terem baixa qualidade, ou seja, serem *lemons*. Isso certamente levaria a uma diminuição grande no preço dos carros usados, bem como acabaria por expulsar os carros usados de boa qualidade do mercado.

O problema ocorre no momento em que algumas pessoas são obrigadas a colocar carros usados de boa qualidade no mercado,

---

7 BERLE, Adolf Augustus; MEANS, Gardiner C. *The Modern Corporation and Private Property*. New York, Macmillan: Columbia University, 1933.

8 VICKREY, William. Counterspeculation, Auctions and Competitive Sealed Tenders. *Journal of Finance*, v. 16, Issue 1, p. 8-37, mar. 1961.

9 WILLIAMSON, Oliver Eaton. Markets and hierarchies: some elementary considerations. *The American Economic Review*, 63, 2, p. 316-325, 1973.

10 AKERLOF, George. The Market for Lemons: quality uncertainty and the Market Mechanism. *Quarterly Journal of Economics*, n. 84, p. 488-500, 1970.

quando, por exemplo, alguém é transferido para outro país. Essa pessoa certamente receberá um valor aquém do valor real do carro, nascendo, assim, uma ineficiência de mercado. Isso é o que a doutrina chama de "seleção adversa", porque os carros de má qualidade acabam por expulsar do mercado os automóveis de bom nível.

Há como mitigar esses efeitos da Seleção Adversa, e um boa forma é a reputação. Suponha que você deixe o seu carro em uma oficina mecânica e suponha também que você pouco entende de mecânica. No dia seguinte, vai buscar o seu carro e encontra um monte de peças substituídas. Certamente o mecânico saberá muito mais dos reais problemas do seu carro do que você. Qual é o incentivo que o mecânico tem para dizer a verdade e não roubá-lo? Reputação! Se ele for honesto (ou roubar pouco) provavelmente será indicado por você para outros serviços e ampliará a sua clientela. O mesmo se dá com planos de saúde ou telefonia móvel. Fica evidente que com a portabilidade, qualquer pessoa pode trocar livremente de companhia telefônica. Um dos trunfos para não perder clientes é serem confiáveis e eficientes. Além disso, tendem a aumentar os custos de transação da mudança, impondo ao usuário uma verdadeira *"via crucis"* para efetuar a troca.

Outra forma de mitigar a Seleção Adversa é a repetição de ações. Em uma licitação, por exemplo, se dezenas de pregões são efetuados com base no mesmo objeto, certamente o próprio mercado já seleciona os melhores proponentes.

Michael Spencer, por sua vez, também considerou a assimetria de informação e argumentou que a reputação pode ser uma forma de mitigá-la. Ele utilizou o conceito de *signaling*. Suponha um empregador que deseja contratar um novo empregado. Por óbvio, ele não conhece todas as características dos candidatos, tampouco se eles conseguirão executar adequadamente o serviço. Embora não tenha certeza, pode encontrar sinais das qualidades dos postulantes. Uma boa medida é analisar o currículo e ver em que universidades estudaram. Evidentemente que esses sinais somente serão eficientes se houver uma correlação negativa entre os custos da educação e a capacidade produtiva do indivíduo. Daí a importância de cursar boas escolas. Esse é também o argumento por detrás da prova da OAB. Suponha que um escritório de advocacia deseja selecionar novos advogados e o processo de seleção poderá ser demorado e custoso. Ora, boa parte dos possíveis postulantes ao emprego serão eliminados pela prova da OAB, simplificando a tarefa do escritório de selecionar e diminuindo os custos de transação.[11] Isso se aplica também em licitações quando são exigidos certificados dos licitantes. Embora a exigência desses certificados (como ISO) venha sendo reiteradamente rechaçada pelos órgãos de controle, sob a alegação de afronta ao principio da igualdade, pode ser um grande instrumento revelador de informação, gerando economia de custos de transação.

Rothschild & Stiglitz[12] expandiram a análise, introduzindo o conceito de *screening*, aplicando as noções de assimetria de informação para o mercado de seguros. A ideia de *screening* é oferecer um menu de contratos para forçar o indivíduo a revelar informação sobre seu verdadeiro tipo. Em contrato de seguro de automóveis, por exemplo, indivíduos são levados a revelar o seu verdadeiro tipo e escolher o seguro apropriado. Perguntas como idade, hábitos, estado civil, se o carro é usado para viagens frequentes ou se há garagem no local de trabalho são perguntas comuns. Nesse caso, indivíduos que apresentam menor risco tenderão a selecionar contratos que garantam menores franquias. Como a Seguradora não sabe se o individuo está dizendo a verdade, o incentiva a fazê-lo, dando um desconto na renovação do seguro, caso nenhum acidente tenha ocorrido.

Parece óbvio, a esse ponto, que o grande problema das licitações no Brasil não é exatamente de corrupção ou de falha de controle, muito embora essas questões sejam relevantes. A nosso ver, *o referencial teórico sobre a legislação de licitações no Brasil e sua aplicação* é *o pressuposto clássico (ou neoclássico) e ele* é *inadequado para garantir melhores resultados para a Administração.* A busca da proposta mais vantajosa, mascarada, muitas vezes, pelo fetiche do tipo menor preço, está calcada no conceito utilitarista de eficiência. Esse paradigma tem que mudar para uma dimensão de *eficiência como maximizadora dos incentivos dos agentes econômicos.* Os indivíduos não irão repartir informações privadas ou exercer esforços que não possam ser observados se não houver apropriados incentivos. Assim, *a ideia correta de eficiência não é a de Pareto, mas sim, aquela de maximização de incentivos.*

---

[11] TIMM, Luciano Benetti. Problemas da Regulação da Advocacia. *Jornal Valor Econômico*. 4 jul. 2012. Disponível em: https://valor.globo.com/legislacao/coluna/problemas-da-regulacao-da-advocacia.ghtml. Acesso em 01 jul. 2019.

[12] ROTHSCHILD, Michael; STIGLITZ, Joseph. Equilibrium in competitive insurance markets: an essay on the economics of imperfect information. *The Quarterly Journal of Economics*, n. 90(4), p. 629-649, 1976.

Nesse ponto, o Regime Diferenciado de Contratação – RDC pode ter um contributo importante para a melhoria do sistema de compras no Brasil, porque mexe com os incentivos e procura formatar mecanismo que veicule informações para o Poder Público. Isso aparece em vários dispositivos, como o que trata do orçamento sigiloso, da contratação integrada ou mesmo da possibilidade de licitar com um projeto simplificado.

2 Teoria do Desenho de Mecanismo

A licitação pode também pode ser vista como um mecanismo, ou seja, como elementos predeterminados que estabelecem um "jogo". Traduzindo para o Direito Administrativo, podemos dizer que a licitação é um procedimento, ou seja, a concatenação pré-determinada de atos administrativos. Licitação é, portanto, um jogo em que se pretende maximizar os interesses da Administração pela escolha da proposta mais vantajosa.

A Teoria do Desenho de Mecanismo procura explicar por que temos uma licitação formatada de determinada maneira e como poderíamos aprimorá-la. A literatura sobre licitações no Brasil questiona apenas a conformidade das ações dos agentes envolvidos com as regras pré-estabelecidas. Dessa forma, é necessário ir mais além, discutindo por que essas regras são dessa forma e qual o sentido e o caminho para aperfeiçoá-las.

O recente Regime Diferenciado de Contratação – RDC é um exemplo de mudança das regras do jogo, de uma nova modelagem das licitações para detecção da proposta mais adequada para a Administração. Será eficiente? Quais respostas a Teoria da Modelagem de Incentivos pode nos dar a respeito? Por enquanto, devemos considerar que a Teoria do Desenho de Mecanismo deve nos dizer se alguns procedimentos licitatórios (a inversão de fases, por exemplo) pode ser mais ou menos eficiente.

O pressuposto original adveio da teoria econômica clássica que, ao responder indagações sobre como alocar mais eficientemente os recursos escassos, oferecia respostas baseadas na ideia de informação perfeita e ausência de custos de transação. Logo, o equilíbrio neoclássico é um nirvana teórico, porque a vida real teima em refutá-lo e torná-lo inatingível.

Dois séculos atrás, a economia desenvolveu um método de análise baseado na produção e alocação de bens, desenvolvendo metodologias para registrar as contas nacionais (balanço de pagamentos, por exemplo) e a teoria do preço.[13] Nessa seara, questões sobre a alocação de recursos pareciam adequadas para a análise matemática, porque variáveis como fluxo de recursos e bens eram mensuráveis e dotavam os governos de adequada fonte de informação. Dentro dessa perspectiva, a economia clássica se preocupava com a habilidade das pessoas para satisfazer seus desejos diante de recursos escassos. Para os clássicos (ou neoclássicos, como queiram), o livre comércio pode levar à eficiência alocativa.

É necessário considerar, então, segundo Myerson, um deslocamento de perspectiva. *A busca da eficiência não deve mirar somente a alocação dos recursos, mas também considerar os incentivos envolvidos.* Nesse aspecto, voltamos aos argumentos originais de Cournot (1838), quando os economistas começaram a observar a otimização das decisões dos indivíduos racionais como uma ferramenta para entender a demanda e a oferta na teoria dos preços. Já na primeira metade do século XX, alguns matemáticos começaram a formular modelos para analisar as decisões racionais sob aspectos mais gerais, estabelecendo as bases do que passou a se chamar de "Teoria dos Jogos" (Borel 1921; Von Neumann 1928, Von Neumann & Morgenstern 1944, Nash 1951).

Um bom exemplo diz respeito aos bens públicos como ar ou Segurança Nacional. Segundo lembrou Paul Samuelson (1954), nenhum mecanismo de alocação de recurso pode assegurar um eficiente nível de provisão de bens públicos por conta do interesse egoísta de cada individuo que emite sinais falsos para fingir que possuem menor interesse em um bem coletivo do que este realmente tem. Assim, o desenho de mecanismo permite uma precisa análise das conjecturas de Samuelson.

Tornou-se, então, necessário, modelos analíticos que fossem além dos limites da teoria dos preços. Isso ficou claro, ainda segundo Myerson,[14] pela incapacidade de a teoria econômica tradicional dar uma resposta consistente ao embate capitalismo *x* socialismo, o que acabou demonstrando uma insuficiência da teoria dos preços para encontrar respostas concretas.

---

[13] MYERSON, Roger. Perspective on Mechanism Design in Economic Theory. *Nobel Prize Lecture*, 8 dec. 2007. Disponível em: http://home.uchicago.edu/~rmyerson/. Acesso em 03 ago. 2019.

[14] MYERSON, Roger. Incentive compatibility and the bargaining problem. *Econometrica* 47, p. 61-73, 1979.

A partir das ideias intuitivas de Hayek e outros (1945), um importante insight foi dado por Hurwicz,[15] que colocou a questão fundamental dos incentivos para comunicar informação e introduzir o conceito geral de Compatibilidade de Incentivo (*incentive compatibility*). Outros seguiram essa meada. Harsanyi[16] apresentou um modelo de equilíbrio geral bayesiano para analisar o comportamento racional e, nesse sentido, a Teoria da Modelagem de Mecanismos tem por fundamento a teoria de como desenhar jogos bayesianos.[17]

O conceito de equilíbrio bayesiano é muito importante para o estudo de leilões em geral e licitações no Brasil. Segundo Fiani, o teorema de Bayes se caracterizaria por "um conjunto de eventos mutualmente excludentes $A_1, ..., A_n$ do espaço amostral *S*, sendo que a probabilidade de qualquer um desses eventos é diferente de zero e o conjunto desses eventos esgota todas as possibilidades do espaço amostral *S*".[18]

Essa definição para os juristas é certamente incompreensível. Ocorre, no entanto, que a ideia de Bayes é intuitiva. Significa que a probabilidade de um evento ocorrer depende da probabilidade da ocorrência de outro evento. Pense em um leilão para comprar um objeto de arte ou mesmo de um Pregão para aquisição de materiais de consumo. Ao passo que os participantes vão dando seus lances verbais no Pregão, vão paulatinamente revelando sua informação privada aos outros participantes. Dessa forma, a valoração do objeto por parte de um licitantes dependerá da valoração feita anteriormente pelos seus concorrentes. Trata-se, portanto, de um jogo sequencial.

Se há vários equilíbrios de Nash em subjogos, é necessário encontrar um mecanismo que detecte a *racionalidade sequencial* dos jogadores, ou seja, qual tipo de racionalidade os participantes do pregão utilizam para dar os seus lances verbais. Em outras palavras, como os jogadores devem operar para maximizarem suas recompensas, considerando o conjunto de informações que eles possuem (baseada, entre outras coisas, nos lances dos concorrentes).

---

15 HURWICZ, Leonid. On informationally decentralized systems. *In*: *Radner and McGuire, Decision and Organization*. North-Holland, Amsterdam, 1972.

16 HARSANYI, John. Games with incomplete information played by 'Bayesian' players. *Management Science,* n. 14, 159-189, 320-334, 486-502, 1967-8.

17 Para um acessível resumo das ideias de Bayes e do equilíbrio Bayseano ver: MLDDINOV, Leonard. *O andar do bêbado*: como o acaso determina nossas vidas. Rio de Janeiro: Ed. Zahar, 2008.

18 FIANI, Ronaldo. *Teoria dos Jogos*. 3. ed. Rio de Janeiro: Ed. Campus, 2006. p. 344.

Deve ser definido, portanto, um conceito de equilíbrio que separe todos os conjuntos de informações. Um equilíbrio bayseano perfeito seria aquele que agregaria todas as estratégias dos jogadores com suas crenças, de acordo com cada conjunto de informações. Essas crenças representam as avaliações que cada jogador possui em relação aos outros jogadores, condicionada ao fato de que uma determinada etapa do jogo foi alcançada.

Outro conceito importante é o do mecanismo de coordenação e significa como as decisões sociais dependem das informações reportadas pela própria sociedade. Assim, mudando os mecanismos de coordenação em uma sociedade, mudarão também as "regras do jogo" que serão jogadas pelos agentes.

Dadas os diferentes preferências e recursos que as pessoas possuem, diferentes mecanismos de coordenação poderiam estabelecer diferentes jogos, cada qual tendo múltiplos diferentes equilíbrios. Logo, licitação é um mecanismo de coordenação que de acordo com as informações estabelecidas pelo Governo e pelos licitantes acaba por estabelecer diversos *equilibria*. O melhor deles seria aquele que a administração escolhesse, de fato, a proposta mais vantajosa para a administração, mas isso é apenas um equilíbrio entre tantos outros (relativamente pouco provável).

A licitação estabelecida pela Lei nº 8666/93 e sua legislação consentânea (Lei das Concessões, PPP e RDC) estabelecem um "pacote" de incentivos que atingem um equilíbrio, mas não é o melhor deles.

Dizendo de outra forma, na construção das regras de licitação, muitas vezes estaremos diante de um jogo bayesiano simultâneo, caracterizando um mecanismo de revelação direto (mecanismo direto). Isso ocorre quando os jogadores informam o seu tipo ao Governo que estabelece a recompensa desses jogadores. É importante observar que qualquer que seja o mecanismo desenhado; qualquer alocação compatível em incentivos e individualmente racional ofertada aos jogadores, sempre ocorrerá um mecanismo direto que promoverá uma mesma alocação.[19]

A grande importância do desenho de mecanismo em licitações é encontrar formas que façam com que os jogadores não tenham incentivos para mentir sobre os seus verdadeiros tipos, suas verdadeiras intenções. Dando generalidade a esse argumento, Fiani aponta que "[u]m mecanismo direto é dito compatível em incentivo se, para os

[19] FIANI, Ronaldo. *Teoria dos Jogos*. 3. ed. Rio de Janeiro: Ed. Campus, 2006. p. 326.

jogadores, informar o seu verdadeiro tipo é um equilíbrio de Nash bayesiano. Qualquer equilíbrio de Nash bayesiano pode ser representado por um mecanismo direto compatível".

Sendo assim, em um jogo bayesiano, para que tenhamos um mecanismo direto compatível em incentivo é necessário que os jogadores não tenham nenhum incentivo para mentir sobre o seu verdadeiro tipo, ou seja, mentir sobre as informações que possuem. Um jogo dessa natureza somente será possível se a combinação de estratégias nas quais todos informam os seus verdadeiros tipos sejam um equilíbrio de Nash Bayesiando. Se isso não ocorrer, um jogador mais ganhará se falsear as suas informações, mentindo sobre o seu verdadeiro tipo.

As licitações no Brasil são claramente jogos de informação incompleta, em que os licitantes possuem valores independentes privados, ou seja, eles ofertam seus preços sem conhecer a valoração dos objetos licitados por parte dos concorrentes. Assim, quando em uma licitação de primeiro preço selado (a mais comum no país), uma empresa oferta o seu lance, não possui informação completa dos concorrentes, embora possua alguma informação.

A teoria demonstra que nesses tipos de licitação, os participantes sempre acabam por oferecer um valor aquém do que eles realmente acham que o objeto vale. Isso ocorreria se os participantes fossem risco neutro, ou seja, seriam indiferentes se recebessem o valor com certeza ou se recebessem esse mesmo valor como uma ponderação dos valores segundo suas probabilidades. Para Fiani, um jogador risco neutro mostra-se indiferente entre receber 100 reais ou fazer uma aposta em que tenha 50% de chances de ganhar 200 reais.

A partir dos anos 70, surge o conceito de principio da revelação, que simplifica a analise do desenho de mecanismo. Segundo Fiani, o jogador-desenhista (no caso das licitações, o Governo) tem por desafio elaborar um mecanismo que determine uma alocação compatível de incentivos, de maneira que a estratégia adotada pelos jogadores determine a melhor recompensa possível para o jogador que "desenhou" o mecanismo.

Com base no principio da revelação, encontramos um rol de mecanismos incentivo-compatíveis que satisfazem certas restrições de incentivo (*incentive constraints*). Esses incentivos expressam a ideia básica de que os indivíduos não irão revelar suas informações privadas nem suas ações secretas sem adequados incentivos.

Há vários elementos que podem ser considerados na Teoria do Desenho de Mecanismo. Em primeiro lugar, precisa ser observado qual grau de informação um determinado indivíduo tem e quanto essa informação estará disponível para os outros indivíduos. Temos então que observar qual ou quais incentivos esses agentes possuem para revelar tal informação. Essa discussão sobre as pessoas repartirem honestamente sua informação é chamada de Seleção Adversa. Além disso, temos que discutir quais os incentivos para as pessoas revelarem honestamente sua informação. Tal perspectiva é o que chamamos de Moral Hazard. Se há um equilíbrio racional para todos os agentes serem honestos e obedientes a um mediador central (no caso das licitações, o Governo que impõe as regras) dizemos que há uma situação de incentivo compatível (*incentive compatible*).

Duas coisas devem ser consideradas em situações de incentivo compatíveis. A primeira delas é que é necessário caracterizar matematicamente o conjunto de iniquidades chamadas restrições de incentivos (*incentive constraints*) que aparecem em muitos casos. Assim, em licitações é necessário observarmos qual grau de desvio do tipo ideal as reais licitações apresentam. Mais uma vez lembramos que o raciocínio dos operadores do direito e da Administração Pública no Brasil quando lidam com a Lei de Licitação miram na busca do tipo ideal e não na busca da segunda melhor opção (*second best*) entre tantas existentes. Esses *incentive-compatible* modelos caracterizam todas as hipóteses que podem ser alcançadas por um comportamento de equilíbrio racional por qualquer instituição social ou mecanismo. Essa questão é chamada de princípio da revelação.

Assim, se em uma determinada licitação há "jogo de planilha", superfaturamento, fraudes nos documentos de habilitação, conluio, cartéis, etc., nesse caso, a melhor proposta "nunca" será encontrada. Devem ser observados todos esses desvios e estimado e detectado o tipo de "compatibilidade de incentivo" do modelo.

Outro ponto relevante é a aplicação da Teoria dos Leilões que arrematam conteúdo teórico do estudo de licitações no Brasil.

3 Teoria dos Leilões

Os leilões têm sido alvo de um grande número de estudos dentro da seara econômica devido à sua grande importância prática. Como se sabe, um grande volume de transações econômicas é conduzido através de leilões. Além do setor público, as próprias empresas privadas utilizam esse instituto para comprar commodities ou subcontratar serviços com menores custos possíveis.

Os leilões também vêm assumindo um papel de preponderância nas pesquisas econômicas. Por serem simples e bem definidos, eles são o ambiente propício para servirem de base para testes das mais diversas teorias econômicas, especialmente em modelagens de Teoria dos Jogos com informações incompletas. Existindo assimetria de informação quanto ao verdadeiro valor (ou custo) dos objetos licitados, a tradicional Teoria dos Mercados não consegue atender às necessidades práticas.[20] Aliás, podemos considerar que a Teoria dos Leilões é uma aplicação especial da Teoria da Assimetria de Informações.[21] Hodiernamente, os leilões têm sido muito utilizados nas pesquisas experimentais, conforme se pode observar no trabalho de Kagel e Levin.[22]

Existem dois parâmetros que são de grande importância para o estudo dos leilões: definir se eles são de valores privados ou de valores comuns.

No caso de somente haver *informações privadas*, assume-se que apenas cada interessado sabe o valor que o objeto leiloado tem para si. Essa é uma suposição importante para bens que possuem um valor intrínseco que independe dos valores de mercado, como obras de arte, quadros, mobílias, entre tantos. Além disso, tal valor independe da avaliação feita pelos demais concorrentes e, mesmo que tais avaliações se tornem públicas, o valor aferido individualmente permanecerá o mesmo. Se a informação fosse de conhecimento comum, o vendedor poderia ir ao comprador de valoração mais elevada e oferecer o bem por um preço um pouco menor do que o da sua valoração. Como há informação assimétrica, duas questões são relevantes: não se sabe qual dos compradores possui a maior valoração e qual é essa valoração.

Dessa forma, se as valorações dos candidatos são desconhecidas e independentes entre si, devem ser tratadas como variáveis aleatórias independentes que, segundo Branco (1992), são distribuídas de forma idêntica e independente, conforme uma função de distribuição contínua.[23]

---

20 BRANCO, Fernando. *Leilões em Concursos Públicos*: teoria econômica. In. *Economia*. Lisboa, v. XVI, n. 2, maio de 1992, p. 225-265.

21 LIRA, Bruno; NÓBREGA, Marcos. O Estatuto do RDC é contrário aos cartéis em licitação? Uma breve análise baseada na teoria dos leilões. *Revista Brasileira de Direito Público – RBDP*, Belo Horizonte, ano 9, n. 35, p. 3760, out./dez. 2011.

22 KAGEL, John H.; LEVIN, Dan. *Auctions*: a survey of experimental research. 1995-2008. Disponível em: http://www.econ.ohio-state.edu/levin/wpapers/Auction_survey_072108_All.pdf. Acesso em 11 jun. 2011.

23 CHIANG, Alpha C.; WAINWRIGTH, Kevin. *Matemática para Economistas*. 4. ed. São Paulo: Ed. Campus, 2006.

Embora a suposição de informações privadas seja útil para analisar os diversos tipos de leilão, a hipótese é pouco realista nos casos práticos. É necessário aperfeiçoar a análise, considerando que o preço do bem advém de um preço de mercado. Silva[24] dá o exemplo de um leilão de uma planta de geração de energia. Nesse caso, os licitantes possuiriam valores diferentes em função dos seus próprios estudos engendrados sobre a viabilidade do objeto licitado. Ocorre, no entanto, que todos os valores propostos pelos licitantes tenderão a um valor de mercado, posto que a energia, que é o bem vendido, possui um valor de mercado.

Portanto, precisamos introduzir o conceito de *valores comuns*. Nesse caso, o valor do objeto é desconhecido pelos concorrentes, porém eles conhecem alguma característica/propriedade do bem que, de alguma forma, sinaliza para o valor real deste. Se tal propriedade chega ao conhecimento do concorrente, este pode mudar a sua estimativa de valor para o objeto. Neste caso, a valoração do bem é influenciada não apenas pela valoração dada pelos demais concorrentes, mas também pelas informações do bem que estão disponíveis. Essa especificação é dita valores independentes e é especialmente relevante quando o bem pode ser revendido no futuro. Isso ocorre quando o bem possui um preço de mercado que, ao tempo da realização do certame, é desconhecido pelos participantes.

Comecemos a nossa análise com os leilões de informações privadas.

Os leilões são muito comuns, no entanto, seus mecanismos básicos são ainda pouco conhecidos pela doutrina jurídica. De qualquer forma, quando estamos tratando de leilões, nos preocupamos sobremodo em definir qual a melhor estratégia a ser adotada pelos licitantes. Quanto ao Governo, cabe indagar qual a melhor formatação para se garantir maior receita. E qual modelagem garantiria maior transparência. São temas, entre tantos, que permeiam a literatura sobre licitações.

Evidentemente que os leilões somente surgem porque há assimetria de informações. Caso contrário, a questão de vender (ou adquirir) um bem por parte do Governo seria simples: bastaria entregar o bem ao proponente que mais o valorasse. No entanto, a incerteza é um tormentoso problema que aflige tanto licitantes quanto o Governo.

---

[24] SILVA, Ângelo Henrique Lopes. Preço de reserva sigiloso em Licitações Públicas. *XVI Prêmio Tesouro Nacional*, 2011. Disponível em: http://www3.tesouro.gov.br/Premio_TN/XVIPremio/politica/3pfceXVIPTN/Tema_3_3.pdf. Acesso em 10 ago. 2019.

Em linhas gerais, leilões são mecanismos utilizados para revelar informação e determinar a melhor proposta com base na informação recebida.

Em face desta grande importância empírica e teórica, a ciência econômica criou um ramo específico de estudos chamado teoria dos leilões (*"auction theory"*). Há quatro tipos básicos de leilões:

1. O de lances ascendentes, também chamado de aberto, oral ou *inglês;*
2. O de lances descendentes, utilizado para a venda de flores na Holanda e, por isso, também conhecido como leilão *holandês;*
3. O de lance secreto e de melhor preço, também conhecido como *melhor oferta;* e
4. O *leilão Vickrey*, também conhecido como o de lance secreto e segundo melhor preço.

Para essa análise inicial, consideremos as hipóteses estabelecidas por Krishna:[25]

a) A estrutura de avaliação dos licitantes apresenta valores privados;
b) A distribuição de informação entre os licitante é idêntica e uniformemente distribuída.

3.1 Leilão Inglês

No leilão inglês, o preço é sucessivamente aumentado até que reste apenas um único interessado no bem, que será o ganhador do objeto com o preço final igual ao por ele ofertado. Este leilão pode ter um preço inicial determinado pelo vendedor ou os próprios interessados são livres para ofertar os valores que eles acharem mais apropriados (lances livres). O comportamento estratégico dos licitantes nesse tipo de leilão é manterem-se ativos (dando lances) até que o preço alcance a sua valoração, quando então deverão se retirar do certame.

Esse leilão assemelha-se ao de segundo preço fechado (que veremos adiante), porque o vencedor é aquele que possui uma maior valoração do objeto. Embora o leilão inglês seja de propostas abertas (os outros licitantes tomam conhecimento dos lances uns dos outros), no leilão de segundo preço não há conhecimento dos lances alheios, esses dois tipos de leilão são equivalentes porque em ambos o vencedor é aquele que apresenta maior valoração.

[25] KRISHNA, Vijay. *Auction Theory*. 2. ed. New York: Ed. Elsevier, 2010. p. 11.

3.2 Leilão Holandês

O leilão holandês funciona de forma oposta ao leilão inglês. O leiloeiro inicia o certame com um determinado patamar de preço, e então vai diminuindo-o de forma contínua. O primeiro interessado que interromper o leilão adquirirá o objeto pelo preço correntemente apresentado pelo leiloeiro. Segundo Branco (1992), esse tipo de leilão apresenta as seguintes regras:

- O leiloeiro começa por solicitar ofertas a um preço muito elevado e vai gradualmente descendo enquanto nenhum dos candidatos apresentar proposta;
- Em cada momento, todos os intervenientes sabem o valor da oferta solicitada pelo leiloeiro;
- Quando o candidato aceita o preço solicitado pelo leiloeiro, o bem é vendido por esse preço.

Cioni[26] chama a atenção para a diferença de troca de informações existente entre o leilão inglês e o leilão holandês. Naquele, há uma grande troca de informações entre os interessados, que pode influenciar no aumento dos lances ou no abandono do leilão. Já no leilão holandês, esta troca de informações é inexistente, já que o interessado somente revelará a sua valoração do bem quando o leiloeiro chegar ao patamar de preço por ele determinado e houver a devida interrupção do leilão. No leilão holandês, os proponentes adquirirão o objeto quando o preço se igualar àquele que ofertariam se o leilão fosse de primeiro preço.

3.3 Leilão Vickrey

No leilão de lance secreto e segundo maior preço, de forma análoga ao anterior, cada interessado, em um mesmo momento, submete um lance individual e único, sem que saiba dos lances ofertados pelos demais interessados. O objeto é vendido para aquele que fez a maior oferta, mas o preço pago será o segundo melhor preço. Este tipo de leilão é também conhecido por Vickrey, em homenagem ao economista William Vickrey, que foi o primeiro pesquisador sobre leilões, lançando o seu pioneiro trabalho em 1961. Esse leilão é engenhoso.

---

26 CIONI, Lorenzo. *A primer on auction theory*. Jun. 2010. Disponível em: http://www.di.unipi.it/~lcioni/papers/2009/Aste.pdf. Acesso em 11 jun. 2011.

Nesse caso, o participante vencedor pagará o preço determinado pelo segundo colocado. Dessa forma, ele tem incentivo em fazer um lance igual à sua própria valoração do objeto. Suponhamos que um proponente A possua uma valoração de 100 e no caso do leilão Vickrey não custa nada ofertar o lance por esse valor. Se houver um proponente B que valorar o bem por um valor maior do que 100, ganhará o leilão, pagando exatamente esse valor. Nesse caso, o comprador nada perderá se der um lance igual à sua valoração. Dessa forma, espera-se nesse tipo de leilão uma maior receita. Esse leilão leva à curiosa conclusão de que nos leilões típicos o vencedor paga um preço inferior ao da sua própria valoração.

3.4 Leilão de Primeiro Preço

Já no leilão de primeiro preço com lance secreto e melhor preço, cada interessado submete, independentemente e simultaneamente, um lance individual e único, sem que conheça as ofertas dos demais concorrentes. O objeto é vendido para o interessado que oferecer o maior valor. Facilmente se percebe que foi justamente este tipo de leilão o adotado pela Lei nº 8.666/93 como nosso padrão para as licitações.

Suponhamos que haja um licitante que valore determinado objeto por 100. Se esse licitante fizer sua proposta de preço nesse valor, terá uma utilidade igual a zero. Ele não fará isso. Deverá ofertar um valor menor e aí torcer para ganhar o certame. Quanto menor o valor ofertado, maior será sua recompensa e menor a probabilidade de ganhar o certame. Percebe-se que nesse tipo de leilão, os licitantes estarão sempre dispostos a ofertar um valor menor do que suas valorações. A questão fundamental é descobrir qual seria a real valoração dos licitantes.

Branco (1992) argumenta que a solução do problema assemelha-se àquela do oligopólio de Cournot,[27] pelo qual o oligopolista escolhe a quantidade que maximiza seu lucro, dadas as quantidades determinadas pelas outras empresas. No caso desse leilão, aplica-se a mesma lógica, ou seja, o licitante deverá maximizar a sua utilidade, considerando as utilidades dos demais participantes. Assim, para esse tipo de leilão, ainda segundo Branco, a estratégia ótima seria que cada candidato deveria elaborar uma proposta de valor igual ao valor esperado

[27] VARIAN, Hal R. *Microeconomia*: uma abordagem moderna. 9. ed. São Paulo: Ed. Campus, 2017.

da maior valoração dos outros candidatos, desde que todas as outras valorações sejam menores que a sua.

É óbvio, então, que a oferta de um candidato somente será relevante se ele for o vencedor do certame. Oferecer maior valor do que sua valoração não compensará ao licitante. Nesse caso, a exemplo do leilão do tipo Vickrey, o licitante com maior valoração ganha o certamente, no entanto, pagará o valor de sua valoração, independentemente da valoração dos demais concorrentes.

Fica claro nesse tipo de leilão que a proposta de cada concorrente é estabelecida com base no valor esperado, considerando a distribuição das valorizações dos demais candidatos. Além disso, quanto mais candidatos houver, maior a chance da proposta vencedora tem um valor mais elevado.

Esse é o tipo de leilão que temos no Brasil para a maioria das licitações. No nosso caso, basta considerar que a maior valoração do licitante será dada pelo menor preço que ofertará na licitação. O valor da sua proposta dependerá, obviamente, da expectativa sobre o valor que será proposto pelos demais licitantes. No caso, o licitante vencedor nunca proporá um preço igual ao seu preço mínimo, porque nenhum lucro auferiria. Quanto mais informações privilegiadas tiver sobre os demais licitantes, mais condições terá de modelar a sua oferta.

Como muitos objetos são adquiridos em repetidas licitações, os licitantes têm mais informação sobre o verdadeiro tipo dos seus oponentes e podem modelar mais adequadamente suas propostas. Da mesma forma, ainda de acordo com a valoração esperada do objeto pelos outros concorrentes, montará a sua proposta usando artifícios como "jogo de planilha" e subpreço.

Se há vários tipos de leilão, qual deles seria o mais adequado? Será que o modelo de leilão selado de primeiro preço (o mais comum nas licitações no Brasil) é aquele que garante a escolha de uma proposta mais vantajosa para a Administração? E o leilão holandês, que aqui é a modelagem do Pregão, quais são suas vantagens? Esses temas devem ser discutidos sob a égide da equivalência de leilões.

Já vimos em linhas anteriores que, considerando os aspectos da valoração dos licitantes, os leilões de primeiro preço e o holandês são equivalentes, ou seja, sempre ganhará o licitante que apresentar a maior valoração. E, no caso das licitações no Brasil (leilões de primeiro preço), a maior valoração será dada pelo menor preço dado pelo licitante vencedor do certame. O mesmo ocorre entre o leilão de segundo preço (Vickrey) e o inglês.

A diferenciação entre o leilão de primeiro preço e o inglês merece mais atenção. Ambos adjudicam o objeto ao proponente que apresentar a maior valoração. A diferença básica é que o proponente no leilão inglês paga o valor da maior valoração entre os outros participantes do certamente. No leilão de primeiro preço, o vencedor paga o valor correspondente ao da sua proposta. Nesse caso – e em equilíbrio – essa proposta não depende das valorizações dos outros licitantes, sendo igual ao valor esperado da valorização mais elevada entre os outros candidatos.

Em linhas gerais, o proponente somente vencerá se apresentar a maior valoração, sendo igual a probabilidade dos candidatos ganharem nos leilões de primeiro preço e no leilão inglês. Quanto aos pagamentos, os valores também são equivalentes. Dessa forma, no leilão inglês o pagamento será igual à segunda valorização mais elevada, ao passo que no leilão de primeiro preço o pagamento é o valor esperado da segunda valorização mais elevada. Logo, caso os pagamentos dos proponentes sejam os mesmos, o montante recebido pelos proponentes do certame (Governo) também será o mesmo. Isso nos remonta a uma importante conclusão sobre os tipos de leilão: em leilões com *valorizações privadas independentes*, com agentes neutros ao risco, os *leilões típicos são equivalentes.*

Feitas essas digressões sobre os tipos básicos de leilões e considerando que anteriormente dissemos sobre desenho de mecanismos, algumas variantes podem ser testadas com o fito de encontrarmos modelagens mais eficientes.

Uma primeira opção seria estabelecer um preço de reserva. Branco (1992) mostra um exemplo simples. Ele diz que se houver uma licitação na qual o Governo determina um valor mínimo de 6, aceitando apenas lances acima desse valor, evidentemente os licitantes com valoração abaixo desse valor não ofertarão lances e, se todos assim o fizerem, o bem não será vendido. Se houver um proponente com valoração abaixo de 6 e outro acima desse valor, isso ocorrerá com probabilidade igual a 50%. Se ambos os licitantes possuírem valoração acima de 6, o vencedor pagará a segunda valoração, que poderia ser um valor esperado de 8, por exemplo. Nesse caso, o montante médio recebido pelo proponente do leilão será:

- 6, com probabilidade de 50% (se somente um candidato tem valoração superior a 6);
- 8, com probabilidade de 25% (se ambos os licitantes possuem valoração acima de 6);

- 0, com probabilidade de 25% (se ambos os licitantes tiverem valoração abaixo de 6).

Nesse caso, o valor esperado recebido pelo vendedor seria 5 ((6 x 0,5) + (8 x 0,25)), superior a quatro, determinado pelo leilão de segundo preço.

Esse raciocínio explica porque muitos procedimentos licitatórios colocam um preço de referência. Esse é o caso do Brasil, onde a Administração tem um orçamento base que lastreia a escolha da melhor proposta. A polêmica agora abre-se com a possibilidade estabelecida pelo RDC para a não divulgação do orçamento por parte da Administração. O chamado Orçamento Sigiloso.

3.5 Leilões com valorização comum

Como vimos, em leilões de valores comuns, os valores atribuídos ao objeto pelos agentes deverão ser correlacionados. Essa abordagem restou mais completa quando Milgrom e Weber[28] apresentaram, em 1982, uma análise dos leilões com valores comuns. Essa análise ajuda a explicar muitas coisas. Suponhamos uma licitação para escolha de empresa para executar obra de engenharia. Embora haja relativa incerteza quanto ao custo da obra, é inconteste que os custos de determinados licitantes estarão correlacionados com os custos dos demais.

Nos leilões de valores privados, cada licitante conhece a sua própria valorização, que corresponde à sua informação privada. No caso de valores comuns, há uma diferença entre valoração e informação privada de cada licitante, o que determina a necessidade de estudar essa diferença.

Um exemplo típico desse tipo de leilão são as rodadas da ANP para exploração do petróleo. Nesse caso, a empresa deseja ganhar o leilão ofertando o menor preço, no entanto, não sabe o exato valor do objeto. Se ofertar um valor muito alto, ganhará a licitação, mas se o objeto não apresentar um valor igual ou maior ao apresentado, a empresa estará diante da chamada "maldição do vencedor".

Os licitantes sabem que somente serão vitoriosos se propuserem valores maiores que os demais e devem assumir que suas expectativas sobre o valor do objeto são mais otimistas do que a dos outros licitantes. Suponhamos que uma jazida de petróleo tem valor de 100,

---

[28] MILGROM, Paul; WEBER, Robert. A Theory of Auctions and Competitive Bidding in High-Risk Situations. *Journal of Petroleum Technology*, n. 23, p. 641-653, 1971.

no entanto, nenhum dos licitantes conhece esse valor, embora possam estabelecer expectativas em torno desse montante. Devem, portanto, propor lances, e sairá vencedor aquele que propuser o maior deles. Ocorre que um dos licitantes pode ter um excesso de expectativa sobre o valor do reservatório petrolífero e ofertar um montante de 120. Nesse caso, ganhará, mas sofrerá a "maldição do vencedor". Essa "maldição" será menor no leilão de segundo preço, por conta do vencedor pagar o montante correspondente a segunda maior valoração. Isso explica porque no leilão de segundo preço a proposta do vencedor é maior do que aquela do leilão de primeiro preço. Quebra-se, nesse caso, a equivalência de receita entre os leilões sobre os quais discutimos anteriormente.

Se o leilão for do tipo inglês, a estratégia muda um pouco de figura, porque todos os concorrentes vão liberando com seus lances sucessivos um pouco de sua informação privada. Os valores ofertados pelos concorrentes desistentes sinalizam alguma informação que será utilizada pelos demais participantes. Dessa forma, os dois remanescentes candidatos já detêm informação sobre todos os desistentes e podem elaborar lances mais acurados. O leilão inglês funcionaria adequadamente para aumentar a competição e, em média, as propostas são mais elevadas do que nos outros tipos de leilões. A esse respeito, Branco sintetiza:

> No caso de venda de um artigo com um valor desconhecido fixo e comum a todos os candidatos, entre os leilões típicos, o leilão inglês é o que maior receita esperada proporciona ao vendedor; em seguida vem o leilão de segundo preço e, por fim, os leilões de primeiro preço e holandês, que são equivalentes. (BRANCO, 1992, p. 225).

Essa é uma excelente resposta para o uso do Pregão como modalidade licitatória no Brasil. Aliás, a prática competitiva do leilão inglês deve ser incentivada inclusive em outras modalidades de certame.

Silva (2011), no entanto, aduz que o uso dos valores comuns ainda é pouco para simular o conjunto de hipóteses das ações engendradas pelos licitantes. Segundo o autor, dois aspectos adicionais devem ser considerados: a dependência estatística entre os sinais dos jogadores e a composição funcional desses sinais para a formação do valor.

Embora o drive teórico visto até aqui seja encorajador de pesquisas mais consistentes sobre a licitação no Brasil, outros temas podem ser investigados.

4 Outros pontos de investigação

Muitos dos temas vistos possuem forte inter-relação com a Teoria dos Jogos, desde uma visão mais geral do equilíbrio de jogos não cooperativos,[29] até conceitos mais específicos como o equilíbrio de Nash. Alias, o que é relevante para o estudo de leilões, em geral, e de licitação, em particular, é um especifico tipo de equilíbrio: o equilíbrio de Nash bayesiano que foi tratado em linhas anteriores.

Há, no entanto, novas fronteiras para o estudo do tema de licitações. Embora a Teoria dos Jogos se preocupe em estabelecer e desvendar as "regras do jogo", a Teoria do "Desenho de Mercados" (*market design*) se preocupará com o uso de métodos experimentais e computacionais para auxiliar a Teoria dos Jogos a encontrar as melhores soluções. De fato, a teoria sobre jogos e desenho de mecanismos parece árida e sem testes de confirmação.

Esse novo campo de desenho de mercados levou à concessão do Prêmio Nobel de Economia, em 2012, para os economistas americanos Alvin e Roth, da Universidade de Harvard, e Lloyd S. Shapley, da Universidade da Califórnia. Roth pontua dois temas que foram essenciais para o desenho da teoria a partir dos anos 90:[30]

a) Estudo de mercado para médicos residentes nos Estados Unidos; e
b) O desenho de licitação pela qual o U.S Federal Communications Commission vende os direitos de transmissão pelas diferentes frequências de rádio.

Para o que nos interessa, cumpre lembrar que, em 1993, o Congresso americano emendou o *Communications Act* de 1934, para determinar que o desenho e a condução dos leilões para concessão de licenças de frequências de rádio fossem promovidas pela *Federal Communications Commission* (FCC). Para tentar obter melhores resultados na modelagem desses leilões, contratou o economista John MacMillan (então na University of Califórnia, San Diego, UCSD) e estabeleceu uma série de consultas em que os principais licitantes poderiam oferecer propostas e comentários sobre o desenho das licitações. Muitos

---

[29] VON NEUMANN, John; MORGENSTERN, Oskar. *Theory of Games and Economic Behavior* (Commemorative Edition). USA: Princeton University Press, 1997.

[30] ROTH, Alvin R. The Economist as Engineer: game theory, experimentation and Computation as Tools for Design Economics. *Econometrica*, v. 70, n. 4, p. 1341-1378, jul. 2002.

desses interessados também empregaram especialistas em Teoria dos Jogos para auxiliá-los.

Boa parte da discussão sobre desenho de licitações centrou-se na questão de como promover alocação eficiente, forçando, digo, incentivando, os licitantes a revelar a sua valoração do objeto e alocar a licença para aqueles que mais as valorizavam. Como as licenças possuíam um valor incerto, os licitantes temiam a incidência da "maldição do vencedor". A informação de que os outros licitantes possuíam informações semelhantes reduziria o risco da maldição.

Para permitir que cada licitante tivesse uma ideia sobre a valoração do objeto pelos outros licitantes, decidiram não ter um preço fechado, mas permitir que os licitantes observassem os lances uns dos outros em várias rodadas de um leilão ascendente. O vencedor pagaria o total preço do seu lance.

O ponto relevante era como lidar com as potenciais complementariedades (outros fatores) que poderiam influenciar a valoração dos licitantes. Um exemplo seria a compra de lotes quando não se sabe exatamente quanto um bem integrante do lote influenciaria a valoração dos demais bens. Existe uma gama de circunstâncias que podem influenciar a valoração e nem todas podem ser facilmente detectadas. Assim, o grande desafio é saber como estruturar leilões que levem em conta como esses valores se correlacionam e influenciam a valoração dos licitantes.

No caso da licitação para concessão de frequência de rádio, uma série de propostas foram teoricamente formuladas e acabaram por formatar um sistema de lotes e os possíveis resultados foram testados computacionalmente. Essas simulações (o que Roth chama de *Cybernomics experiments*) compararam leilões simultâneos ascendentes com um leilão por lotes, segundo várias hipóteses. Ausubel e Milgrom (2001) testaram suas hipóteses, considerando que os licitantes desejavam ofertar um mínimo valor possível que maximizasse seus lucros a cada rodada. Isso faz supor que poderia existir um válido algoritmo que simulasse o comportamento dos licitantes. Eles observaram que para uma licitação por lotes e considerando que os bens sejam substitutos e não existam restrições orçamentárias, os licitantes farão as mínimas propostas possíveis para maximizar os seus ganhos e isso será uma estratégia dominante para eles.

O software desenvolvido por Milgrom rastreou as propostas dos concorrentes e estimou seus orçamentos para 1132 licenças que estariam em leilão. Os valores secretos dos licitantes para licenças específicas foram estimados, o que culminou com a conclusão de que os lances para algumas grandes licenças estavam superestimados. Sendo assim, Milgrom direcionou seus clientes para a obtenção de licenças mais baratas. Fazendo isso, dois de seus clientes, Time Warner e Comcast, pagaram um terço a menos do que seus concorrentes, economizando US$1,2 bilhão.[31]

Apesar de resultados conclusivos, remanescem as dificuldades quanto à influência de valoração de um bem em relação aos demais, ou seja, se há complementariedade. Aliás, esse é um relevante ponto de investigação, sobremodo quanto à magnitude dos efeitos que têm afetado o desenho dessas licitações.

Um campo fértil para experimentos tem sido a internet, como os leilões realizados pelo eBay e pela Amazon. Aliás, fica aqui uma boa dica para investigação do comportamento estratégico dos licitantes nos pregões eletrônicos.

MacAfee e MacMillan resumem as principais características da Teoria de Desenho de Mercados. Eles afirmam que as os achados têm sido intuitivos. O papel da teoria é mostrar como as pessoas se comportam em diversas circunstâncias e os dilemas envolvidos quando essas circunstâncias se modificam. O que os teóricos encontraram em seus estudos não foram complicados e inacessíveis modelos de leilões. A principal vantagem foi desenvolver uma verdadeira intuição de como os mercados funcionam.

Aí, dizem os autores, experimentos computacionais têm o condão de colmatar as lacunas entre a teoria e o design dos leilões. Os modelos teóricos estilizados (leilão inglês, Vickrey, holandês e primeiro e segundo preço selado) organizam as discussões e os esforços de design têm aberto a porta de um totalmente novo campo de análise para a teoria dos leilões. Nesse sentido parece haver uma conexão promissora entre os leilões e a literatura sobre *matching*.[32]

Alguns, como Milgrom, argumentam que na presença de complementariedade, o desenho de mercado torna-se difícil. Assim, um real risco para a existência de um equilíbrio está associado aos bens que são complementares para alguns licitantes e outros para outros.

---

[31] THE ECONOMIST. Modelando Comportamento: a Teoria dos Jogos na prática. *The Economist*. 3 set. 2011. Disponível em: http://www.economist.com/note/21527025?frsc=dgla. Acesso em 10 set. 2019.

[32] CAMERER, Colin; HO, Teck-hua; CHONG, Juin Kuan. *Behavioral game theory*: thinking, learning, and teaching. Disponível em: http://faculty.haas.berkeley.edu/hoteck/PAPERS/BGT.pdf. Acesso em 15 ago. 2019.

Roth observa que o design de mercados é importante porque eles nem sempre crescem como qualquer erva inútil ou daninha (*weeds*), alguns deles se comportam como orquídeas. Tempo e lugar devem ser estabelecidos; bens necessitam ser colocados juntos e vários mercados pensados conjuntamente para que as complementariedades possam ser manejadas e os incentivos possam ser eficientemente estabelecidos. Nesse sentido, a Teoria dos Jogos deverá produzir insights teóricos não apenas para modelos simples, mas também para ajudar a compreender as complicações dos mercados reais. Essas complicações podem ser de dois tipos:

a) Complicações no ambiente estratégico e nos possíveis resultados, além das próprias estratégias utilizadas pelos licitantes;
b) Complicações quanto ao comportamento real dos agentes econômicos, que podem não ser meros maximizadores de utilidade, como a Teoria dos Jogos supõe.

Roth (1991) conclui que métodos computacionais ajudarão na análise de jogos que podem ser muito complexos para serem resolvidos analiticamente. Experimentos em laboratório nos informarão como as pessoas se comportarão quando confrontadas com diversos ambientes, que tenham expertise prévia ou não. Desta forma, um grande e promissor campo de investigação é saber como usar ferramentas como a Teoria dos Jogos em diferentes tipos de design.

Como o design de mercados envolve uma presunção de como as pessoas se comportarão em novos ambientes, é necessário um profundo entendimento do processo de *aprendizado e adaptação* em ambientes estratégicos. Assim, designs bem sucedidos não necessitam apenas funcionar bem em curto prazo, mas devem ser seguros instrumentos analíticos para novos ambientes e situações, proporcionando ferramentas para lidarmos com contingências em diversas circunstâncias.

Roth[33] também faz elucubrações sobre as tendências da Teoria Econômica. Diz ele que, no futuro, o real teste de economia não será apenas estabelecer princípios gerais que governam as interações econômicas, mas desvendar como podemos utilizar esse conhecimento para questões práticas do que ele chama de "engenharia microeconômica". Um engenheiro químico, por exemplo, não é chamado para

[33] ROTH, Alvin E. A natural experiment in the organization of entry level labor markets: regional markets for new physicians and surgeons in the UK. *American Economic Review*, n. 81, p. 415-440, 1991.

simplesmente entender os princípios que governam determinada indústria química, mas sim, para desenhar uma nova planta industrial. Um biologista não apenas entende as causas biológicas das doenças, mas discute sobre o seu tratamento e prevenção. Da mesma forma, a microeconomia deve ser fonte de conselhos solidamente alicerçados em testes práticos, no desenho de instituições com, ou segundo, as quais interagimos.

Isso tudo tem grande relevo na área de licitações no Brasil. E para tanto devo mais uma vez lembrar a modelagem que foi feita pela Agência Nacional de Petróleo com o fito de aumentar a eficiência das suas rodadas para concessão de exploração de campos petrolíferos.

Infelizmente, o senso comum vê a legislação sobre licitações no país como algo estanque e imutável. E, mais, não consegue compreender o caráter anacrônico e ineficiente da Lei nº 8666/93. Os aplicadores do direito são os grandes responsáveis pela perpetuação de um sistema com muita ineficiência e custos de transação.

O Regime Diferenciado de Contratação é uma tentativa – e não será a última – de melhorar o sistema de compras governamentais no Brasil.

5 Conclusões

A principal conclusão desse texto é que precisamos repensar o sistema de licitações no Brasil. Ele parte de pressupostos arcaicos que não conseguem apreender a realidade e perpetuam ineficiências. A resposta padrão a essas ineficiências é que há muita corrupção e/ou o sistema de controle é ineficiente. Isso é verdade, mas apenas uma parte da verdade.

Creio que a maioria das ineficiências advém da modelagem inadequada das licitações que prioriza o procedimento em vez da eficiência. Há um emaranhado de regras que aumentam em demasia o custo de transação e não levam a canto algum. Os Tribunais, por sua vez, se enredam em debates bizantinos sobre esse ou aquele dispositivo, muito pouco contribuindo para o debate.

Ademais, qualquer modificação proposta fitando aumentar a eficiência do sistema é obstaculizada pelo apego aos princípios da Administração Pública, cristalizados como dogmas pelos doutrinadores brasileiros e empecilhos para uma discussão mais técnica sobre licitações no país.

Aliás, o apego aos princípios, conquanto tenha o seu valor intrínseco, não pode ser visto como mantra impeditivo de avanços e como manto para mascarar a impossibilidade de um raciocínio mais analítico dos institutos. Isso aparece em muitos pontos do debate sobre licitações.

É necessário repensar os critérios de eficiência em compras governamentais, superando o dogma utilitarista do ótimo de Pareto e caminhando rumo a uma abordagem de maximização de incentivos. Dessa forma, a Teoria da Informação tem um papel fundamental.

Como visto, licitação é, em essência, um mecanismo de revelação de informação. Dessa forma, meios de revelar informações confiáveis é ponto fulcral para melhoria da eficiência do sistema.

Em linhas prospectivas, também tratamos das possibilidades de desenho de mecanismo e desenho de mercados. Propugnando a utilização da Teoria dos Jogos e métodos computacionais para aprimorar as licitações no país. Assim, advogamos nesse texto novos instrumentos analíticos para uma abordagem mais técnica das compras governamentais no Brasil.

Referências

AKERLOF, George. The Market for Lemons: quality uncertainty and the Market Mechanism. *Quarterly Journal of Economics,* n. 84, p. 488-500, 1970.

BERLE, Adolf Augustus; MEANS, Gardiner C. *The Modern Corporation and Private Property.* New York, Macmillan: Columbia University, 1933.

BRANCO, Fernando. Leilões em Concursos Públicos: teoria econômica. In. *Economia.* Lisboa, v. XVI, n. 2, maio de 1992, p. 225-265.

CAMERER, Colin; HO, Teck-hua; CHONG, Juin Kuan. *Behavioral game theory*: thinking, learning, and teaching. Disponível em: http://faculty.haas.berkeley.edu/hoteck/PAPERS/BGT.pdf. Acesso em 15 ago. 2019.

CHIANG, Alpha C.; WAINWRIGTH, Kevin. *Matemática para Economistas.* 4. ed. São Paulo: Ed. Campus, 2006.

CIONI, Lorenzo. *A primer on auction theory.* Jun. 2010. Disponível em: http://www.di.unipi.it/~lcioni/papers/2009/Aste.pdf. Acesso em 11 jun. 2011.

FIANI, Ronaldo. *Teoria dos Jogos.* 3. ed. Rio de Janeiro: Ed. Campus, 2006.

HARSANYI, John. Games with incomplete information played by 'Bayesian' players. *Management Science,* n. 14, 159-189, 320-334, 486-502, 1967-8.

HAYEK, Friedrich August. The use of knowledge in society. *American Economic Review,* 35, p. 519-530, 1945.

HURWICZ, Leonid. On informationally decentralized systems. *In*: *Radner and McGuire, Decision and Organization.* North-Holland, Amsterdam, 1972.

KAGEL, John H.; LEVIN, Dan. *Auctions*: a survey of experimental research. 1995-2008. Disponível em: http://www.econ.ohio-state.edu/levin/wpapers/Auction_survey_072108_All.pdf. Acesso em 11 jun. 2011.

KRISHNA, Vijay. *Auction Theory*. 2. ed. New York: Ed. Elsevier, 2010.

LIRA, Bruno; NÓBREGA, Marcos. O Estatuto do RDC é contrário aos cartéis em licitação? Uma breve análise baseada na teoria dos leilões. *Revista Brasileira de Direito Público – RBDP*, Belo Horizonte, ano 9, n. 35, p. 3760, out./dez. 2011.

MILGROM, Paul; WEBER, Robert. A Theory of Auctions and Competitive Bidding in High-Risk Situations. *Journal of Petroleum Technology*, n. 23, p. 641-653, 1971.

MLDDINOV, Leonard. *O andar do bêbado*: como o acaso determina nossas vidas. Rio de Janeiro: Ed. Zahar, 2008.

MYERSON, Roger. Incentive compatibility and the bargaining problem. *Econometrica 47*, p. 61-73, 1979.

MYERSON, Roger. Perspective on Mechanism Design in Economic Theory. *Nobel Prize Lecture*, 8 dec. 2007. Disponível em: http://home.uchicago.edu/~rmyerson/. Acesso em 03 ago. 2019.

ROSSER JR., J. Barkley. *Nobel Prize for Asymmetric Information*: the economic contributions of George Akerlof, Michael Spence, and Joseph Stiglitz. Disponível em: http://cob.jmu.edu/rosserjb/Nobel Prize. Akerlof-Spence-Stiglitz.doc. Acesso em 11 jun. 2011.

ROTHSCHILD, Michael; STIGLITZ, Joseph. Equilibrium in competitive insurance markets: An essay on the economics of imperfect information. *The Quarterly Journal of Economics*, n. 90(4), p. 629-649, 1976.

ROTH, Alvin E. A natural experiment in the organization of entry level labor markets: regional markets for new physicians and surgeons in the UK. *American Economic Review*, n. 81, p. 415-440, 1991.

ROTH, Alvin R. The Economist as Engineer: game theory, experimentation and Computation as Tools for Design Economics. *Econometrica*, v. 70, n. 4, p. 1341-1378, jul. 2002.

SILVA, Ângelo Henrique Lopes. Preço de reserva sigiloso em Licitações Públicas. *XVI Prêmio Tesouro Nacional*, 2011. Disponível em: http://www3.tesouro.gov.br/Premio_TN/XVIPremio/politica/3pfceXVIPTN/Tema_3_3.pdf. Acesso em 10 ago. 2019.

SIMON, Herbert Alexander. A behavioral model of rational choice. *Quarterly Journal of Economics*, 69, p. 99-118, 1955.

STIGLITZ, Joseph Eugene. The causes and consequences of the dependence of quality on price. *Journal of Economic Literature*, 25, p. 1-48, 1987.

STIGLITZ, Joseph Eugene. *Argentina shortchanged*. Washington Post, May 12, 2002a.

STIGLITZ, Joseph Eugene. *Whiter Socialism?* Cambridge, USA: MIT Press, 1996.

SUNDFELD, Carlos Ary. Direito Administrativo para céticos. São Paulo: Ed. Malheiros, 2012.

THE ECONOMIST. Modelando Comportamento: a Teoria dos Jogos na Prática. *The Economist.* 3 set. 2011. Disponível em: http://www.economist.com/note/21527025?frsc=dgla. Acesso em 10 set. 2019.

TIMM, Luciano Benetti. Problemas da Regulação da Advocacia. *Jornal Valor Econômico.* 4 jul. 2012. Disponível em: https://valor.globo.com/legislacao/coluna/problemas-da-regulacao-da-advocacia.ghtml. Acesso em 01 jul. 2019.

VARIAN, Hal R. *Microeconomia*: uma abordagem moderna. 9. ed. São Paulo: Ed. Campus, 2017.

VICKREY, William. Counterspeculation, Auctions and Competitive Sealed Tenders. *Journal of Finance*, v. 16, Issue 1, p. 8-37, mar. 1961.

VON NEUMANN, John; MORGENSTERN, Oskar. *Theory of Games and Economic Behavior* (Commemorative Edition). USA: Princeton University Press, 1997.

WILLIAMSON, Oliver Eaton. Markets and hierarchies: some elementary considerations. *The American Economic Review*, 63, 2, p. 316-325, 1973.

O ESTATUTO DO RDC É CONTRÁRIO AOS CARTÉIS EM LICITAÇÃO? UMA BREVE ANÁLISE BASEADA NA TEORIA DOS LEILÕES[1]

1 Introdução

O Regime Diferenciado de Contratação – RDC – foi instituído em nosso Ordenamento Jurídico através da Lei Federal nº 12.462/11, resultante do Projeto de Lei de Conversão - PLV nº 17/2011. Tal regramento surge com a promessa de que seria um eficiente meio para a agilização e o barateamento das obras necessárias à realização da Copa do Mundo e das Olimpíadas. Tais objetivos seriam obtidos através do aumento da competitividade entre os licitantes, resultante das novas regras estabelecidas por este regime especial.

No entanto, os oposicionistas defendem que o RDC abre oportunidades para a perpetração de abusos, seja "escancarando as portas para a corrupção" (palavras do Senador Aloysio Nunes),[2] seja possibilitando uma "tremenda farra com o dinheiro do contribuinte" (palavras do Senador Cyro Miranda).[3] Em resposta a estas opiniões, o relator do projeto de conversão, Senador Inácio Arruda, colocou que duvidava que uma lei pudesse alcançar tais objetivos.[4]

---

1 Escrito em coautoria com Bruno Lira, Mestre em Ciência da Computação e Mestrando em Direito pela UFPE. Analista de Sistemas do TCE-PE.

2 NUNES, Aloysio. *RDC vai escancarar portas da corrupção em obras públicas*. Jul. 2011. Disponível em: http://www.senado.gov.br/noticias/aloysio-nunes-rdc-vai-escancarar-portas-da-corrupcao-em-obras-publicas.aspx. Acesso em 07 set. 2011.

3 MIRANDA, Cyro. *Cyro Miranda teme campeonato de superfaturamentos e sobrepreços*. Jul. 2011. Disponível em: http://www.senado.gov.br/noticias/cyro-miranda-teme-campeonato-de-superfaturamentos-e-sobre-precos.aspx. Acesso em 07 set. 2011.

4 SENADO FEDERAL. *Senado aprova Regime Diferenciado de Contratações Públicas*. Jul. 2011. Disponível em: http://www.senado.gov.br/noticias/senado-aprova-regime-diferenciado-de-contratacoes-publicas-rdc.aspx. Acesso em 07 set. 2011.

Visando a diminuir as incertezas sobre este novo regime, o presente trabalho busca identificar se o RDC traz avanços na luta contra a atuação dos cartéis em licitação, um dos maiores problemas encontrados nesta seara e que assola todo o mundo.

A importância do combate aos cartéis ganhou uma maior relevância para a sociedade brasileira, podendo demonstrar-se tal fato através da instituição do dia 8 de outubro como o "Dia Nacional de Combate ao Cartel".

Para tanto, utilizar-se-á os conhecimentos gerados pela teoria dos leilões como base para a análise das disposições estabelecidas pela Lei nº 12.462/11. A teoria dos leilões é o ramo da economia que busca identificar como as pessoas atuam em um leilão e quais são as propriedades de tais mercados. Seu maior interesse, atualmente, é a questão da colusão: por que acontecem e como evitá-los ou diminuir o risco de virem a acontecer.

2 Uma breve introdução à Teoria Econômica dos Leilões

Como se sabe, a licitação está umbilicalmente associada à ideia de concorrência entre os interessados. Ela envolve o recebimento de várias propostas, cabendo, à Administração Pública, a análise e a seleção daquela que melhor se adequa ao seu interesse. Como se pode perceber, tal procedimento não passa de uma espécie de leilão.

Os leilões têm sido alvo de um grande número de estudos dentro da seara econômica. Isto se deve, por um lado, à sua grande importância prática. Como se sabe, um grande volume de transações econômicas é conduzido através de leilões. Além do setor público, as próprias empresas privadas utilizam esse instituto para comprar commodities ou subcontratar serviços com menores custos possíveis.

Além de serem muito utilizados no dia a dia, os leilões vêm assumindo um papel de preponderância nas pesquisas econômicas. Por serem simples e bem definidos, eles são o ambiente propício para servirem de base de testes para as mais diversas teorias econômicas, especialmente em modelagens de Teoria dos Jogos com informações incompletas. Hodiernamente, os leilões têm sido muito utilizados nas pesquisas experimentais, conforme se pode observar no trabalho de Kagel e Levin.[5]

---

[5] KAGEL, John H.; LEVIN, Dan. *Auctions*: a survey of experimental research. 1995/2008. Disponível em: http://www.econ.ohio-state.edu/levin/wpapers/Auction_survey_072108_All.pdf. Acesso em 11 jun. 2011.

Em face desta grande importância prática, empírica e por razões teóricas, a ciência econômica criou um ramo específico de estudos chamado Teoria dos Leilões ("auction theory"). Suas descobertas devem ser devidamente analisadas pelos juristas a fim de se construir normas de controle social que sejam mais efetivas ao combate dos cartéis em licitação.

Segundo este ramo de estudo, há quatro tipos básicos de leilões:

1. O de lances ascendentes, também chamado de aberto, oral ou inglês;
2. O de lances descendentes, utilizado para a venda de flores na Holanda e, por isso, também conhecido como leilão holandês;
3. O de lance secreto e de melhor preço, também conhecido como melhor oferta; e
4. O leilão Vickrey, também conhecido como o de lance secreto e segundo melhor preço.

No leilão inglês, o preço é sucessivamente aumentado até que reste apenas um único interessado no bem, que será o ganhador do objeto com o preço final igual ao por ele ofertado. Este leilão pode ter um preço inicial determinado pelo vendedor ou os próprios interessados são livres para ofertar os valores que eles achem mais apropriados (lances livres).

O leilão holandês funciona de forma oposta ao inglês. O leiloeiro inicia o certame com um determinado patamar de preço, e então vai diminuindo-o de forma contínua. O primeiro interessado que interromper o leilão adquirirá o objeto pelo preço correntemente apresentado pelo leiloeiro.

Cioni[6] chama a atenção para a diferença de troca de informações existente entre o leilão inglês e o holandês. Naquele, há uma grande troca de informações entre os interessados, que pode influenciar no aumento dos lances ou no abandono do leilão. Já no holandês, esta troca de informações é inexistente, já que o interessado somente revelará a sua valoração do bem quando o leiloeiro chegar ao patamar de preço por ele determinado e houver a devida interrupção do leilão.

Já no leilão de lance secreto e melhor preço, cada interessado submete, independentemente e simultaneamente, um lance individual e único, sem que conheça as ofertas dos demais concorrentes. O objeto

---

[6] CIONI, Lorenzo. *A primer on auction theory*. Jun. 2010. Disponível em: http://www.di.unipi.it/~lcioni/papers/2009/Aste.pdf. Acesso em 11 jun. 2011.

é vendido para o interessado que oferecer o maior valor. Facilmente se percebe que foi justamente este tipo de leilão que foi adotado pela Lei nº 8.666/93 como nosso padrão para as licitações.

No leilão de lance secreto e segundo maior preço, de forma análoga ao anterior, cada interessado, em um mesmo momento, submete um lance individual e único, sem que saiba dos lances ofertados pelos demais interessados. O objeto é vendido para aquele que fez a maior oferta, mas o preço pago será o segundo melhor preço. Este tipo de leilão é também conhecido por Vickrey, em homenagem ao economista William Vickrey, que foi o primeiro pesquisador sobre leilões, lançando seu pioneiro trabalho em 1961.

Como se pode perceber, a questão da valoração dos objetos é um elemento essencial para o estudo dos leilões. Atentando para esta variável, Hagel e Levin[7] entendem que os concorrentes podem ter duas diferentes formas de avaliação dos bens postos a leilão.

No caso de somente haver *informações privadas*, assume-se que apenas cada interessado sabe o valor que o objeto do certame tem para si. Além disso, tal valor independe da avaliação feita pelos demais concorrentes e, mesmo que tais avaliações se tornem públicas, o valor aferido individualmente permanecerá o mesmo.

No caso de *valores comuns*, o valor do objeto é desconhecido pelos concorrentes, porém eles conhecem alguma característica/propriedade do bem que, de alguma forma, sinaliza para o valor real deste. Se tal propriedade chega ao conhecimento do concorrente, este pode mudar a sua estimativa de valor para o objeto. Neste caso, a valoração do bem é influenciada não apenas pela valoração dada pelos demais concorrentes, mas também pelas informações do bem que estão disponíveis. Esse é o caso dos leilões promovidos pela ANP para concessão da exploração de petróleo nos blocos pré-definidos em edital. Logo, há uma informação parcial, o que pode levar a empresa ofertante do maior preço à chamada "maldição do vencedor".

Um dos problemas mais sérios que envolvem os leilões é a colusão (*"bidding ring"*). Esta ocorre quando os participantes de um leilão acordam em assumir um comportamento cooperativo, ao invés de um marcado pela competitividade/rivalidade mútua, a fim de auferir um lucro maior do que aqueles que fariam jus, caso atuassem

[7] KAGEL, John H.; LEVIN, Dan. *Common value auctions and the winner's curse*: lessons from the Economics Laboratory. Oct. 2001. Disponível em: http://www.econ.ohio-state.edu/kagel/CVsurvey.short.PDF. Acesso em 11 jun. 2011.

normalmente no mercado. O combate a esta prática é uma preocupação constante dos leiloeiros devido ao fato de que ela coloca em risco a receita final do vendedor.

Tal irregularidade não é apenas teórica. Em seu trabalho, Marshall e Marx[8] aduzem que um relatório oficial do *General Accounting Office*, de 1990, dá conta de que, no período de 1982 a 1988, mais da metade das ações penais movidas pelo *U.S. Department of Justice's Antitrust Division* envolviam os mercados de leilões. Isto demonstra que apenas a legislação anticoncorrencial não consegue deter, de forma satisfatória, a prática desta irregularidade.

Em face disso, boa parte da pesquisa econômica está centrada na compreensão de como se sucede o conluio e na busca de mecanismos que auxiliem na prevenção e no combate a esta prática. É através da compreensão de tais ideias que se pode atentar para a realidade social e analisar os instrumentos jurídicos constantes no Ordenamento Jurídico, a fim de aquilatar se as disposições ali constantes são apropriadas, ou não, para a prevenção e o combate deste ilícito.

Com vistas a este objetivo, deve-se, primeiramente, identificar que características catalisam o surgimento dos cartéis.

3 As licitações são ambientes propícios para a atuação dos cartéis?

Galban e Domingues apontam que, em um sentido amplo, o cartel representa "a restrição e até a eliminação da concorrência entre um conjunto de empresas, com a finalidade de auferir maiores lucros".[9] Através da coordenação de suas ações, as empresas participantes do acordo buscam auferir lucros maiores do que aqueles que fariam jus, caso atuassem normalmente no mercado (de forma individual).

Diante deste objetivo, as licitações surgem como um dos principais eventos para a concretização desta meta. Além de ser o meio legal para a obtenção dos bens e serviços essenciais para o funcionamento do Estado moderno, as licitações movimentam largas somas de

---

8 MARSHALL, Robert C.; MARX, Leslie M. *The vulnerability of auctions to bidder collusion.* May. 2009. Disponível em: http://www.bateswhite.com/media/pnc/5/media.235.pdf. Acesso em 15 jun. 2011.

9 GABAN, Eduardo Molan; DOMINGUES, Juliana Oliveira. *Direito antitruste*: o combate aos cartéis. 2. ed. São Paulo: Saraiva, 2009. p. 164.

dinheiro, servindo até como uma espécie de instrumento de atuação estatal na economia. Segundo a OECD:

> Licitação publica é uma atividade econômica chave dos diversos países, movimentando cerca de 15% do PIB mundial, na média. Este número é ainda maior em alguns países membros da OECD, onde o gasto com licitações é estimado em cerca de 20%. Através de sua política de licitações, o setor público pode afetar a estrutura do mercado e incentivar firmas a competirem, com maior ou menor vigor, ao longo prazo. A política de licitações, portanto, pode ser usada para modelar os efeitos de longo prazo da competição em um setor industrial.[10] [11]

Além da motivação, faz-se necessário que estejam presentes alguns fatores que possibilitem ou facilitem o surgimento dos cartéis. Asch e Seneca[12] elencam, dentre estes fatores, primeiramente, a própria *estrutura do setor industrial*. Quanto mais concentrado o setor, maior a facilidade para a celebração de um acordo entre os concorrentes.

Logo, a existência de *barreiras de entrada* no mercado pode facilitar o surgimento dos cartéis. De fato, com poucos concorrentes, haveria menos interesses conflitantes dos participantes a serem compostos e uma maior liberdade de ação para a celebração de acordos. De forma inversa, a ameaça de entrada pode sugerir pouca flexibilidade e pequena margem de preço para convencer os membros a obedecerem aos padrões de comportamentos que sejam mutuamente lucrativos.

No caso das licitações, o número de competidores pode ser baixo, dependendo do bem a ser adquirido ou do próprio local onde se realiza o certame. Isto propiciará uma maior segurança para um acordo colusivo, já que os membros do cartel terão uma "barreira natural" para a entrada de novos competidores e os custos para o

---

10 ORGANISATION FOR ECONOMIC CO-OPERATION AND DEVELOPMENT - OECD. *Fighting cartels in public procurement.* Oct. 2008. p. 2. Disponível em: http://www.oecd.org/dataoecd/45/63/41505296.pdf. Acesso em 10 jul. 2010.

11 Livre tradução de: "Public procurement is a key economic activity of governments, accounting for an estimated 15% of gross domestic product (GDP) worldwide on average. The figure is even higher in some OECD countries where public procurement expenditure is estimated at approximately 20% of GDP. Through its public procurement policy, the public sector can affect the structure of the market and the incentives of firms to compete more or less fiercely in the long run. Procurement policy therefore may be used to shape the longer-term effects on competition in an industry sector".

12 ASCH, Peter; SENECA, Joseph J. Characteristics of collusive firms. *Journal of Industrial Economics*, v. 23, issue 3, p. 223-37, 1975. Disponível em: http://www.jstor.org/stable/2097944. Acesso em 08 mai. 2010.

monitoramento do cumprimento do referido acordo serão baixos. Neste sentido, pode-se destacar a colocação de Beckmann:

> Os cartéis em licitações possuem maior facilidade de serem bem sucedidos quando o número de competidores em potencial é baixo e o preço de competição para a aquisição do bem no certame é limitado. Por outro lado, quando o número de concorrentes é alto e a competição entre eles é intensa, preços cartelizados podem ainda ocorrer, mas terão uma menor probabilidade de vencerem o certame. Um cartel em licitação é considerado estável externamente quando os membros não precisam enfrentar prejuízos substanciais causados por competidores externos (Fehl and Güth, 1987; Kräkel, 1993; Beckmann, 1999). Uma situação benéfica para o sucesso do cartel é, portanto, a ausência de qualquer outro rival. Consequentemente, práticas de lances colusivos são muito prováveis de ocorrer quando o número de competidores externos for baixo.[13] [14]

Um claro exemplo dessa situação é reportada pela Secretaria Estadual de Saúde de Mato Grosso (SES-MT), que adotou uma nova plataforma eletrônica de licitação para aquisição de medicamentos com vistas a tentar quebrar o "cartel" das empresas do ramo naquele estado. Com tal plataforma, abriu-se espaço para que fabricantes de outros estados participassem dos processos licitatórios, modalidade Pregão Eletrônico. Logo na primeira licitação realizada por meio do novo sistema, a SES-MT identificou uma economia de cerca de 52% nos preços dos mesmos produtos antes adquiridos pela Secretaria de Administração do Estado (SAD), através de pregões presenciais, em que havia menor competitividade na disputa do certame.

Um terceiro fator apontado por Asch e Seneca como favorecedor dos cartéis é a *diferenciação dos produtos*, que pode complicar a tarefa de elaboração dos acordos, já que se torna menos óbvia a construção

---

[13] BECKMANN, Michaell. *Art auctions and bidding rings*: empirical evidence from german auction data. Mai. 2004. p. 3. Disponível em: http://www.springerlink.com/content/j416418654264r4j/. Acesso em 15 jun. 2011.

[14] Livre tradução de "Bidder cartels are most likely to succeed when the number of potential competitors is low and the price competition for the auction goods is limited. On the contrary, when the number of attendees is large and competitive bidding is intensive, price cartels may still occur but they are quite unlikely to prevail over their competitors. A bidding ring is considered externally stable when the members do not have to face substantial drawbacks caused by external competitors (Fehl and Güth, 1987; Kräkel, 1993; Beckmann, 1999). A beneficial situation for the ring to succeed is therefore on hand in the absence of any rival bidders. Consequently, collusive bidding practices are especially likely to occur when the number of external competitors is low".

de políticas mútuas de dominação do mercado. Assim, há uma maior expectativa de surgimento de cartéis em mercados que sejam caracterizados pela homogeneidade dos produtos.

Tal homogeneidade é garantida, na licitação, pela própria descrição do objeto a ser licitado, trazida pelo edital do certame. Por outro lado, esta mesma uniformidade torna mais fácil para os fornecedores chegarem a um acordo sobre uma estrutura de preços comum, possibilitando, assim, o conluio.

Além disso, como a Administração Pública está jungida ao edital, não pode adquirir um produto/serviço alternativo ao que foi especificado. Tal fato facilita a conduta dos indivíduos e empresas que pretendem atuar em conluio, pois eles ficam mais seguros por saberem que o responsável pelas aquisições tem pouca ou nenhuma alternativa. Desta forma, os esforços para aumentar os preços têm maiores probabilidades de serem bem sucedidos.

O quarto fator apontado pelos autores é a própria *estrutura do mercado dos compradores, que* pode influenciar na formação da colusão entre os vendedores. Um mercado adquirente atomizado pode facilitar o conluio dos vendedores ao desencorajá-los a não burlar o preço de colusão.

No caso das licitações, o que se vê são aquisições recorrentes de um bem ou serviço, o que aumenta as probabilidades de conluio entre concorrentes. A frequência com que as licitações para o mesmo objeto são apresentadas ajuda os cartelistas a distribuírem, entre si, os contratos.

Outrossim, os membros de um cartel podem, de forma mais célere, punir a empresa que não cumprir o acordo estabelecido, bastando concorrer de forma efetiva naqueles certames que, a princípio, caberiam aos desertores pelo cartel.

Um outro fator que deve ser aqui destacado é que a própria *regulação*, essencialmente formalista, poderá facilitar a comunicação entre os competidores, propiciando o surgimento do conluio entre eles. Como se sabe, a Administração Pública está jungida ao princípio da transparência e as regras da licitação são dispostas para diminuir a discricionariedade dos agentes púbicos. Em busca da efetivação deste princípio, qualquer pessoa pode tomar conhecimento dos participantes e das propostas feitas.

A disponibilização de tais informações facilita a identificação do comportamento desviante do acordado colusivo. De posse de tais informações, o cartel pode garantir uma maior credibilidade para a sua ameaça de punição, além de melhorar a coordenação de suas futuras atuações.

Há, ainda, a *rigidez do estatuto licitatório*, que também pode ser apontada como um incentivador para o surgimento dos cartéis em licitação. Esta falta de flexibilidade impede a rápida adoção de um comportamento mais estratégico da Administração Pública quando confrontada com um comportamento coordenado dos competidores de um dado certame.

Um exemplo de tal situação deu-se com o "cartel do oxigênio".[15] Através de uma operação de busca e apreensão realizada em fevereiro de 2004, o CADE apreendeu o "estatuto do cartel", que continha o conjunto de regras da associação criminosa. Como o oxigênio é um bem imprescindível em qualquer hospital, seja público ou privado, sendo alvo de aquisições reiteradas, as regras do estatuto do cartel especificavam, especialmente, a forma de se dividir o mercado, a sistemática da cobertura em licitações públicas e a maneira de se punir os integrantes que transgredissem as normas de conduta do cartel.

Como se pode perceber, as licitações demonstram ser um ambiente propício para a atuação dos cartéis.

4 A correlação existente entre os cartéis e os leilões (licitações)

Marshall e Marx[16] demonstram que dois fatores podem afetar a lucratividade dos cartéis. São eles: o design do leilão e as ações dos leiloeiros. Se tais fatores são realizados de forma a propiciarem um lucro menor para os cartéis, haverá uma maior inibição para a formação do conluio.

Como se sabe, o principal objetivo do cartel é maximizar os lucros esperados através da atuação coordenada de seus membros. Em um leilão, tal objetivo será alcançado se o cartel pagar o preço mínimo necessário para a aquisição do bem, sempre que o seu valor exceder o preço de compra valorado pelo cartel.

Uma estratégia simples para obter tal sucesso é escolher um dos membros do cartel para ser o vencedor do certame, determinando-lhe a estratégia de lances a ser seguida. Tal escolha deve recair,

---

15 ALERTA TOTAL. O julgamento do cartel do oxigênio. Ago. 2010. Disponível em: http://www.alertatotal.net/2010/08/o-julgamento-do-cartel-do-oxigenio.html. Acesso em 07 set. 2011.

16 MARSHALL, Robert C.; MARX, Leslie M. *The vulnerability of auctions to bidder collusion*. May. 2009. Disponível em: http://www.bateswhite.com/media/pnc/5/media.235.pdf. Acesso em 15 jun. 2011.

geralmente, naquele cartelista que possua a maior avaliação do bem, caso haja diferentes valorações por parte dos coludentes. Ao mesmo tempo, o cartel deve recomendar aos demais participantes do conluio que se eximam de participar da concorrência.

Apesar de simples, tal estratégia pode não ter uma implementação muito fácil. Por exemplo, o cartel pode enfrentar alguns custos para a formação do acordo colusivo (por exemplo, o custo da troca de mensagens entre os cartelistas).

Além disso, há o problema da não obrigatoriedade da observação das determinações do cartel. Tal problema pode surgir quando o próprio cartel determina uma estratégia cuja observação não seja do total interesse de alguns dos seus membros, principalmente daqueles que devem abster-se de participar ou perder o certame. Robinson coloca que:

> Para que o cartel seja estável, as estratégias por ele recomendadas devem ser "*incentive-compatibles*" (isto é, os participantes devem achar que é do seu interesse segui-las), ao menos no sentido de que qualquer outra estratégia para qualquer concorrente individual não é estritamente preferida por ele, dado o que os outros concorrentes estão fazendo.[17] [18]

Este mesmo autor ainda demonstra que a propensão para a deserção dos cartéis pode variar de acordo com o tipo de leilão. Seu estudo demonstra que a adoção do leilão de lance secreto e melhor preço teria o condão de gerar uma maior propensão para a deserção nos cartéis.

Isto se deve ao fato de que, para maximizar o lucro conjunto, o cartel deve estabelecer que o lance vencedor seja equivalente ao preço de referência do vendedor, assumindo que este último preço é menor do que a própria valoração estabelecida pelo cartel. Neste caso, um desertor poderá ofertar um lance um pouco maior do que o valor de referência, auferindo um lucro equivalente à diferença entre a valoração dada pelo cartel e o preço de referência do vendedor.

---

17 ROBINSON, Marc S. *Collusion and the choice of auction*. Set. 1984. p. 7. Disponível em: http://www.econ.ucla.edu/workingpapers/wp340.pdf. Acesso em 12 jun. 2011.

18 Livre tradução de "In order for the prospective cartel to be stable, the recommended cartel strategies should be incentive-compatible (i.e., bidders should find it in their interest to follow them), at least in the weak sense that some other strategy for an individual bidder not be strictly preferred by that bidder given what the others are doing".

Há de se perceber que o cartel não tem muitas opções. Se ele define que o lance "vencedor" seja inferior ao da sua própria valoração, qualquer desertor poderá ofertar um valor um pouco maior do que o definido, auferindo lucros extras. Caso contrário, colocando o lance "vencedor" equivalente à sua valoração, não alcançará o seu objetivo mor, por definição.

Tal situação é ainda agravada quando se considera a possibilidade de haver outras empresas que não participam do cartel competindo no certame. Neste caso, o real valor vencedor do certame poderá ficar acima do previamente especificado pelo cartel. Tal situação acarretaria a diminuição do lucro a ser obtido. Quanto maior for o medo do cartel em perder o leilão, mais próximo seu lance ficará da sua valoração do objeto, diminuindo cada vez mais a possibilidade de lucros.

Já nos casos dos leilões inglês e Vickrey, os cartéis seriam mais estáveis. Robinson[19] explica que, nos leilões Vickrey, a melhor estratégia para o cartel é aquela em que o membro escolhido oferta um valor próximo da avaliação do cartel. Os demais participantes do conluio devem ou não participar do certame ou ofertar próximo do valor de referência.

Caso não haja outros competidores e nem deserções, o cartel irá ganhar o leilão com um preço próximo ao de referência. Se houver uma empresa que supere o ofertado pelo cartel, este não irá se arrepender do lance feito, já que, a princípio, o ganhador não obterá lucros. Justamente por isso, a propensão à deserção será pequena.

No caso de um competidor dar um lance entre o valor de referência e a valoração do cartel, isto diminuirá o lucro auferido pela colusão, sem que aquele competidor coloque em risco a vitória do cartel. Desta forma, tais empresas estarão mais propensas a aceitarem convites para associarem-se ao acordo colusivo, em troca de auferirem parte dos lucros obtidos com a coordenação das condutas.

A situação nos leilões ingleses é bastante assemelhada ao Vickrey. Neste caso, o participante escolhido deve continuar fazendo lances até sobrar apenas ele ou alcançar-se a valoração do bem atribuída pelo cartel. Todas as considerações feitas ao leilão Vickrey são aplicáveis ao leilão inglês, com o agravante do cartel poder identificar, de imediato, qualquer deserção. Desta forma, o cartel poderá retaliar, imediatamente, tais tentativas de insubordinação.

Assim, a credibilidade da punição à deserção é altíssima, fazendo com que o risco da deserção seja praticamente nulo.

---

19 ROBINSON, Marc S. *Collusion and the choice of auction*. Set. 1984. Disponível em: http://www.econ.ucla.edu/workingpapers/wp340.pdf. Acesso em 12 jun. 2011.

5 A atuação de um cartel em licitação – a experiência norte-americana e brasileira

Como pode ser defluido da seção anterior, há uma clara correlação entre o design do leilão e a suscetibilidade ao conluio entre os participantes. Para se elaborar um modelo de leilão/licitação que seja menos propenso à atuação dos cartéis, faz-se necessário conhecer os tipos de mecanismo básicos de sua atuação, com vistas a aumentar a competição e a diminuir a probabilidade de conluio entre os seus membros.

No caso de leilões ingleses, alguns cartéis preferem acordar como o cartel irá funcionar de forma prévia ao leilão. Um exemplo disso é a *supressão de lances*. Tal pode ser definido como sendo o esquema onde um ou mais competidores, que estariam concorrendo em um dado certame, acordam em retirar-se da competição, diminuir a frequência de seus lances ou, até mesmo, desistir de um lance já feito, para que o cartelista previamente escolhido ganhe o certame.

Este esquema foi identificado no caso *Finnegan v. Campeau Corp.* O caso concreto deu-se em 1988, em que as empresas *R.H. Macy & Co. Inc* e *Campeau Corp* estavam envolvidas na aquisição de uma terceira empresa, a *Federated Departments Stores Inc.* A justiça americana assentou, em sua decisão, que "Macy e Campeau concordaram que a Macy parasse de fazer lances e deixasse Campeau ser a compradora, dividindo, posteriormente, os benefícios resultante de suas condutas entre si".[20] [21]

Por outro lado, alguns cartéis preferem realizar *encontros após a finalização do certame*. Neste caso, os membros do conluio escolhem um dos participantes para ser o único cartelista a ofertar lances no leilão. Posteriormente, e caso o cartelista escolhido para fazer os lances saia vencedor do certame, todos os coludentes reunir-se-ão para determinar, entre eles, quem irá receber o objeto e qual a compensação que deverá ser dada aos demais coludentes pela participação no cartel. Este segundo leilão, cujos participantes são apenas os cartelistas, é denominado "*knock out*".

---

[20] KOVACIC, William E. *et al. Bidding rings and the design of anti-collusion measures for auctions and procurements.* p. 8. Disponível em: http://faculty.fuqua.duke.edu/~marx/bio/papers/AntiCollusion.pdf. Acesso em 17 jun. 2011.

[21] Livre tradução de "Macy and Campeau agreed that Macy would cease bidding and let Campeau be the buyer, thereafter dividing the benefits of their conduct between themselves".

Tal esquema foi o utilizado no caso *US v. Pook*, em que foi detectado um cartel que operava no ramo de antiguidades. Na decisão da corte americana, descreveu-se a conduta dos cartelista da seguinte forma:

> Quando um cartel de compradores estava em operação em um leilão público de antiguidades consignadas, os seus membros acordavam em não oferecer lances em competição com outros membros do cartel. Se um membro obtivesse o item na licitação, os demais cartelistas interessados neste item poderiam oferecer lances em um certame secreto realizado posteriormente (*"knock out"*). O membro do cartel que oferecesse a maior oferta no certame secreto obtinha o bem através do pagamento, a cada cartelista, de uma participação na diferença entre o preço final do certame público e o lance privado ganhador. O montante pago a cada cartelista (*"pool split"*) era calculado de acordo com a quantidade de membros do cartel na reunião de *knock out*.[22] [23]

No caso de leilões de lance secreto, um dos primeiros esquemas utilizados para funcionamento dos cartéis foi a *rotação*. Tal esquema foi utilizado no *'Electrical Conspiracy'* de 1950, em que 29 fornecedores de equipamentos elétricos formaram um cartel para atuar em licitações. O parâmetro de rotação usado era a fase da lua no momento da licitação. Ou seja, os participantes do certame já estavam pré-determinados, dependendo do estágio da lunação no dia do certame.

Outro esquema utilizado para o funcionamento dos cartéis em leilões/licitação é o de *lances complementares* (*"complementary biddings"*), que buscam apenas criar uma aparência de competição para mascarar um preço superfaturado. Tal esquema foi identificado no caso *U.S. v. Addyston Pipe & Steel Co. et al.* Os fabricantes de canos de ferro que se conluiaram, reuniam-se previamente para definir quem iria participar do certame e as possíveis compensações a serem pagas.

---

22 KOVACIC, William E. *et al. Bidding rings and the design of anti-collusion measures for auctions and procurements.* p. 9. Disponível em: http://faculty.fuqua.duke.edu/~marx/bio/papers/AntiCollusion.pdf. Acesso em 17 jun. 2011.

23 Livre tradução de "When a dealer pool was in operation at a public auction of consigned antiques, those dealers who wished to participate in the pool would agree not to bid against the other members of the pool. If a pool member succeeded in purchasing an item at the public auction, pool members interested in that item could bid on it by secret ballot at a subsequent private auction ("knock out") .... The pool member bidding the highest at the private auction claimed the item by paying each pool member bidding a share of the difference between the public auction price and the successful private bid. The amount paid to each pool member ("pool split") was calculated according to the amount the pool member bid in the knock out".

> Quando os certames eram anunciados por qualquer corporação municipal, companhia de gás ou água, o comitê executivo determinava o valor do lance que seria dado por alguma das empresas participantes da associação e a questão de qual companhia executaria o serviço era determinado pelo maior bônus oferecido, internamente, por qualquer uma das associadas. Quando o montante era então ajustado, a companhia com o direito de participar do certame realizava o lance, sendo que este ficava protegido contra os lances dos demais cartelistas que fossem convidados a participar deste mesmo certame e da concorrência em todas as instâncias, sendo ligeiramente acima da oferta colocada pela empresa, a quem o contrato será encaminhado. [...] Compensações são feitas, em prazos determinados, através de débito na conta de bônus por cada empresa, onde estes compensam, largamente, uns aos outros, de modo que pequenas somas são de fato pagas por qualquer empresa em contas de equilíbrio.24 25

Outrossim, os cartéis também se utilizam da *subcontratação* como uma instrumento para garantir a sua viabilidade e o seu esquema de funcionamento. Neste caso, ao invés de pagamentos de verbas aos não participantes do certame, a compensação é realizada através da subcontratação destes cartelistas. Tal se deu no caso *U.S. v. Metropolitan Enterprises, Inc.*, em que as empresas de pavimentação que decidiram não participar do certame, a fim de que a empresa *Broce Construction Company* pudesse sagrar-se vencedora, foram, posteriormente, subcontratadas pela *Broce*.

Não se pode deixar de mencionar o esquema de *divisão de mercados* que também é muito utilizado. Este esquema é implementado pela divisão de um conjunto de licitações entre membros do cartel, que, assim, deixam de concorrer entre si em cada uma delas.

---

[24] KOVACIC, William E. *et al. Bidding rings and the design of anti-collusion measures for auctions and procurements.* p. 11-12. Disponível em: http://faculty.fuqua.duke.edu/~marx/bio/papers/AntiCollusion.pdf. Acesso em 17 jun. 2011.

[25] Livre tradução de "When bids are advertised for by any municipal corporation, water company, and gas company, the executive committee determines the price at which the bid is to be put in by some company in the association, and the question to which company this bid shall go is settled by the highest bonus which any one of the companies, as among themselves, will agree to pay or bid for the order. When the amount is thus settled the company to whom the right to bid upon the work is assigned sends in its estimate or bid to the city or company desiring pipe, and the amount thus bid is "protected" by bids from such of the other members of the association as are invited to bid, and by the bidding in all instances being slightly above the one put in by the company to whom the contract is to go. Settlements are made at stated times of the bonus account debited against each company, where these largely offset each other, so that small sums are in fact paid by any company in balancing accounts".

Tal esquema foi utilizado no famoso caso do cartel de vitaminas. Entre 1990 e 1999, as maiores fabricantes mundiais de vitaminas (incluindo BASF AG, F. Hoffman-La Roche AG, Aventis S.A., Merck KgaA e Solvay Pharmaceuticals) dividiram o mundo em regiões de atuação. Como consequência, a concorrência era eliminada e o consumidor pagava preços artificialmente elevados por vitaminas A, B2, B5, C, E e beta-caroteno.

O cartel foi descoberto porque um de seus participantes, a empresa Rhone-Poulenc (atual Aventis), confessou a prática às autoridades norte-americanas e europeias, colaborando com as investigações em troca de imunidade. Como resultado da investigação, o Departamento de Justiça dos Estados Unidos imputou pesadas multas às empresas envolvidas e prendeu alguns dos seus executivos.

No Brasil, apenas recentemente houve um aumento na preocupação com a atuação dos cartéis em licitação. São raros os casos julgados que envolvem tal prática. Em sua cartilha para o combate a cartéis em licitações, o Ministério da Justiça (2008) destaca os seguintes casos:

- ***Cartel dos vigilantes*** – um conjunto de empresas para a prestação de serviços de vigilância formou um cartel para fraudar licitações organizadas pela Superintendência Regional da Receita Federal do Rio Grande do Sul e pela Secretaria Municipal de Saúde de Porto Alegre. Um dos participantes denunciou o esquema, apresentando evidências diretas das fraudes à licitação, incluindo testemunhos de empregados e gravações de conversas telefônicas mantidas entre os envolvidos.
  O CADE emitiu sua decisão em 2007 e impôs multas que variaram de 15 a 20% de faturamento bruto em 2002 a 16 empresas. Executivos das empresas condenadas e 3 (três) associações de classe também foram multadas pelo CADE. Além disso, as empresas foram declaradas inidôneas, sendo proibidas de participar em licitações por 5 anos.
- ***Cartel das Britas*** – tratava-se de um cartel envolvendo empresas de pedra britada na Região Metropolitana de São Paulo. O objetivo do acordo colusivo era: a fixação de preços, a alocação de consumidores, a restrição da produção e da fraude a licitações no mercado de pedra britada, insumo essencial para a indústria de construção civil. As empresas utilizavam software sofisticado para direcionar as vendas e fiscalizar o cumprimento do acordo. O cartel teria passado a atuar de forma mais sistemática a partir de 1999, como forma

de combater a queda no preço médio do produto que ocorria no mercado desde 1995.

A SDE completou sua investigação em 2004 e concluiu que 18 empresas e o Sindipedras deveriam ser condenados por prática de cartel. Em 2005, o CADE multou as empresas investigadas em quantias que variaram entre 15 a 20% do faturamento bruto em 2001, dependendo do respectivo grau de envolvimento de cada uma na administração do cartel. Algumas das empresas condenadas questionaram judicialmente a decisão do CADE e, até o momento, todas as decisões judiciais consideraram válida a decisão do Conselho.

6 Análise do Regime Diferenciado de Contratações Públicas (RDC) – Lei nº 12.462/11

Após as breves considerações sobre a relação existente entre os cartéis e os leilões e a forma de atuação dos cartéis em licitação, chega a hora de passar a analisar o estatuto do RDC. Este surgiu, conforme já visto anteriormente, com o advento da Lei Federal nº 12.462/2011.

As discussões sobre a aplicabilidade do RDC permanecem palpitantes, já que até a constitucionalidade da norma foi recentemente questionada no Supremo Tribunal Federal.[26] Tal questão, no entanto, não será alvo de análise neste trabalho.

Fitando a atuação dos cartéis, a primeira disposição legal que chama a atenção é a contida no *art. 4º, inciso I*:

> Art. 4º Nas licitações e contratos de que trata esta Lei serão observadas as seguintes diretrizes:
>
> I - padronização do objeto da contratação relativamente às especificações técnicas e de desempenho e, quando for o caso, às condições de manutenção, assistência técnica e de garantia oferecidas.

[26] Os partidos políticos PSDB, DEM e PPS ajuizaram a ADIN nº 4645 com base em suposto "abuso do poder de emendar" por parte do relator da MP nº 527, deputado José Guimarães (PT-CE). Como a referida MP não tratava de licitações ou contratos públicos, mas dispunha apenas sobre: organização da Presidência da República e dos ministérios, criação da Secretaria da Aviação Civil, alteração da lei da ANAC e da Infraero, criação de cargos em comissão e a contratação de controladores de tráfego aéreo, não caberia a inserção do RDC em sua lei de conversão.

Tal diretriz pode servir como um elemento catalizador para a atuação dos cartéis. Isto se deve ao fato de que, conforme visto anteriormente, uma das características que propicia a atuação dos cartéis em licitação é a uniformidade/padronização dos produtos e serviços a serem adquiridos.

Ao se padronizar as especificações técnicas dos bens e as condições acessórias do objeto (manutenção, assistência técnica, garantia), facilita-se o trabalho dos cartelistas em estabelecerem uma estrutura uniforme de preços a serem oferecidos no certame. Afinal, restará poucos fatores para a diferenciação das propostas.

Outro ponto que deve ser considerado é a provável reiteração de certames para a aquisição de um mesmo produto/serviço. Tal fato, aliado com a diretriz da padronização, será mais um fator que facilitará a atuação dos cartéis, já que a divisão dos lucros poderá ser obtida mais facilmente através da alocação dos certames entre os membros do cartel.

Piorando ainda mais a situação, deve-se destacar a disposição do *art. 7º, inciso IV* desta lei:

> Art. 7º No caso de licitação para aquisição de bens, a administração pública poderá:
>
> [...]
> IV - solicitar, motivadamente, carta de solidariedade emitida pelo fabricante, que assegure a execução do contrato, no caso de licitante revendedor ou distribuidor.

Como ela não deixa claro se tal solicitação pode ser utilizada, ou não, como um dos itens para a habilitação, pode-se ter a formação de um cartel em que o agente coordenador das ações dos cartelistas seja justamente o fabricante. Como bem aponta Rezende, ao analisar tal regramento:

> [...] o dispositivo, além de contrariar o art. 3º, §1º, I, da Lei Geral, ainda possibilitaria transferir ao fabricante um poder de seleção que deveria caber à Administração. No caso de o fabricante fornecer a carta de solidariedade a apenas um de seus distribuidores, o resultado da licitação seria determinado pela vontade do fabricante.27

27 REZENDE, Renato Monteiro. *O regime diferenciado das contratações públicas*: comentários a Lei nº 12.462, de 2011. p. 26. Disponível em: http://www.senado.gov.br/senado/conleg/textos_discussao/TD100-RenatoRezende.pdf. Acesso em 30 ago. 2011.

Outro ponto que merece uma maior atenção é a questão do orçamento prévio sigiloso, previsto no *art. 6º* da nova lei:

> Art. 6º Observado o disposto no §3º, o orçamento previamente estimado para a contratação será tornado público apenas e imediatamente após o encerramento da licitação, sem prejuízo da divulgação do detalhamento dos quantitativos e das demais informações necessárias para a elaboração das propostas.
>
> [...]
>
> §3º Se não constar do instrumento convocatório, a informação referida no caput deste artigo possuirá caráter sigiloso e será disponibilizada estrita e permanentemente aos órgãos de controle externo e interno.

Tal disposição foi inspirada nas recomendações dadas pela própria OECD:

> Recorrer à utilização de preços máximos de aquisição apenas quando estes se baseiam numa cuidadosa pesquisa de mercado e se as entidades adjudicantes estiverem convencidas de que se trata de preços muito competitivos. Esses preços mínimos não devem ser publicados, antes devem ser mantidos confidenciais durante o processo ou depositados noutra autoridade pública.28

Quanto a esta questão, deve-se atentar para um importante efeito produzido pela apresentação do preço de reserva. Ao anunciá-lo em uma licitação, a Administração está, a princípio, retirando do certame as empresas que possuam um custo de produção maior do que o preço por ela determinado. Chega-se a tal conclusão ao se constatar que, caso tais empresas venham a ganhar a licitação, com uma cotação dentro dos parâmetros definidos, acabarão por ter prejuízos na execução contratual.

Por outro lado, as empresas que não se enquadram na situação descrita (custos de produção maiores do que o preço de reserva) sabem, de antemão, que irão competir com outras empresas que também estejam na mesma condição. Visando a ganhar o certame, qualquer participante terá que submeter uma oferta menor do que aquela que

---

[28] ORGANISATION FOR ECONOMIC CO-OPERATION AND DEVELOPMENT - OECD. *Diretrizes para combater o conluio entre concorrentes em contratações públicas*. Fev. 2009. p. 10. Disponível em: http://pt.scribd.com/doc/57995844/Diretrizes-ocde-Combate-a-Conluio. Acesso em 02 set. 2011.

habitualmente faria, no caso de licitações sem o estabelecimento do referido preço de reserva.

Assim, o preço de reserva atende a uma dupla função. Primeiro, ele retira do certame as empresas que tenham um custo de produção maior do que ele. Por outro lado, há um acirramento do nível de competitividade das empresas participantes do certame, já que estas deverão compensar a menor probabilidade de ganhar a licitação com a apresentação de cotações mais baixas.

Por outro lado, com a divulgação do preço de reserva, os cartéis adquirem uma referência vital para a parametrização do lucro a ser obtido através de sua atuação coordenada. Por exemplo, se a Administração Pública informa no edital de uma obra o preço de referência de 100 milhões, o cartel saberá, de antemão, que poderá, no máximo, fazer um lance na faixa de 115 a 130 milhões (assumindo que a diferença possa ser explicada de forma "razoável"). Mais do que isso, seria um flagrante sobrepreço, que poderá provocar a anulação/cancelamento do certame.

Com o orçamento sigiloso, o cartel perde esta referência. Desta forma, tenderá a ofertar lances que sejam mais próximos da realidade, para que o certame não seja cancelado ou anulado.

Uma outra inovação trazida pelo regime do RDC foi a disposição contida no *art. 11* da referida lei:

> Art. 11. A administração pública poderá, mediante justificativa expressa, contratar mais de uma empresa ou instituição para executar o mesmo serviço, desde que não implique perda de economia de escala, quando:
>
> I - o objeto da contratação puder ser executado de forma concorrente e simultânea por mais de um contratado; ou
>
> II - a múltipla execução for conveniente para atender à Administração Pública.

Tal inovação pode representar um grande incentivador para a formação e a atuação de cartéis. Afinal, os possíveis lucros colusivos podem ser mais do que dobrados, já que haverá a contratação de duas empresas, através de suas respectivas propostas de preço, para a prestação de um mesmo serviço.

Por outro lado, o estatuto do RDC institui a inversão de fases como padrão em seu procedimento (*art. 12*). Tal procedimento não é inovador. Há de se lembrar que esta mesma inversão já é padrão nos casos de pregão, reputando-se como um dos elementos fundamentais para o barateamento dos contratos dela resultante.

Com esta inversão, ao invés de haver uma verdadeira guerra de todos contra todos, em que os diferentes participantes do certame buscam eliminar os demais concorrentes, todos concentram a sua atenção apenas no autor da melhor proposta. Isto garante uma maior celeridade para o procedimento licitatório.

A melhor análise do impacto desta inversão na atuação dos cartéis foi dada por Rezende, que assim a explica:

> Mesmo na hipótese de parte dos licitantes atuar em conluio, a inversão de fases apresenta vantagens, pois, em licitações sem inversão de fases, ainda que os integrantes do cartel não interponham recursos contra a habilitação uns dos outros, fazem-no em relação aos concorrentes que não participam do conluio, para não correrem o risco de ver sua estratégia falhar, no julgamento das propostas. Ademais, como o intuito do cartel é forçar a celebração de contratos com menos vantagens para a Administração ou mesmo com valores acima dos de mercado, o cotejo das propostas de preço de todos os licitantes, que caracteriza as licitações com inversão de fases, possibilita desvelar esse tipo de prática cartelística.[29]

Outro elemento que dificulta a formação de cartéis é a utilização da tecnologia da informação de forma mais massiva. Preceitua o *art. 13* da RDC que as licitações serão realizadas, preferencialmente, no formato eletrônico.

Através da TI, dificulta-se a interação entre os participantes do certame, já que as reuniões serão feitas virtualmente (por via eletrônica), não havendo a necessidade do envio de representantes comerciais para a realização de atos licitatórios. Desta forma, inviabiliza-se, em parte, a comunicação e a identificação dos concorrentes.

O que se vê na prática, no entanto, é que os cartelistas utilizam as suas propostas para enviarem mensagens codificadas. Albano *et al* explicam que:

> Lances codificados são uma das formas mais óbvias de comunicação. Como os lances são expressados em dólares e, ao menos nos leilões da FCC, a maioria dos valores envolvidos ficam na casa dos seis dígitos, competidores podem usar os últimos três números para codificar mensagens. Lances codificados podem ter diferentes funções. Alguns

---

29 REZENDE, Renato Monteiro. *O regime diferenciado das contratações públicas*: comentários à Lei nº 12.462, de 2011. p. 28. Disponível em: http://www.senado.gov.br/senado/conleg/textos_discussao/TD100-RenatoRezende.pdf. Acesso em 30 ago. 2011.

> concorrentes usaram os três últimos lances para anunciar a sua identidade. Por exemplo, na licitação AB (leilão 4), GTE frequentemente usava "483" como os seus últimos dígitos; este número corresponde a "GTE" no teclado do telefone. Em outras circunstâncias, lances codificados possuem uma natureza mais reflexiva. Os últimos três dígitos já foram usados por licitantes tanto para sinalizar um objeto de interesse especial quanto a ação de punir outros competidores por não baterem no primeiro mercado.30 31

Uma forma de deter tal tipo de comunicação pode ser obtida nos casos da Administração restringir a publicidade dos lances realizados (por exemplo, dar visibilidade apenas aos 5 maiores lances, dos últimos dez realizados no sistema) ou, ainda, limitar a liberdade de uso dos últimos dígitos nas cotações dos concorrentes.

O *art. 14, Parágrafo* Único, *inciso I,* admite a formação de consórcios de empresas para participarem dos certames, na forma do regulamento que ainda será editado. A doutrina coloca que tal instituto pode, por um lado, resolver questões de eficiência das empresas consorciadas, promovendo uma maior competição. No entanto, também pode ser mais um meio para garantir a coordenação dos cartelistas, facilitando a divisão dos lucros.

Tendo isto em mente, Albano *et al*[32] recomendam que apenas se aceitem os consórcios firmados por:

- Empresas que não tenham condições de fornecer, individualmente, o objeto do certame, ou;
- Empresas que tenham a sua eficiência individual melhorada/aumentada pela associação;

---

30 ALBANO, Gian Luigi *et al. Fostering participation in competitive procurement.* 2006. p. 14-15. Disponível em: http://econ.la.psu.edu/papers/IPpapers/Fostering%20Participation.pdf. Acesso em 01 jul. 2011.

31 Livre tradução de "Code bidding was one of the more obvious forms of signaling. Since bids were expressed in dollars and since, at least in the FCC auctions, most objects displayed six-digit prices, bidders could use the last three digits to encode messages. Code bids had different natures. Some bidders used the last three digits to "disclose" their identities. For example, in the AB competitive bidding (Auction 4), GTE frequently used "483" as the last three digits; this number corresponds to "GTE" on the telephone keypad. In other circumstances code bidding had a reflexive nature. The last three digits were used by a bidder both to signal an object of special interest to him and the object on which the same bidder was punishing competitors for not bumping the first market".

32 ALBANO, Gian Luigi *et al. Fostering participation in competitive procurement.* 2006. Disponível em: http://econ.la.psu.edu/papers/IPpapers/Fostering%20Participation.pdf. Acesso em 01 jul. 2011.

Os próprios autores reconhecem que tal recomendação seja de difícil implementação, já que envolve o conhecimento do grau de eficiência das empresas componentes do consórcio. No entanto, podem-se adotar regras mais simples, que possibilitem o mesmo resultado, como, por exemplo, não admitir consórcios cujos membros sejam os líderes do mercado ou o ganhador de outro certame para um objeto similar.

O *art. 16* abre a oportunidade para que a Administração escolha o modo de disputa a ser utilizado no RDC: aberto, fechado ou uma combinação de ambos, conforme o regulamento que será ainda editado. Tendo em vista o combate aos cartéis em licitação, tal inovação é alvissareira.

Através dela, concedeu-se ao Estado a condição de se adotar um comportamento estratégico e mais adaptado às próprias características inerentes do mercado do objeto/serviço que vai ser licitado. Tal será feito a partir da própria formatação do processo licitatório, que levará em consideração tais fatores.

Por sua vez, o *art. 26* determina que:

> Art. 26. Definido o resultado do julgamento, a Administração Pública poderá negociar condições mais vantajosas com o primeiro colocado.
>
> Parágrafo único. A negociação poderá ser feita com os demais licitantes, segundo a ordem de classificação inicialmente estabelecida, quando o preço do primeiro colocado, mesmo após a negociação, for desclassificado por sua proposta permanecer acima do orçamento estimado.

Diante de um cartel, tal procedimento tem a grande possibilidade de se mostrar ineficaz. Se o ganhador da licitação for um cartelista, ele não diminuirá o valor de sua proposta ganhadora, já que esta, a princípio, foi determinada conjuntamente com os demais membros do cartel.

Como se sabe, os lucros extras obtidos através desta proposta serão posteriormente repartidos com os demais cartelistas. A concessão de maiores vantagens para a Administração irá, fatalmente, diminuir o butim a ser repartido, o que vai de encontro aos interesses dos demais membros do cartel que se abstiveram de participar efetivamente do certame. Além disso, tal conduta também pode ser vista como uma forma de deserção ao acordo colusivo. Desta forma, a empresa ganhadora poderá ser alvo de futuras retaliações.

Por fim, o *art. 30* do estatuto do RDC trata da pré-qualificação. Este instituto não deve ser confundido com o previsto no art. 114 da

Lei nº 8.666/93, já que esta é temporária, valendo apenas para a licitação em curso com vistas a se proceder com uma análise mais aprofundada da qualificação dos concorrentes. Já o instituto previsto no RDC é permanente, buscando identificar fornecedores aptos a adimplirem com a totalidade do objeto e nas condições expressas pelo certame ou de bens que possam atender à necessidade da Administração.

Sobre este dispositivo legal, Rezende coloca que:

> A pré-qualificação da Lei nº 12.462, de 2011, mais se assemelha ao cadastro da modalidade de tomada de preços, ao qual alude o art. 22, §2º, da Lei nº 8.666, de 1993. Todavia, a nova Lei não estabelece qualquer limite à utilização do procedimento de pré-qualificação. Considerando que a Administração poderá promover certames restritos aos licitantes pré-qualificados (art. 30, §2º), cabendo ao regulamento definir em que condições isso se dará, não se pode descartar o risco de que a pré-qualificação possa acarretar a frustração do caráter competitivo das licitações. Com efeito, sabendo-se de antemão quem poderá participar da disputa, é mais fácil promover conluios e formar cartéis.33

De fato, há de se concordar com o autor. Nestas condições, a pré-qualificação funciona como uma perfeita barreira de entrada, facilitando a formação e a atuação dos cartéis.

Por outro lado, o §1º deste mesmo dispositivo determina que o processo de pré-qualificação esteja sempre aberto para a inscrição de eventuais interessados. Tal regramento cria um fator desfavorável à perfeita atuação do cartel, pois sempre há a possibilidade deste ter que enfrentar uma real competição nos certames, devido à pré-qualificação de novas empresas competidoras. Tal probabilidade fará com que o cartel tenha que oferecer cotações menores do que normalmente faria, caso soubesse que todas as concorrentes fossem participantes do seu acordo colusivo.

7 Conclusão

Há uma clara preocupação do Estado brasileiro em buscar formas mais eficientes para a pavimentação do seu futuro. Nesta esteira, o novo regime de contratações públicas (RDC) apresenta-se

[33] REZENDE, Renato Monteiro. *O regime diferenciado das contratações públicas*: comentários à Lei nº 12.462, de 2011. p. 37. Disponível em: http://www.senado.gov.br/senado/conleg/textos_discussao/TD100-RenatoRezende.pdf. Acesso em 30 ago. 2011.

como mais uma etapa no processo de aperfeiçoamento das compras governamentais.

Como toda norma jurídica, as suas disposições possuem o potencial latente de incentivar ou de desestimular comportamentos nos agentes econômicos que atuam nesta seara. Tendo isso em mente, buscou-se identificar, a partir da ótica da Teoria dos Leilões, a compatibilidade do RDC no que se refere à prevenção aos cartéis em licitação.

A análise realizada nas disposições do novo regime aponta para o fato de que as disposições do estatuto do RDC podem ser divididas em cinco grupos distintos. No primeiro, colocam-se as disposições que possuem um alto potencial de dificultar a atuação dos cartéis em licitação, como, por exemplo, a inversão de fase e a maior flexibilidade na escolha da forma de disputa do certame. Tais ideias deveriam ser replicadas para os demais regimes licitatórios vigentes em nosso país, já que os potenciais benefícios deles advindos não são específicos para licitações de obras ou de infraestrutura.

Em um segundo grupo, encontram-se aquelas disposições que também dificultam a atuação do cartel, mas necessitam de uma regulamentação mais apropriada para fechar algumas brechas. Este é o caso do uso massivo da TI, cuja regulação deve preocupar-se com a possibilidade da passagem de mensagens codificadas através dos próprios lances. Já no caso da participação dos consórcios, a regulamentação deverá estabelecer condições claras a serem atendidas pelas empresas participantes do consórcio, a fim de que este seja aceito.

No terceiro grupo, há aquelas disposições que geram tanto efeitos positivos quanto efeitos negativos no combate aos cartéis. Aqui se encontram a questão do orçamento sigiloso (fornece parâmetro para a definição da proposta majorada x maior acirramento da competição) e a pré-qualificação (barreira de entrada x fator de incerteza na competição). Apenas o tempo dirá quais desses efeitos predominarão na práxis do RDC.

Por sua vez, o quarto grupo é caracterizado pelas disposições que potencializam a atuação dos cartéis. Aqui se destacam as regras que tratam da padronização em conjunto, ou não, com a questão da carta de solidariedade do fabricante, que poderá gerar um cartel coordenado por este, e a possibilidade de contratação de mais de uma empresa para realizar o serviço. Nestes casos, há de se ponderar o possível ganho da celeridade da obra/serviço advindos de tais disposições com o potencial maior risco da atuação dos cartéis.

Por fim, o quinto grupo caracteriza-se pela ineficácia da sua disposição. De fato, diante de um cartel em licitação, apresenta-se de pouco utilidade a possibilidade da Administração tentar obter maiores vantagens através de uma negociação prévia com o cartelista ganhador do certame.

Referências

ALBANO, Gian Luigi *et al. Fostering participation in competitive procurement.* 2006. Disponível em: http://econ.la.psu.edu/papers/IPpapers/Fostering%20Participation.pdf. Acesso em 01 jul. 2011.

ALERTA TOTAL. O julgamento do cartel do oxigênio. Ago. 2010. Disponível em: http://www.alertatotal.net/2010/08/o-julgamento-do-cartel-do-oxigenio.html. Acesso em 07 set. 2011.

ASCH, Peter; SENECA, Joseph J. Characteristics of collusive firms. *Journal of Industrial Economics*, v. 23, issue 3, p. 223-37, 1975. Disponível em: http://www.jstor.org/stable/2097944. Acesso em 08 mai. 2010.

BRANCO, Fernando. O leilão como mecanismo de troca. *Brotéria: Cultura e Informação,* Lisboa, v. 143, n. 5, p. 465-480, nov. 1996.

BRASIL. Departamento de Proteção e Defesa Econômica da Secretaria de Direito Econômico do Ministério da Justiça. *Combate a cartéis em licitações*: guia prático para pregoeiros e membros de comissão de licitação. Disponível em: http://www.4icfex.eb.mil.br/index.php?option=com_content&view=article&id=118:combate-a-carteis-em-licitacoes&catid=26:atencao&Itemid=21. Acesso em 15 mai. 2010.

BECKMANN, Michaell. *Art auctions and bidding rings*: empirical evidence from german auction data. Mai. 2004. Disponível em: http://www.springerlink.com/content/j416418654264r4j/. Acesso em 15 jun. 2011.

CIONI, Lorenzo. *A primer on auction theory*. Jun. 2010. Disponível em: http://www.di.unipi.it/~lcioni/papers/2009/Aste.pdf. Acesso em 11 jun. 2011.

FREITAS, Rafael Véras de. O combate aos cartéis nas licitações (visando à Copa do Mundo de 2014 e às Olimpíadas de 2016). *Revista de Direito Público da Economia,* Belo Horizonte, v. 9, n. 33, jan. 2011. Disponível em: http://bdjur.stj.jus.br/dspace/handle/2011/36826. Acesso em 02 set. 2011.

GABAN, Eduardo Molan; DOMINGUES, Juliana Oliveira. *Direito antitruste*: o combate aos cartéis. 2. ed. São Paulo: Saraiva, 2009.

KAGEL, John H.; LEVIN, Dan. *Auctions*: a survey of experimental research. 1995/2008. Disponível em: http://www.econ.ohio-state.edu/levin/wpapers/Auction_survey_072108_All.pdf. Acesso em 11 jun. 2011.

KAGEL, John H.; LEVIN, Dan. *Common value auctions and the winner's curse*: lessons from the Economics Laboratory. Oct. 2001. Disponível em: http://www.econ.ohio-state.edu/kagel/CVsurvey.short.PDF. Acesso em 11 jun. 2011.

KOVACIC, William E. *et al*. *Bidding rings and the design of anti-collusion measures for auctions and procurements*. Disponível em: http://faculty.fuqua.duke.edu/~marx/bio/papers/AntiCollusion.pdf. Acesso em 17 jun. 2011.

MARSHALL, Robert C.; MARX, Leslie M. *The vulnerability of auctions to bidder collusion*. May. 2009. Disponível em: http://www.bateswhite.com/media/pnc/5/media.235.pdf. Acesso em 15 jun. 2011.

MIRANDA, Cyro. *Cyro Miranda teme campeonato de superfaturamentos e sobre-preços*. Jul. 2011. Disponível em: http://www.senado.gov.br/noticias/cyro-miranda-teme-campeonato-de-superfaturamentos-e-sobre-precos.aspx. Acesso em 07 set. 2011.

NUNES, Aloysio. *RDC vai escancarar portas da corrupção em obras públicas*. Jul. 2011. Disponível em: http://www.senado.gov.br/noticias/aloysio-nunes-rdc-vai-escancarar-portas-da-corrupcao-em-obras-publicas.aspx. Acesso em 07 set. 2011.

ORGANISATION FOR ECONOMIC CO-OPERATION AND DEVELOPMENT - OECD. *Fighting cartels in public procurement*. Oct. 2008. Disponível em: http://www.oecd.org/dataoecd/45/63/41505296.pdf. Acesso em 10 jul. 2010.

ORGANISATION FOR ECONOMIC CO-OPERATION AND DEVELOPMENT - OECD. *Diretrizes para combater o conluio entre concorrentes em contratações públicas*. Fev. 2009. Disponível em: http://pt.scribd.com/doc/57995844/Diretrizes-ocde-Combate-a-Conluio. Acesso em 02 set. 2011.

REZENDE, Renato Monteiro. *O regime diferenciado das contratações públicas*: comentários à Lei nº 12.462, de 2011. Disponível em: http://www.senado.gov.br/senado/conleg/textos_discussao/TD100-RenatoRezende.pdf. Acesso em 30 ago. 2011.

ROBINSON, Marc S. *Collusion and the choice of auction*. Set. 1984. Disponível em: http://www.econ.ucla.edu/workingpapers/wp340.pdf. Acesso em 12 jun. 2011.

SENADO FEDERAL. *Senado aprova Regime Diferenciado de Contratações Públicas*. Jul. 2011. Disponível em: http://www.senado.gov.br/noticias/senado-aprova-regime-diferenciado-de-contratacoes-publicas-rdc.aspx. Acesso em 07 set. 2011.

O REGIME DIFERENCIADO DE CONTRATAÇÃO – RDC, *NEGOTIAUCTION* E O ORÇAMENTO SIGILOSO

Um dos pontos mais polêmicos do novo Regime Diferenciado de Contratação – RDC – é a possibilidade da divulgação postergada do orçamento da obra. O fetiche principiológico que aflige a doutrina do Direito administrativo brasileiro ensejou forte polêmica e muitos consideraram *ab initio* que o princípio da transparência estaria sendo amesquinhado. Esse é o grande argumento contra o preço de reserva secreto. Mas, seria esse preço secreto defensável sob algum aspecto? Poderia trazer algum aumento de eficiência?

O texto da Lei nº 12.462/11 assim aduz:

> Art. 6º Observado o disposto no §3º, o orçamento previamente estimado para a contratação será tornado público *apenas e imediatamente após o encerramento da licitação,* sem prejuízo da divulgação do detalhamento dos quantitativos e das demais informações necessárias para a elaboração das propostas (grifo nosso).
>
> §1º *Nas hipóteses em que for adotado o critério de julgamento por maior desconto, a informação de que trata o caput deste artigo constará do instrumento convocatório.*
>
> §2º *No caso de julgamento por melhor técnica, o valor do prêmio ou da remuneração será incluído no instrumento convocatório.*
>
> §3º *Se não constar do instrumento convocatório, a informação referida no caput deste artigo possuirá caráter sigiloso e será disponibilizada estrita e permanentemente aos* órgãos *de controle externo e interno.*

Em linhas gerais, não divulgar previamente o orçamento não garantirá necessariamente melhores propostas para a Administração via os menores preços contratados. Tudo dependerá das hipóteses consideradas. No entanto, a tentativa da nova lei é salutar, posto que procura entronizar alguns achados empíricos da Teoria do Leilões como o fito de maximizar a eficiência do sistema. Em última instância, somente o repetido uso desse mecanismo poderá confirmar a hipótese de melhores preços contratados pela Administração.

Abordando mais detidamente os dispositivos legais e em sede preliminar, devemos assentar que não vemos qualquer amesquinhamento do princípio constitucional da publicidade. O direito brasileiro, principalmente a partir dos anos 90, passou a supervalorizar a ideia dos princípios, colocando-os como elementos máximos do sistema. Essa supervalorização ensejou uma espécie de "vale tudo" jurídico, ou seja, ou "tudo pode" ou "nada pode". Os princípios muitas vezes são invocados sem uma devida análise técnica, determinando um "senso comum" jurídico que acaba por atrapalhar os melhores objetivos buscados. O princípio da transparência é relativo e não absoluto. Assim, dependendo dos objetivos perseguidos e dos custos envolvidos, vale a pena postergá-lo, com vistas a melhorar as regras do jogo, dando mais competitividade ao certame.

Na legislação de compras governamentais cabe diferenciar duas situações: as regidas pela Lei nº 8666/93 e aquelas disciplinadas pela Lei do Pregão (Lei nº 10.520/00). No primeiro caso, o art. 40, §2º, II, da Lei nº 8666/93 estabelece que devem constar do edital, como anexo, o orçamento estimado em planilhas de quantitativos de preços unitários. O TCU sumulou entendimento:

> SÚMULA TCU Nº 258/2010
>
> As composições de custos unitários e o detalhamento de encargos sociais e do BDI integram o orçamento que compõe o projeto básico da obra ou serviço de engenharia, *devem constar dos anexos do edital de licitação* e das propostas das licitantes e não podem ser indicados mediante uso da expressão 'verba' ou de unidades genéricas.

> SÚMULA TCU Nº 259/2010
>
> Nas contratações de obras e serviços de engenharia, a definição do critério de aceitabilidade dos preços unitários e global, com fixação de preços máximos para ambos, *é* obrigação e não faculdade do gestor.

Na Lei do Pregão, por seu turno, não há regra expressa que determine a divulgação prévia do orçamento. O art. 3º, III, da Lei nº 10.520/00 determina que:

> Dos autos do procedimento constarão a justificativa das definições referidas no inciso I desse artigo e os indispensáveis elementos técnicos sobre os quais estiverem apoiados, bem como o orçamento, elaborado pelo órgão ou entidade promotora da licitação, dos bens ou serviços a serem licitados.

Como se vê, os preços máximos unitários e globais não são peças obrigatórias do edital, muito embora devam estar presentes nos autos do procedimento licitatório.

Embora o objeto desse texto seja o RDC (o que nos distancia de uma análise mais detida do Pregão) cabe notar que os argumentos utilizados para legitimar o orçamento sigiloso nos dois procedimentos são semelhantes. No caso específico do Pregão, trata-se de um leilão holandês, ou seja, de lances descendentes. Nesse caso, o espírito da lei foi o de omitir o preço de reserva com o fito de ensejar mais competitividade entre os participantes. Assim, embora a divulgação seja facultativa, a regra deve ser omiti-lo e não divulgá-lo. Nesse tipo de leilão ocorre um equilíbrio bayseano, porque os lances são sequenciais e os licitantes obtêm informação das propostas parciais dos concorrentes. Saber *ex ante* se o orçamento sigiloso garantirá um menor preço contratado pela licitação é tarefa complexa. Isso dependerá de uma série de hipóteses como, por exemplo, se os valores são comuns, se os atores são racionais ou qual o grau de aversão ao risco.

Fica claro, portanto, que o RDC não inovou completamente. Ainda quanto à constitucionalidade do dispositivo, é importante notar que não há na Constituição Federal qualquer regra explícita que determine a divulgação prévia do orçamento por parte da Administração.

O caput do art. 6º da Lei nº 12.462/12 observa que o orçamento será divulgado apenas e imediatamente após o encerramento da licitação. O art. 28 dessa mesma lei estabelece que tão logo sejam exauridos os recursos administrativos, se dará o encerramento do procedimento licitatório e o encaminhamento dos autos à autoridade superior. Nessa fase, antes mesmo da homologação e da adjudicação, deve se dar a divulgação do orçamento sigiloso. Assim, a Administração deverá divulgar o mais rápido possível o valor do seu preço de reserva. Não há prazo para isso, tampouco sanção para a mora em fazê-lo. Certamente causará polêmica se o preço vencedor do certame apresentar um preço muito maior do que o preço de reserva, muito embora não haja obrigatoriedade da Administração contratar por esse valor. O mesmo se dá quanto aos preços inexequíveis, pelo que as regras da Lei nº 8666/93 devem ser seguidas.

Cumpre lembrar que o artigo 6º veda a divulgação prematura do preço de reserva, muito embora os detalhes necessários para que os licitantes elaborem suas propostas devam ser revelados.

O art. 6º §§1º e 2º estabelece exceções a não divulgação do orçamento por parte da Administração. Em primeiro momento, exceptualiza o caso das licitações que apresentarem como critério de julgamento o maior desconto. Esse critério de escolha da proposta mais vantajosa é uma inovação do RDC. Deve ser utilizado para hipóteses nas quais a Administração tem condições suficientes para definir com precisão o preço da obra. Nesse caso, ganharia o certame aquele que apresentasse o maior desconto em relação ao preço fixado no edital. Sendo assim, não faria mesmo sentido o preço ser sigiloso, visto que o elemento balizador das propostas dos licitantes não será um orçamento elaborado pela Administração. No caso de a licitação for do tipo de Melhor Técnica, deverá constar do instrumento convocatório o valor do prêmio ou da remuneração. Essa regra é óbvia, considerando que nesse tipo de licitação o preço não será o critério determinante, e que em nada ganhará a Administração em escondê-lo.

O Decreto nº 7581/12 que regulamenta o RDC parece, em primeira leitura, pouco dizer sobre as razões da não divulgação do orçamento por parte da Administração. Observa que nas licitações de obras e serviços de engenharia a economicidade da proposta será aferida com base nos custos unitários e globais. Tal medida, por óbvio, visa a evitar o "jogo de planilha", tão comum nas licitações do país.

As regras quanto ao orçamento sigiloso estão contidas no art. 42 do Decreto. O seu §1º observa que o valor global da proposta não poderá superar o orçamento estimado pela Administração pública com base em parâmetros estabelecidos pela legislação (§§3º, 4º ou 6º do art. 8º da Lei nº 12.462/2011). Esses parâmetros são os seguintes:

1. Em primeiro lugar (§3º, art. 8. da Lei nº 12.462), o custo global de obras e serviços de engenharia deverá ser obtido a partir de custos unitários de insumos ou serviços menores ou iguais à mediana de seus correspondentes ao Sistema Nacional de Pesquisa de Custos e Índices da Construção Civil (SINAPI), no caso de construção civil em geral, ou na tabela do Sistema de Custos de Obras Rodoviárias (SICRO), no caso de obras e serviços rodoviários.

Há um parâmetro para os preços estabelecidos pelo Governo em seu orçamento, pressupondo-se que as bases sejam comparáveis.

Nesse caso, não serão admitidos preços maiores do que a mediana dos valores encontrados nesses bancos de dados. O que temos, nesse caso, é que estamos – mais uma vez – embarcando no fetiche do menor preço e empurrando os licitantes para esse viés, aumentando o risco da seleção adversa e a probabilidade de pleitos administrativos e judiciais pelo Reequilíbrio Econômico Financeiro do contrato.

Essa regra do uso da mediana dos valores encontrados nos bancos de dados não é nova. O SINAPI (Sistema de Custos da Caixa Econômica Federal), por exemplo, é utilizado como parâmetro de comparação para preços desde a Lei de Diretrizes Orçamentárias da União, de 2003. Essa tabela, segundo Baeta,[1] é mais aplicável para edificações e saneamento, ao passo que o Sistema de Custos Rodoviários do DNIT – Sicro-2 – é mais útil para obras rodoviárias, sobremodo aquelas que possuam elevados serviços de pavimentação e de terraplanagem.

O critério estabelecido pela legislação é a mediana dos valores estabelecidos nos bancos de dados. A mediana representa a metade da amostra utilizada, ocupando a posição central numa distribuição de frequência. A média, por sua vez, corresponde à soma dos valores da amostra, dividido pelo número de elementos da amostra. A moda, por fim, aponta o numero mais frequente encontrado. O problema[2] é que o valor mais provável para compras aleatórias não representa a distribuição de compras em mercados reais. O trabalho elaborado por técnicos da Polícia Federal[3] mostra que a distribuição de compras de um determinado insumo apresenta moda inferior à média e isso se explica pelo fato de os compradores estabelecerem seus preços com base na cotação e na barganha. Constataram os autores que ao serem realizadas pelo menos três cotações e escolhido o melhor preço, o valor pago mais provável mais se aproxima do primeiro quartil (determinando um curso de valores assimetricamente negativo). Ainda segundo os autores, o impacto médio desse "critério de compra" para um grande

---

1 BAETA, Pachioni André. *Auditoria de Obras Públicas*. Módulo 2: Auditoria, Orçamento e Obras. Aula 1: Curva ABC de Serviços e de Insumos. Instituto Serzedello Correa. Tribunal de Contas da União. Nov. 2011.

2 LOPES, Alan *et al*. *Perguntas e respostas da audiência pública do MPF sobre novos modelos de orçamento de obras públicas*. Brasília, 28 mar. 2011. Disponível em: http://5ccr.pgr.mpf.gov.br/publicacoes/eventos/audiencia-ublica/perguntas_respostas_peritos.pdf. Acesso em 15 set. 2019.

3 LIMA, Marcos Cavalcanti. *Comparação de custos referenciais do DNIT e licitações bem sucedidas*. 2010. Disponível em: http://www.ibraop.org.br/site/media/sinaop/13_sinaop/artigos/comparacao_custos_referenciais_dnit_e_licitacoes_bem_sucedidas.pdf. Acesso em 10 set. 2019.

número de obras, acaba por determinar um desconto aproximado de 5% a 8% do preço global, tendo por base os preços orçados pela mediana daqueles estabelecidos na tabela SINAPI. Isso parece intuir que o uso da mediana estabelece um preço acima do valor de mercado, considerando que a barganha no curso do procedimento licitatório acabaria por colocar o valor abaixo da mediana estabelecida.

A esse respeito, é importante observar Decisão do TCU[4] que apreciou o relatório de auditoria realizada nas obras de construção do edifício-sede do Tribunal Regional do Trabalho da 17ª Região – TRT/ES, cujo objeto era o exame de contratos e processos licitatórios, dentre eles, a Concorrência nº 1/2009. O TCU emitiu Acórdão (nº 896/2010-Plenário) formulando determinações àquele órgão, que foi objeto de pedido de reexame. O argumento principal apresentado nas contrarrazões dos responsáveis do TRT/ES referia-se à determinação para que fosse alterada "a planilha orçamentária de forma a utilizar os menores preços, e não os preços medianos para os diversos insumos cotados no mercado".

Determinados insumos não teriam cotação no Sistema Nacional de Pesquisa de Custos e Índices da Construção Civil (SINAPI), mantido e divulgado na internet pela Caixa Econômica Federal, razão pela qual os gestores utilizaram como referência *os preços medianos,* quando havia pelo menos três propostas, e o menor preço nos demais casos. Nesse diapasão, as unidades técnicas do TCU concluíram pela adequabilidade da determinação anterior e sugeriram que se mantivesse a utilização da menor cotação dos preços na orçamentação da obra, em detrimento da mediana utilizada pelo TRT/ES.

O relator do processo – Ministro Benjamin Zymler – divergiu da proposta apresentada, argumentando em seu voto que a Lei nº 8.666/1993 "não prescreve como deve ser realizado este orçamento". Já a Lei de Diretrizes Orçamentárias (LDO) "não prevê a forma pela qual será realizada a cotação de preços quando ausente o insumo no SINAPI e inexistente a tabela de referência formalmente aprovada por *órgão* ou entidade da Administração Pública Federal". Assim, segundo o relator, não seria razoável "a exigência de que a orçamentação, nestes casos, deva sempre considerar o menor preço cotado no mercado". Desse modo, entendeu que "a utilização de preços médios ou da mediana, além de bem refletir os preços praticados no mercado,

---

4 Acórdão nº 3068/2010-Plenário, TC-024.376/2008-6, rel. Min. Benjamin Zymler, 17.11.2010.

não implica ofensa *à* Lei de Licitações, *à* LDO/2009 ou aos princípios gerais da Administração Pública". E conclui que "o preço de mercado *é* mais bem representado pela média ou mediana, uma vez que constituem medidas de tendência central e, dessa forma, representam de uma forma mais robusta os preços praticados no mercado".[5]

Esse acórdão mostra que, para a Corte de Contas, a mediana também é conceito válido para estabelecimento dos preços do orçamento. Muito embora, repetimos, seja um número estimado e, portanto, que não reflete totalmente os valores dos bens. Em todo caso, é esse elemento que deve ser considerado quando do estabelecimento do preço de referência pelo Governo.

Ainda quanto aos valores utilizados como referência, Baeta (2011) lembra que dificilmente todas as obras e serviços são encontrados nos bancos de dados especificados, pelo que a Administração pode utilizar outras referências de preços.

Outro ponto importante é que se o Governo já estabelece parâmetros claros para a elaboração do orçamento sigiloso, o orçamento deixa de ser sigiloso. Todos os licitantes já terão uma clara ideia do preço estimado.

Cumpre lembrar, no entanto, que a extração dos preços dos bancos de dados relacionados é a primeira opção da Administração. Se esses dados forem válidos, assim prioritariamente deverá ser feito.

2. Caso a extração dos dados desses bancos de dados específicos não seja possível (§4º, art. 8º da Lei nº 12.462), a estimativa de custo global poderá ser apurada por meio da utilização de dados contidos em tabela de referência formalmente aprovada por órgãos ou entidades da administração pública federal, em publicações técnicas especializadas, em sistema específico instituído para o setor ou em pesquisa de mercado.
3. Além dessas regras gerais, determina a Lei (§6º, art. 8º da Lei nº 12.462) que caso as contratações sejam realizadas pelos governos municipais, estaduais e do Distrito Federal, desde que não envolvam recursos da União, o custo global de obras e serviços de engenharia poderá também ser obtido a partir de outros sistemas de custos já adotados pelos respectivos entes e aceitos pelos respectivos Tribunais de Contas.

---

5 Acórdão nº 3068/2010-Plenário, TC-024.376/2008-6, rel. Min. Benjamin Zymler, 17.11.2010.

É óbvio que os preços mínimos têm que se adequar às peculiaridades locais, mas abre-se um conflito quando não houver banco de dados locais sistematizados e legitimados pelos TCEs. Como agir? Nesse caso, a Administração poderá utilizar parâmetros locais para os seus preços mínimos, sob ulterior ratificação do Tribunal de Contas, desde que nos autos do procedimento licitatório faça justificativa pormenorizada deles.

Essas são as regras gerais que devem ser utilizadas para a confecção dos orçamentos por parte dos Governos. A par delas, o Decreto que regulamenta a matérias as explicita.

O art. 42, §2º, do Decreto nº 7581/12, estabelece a diretriz que no caso de adoção do regime de empreitada por preço unitário ou de contratação por tarefa, os custos unitários dos itens materialmente relevantes das propostas não podem exceder os custos unitários estabelecidos no orçamento estimado pela administração pública.

Entende-se por "materialmente relevantes", em primeiro momento, os custos que representem pelo menos oitenta por cento (80%) do valor total do orçamento estimado ou sejam considerados essenciais à funcionalidade da obra ou do serviço de engenharia. Nesse caso, agiu corretamente a regulamentação ao dispensar a Administração de um sem número de estimativas de preços mínimos, estabelecendo um trabalho desnecessário e elevando em demasia os custos de transação do sistema. O valor limite de materialidade é de 80% e aí fica fácil definir por esse fator objetivo. O critério utilizado é o da curva ABC, bastante conhecida no universo da orçamentação, que divide a amostra em três grupos ou faixas. A primeira delas (faixa A) corresponde a 20% do total dos itens do orçamento, representando 80% do valor total. A faixa B apresenta 30% dos itens e 15% do valor total, ao passo que a última faixa (C) alberga mais ou menos 50% dos itens, mas representa apenas 5% do valor total.

O problema é o segundo critério utilizado que é a "essencialidade ou funcionalidade da obra ou serviço de engenharia". Fica, portanto, à discricionariedade da Administração definir os bens ou serviços que devem ser pautados por preços mínimos, conforme a sua relevância.

No inciso II do §2º do art. 42 do Decreto nº 7581/12 há dispositivo que diz que a Administração pública poderá aceitar custos unitários superiores àqueles constantes do orçamento estimado em relação aos itens materialmente relevantes, admitindo para tanto justificativas devidamente comprovadas pelo licitante em relatório técnico circunstanciado.

Nesse caso, a regulamentação do RDC determina que o preço mínimo poderia ser apenas referencial e não vinculante para a própria Administração. Essa regra é boa porque deixa a possibilidade de se aceitar preços mais elevados para os itens relevantes desde que isso seja devidamente justificado. Esse ponto coaduna-se com a ideia de que o orçamento sigiloso é apenas um referencial, uma base para a Administração tentar conseguir a melhor proposta. Mais importante do que o preço "em si" é a informação que foi sonegada aos licitantes. Essa informação (ou a falta dela) é que poderá gerar incentivos para alcançar preços mais adequados para a Administração. Logo, mais importante do que o preço, é o sigilo do preço.

Cumpre lembrar que se os argumentos do licitante sobre a viabilidade dos seus preços acima dos valores mínimos utilizados pela Administração não forem convincentes o suficiente, a Administração poderá revogar a licitação ou convocar os licitantes remanescentes, na ordem de classificação, para a celebração do contrato nas condições ofertadas pelo licitante vencedor.

Veja que nesse caso - como o orçamento é sigiloso - há incentivo para o licitante "mergulhar no preço", sob pena de não ser contratado se ficar acima do valor máximo estabelecido pela Administração. Há grande chance de termos a "maldição do vencedor" (*Winner's curse*), ou seja, o licitante acabará sendo penalizado porque colocou um preço muito baixo. Abre-se, portanto, grande chance para problemas de seleção adversa. Aliás, o orçamento sigiloso vai exacerbar o problema da Seleção Adversa e pressionará a fase da execução contratual para uma rediscussão dos parâmetros de Reequilíbrio Econômico Financeiro.

Diz ainda o Decreto nº 7581 (art. 62) que se o licitante segundo colocado não aceitar celebrar o contrato pelo preço do licitante vencedor, a Administração Pública poderá convocar os licitantes remanescentes, na ordem de classificação, para a celebração do contrato nas condições ofertadas por estes, desde que o valor seja igual ou inferior ao orçamento estimado para a contratação, inclusive quanto aos preços atualizados, nos termos do instrumento convocatório.

Essa regra merece atenção. Caso um determinado licitante vença o certamente com o determinado preço abaixo do valor de referência sigiloso e por qualquer circunstância acabe por não assinar o contrato, sendo, por esta razão, o segundo colocado convocado para fazê-lo nas mesmas condições do vencedor e decidir declinar, aí então poderá a Administração convocar os demais licitantes habilitados para assinarem o contrato com os preços estipulados por eles próprios, desde que o valor estabelecido no orçamento sigiloso não seja ultrapassado.

Há, então, incentivo para os licitantes não serem muito ousados e não colocarem preços muito baixos. Eles tentarão coletar informações dos seus concorrentes e do mercado para elaborar a proposta com o mínimo de desvio padrão em relação ao orçamento sigiloso. Nesse caso, os dados utilizados em outras licitações e os bancos de dados funcionarão como provedores dessas informações.

Outro ponto importante a destacar é o comando do art. 24, III, da Lei do RDC, que é reproduzido no art. 40, III, do Decreto, e confirmado pelo art. 26, parágrafo único, da Lei do RDC, que diz que a "negociação poderá ser feita com os demais licitantes, segundo a ordem de classificação inicialmente estabelecida, quando o preço do primeiro colocado, mesmo após a negociação, for desclassificado por sua proposta permanecer acima do orçamento estimado".

Negotiauction

Um ponto de destaque do RDC é o disposto no art. 43, §1º, do Decreto nº 7.581, que determina que "quando a proposta do primeiro colocado estiver acima do orçamento estimado, a comissão de licitação poderá negociar com o licitante condições mais vantajosas". Muito embora a presença de uma fase negocial seja um elemento importante do RDC, ela não é inédita. A lei do Pregão já a consignava. Com o RDC, no entanto, o tema ganha maior relevo pelos vultosos valores envolvidos e pela complexidade dos objetos.

Nesse caso, estaremos diante de um dispositivo que confere um caráter híbrido às compras processadas mediante o estatuto do RDC. Até cá, toda a análise teve por referencial a Teoria dos Leilões, que serve de supedâneo teórico para a construção dos certames licitatórios. Essa teoria baseia-se na ideia de leilões puros que são modelados com o fito de garantir para a Administração a escolha da proposta mais vantajosa. Assim, no caso do RDC estamos diante de um leilão de primeiro preço selado com valores comuns. Isso confere uma certa dinâmica ao desenrolar do procedimento, dinâmica essa importante para conferir a liberação de informações para os proponentes e a Administração.

Ocorre, no entanto, que cada vez mais as regras de leilão são complementadas com mecanismos que ensejam a negociação entre o vencedor do certame e a própria Administração. Isso dá à licitação um caráter híbrido e pouco estudado. Daí, não se tratar apenas de um tipo puro de leilão (auction), tampouco de um mecanismo puramente negocial. Extrai-se (ou pelo menos se tenta) obter vantagens dos dois métodos.

No caso em comento, seria desarrazoado e custoso que a Administração enveredasse por um processo de negociação com uma dezena de proponentes. Da mesma forma, um "clássico" mecanismo de leilão ainda carece de todos os componentes para garantir uma melhor proposta para a Administração. Uma boa ideia então seria cooptar aspectos positivos dos dois mecanismos.

A ideia é determinar um caráter híbrido aos certames licitatórios, conferindo um misto de leilão puro e negociação. Isso faz com que toda uma nova dinâmica surja para analisar o dispositivo e o conceito de *negociauction*[6] pareça ser interessante. Esse ponto foi originalmente desenvolvido no Programa de Negociação da Harvard Business School e surgiu com base na análise de uma série de casos reais que, na verdade, não se adequavam a nenhum dos tipos puros.

Subramanian (2010) observa que, na prática, poucos são os mecanismos utilizados pelas empresas na forma de leilões ou negociações puras. No caso do RDC, isso parece óbvio. Primeiramente é estabelecido todo o mecanismo de leilão para escolher – ou melhor – para afastar as propostas que não atendem aos interesses da Administração. Da proposta remanescente, há uma fase negocial na qual outros incentivos de barganha estarão envolvidos.

Embora ainda não tenhamos dados para avaliar, o mecanismo estabelecido pelo RDC pode ser engenhoso porque inicialmente estabelece regras clássicas de licitações nas quais as informações serão reveladas. Quando essa fase se encerrar, a Administração (e também o licitante primeiro colocado) terá um rol de informações ao seu dispor, o que dará um caráter mais competitivo ao procedimento.

Essas regras são interessantes porque mexem com os incentivos do sistema. Vejam que, ao contrário do que diz a Lei nº 8666/93, o licitante que colocar um preço acima do orçamento estimado não será automaticamente desclassificado. Antes disso, será convocado pela Administração para negociar a diminuição do valor proposto até, pelo menos, o montante do orçamento secreto. Nesse caso, o licitante vencedor poderá ser mais cauteloso e não dar um preço tão baixo, sob

[6] SUBRAMANIAN, Guhan. *The New Strategy of Negotiauctions*. New York: W.W. Norton & Company, 2010.

pena de incorrer na "maldição do vencedor" ou, aceitando o preço, gerar forte seleção adversa.

A questão fundamental é que, em se sabendo que haverá uma fase negocial, como os licitantes se comportarão? É bem verdade que o orçamento sigiloso não é tanto assim misterioso, porque, como base nas tabelas de referência, os licitantes têm alguma ideia dos preços. Além do mais, quando for para a fase negocial, o licitante vencedor já terá tido conhecimento dos preços dos outros licitantes, tendo coletado informação para saber como se comportar na composição do preço final. Suponhamos, por exemplo, que o orçamento do vencedor esteja muito próximo do preço de reserva, mas muito longe dos demais classificados. Nesse caso, há forte chance de, ao baixar ainda mais os seus custos, ocorra a seleção adversa.

Outro elemento importante, conforme assinala Cardoso,[7] é que a Lei do RDC, em seu art. 24, III, determina que serão desclassificadas as propostas que apresentarem preços manifestamente inexequíveis ou permaneçam acima do orçamento estimado para a contratação. Nesse caso, o orçamento secreto funcionaria como "teto" para a Administração contratar. Isso refoge ao entendimento do sistema da Lei nº 8666/93, que estabelece o orçamento estimado como apenas uma referência, não determinando um limite para a Administração contratar.

O dispositivo legal é claro ao definir a expressão "permaneçam acima do orçamento estimado". Isso ocorre porque, como vimos, haverá uma fase final de negociação entre a Administração e o licitante vencedor, caso seu preço final esteja acima do estipulado no orçamento de referência. Se esse licitante não anuir com as novas condições estabelecidas, somente restará desclassificá-lo e promover outro certame.

Cabe nesse ponto indagar se, de fato, o orçamento sigiloso levará à escolha de uma proposta mais vantajosa para a Administração. A resposta é – repetimos – depende!

Em um primeiro momento, um argumento intuitivo. Suponhamos que você deseje construir uma casa e pretende fazer uma seleção de possíveis empreiteiros. Para tanto, já diz a todos que o seu limite de gastos será de 500 mil reais. Parece óbvio, portanto, que todas as propostas tenderão a orbitar esse valor. Assim sendo, caso

---

7 CARDOSO, André Guskow. O Regime Diferenciado de Contratações Públicas: a questão da publicidade do orçamento estimado. *In*: JUSTEN FILHO, Marçal; PEREIRA, César A. Guimarães (Coord.). *O Regime Diferenciado de Contratações Públicas (RDC)*: comentários à Lei nº 12.462 e ao Decreto nº 7.581. Belo Horizonte: Ed. Fórum, 2012. p. 73-99.

o orçamento-base elaborado pelo Governo não seja conhecido pelos licitantes, haverá uma boa chance de que o desvio padrão em relação ao preço base seja maior. Essa é a ideia central.

A questão fundamental aqui é saber se o orçamento sigiloso poderia garantir uma melhor contratação por parte da Administração.

Silva,[8] utilizando inicialmente o argumento com base em leilões de primeiro preço selado, conclui que quanto menor for o preço de reserva, mais favorável será o uso do preço de reserva secreto, proporcionando maior receita esperada do que quando o orçamento for previamente divulgado. Alega o autor que o uso do preço de reserva secreto provoca tamanha incerteza aos participantes que eles acabam ofertando lances mais elevados.

No entanto, ainda segundo Silva (2011), ao passo que o preço de reserva aumenta, divulgá-lo previamente passa a ser vantajoso, posto que a divulgação assegura que os participantes de maior tipo ofertem maiores lances. Também concluiu ele que o aumento do valor pode ser conseguido com o incremento da competitividade pela presença de um número maior de participantes, o que acaba, nesse caso, gerando pouca influência da divulgação, ou não, do preço de reserva.

Parece intuitivo que o resultado para o caso das licitações promovidas pelo RDC (que também são espécies de leilões de primeiro preço fechado) seja o mesmo, somente com sinal trocado. Assim, a estipulação de um orçamento secreto faria com que a Administração conseguisse menores preços para os objetos licitados.

Antes de cravar essa conclusão, cabe lembrar que em termos de grau de informação podemos estar diante de duas situações: licitação com valores privados e com valores comuns. No primeiro caso, os concorrentes não conhecem os valores estabelecidos pelos demais licitantes e esses não influenciarão em sua própria valoração. Esse não é o caso do procedimento adotado pelo RDC.

Trata-se, portanto, de um leilão de valores comuns no qual há influência de fatores externos à valoração dos licitantes. No caso do RDC, a presença de um preço de mercado para os bens. Assim, os preços tendem a convergir para esse preço e isso é robustecido pelo fato de o orçamento não ser tão secreto assim, considerando que uma das bases para a sua estipulação são as tabelas de insumos amplamente

---

[8] SILVA, Ângelo Henrique Lopes. *Preço de reserva sigiloso em licitações públicas*. XVI Prêmio Tesouro Nacional 2011. Área Economia e Contabilidade do Setor Público. Disponível em: www.stn.fazenda.gov.br. Acesso em 16 set. 2019.

conhecidas pelo setor. Silva (2011) elenca dois aspectos adicionais: a dependência estatística entre os sinais dos jogadores e a composição funcional desses sinais para a formação do valor.

Vários autores tentaram encontrar evidências da utilização desse preço de reserva secreto. Riley e Samuelson,[9] adotando como hipóteses a indivisibilidade dos bens; a simetria entre os participantes neutros ao risco e as valorações independentes, concluíram que em um leilão, o vendedor maximizaria sua receita, colocando um preço de reserva maior do que o da sua própria valoração. Isso no nosso caso significaria um orçamento secreto abaixo do valor que a própria Administração achasse que o bem ou serviço valesse.

Já Milgron e Weber (1971) observaram que divulgar o preço de reserva sempre será melhor. Assim concluem, utilizando a modelagem de afiliação para os leiloes analisados. Nessas circunstâncias, as altas estimativas de valor por um participante de leilão elevariam a probabilidade das estimativas dos demais participantes serem também altas. No mesmo diapasão, Elyakime et al (1994) observam que divulgar o valor será melhor do que não fazê-lo. Nesse caso, o autor também utilizou as hipóteses para leilão de primeiro preço selado como os participantes possuírem valores privados independentes e forem risco neutro.

Em sentido contrário, Reinhart (1995) observou que em leilões de valor comum no qual o leiloeiro possui informação privada sobre o valor do bem, a divulgação do valor de reserva evitaria a "maldição do vencedor". No entanto, ao considerar um leilão como um jogo bayesiano, concluiu que estabelecer um preço sigiloso, desde que os valores sejam comuns, levaria a um aumento da receita final. Brisset (2006), por sua vez, considerando os participantes avessos ao risco e com valores privados e independentes, mostrou que desde que a aversão ao risco fosse relativamente alta e o Governo se comprometesse com o valor do preço de reserva, manter o preço de reserva seria uma boa estratégia e aumentaria a receita final.

Silva (2011) também cita os trabalhos de Castro, que generalizou as relações de dependência entre os jogadores, dando maior abrangência ao modelo analítico, comparado com aquele desenvolvido por Milgron e Weber (1971), que utilizou o método de afiliação. Castro propôs um modelo chamado "distribuição em malha", no qual

---

[9] RILEY; SAMUELSON *apud* SILVA, Ângelo Henrique Lopes. *Preço de reserva sigiloso em licitações públicas*. XVI Prêmio Tesouro Nacional 2011. Área Economia e Contabilidade do Setor Público. p. 13. Disponível em: www.stn.fazenda.gov.br. Acesso em 16 set. 2019.

é possível generalizar a relação de dependência entre os jogadores e sempre apresentaria equilíbrio em estratégias puras.

Utilizando essa modelagem, Silva (2011) conclui que a incerteza gerada pela não divulgação do preço de reserva acabará levando, em geral, a maiores lances por parte dos participantes. Diz também que essa vantagem se esvai à medida que o preço de reserva sobe (no caso das licitações pelo RDC, diminuem). A partir de determinado ponto, no entanto, a relação se inverte e a estipulação de um preço de reserva secreto pode levar até a um pior resultado, quando comparado com a divulgação do preço.

Dessa forma, ainda segundo Silva (2011), nas licitações promovidas pelo RDC, quanto maior for o preço de referência, maior será a probabilidade de menores custos serem obtidos por um orçamento secreto. Isso ocorre porque a Administração não conhece tão bem o mercado como os licitantes e aí tenderia a colocar um preço de reserva mais conservador, ou seja, mais alto. Logo, Silva (2011) recomenda o uso do orçamento secreto com o fito de garantir um melhor resultado final para a Administração, qual seja: a aquisição do bem com o preço mais baixo.

Na verdade, as conclusões a que os estudos citados chegaram são resultados, por óbvio, das hipóteses que cada um assumiu. Se os licitantes possuiriam valores independentes ou valores *comums*; se o certame seria realizado no formato de primeiro preço ou de segundo preço selado; qual a probabilidade de a informação a ser absorvida pelos outros licitantes, ou seja, se seria utilizado o método de afiliação ou de malha, entre tantas outras.

A questão fundamental aqui é que o orçamento secreto, da forma como estabelecido na Lei do RDC, apresenta algumas particularidades que fragilizam os achados teóricos realizados sobre o impacto do sigilo no resultado final alcançado. Isso é verdade porque o orçamento secreto tem por base as tabelas de preços de insumos amplamente conhecidas pelo mercado e mesmo que essas tabelas não sejam usadas, os preços de mercado são razoavelmente conhecidos pelos licitantes. Além disso, como a Administração ainda deverá negociar com o licitante vencedor, o certame ganha uma característica híbrida, ou seja, parte um tipo de leilão, parte negociação direta.

Com todos esses argumentos, não há como saber se o orçamento sigiloso será positivo ou não. Somente estudos empíricos poderão dar algum norte aos debates, o resto é especulação. Acho, no entanto, que os eventuais ganhos do RDC se darão por outros fatores consignados na Lei e o orçamento secreto terá apenas uma importância marginal.

Referências

BAETA, Pachioni André. *Auditoria de Obras Públicas*. Módulo 2: Auditoria, Orçamento e Obras. Aula 1: Curva ABC de Serviços e de Insumos. Instituto Serzedello Correa. Tribunal de Contas da União. Nov. 2011.

BRISSET, Karine. Why the Reserve Price Should Not Be Kept Secret. *Topics in Theoretical Economics*, v. 6, n. 1. p. 1260-1260, Feb. 2006. Disponível em: https://www.researchgate.net/publication/4909382_Why_the_Reserve_Price_Should_Not_Be_Kept_Secret. Acesso em: 15 set. 2019.

CARDOSO, André Guskow. O Regime Diferenciado de Contratações Públicas: a questão da publicidade do orçamento estimado. *In*: JUSTEN FILHO, Marçal; PEREIRA, César A. Guimarães (Coord.). *O Regime Diferenciado de Contratações Públicas (RDC)*: comentários à Lei nº 12.462 e ao Decreto nº 7.581. Belo Horizonte: Ed. Fórum, 2012.

ELYAKIME, Bernard; LAFFON, Jean Jacques; LOISEL, Patrice; VUONG, Quang. First-Price Sealed-Bid Auctions with Secret Reservation Prices. *Annales d'Économie et de Statistique*. n. 34, Économétrie de la concurrence imparfaite / Econometrics of Imperfect Competition (Apr. - Jun., 1994), p. 115-141.

LIMA, Marcos Cavalcanti. *Comparação de Custos Referenciais do DNIT e Licitações Bem Sucedidas*. 2010. Disponível em: http://www.ibraop.org.br/site/media/sinaop/13_sinaop/artigos/comparacao_custos_referenciais_dnit_e_licitacoes_bem_sucedidas.pdf. Acesso em 10 set. 2019.

LOPES, Alan *et al*. *Perguntas e Respostas da Audiência Pública do MPF Sobre Novos Modelos de Orçamento de Obras Públicas*. Brasília, 28 mar. 2011. Disponível em: http://5ccr.pgr.mpf.gov.br/publicacoes/eventos/audienciaublica/perguntas_respostas_peritos.pdf. Acesso em 15 set. 2019.

MILGROM, Paul; WEBER, Robert. A Theory of Auctions and Competitive Bidding in High-Risk Situations. *Journal of Petroleum Technology*, n. 23, p. 641-653, 1971.

REINHART, Vincent; FELDMAN, Robert. Auction Format Matters: Evidence on Bidding Behavior and Seller Revenue. *IMF Working Paper*, v. 95, n. 47, May 1995. Disponível em: https://papers.ssrn.com/sol3/papers.cfm?abstract_id=883195. Acesso em: 15 set. 2019.

SILVA, Ângelo Henrique Lopes. *Preço de Reserva Sigiloso em Licitações Públicas*. XVI Prêmio Tesouro Nacional 2011. Área Economia e Contabilidade do Setor Público. Disponível em: http://www3.tesouro.gov.br/Premio_TN/XVIPremio/politica/3pfceXVIPTN/Tema_3_3.pdf. Acesso em 16 set. 2019.

SUBRAMANIAN, Guhan. *The New Strategy of Negotiauctions*. New York: W.W. Norton & Company, 2010.

A CONTRATAÇÃO INTEGRADA NO REGIME DIFERENCIADO DE CONTRATAÇÃO: INADEQUAÇÃO DA TEORIA DA IMPREVISÃO COMO CRITÉRIO PARA O REEQUILÍBRIO ECONÔMICO FINANCEIRO DO CONTRATO

1 Introdução

Um dos elementos mais importantes na definição de obras públicas é a escolha do regime que definirá como a obra será executada e sob quais regras. Muitas são as opções que dependerão de vários fatores técnicos, operacionais e até mesmo institucionais. O Regime Diferenciado de Contratação – RDC (Lei nº 12.462/11) dispõe sobre várias delas, mas inova ao conceber o regime de Contratação Integrada que, entre outras coisas, transfere ao contratado o ônus de elaboração do design do projeto (aqui chamado projeto básico de Engenharia); determina a existência de um Orçamento Sigiloso e estabelece regras para tornar o certame mais célere.

A análise da Contratação Integrada é o objeto deste texto. Para tanto, os regimes de execução indireta de obras e serviços de engenharia contemplados no RDC serão analisados na sessão inicial. Na sequência, o regime de Contratação integrada será esmiuçado à luz dos diversos tipos de regimes de execução possíveis. Isso possibilitará a análise tanto das vantagens da Contratação Integrada quanto de suas desvantagens, sob a ótica da celeridade, da eficiência e da economicidade. Além disso, os critérios de Reequilíbrio Econômico Financeiro (REF) definidos no RDC serão estudados, mostrando sua inadequação aos objetivos perquiridos pela Contratação Integrada. Segue-se, como de costume, a conclusão e a bibliografia.

2 Execução indireta de obras e serviços de engenharia

A questão da execução do serviço é tema de grande relevância e pauta o desenvolvimento da licitação e a execução do contrato correspondente. A Lei do RDC assim trata do tema:

> Art. 8º Na execução indireta de obras e serviços de engenharia são admitidos os seguintes regimes:
>
> I - empreitada por preço unitário;
>
> II - empreitada por preço global;
>
> III - contratação por tarefa;
>
> IV - Empreitada Integral; ou
>
> V - contratação integrada.
>
> §1º Nas licitações e contratações de obras e serviços de engenharia serão adotados, preferencialmente, os regimes discriminados nos incisos II, IV e V do caput deste artigo.
>
> §2º No caso de inviabilidade da aplicação do disposto no §1º deste artigo, poderá ser adotado outro regime previsto no caput deste artigo, hipótese em que serão inseridos nos autos do procedimento os motivos que justificaram a exceção.
>
> §3º O custo global de obras e serviços de engenharia deverá ser obtido a partir de custos unitários de insumos ou serviços menores ou iguais à mediana de seus correspondentes ao Sistema Nacional de Pesquisa de Custos e Índices da Construção Civil (Sinapi), no caso de construção civil em geral, ou na tabela do Sistema de Custos de Obras Rodoviárias (Sicro), no caso de obras e serviços rodoviários.
>
> §4º No caso de inviabilidade da definição dos custos consoante o disposto no §3º deste artigo, a estimativa de custo global poderá ser apurada por meio da utilização de dados contidos em tabela de referência formalmente aprovada por órgãos ou entidades da administração pública federal, em publicações técnicas especializadas, em sistema específico instituído para o setor ou em pesquisa de mercado.
>
> §5º Nas licitações para a contratação de obras e serviços, com exceção daquelas onde for adotado o regime previsto no inciso V do caput deste artigo, deverá haver projeto básico aprovado pela autoridade competente, disponível para exame dos interessados em participar do processo licitatório.

> §6º No caso de contratações realizadas pelos governos municipais, estaduais e do Distrito Federal, desde que não envolvam recursos da União, o custo global de obras e serviços de engenharia a que se refere o §3º deste artigo poderá também ser obtido a partir de outros sistemas de custos já adotados pelos respectivos entes e aceitos pelos respectivos tribunais de contas.
>
> §7º É vedada a realização, sem projeto executivo, de obras e serviços de engenharia para cuja concretização tenha sido utilizado o RDC, qualquer que seja o regime adotado.

Entende-se por regime de execução indireta aquele no qual a Administração contrata um terceiro para executar o objeto, que também passa a ser responsável pelo cumprimento das obrigações assumidas. A modelagem contratual utilizada deverá, por óbvio, atender às necessidades da Administração e se coadunar com o objeto licitado.

A novidade do RDC é a Contratação Integrada – CI - (normatizada no art. 9º). Os demais regimes de execução já estavam determinados na Lei nº 8666/93. Percebe-se, de pronto, que os regimes de tarefa e contratação por preço unitário ganham caráter excepcional e somente deverão ser utilizados mediante expressa justificativa da Administração. Aliás, a lei é redundante ao afirmar que tais regimes de caráter residual somente poderão ser adotados mediante justificativa da Administração. A adoção de qualquer dos regimes estipulados em lei somente será possível mediante anuência expressa do Poder Público. É o imperioso mandamento que se extrai do princípio da motivação dos atos administrativos.

A empreitada por preço unitário será utilizada quando a Administração desejar contratar empresa para executar um objeto por preço certo e unidades individualizadas. Essa empreitada é cabível, portanto, quando o objeto puder ser executado por etapas e determinada empresa se incumbir de uma delas. Uma característica importante desse tipo de empreitada é que o pagamento será devido após o recebimento de cada unidade específica que pode, por exemplo, ser metros quadrados ou metros cúbicos.[1]

A tarefa, por sua vez, deverá ser utilizada para atividades de baixa complexidade, com celeridade e valores reduzidos (geralmente

---

1 OLIVEIRA, Pedro Jorge. *Obras Públicas*: tirando suas dúvidas. Belo Horizonte: Ed. Fórum, 2010. p. 54.

inferiores ao limite de convite), bem como para a contração de profissionais autônomos para executarem algum reparo em prédio público.

Os regimes preferenciais são, portanto: a contração por preço global, a Empreitada Integral e a contratação integrada.

No caso da contratação por preço global, a Administração contrata a empresa que ofertou o menor preço, considerando todos os preços em conjunto, e deve ser utilizada para situações nas quais existem informações precisas sobre o objeto executado. Justen[2] observa que será aplicável em situações nas quais exista clara definição dos encargos, das atividades, dos materiais, das circunstâncias pertinentes ao objeto, assim como a descrição da obra com elevado grau de precisão. Nesse tipo de empreitada, os pagamentos são feitos de acordo com o cronograma físico-financeiro, consolidados pelas devidas medições, conforme itens executados.

Nessa forma de contratação deve-se estar atento aos preços unitários que compõem o preço global para evitar o chamado "jogo de planilha", que corresponde à cotação de preços unitários abaixo do preço de mercado de forma a "fabricar" um preço global menor e ganhar a licitação. Quando da fase de execução contratual, a empresa inventa uma justificativa qualquer e alega a impossibilidade de executar o contrato por aquele preço global, possivelmente em razão dos preços defasados de alguns insumos. A empresa pressiona, portanto, a Administração, para o Reequilíbrio Econômico Financeiro do Contrato. Felizmente, os diversos sistemas de controle vêm rechaçando essa prática e mesmo em se tratando de preços globais, prestando atenção nos diversos elementos que compõem o preço final. É condição indispensável para o uso da empreitada por preço global a existência de projeto executivo, assim como para todas as obras e serviços de engenharia executados sob a égide de RDC.

Os regimes que mais nos interessam, até pelo escopo do RDC, são o da Empreitada Integral e o da Contratação Integrada.

A Empreitada Integral deve ser utilizada em situações nas quais a Administração deseja estabelecer uma unidade operacional quando a infraestrutura física já existente ainda não for suficiente para atender ao interesse público,[3] agregando serviços e outras atividades indispensáveis ao desempenho da atividade. Nesse diapasão, não seria razoável uma Empreitada Integral para a construção de um edifício

---

[2] JUSTEN FILHO, Marçal. *Comentários ao RDC*. São Paulo: Dialética, 2013. p. 156.

[3] JUSTEN FILHO, Marçal. *Comentários ao RDC*. São Paulo: Dialética, 2013. p. 158.

residencial por conta da inexistência de uma atividade operacional desenvolvida a partir desse imóvel. Por outro lado, seria possível uma Empreitada Integral para a construção de uma hidroelétrica, uma rodovia concessionada ou um presídio. Dá-se, pois, a entrega de um bem em condições de operação e esse caráter de continuidade diferencia a Empreitada Integral da simples empreitada por preço global. No caso da Empreitada Integral, o particular, além de construir o bem, fica incumbido de tomar as providências para sua correta operação.

A Empreitada Integral e a Contratação Integrada são variações de uma modalidade de contratação chamada Turnkey . Nesses dois tipos de regimes, o Estado contrata uma empresa que ficará incumbida de construir e operar a estrutura contratada. Uma diferença importante, no entanto, é que na Contratação Integrada o particular é responsável por definir o desenho adequado do projeto ao passo que na Empreitada Integral tal responsabilidade corre por conta do Poder Público.

Para entender melhor esses regimes de contração, cabe observar como a Lei do RDC (e o Decreto nº 7.581/11) tratam a Contratação Integrada para, ato contínuo, situar esse regime de execução nos contratos do tipo Turnkey .

3 Contratação Integrada

O dispositivo legal assim trata a matéria:

> Art. 9º Nas licitações de obras e serviços de engenharia, no âmbito do RDC, *poderá* ser utilizada a contratação integrada, desde que técnica e economicamente justificada.
>
> §1º A contratação integrada compreende a elaboração e o desenvolvimento dos projetos básico e executivo, a execução de obras e serviços de engenharia, a montagem, a realização de testes, a pré-operação e todas as demais operações necessárias e suficientes para a entrega final do objeto.
>
> §2º No caso de contratação integrada:
>
> I - o instrumento convocatório deverá conter *anteprojeto de engenharia* que contemple os documentos técnicos destinados a possibilitar a caracterização da obra ou serviço, incluindo:

a) a demonstração e a justificativa do programa de necessidades, a visão global dos investimentos e as definições quanto ao nível de serviço desejado;

b) as condições de solidez, segurança, durabilidade e prazo de entrega, observado o disposto no caput e no §1º do art. 6º desta Lei;

c) a estética do projeto arquitetônico; e

d) os parâmetros de adequação ao interesse público, à economia na utilização, à facilidade na execução, aos impactos ambientais e à acessibilidade;

II - o valor estimado da contratação será calculado com base nos valores praticados pelo mercado, nos valores pagos pela administração pública em serviços e obras similares ou na avaliação do custo global da obra, aferida mediante orçamento sintético ou metodologia expedita ou paramétrica; e

III - será adotado o critério de julgamento de técnica e preço.

§3º Caso seja permitida no anteprojeto de engenharia a apresentação de projetos com metodologias diferenciadas de execução, o instrumento convocatório estabelecerá critérios objetivos para avaliação e julgamento das propostas.

§4º Nas hipóteses em que for adotada a contratação integrada, é vedada a celebração de termos aditivos aos contratos firmados, exceto nos seguintes casos:

I - para recomposição do equilíbrio econômico-financeiro decorrente de caso fortuito ou força maior; e

II - por necessidade de alteração do projeto ou das especificações para melhor adequação técnica aos objetivos da contratação, a pedido da Administração Pública, desde que não decorrentes de erros ou omissões por parte do contratado, observados os limites previstos no §1º do art. 65 da Lei nº 8.666, de 21 de junho de 1993.

Nas últimas décadas houve uma aumento gradual de várias formas dos chamados *package contracts*, numa tentativa de melhorar a performance dos projetos patrocinados pelo Poder Público. Há várias formas de *package contracts*, donde se destacam:

a) *Buy-Build-Operate (BBO)*: há a transferência do bem para o setor privado logo no início da parceria que o opera por um período determinado de tempo. O controle do Poder Público é exercido pelo contrato e ao tempo da transferência do bem.

b) *Build-Own-Operate (BOO)*: O parceiro privado financia, constrói, possui e opera o bem ou serviço por período de tempo indefinido. O controle do Estado é exercido quando da celebração da avença e mediante medidas regulatórias.

c) *Build-Own-Operate-Transfer (BOOT)*: o setor privado recebe uma franquia do Poder Público para financiar, construir e operar (mediante cobrança de um determinado valor) por um prazo determinado de tempo após o qual a propriedade do bem é transferida para o setor público.

d) *Build-Operate-Transfer (BOT)*: Semelhantemente ao caso anterior, o Poder Público desenha, financia e constrói uma nova infraestrutura sob as regras de um contrato de concessão, operando durante um período pré-determinado de tempo. Depois do termo final do contrato, o bem é transferido para o setor público. A modelagem BOT é a mais comum nos contratos de PPP formatados no Brasil. Nesses contratos, o Poder Público é responsável pela desapropriação de terras, pela concessão de licenças, pelo design do projeto e pelas medidas regulatórias. Vê-se, pois, que a Empreitada Integral bem se encaixa nessa definição de BOT.

e) *Build-Lease- Operate-Transfer (BLOT)*: O setor privado desenha, financia e constrói um infraestrutura e a opera mediante leasing, conforme o pagamento de uma renda. Dessa forma, o parceiro privado aluga os equipamentos do governo, renovando-os, modernizando-os e expandindo-os. Assim, passa a operá-lo sem a obrigação de, findo o contrato, transferi-lo para o Poder Público.

f) *Designing-build-finance-operate*: Nesse caso, o setor privado elabora o projeto; é proprietário dos bens afetos à operação; executa e gerencia. Não haveria, no entanto, a obrigação de transferência dos bens para o Governo no final do contrato. Esse e o caso anterior podem ser formas de modelagem de Contratação Integrada. O grande diferenciador em relação à já conhecida e muito usada Empreitada Integral é que o setor privado ficará responsável pela modelagem, pelo desenho do projeto e por todas as implicações que advierem dessa opção.

Nesse ponto já sabemos que a Lei do RDC estabelece para execução indireta de obras e serviços uma série de regimes de execução e esses regimes ditarão os contratos celebrados e todo o ritmo de execução do projeto. Aliás, como acenamos anteriormente, o RDC - e de resto toda a legislação produzida nos últimos anos sobre compras governamentais - cingiram-se a determinar novas regras de licitação, mas pouco disseram sobre a estrutura contratual. O próprio dispositivo em comento, conquanto crie uma nova forma de execução, é tímido ao dispor sobre as peculiaridades desse tipo de contração. A esperança que foi depositada no Decreto regulamentador da matéria acabou frustrando as expectativas. Em um contrato de Turnkey (esses contratos do tipo Turnkey também podem ser conhecidos pela alcunha de *"Design and Building"* ou EPC – *Engineering Procurement and Construction*) estruturado sob a forma de Empreitada Integral, o construtor é responsável pelos defeitos na construção, mas se exime das falhas advindas do mau desenho do projeto.

O Regime de Contratação Integrada é de grande importância, já que a fase de design e construção do projeto é a que concentra maiores riscos (sobretudo em contratos do tipo BOT (*Buit Operate and Transfer*).

Na Contratação Integrada, a licitação é formatada de maneira que o setor privado estabeleça o design e construa o bem, objetivando satisfazer os níveis de performance requeridos pelo Governo. A contratação integrada compreende a elaboração e o desenvolvimento do anteprojeto de engenharia; a execução de obras e serviços de engenharia; a montagem; a realização de testes; a pré-operação e todas as demais medidas necessárias para a entrega final do objeto.

Vê-se, pois, que a especificidade do objeto e a necessidade de um design adequado determinam um caráter complexo à Contratação Integrada. Quais, então, seriam as vantagens e as desvantagens da utilização desse tipo de modelagem?

4 Vantagens da Contratação Integrada

4.1 Concentração de responsabilidade

Sob a perspectiva do Governo, a Contratação integrada apresenta a grande vantagem de concentrar a responsabilidade em apenas uma empresa. É muito comum em contratos públicos o chamado "jogo de empurra", que ocorre quando uma empresa tenta restringir a sua responsabilidade por uma falha, culpando o Governo ou outra empresa. Quando o Governo elabora o projeto, a empresa executora pode alegar que o seu inadequado desenho acabou por prejudicar a correta execução da obra. Quando esse conflito de responsabilidade ocorre, não raro o projeto é objeto de demandas judiciais, quer seja por parte da empresa executora, que requere o Reequilíbrio Econômico Financeiro sob o argumento da impropriedade do projeto básico para atender aos padrões de eficiência e qualidade exigidos pela Administração; quer seja pelo próprio Governo, que alega a má execução do serviço.

A Contratação Integrada será adequada quando o Poder Público não tiver expertise suficiente para elaborar o projeto básico ou (o que é muito comum) não tiver muita certeza do que realmente quer. Esse tipo de contratação poderá ensejar maior eficiência pela assunção de técnicas mais modernas advindas da modelagem elaborada pelo setor privado.

Outro ponto favorável (que decorre do primeiro) é que o contratado deve suportar qualquer custo adicional resultante do mau desenho do projeto ou de inadequado planejamento para execução do objeto. Isso é muito importante porque não é incomum a empresa requerer o Reequilíbrio Econômico Financeiro, alegando aumento dos custos por conta de defeitos no design do projeto. Em outras palavras, muitas reclamações existem quando os projetos básicos elaborados pelo Poder Público se demonstram desarrazoados e demandam adaptações durante a execução do contrato para a adequada execução do projeto.

Percebe-se que o grande desafio da Contratação Integrada é produzir um projeto que minimize o ciclo de vida dos custos (*life-cycle costs*) do que simplesmente diminuir os custos iniciais do projeto pela elaboração de anteprojetos de engenharia mais simplificados. Esse é um grande risco da Contratação Integrada, porque a empresa pode tentar economizar nos custos da elaboração do projeto básico de engenharia e esses custos serem ampliados quando da execução do projeto. Vê-se, pois, que abre-se grande espaço para seleção adversa, porque os custos poderão propositadamente ser empurrados para a execução contratual, o que levaria a fortes pressões pelo Reequilíbrio Econômico Financeiro do Contrato. Isso é relevante porque a Lei do RDC estabelece um limite para modificações no contrato.

4.2 Economia de tempo

Outro ponto positivo é que o projeto pode ser concluído em um período mais curto de tempo, considerando que o setor privado o elaborará e o executará. Isso é mais verdadeiro no caso da Contratação Integrada, porque a Lei do RDC não estabelece a exigência de o

Poder Público elaborar um projeto básico, mas sim, de apresentar um anteprojeto de engenharia acostado ao documento editalício. Trata-se de expediente benéfico, porque a empresa pode elaborar o desenho do projeto já tendo em mente a forma mais racional de executá-lo.

Dessa forma, é necessário que o Governo esteja realmente convicto que haverá diminuição do tempo gasto no projeto quando decidir pela Contratação Integrada. Isso deve se coadunar com uma previsão realista para o planejamento e a execução da obra, previsão essa que decerto será difícil de avaliar, considerando que Administração não terá controle sobre a elaboração do projeto básico de engenharia e não poderá observar se as estimativas feitas pela empresa serão ou não realistas.

Essa vantagem é importante porque como a fase inicial é a mais arriscada, cabe terminá-la logo para que possa gerar receita e amortizar o investimento. Nasce, então, um dilema que se traduz na opção da rápida elaboração e construção do projeto pela delegação do design ao particular e a perda de controle da Administração sobre esse mesmo design e sua consequente execução. O Governo deverá ter firme convicção que essa perda de controle do projeto será recompensada por uma maior qualidade final do produto.

4.3 Diminuição do Preço Final

Como corolário da vantagem anterior, a elaboração do projeto básico de engenharia com base em toda expertise empresarial da empresa e seu total controle sobre essas duas fases (*design and build*) poderá culminar com a diminuição real do preço final. Dizemos real porque, *ab initio*, o preço da Contratação Integral será maior do que o de uma Empreitada Integral, porque a empresa terá que colocar nos seus custos o design do projeto. Ademais, a fase de preparação de projeto é bastante custosa e, em muitos casos, pode chegar a 3% do valor total do projeto. Claro está que no caso da Contratação Integrada, o Governo não terá que fazer um projeto detalhado, mas sim, um "anteprojeto de engenharia". A razão dessa simplificação é que como os custos são muito elevados, seria demasiado oneroso promover todo o design antes da licitação. A empresa, quando da elaboração do projeto básico, correrá o risco de não recuperar esses custos com a celebração do contrato.

De qualquer forma, mesmo que *ab initio* a Contratação Integrada seja uma opção mais cara, poderá, mais adiante, ensejar economias, sobremodo pela ausência de conflito entre o design promovido pelo Governo (no caso da Empreitada Integral) e a execução feita por empresa particular. Como na Contratação Integral é uma única empresa que elabora essas duas fases, poderá (já na fase de modelagem) estabelecer qual a melhor forma de elaborar o objeto, com menores custos e maior eficiência.

É bem verdade que com tanta concentração de responsabilidade nas mãos da empresa privada, em mais riscos incorrerá e mais cobrará pela assunção desses riscos. Além disso, aumentarão os "custos de agência", porque o Governo terá mais dificuldade de avaliar se realmente o projeto básico elaborado pela empresa atenderá às demandas da Administração. Isso ensejará a necessidade de fiscalização e controle com custos elevados, sendo, portanto, necessária uma ideia de como esses custos se distribuirão ao longo da execução do contrato.

Além disso, como o setor privado detém um controle mais amplo dos custos do projeto (sobremodo porque ele elabora o design), o Governo teria mais dificuldade de chancelar um eventual aumento de custos proposto pela empresa. Dessa forma, uma alternativa seria estabelecer um contrato do tipo *lump-sum* (preço fechado) do que um *cost-plus,* que pagaria de acordo com os custos do projeto. Evidentemente que contratos do tipo preço fixo também são problemáticos, porque o Governo pode ter dificuldades de avaliar a adequada execução do objeto e sua viabilidade frente ao design originalmente proposto. A melhor solução seria adicionar aos critérios de pagamento parâmetros de performance. Esse é o caso da Contratação Integrada, que se apresenta como um contrato do tipo *lump-sum,* mas os pagamentos estarão condicionados ao atingimento de parâmetros de performance estabelecidos no contrato.

Muito embora fique ínsito ao modelo de RDC o estabelecimento de parâmetros de performance, há sempre o risco desses parâmetros serem relaxados com o tempo, sobremodo quando o empreendimento envolve constante incremento tecnológico.

5 Desvantagens da Contratação Integrada

5.1 Difícil Comparação de Propostas

Do ponto de vista do Governo é difícil comparar as diferentes propostas de design, porque muito provavelmente elas não serão uniformes, considerando que haverá várias formas de atender aos requisitos de performance estabelecidos pelo Poder Público. Esse é um grande dilema do Governo. Se de fato o design é muito importante, o Governo deverá procurar um profissional ou empresa específica para elaborá-lo e aí o emprego da Contratação Integrada perderia sentido.

5.2 Risco de diminuição do número de participantes na licitação

Outra desvantagem é que como elaborar design é um processo lento e custoso, esses elevados custos podem afastar potenciais participantes da licitação, mesmo que o vencedor do certame tenha seus custos ressarcidos pelo Poder Público. Uma estratégia intermediária seria permitir que as empresas ofertassem seus projetos de engenharia e que tivessem esses projetos aproveitados pela empresa vencedora, condicionado a algum tipo de ressarcimento.

Essa complexidade da Contratação Integrada pode acabar por diminuir muito o número de participantes na licitação. Não é incomum que diante da ausência de empresas que possam ofertar esse pacote *"full service"*, as licitações sob contratação integrada sejam revogadas e o Governo tenha que optar por outras modelagens.

Uma repercussão possível para o risco assumido pela empresa de elaborar o design do projeto e não ser a vencedora será que todas as empresas poderão colocar projetos pouco aperfeiçoados e mais baratos de serem elaborados. Assim, o modelo de anteprojeto de engenharia estabelecido pela Contratação Integrada pode ensejar o risco do subdesign, considerando que o Poder Público não terá expertise suficiente para detectar o grau de acuidade dos designs apresentados. Nesse contexto, o Poder Público poderá ter que empregar consultores privados para a escolha da proposta mais vantajosa, e aí a economia de tempo pela concentração design-construção estabelecida pela Contratação Integrada poderá se esvair.

5.3 O risco do Design Down

Assim, diante do ineditismo da proposta da Contratação Integrada (malgrado a sua utilização no âmbito das contratações elaboradas no âmbito da Petrobrás) não há expertise jurídica para elaborá-la e controlar sua execução, o que entronizará um enorme risco em vista das ações (e haverá muitas!) de Reequilíbrio Econômico Financeiro submetidas aos Tribunais. Um elemento importante seria estabelecer algum tipo de seguro contra o desenho inadequado, muito embora geralmente os seguros cubram vários defeitos de execução, mas não são abrangentes o suficiente para resguardar o desenho do projeto.

Em termos de incentivos, há a tendência de a empresa realizar um *design down*, ou seja, diminuir a complexidade do projeto básico de engenharia para ficar mais livre para adequar o design na fase de execução e diminuir a sua responsabilidade. Assim não está claro qual é a distância entre o anteprojeto de engenharia elaborado pelo Governo e o projeto básico elaborado pela empresa. Tanto mais incompleto serão o anteprojeto de engenharia e o projeto básico elaborado pela empresa, quanto mais tecnologicamente inovador for o projeto final. A realização de uma licitação para uma rodovia pedagiada pode ter grau de complexidade técnica reduzida, considerando que a tecnologia é conhecida. Se essa rodovia demandar necessidades técnicas complexas e inovadoras, justificar-se-á a Contratação Integrada.

Assim, mais uma vez alertamos que nem o RDC e tampouco a sua modelagem na forma de Contratação Integrada deve ser visto como peremptórios. Tudo dependerá da natureza do objeto, da emergência do Poder Público em realizar a obra (fiquemos atentos ao timing político) e ao grau de expertise da Administração, mas, sobretudo, da empresa contratada.

Em um arranjo de Contratação Integrada, o Governo resta fragilizado porque ao não executar um projeto básico e se contentar com um anteprojeto de engenharia (que por definição é menos abrangente do que o projeto básico), tem menor controle sobre a execução do objeto e dificuldade de estabelecer parâmetros claros de performance por conta da perda de aderência em relação aos seus interesses e aos da empresa contratada. Também há dificuldade de garantir a participação dos usuários e do próprio Governo com ideias e sugestões, porque o anteprojeto nasce exclusivamente como fruto da expertise da empresa.

Em muitas modelagens do tipo Turnkey existe a possibilidade de negociações com o setor privado quanto às características técnicas do projeto. No caso da Contratação Integrada, não há essa opção.

A opção da Contratação Integrada somente se justificaria se a Administração tivesse condições de definir o que realmente deseja *vis a vis* aos indicadores para avaliar a performance da empresa privada. Se o Poder Público não estiver convencido de que o design proposto pelo privado é uma boa opção ou se tiver dificuldades de avaliar as opções escolhidas, não valerá a pena correr o risco de implementar a Contratação Integrada, já que perderá o controle sobre a formatação do projeto. A questão da avalição de performance é ponto fulcral e o Poder Público poderá adotar quatro estratégias para estabelecer a performance em contratos Turnkey:[4]

- Desenvolver uma clara descrição do projeto em termos funcionais. Isso significa realmente entender do que se trata e quais as implicações técnicas da proposta apresentada pelo privado com o projeto de engenharia.
- Definir critérios qualitativos e operacionais para avaliação da performance. Aqui se vê o grande problema de Bechmark, ou seja, estabelecer parâmetros de comparação muitas vezes é difícil, sobremodo quando há um forte componente de incremento tecnológico.
- Definir os objetivos que deseja alcançar antes do inicio da execução do projeto.
- Elaborar um roteiro claro sobre avaliação de cada item fundamental do projeto.

Nesse contexto, quatro são as performances estratégicas que devem ser avaliadas: gerenciamento, prazo, técnica e custo.

No que se refere à capacidade gerencial (que também pode se relacionar com a capacidade técnica) deve-se ficar atento para a solução técnica apresentada pelo privado para elaboração do objeto. A Administração deverá ter expertise suficiente para avaliar se a proposta apresentada é viável economicamente e factível do ponto de vista técnico. Poderá, para tanto, lançar mão de consultores externos, muito embora deva sempre atentar para os custos de transação envolvidos na contratação desses experts. Deve-se também avaliar se a empresa proponente tem experiência na elaboração de design de projetos, bem como na sua execução, conforme opções técnicas escolhidas. Nesse mesmo sentido, avaliar se a empresa tem experiência em trabalhar com o Governo, qual o seu grau de governança e se já elaborou projetos naquela específica região ou em locais similares.

Outro ponto importante a considerar é a qualidade. O parceiro privado e o Governo devem estar conscientes das restrições orçamentárias do projeto e ficar bem consignado no contrato os padrões de

---

4 GIBBS, Tony. *An Assessment of Turn-key Contracts for the Realisation of Capital Works Projects Principally for Public Sector Healthcare Facilities prepared by under contract to The Pan American Health Organisation with funding from The United States Agency for International Development.* November 2008. Disponível em: www.disaster-info.net/.../WindHazards_Turn-key.pdf. *Acesso em 25 set. 2013.*

qualidade requeridos. O Governo deve ficar bem atento ao comum expediente de troca de materiais e à mudança nos critérios de execução com o fito de baratear a obra e permitir ao privado a recomposição da margem de lucros. Essa prática, que se potencializa com a seleção adversa ensejada por um anteprojeto de engenharia deve ser combatida com critérios de performance muito bons e acompanhamento permanente da obra.

Um grande problema em projetos vultosos e complexos é o tempo para elaboração e execução do contrato. Muitas vezes, a pressa em encontrar soluções para resolver os problemas acaba por gerar problemas adiante como, por exemplo, embargos por problemas ambientais. A questão sensível em projetos de Contratação Integrada é saber qual, de fato, será o grau de completude (ou incompletude) do anteprojeto de engenharia e qual a implicação desse projeto simplificado. O tempo de execução da obra é fundamental, porque penalidades podem ser aplicadas pelo *input supply*, pelo *offtake purchase* ou pelo concessionário. Ademais, não haverá receita até que o projeto esteja todo concluído.

Quanto aos critérios técnicos, é necessário elaborar procedimentos licitatórios que façam menção a esses critérios e dê possibilidade à Administração de discernir sobre a melhor escolha a ser feita. No que se refere aos custos, atentar para o ciclo de vida desses custos (*life cycle costs*) e como eles são espraiados ao longo da execução do projeto.

Elencada as peculiaridades da Contratação Integrada, cumpre investigar em que circunstâncias ela deve ser utilizada. Será em um regime preferencial? A Lei do RDC ampliou as hipóteses de julgamento por técnica e preço consignadas na Lei nº 8666/93? As opções estabelecidas na Lei do RDC que possibilitam a utilização desse regime são taxativas ou exemplificativas?

A primeira justificativa é perquirir quais são as vantagens para a utilização do RDC e, mais especificamente, da Contratação Integrada. Nesse sentido, o conceito de Value of Money deve ser considerado. O Value of Money procura captar o benefício total do projeto executado, considerando o seu custo durante toda a sua vida útil; a qualidade do bem ou serviço prestado e as externalidades geradas, tais como crescimento econômico, impacto ambiental, mobilização de recursos, impacto social e governança. Delmon,[5] fazendo menção à experiência

5 KUPFER, David; HASENCLEVER, Lia. *Economia Industrial*: fundamentos Teóricos e Práticos no Brasil. São Paulo: Ed. Campus, 2002. p. 14.

inglesa, elenca alguns fatores que devem ser considerados para fins de VOM:

- A forma como os riscos serão alocados pelas partes;
- Focalizar o conjunto total dos custos envolvidos no projeto em vez de centrar-se apenas nos custos imediatos;
- Analisar aspectos de planejamento integrado, buscando a harmonização entre a soft e a hard infraestrutura;
- Suficiente flexibilidade para assegurar que qualquer mudança nas especificações originais decorrentes da melhor adequação para entrega do bem ou serviço ou mesmo mudanças tecnológicas poderão se acomodadas durante a vida útil do empreendimento a razoável custo;
- Assegurar suficientes incentivos tanto no procedimento licitatório quanto no contrato para assegurar que os bens ou serviços sejam entregues em tempo hábil, de forma eficiente e eficaz, considerando também as recompensas e punições;
- O desenho da licitação bem como do contrato deverá estabelecer de forma adequada as mudanças que poderão ocorrer durante a execução do contrato, como mudanças políticas; design do ativo; necessidade de reforma ou mudança dos bens utilizados durante a vida útil do bem;
- Suficiente expertise tanto do setor público quanto do setor privado para gerenciar projetos de elevada complexidade;
- Adequada construção de indicadores de performance de forma a garantir entrega adequada e efetiva dos bens e serviços contratados;
- Detectar se a tecnologia do setor é estável ou submetida a fortes mudanças durante a vida útil do bem.

A Lei do RDC dispõe (artigo 9º) que a Administração poderá utilizar a Contratação Integrada quando circunstâncias técnicas e econômicas a justificarem como, por exemplo:[6] a) elevada complexidade do objeto; b) necessidade de capacidade gerencial e operacional com grau elevado de expertise; c) necessidade de soluções técnicas específicas e inovadoras; d) necessidade de atendimento de prazos, em virtude de compromissos assumidos com o Governo Federal; v) centralização/otimização de gerenciamento de todos os processos envolvidos;

---

6 TCU. AC – 1510-22;13-P. p. 13.

vi) possibilidade de redução dos impactos operacionais pela presença de uma única contratada; e vii) redução dos entraves relativos aos conflitos de responsabilidades que costumeiramente ocorrem na contratação parcelada.

Portanto, se esses fatores estiverem presentes deverá a Administração optar pela Contratação Integrada. Assim, não deve esse regime contratual ser visto como excepcional ou mesmo subsidiário. Deve ser adotado pela Administração – em atenção ao Princípio da Eficiência – sempre que condições e características do objeto assim o impuserem.

Se adotarmos o regime de Contratação Integrada deveremos julgar as propostas pelo critério de técnica e preço (art. 8º §2º) e para tanto os ditames do art. 20 do RDC devem ser considerados, a saber:

> Art. 20. No julgamento pela melhor combinação de técnica e preço deverão ser avaliadas e ponderadas as propostas técnicas e de preço apresentadas pelos licitantes, mediante a utilização de parâmetros objetivos obrigatoriamente inseridos no instrumento convocatório.
>
> §1º O critério de julgamento a que se refere o caput deste artigo será utilizado quando a avaliação e a ponderação da qualidade técnica das propostas que superarem os requisitos mínimos estabelecidos no instrumento convocatório forem relevantes aos fins pretendidos pela Administração Pública, e destinar-se-á exclusivamente a objetos:
>
> *I - de natureza predominantemente intelectual e de inovação tecnológica ou técnica; ou*
>
> *II - que possam ser executados com diferentes metodologias ou tecnologias de domínio restrito no mercado, pontuando-se as vantagens e qualidades que eventualmente forem oferecidas para cada produto ou solução. (grifo nosso)*

O primeiro critério, por óbvio, não diz respeito à Contratação Integrada, porque esse não é um instrumento hábil para contratação de serviços de natureza preponderantemente intelectual. A segunda opção seria para objetos que requeresse inovação tecnológica ou técnica. É sabido que a Lei nº 8666/93 adota como critério para julgamento por técnica e preço (art. 46) as seguintes hipóteses:[7]

(i) quando houver autorização expressa e mediante justificativa circunstanciada da maior autoridade da Administração promotora constante do ato convocatório;

---

[7] TCU. AC – 1510-22;13-P. p. 11.

(ii) para fornecimento de bens e execução de obras ou prestação de serviços de grande vulto;

(iii) majoritariamente dependentes de tecnologia nitidamente sofisticada e de domínio restrito;

(iv) atestado por autoridades técnicas de reconhecida qualificação;

(v) nos casos em que o objeto pretendido admitir soluções alternativas e variações de execução, com repercussões significativas sobre sua qualidade, produtividade, rendimento e durabilidade concretamente mensuráveis, e estas puderem ser adotadas à livre escolha dos licitantes, na conformidade dos critérios objetivamente fixados no ato convocatório.

No caso da Lei do RDC, o uso do critério de julgamento técnica e preço é aplicável para os "objetos que possam ser executados com diferentes metodologias ou tecnologias de domínio restrito no mercado (inciso II, §1º, art. 20). Vê-se, portanto, que a Lei do RDC ampliou as hipóteses de uso do tipo técnica e preço ao não mais exigir que o critério seja chancelado por autoridade pública para corroborar o uso de tecnologias sofisticadas. Dessa forma, poderá ser utilizada para obras de grande vulto, mesmo que não usem tecnologias de elevada qualificação.

A questão fundamental *é* se, de fato, as hipóteses de técnica e preço foram expandidas pelo RDC, ou melhor, se o suporte fático da norma se coaduna com a necessidade de mais eficiência.

Como a contratação integrada *é* do tipo DBOT, portanto com forte *ênfase* na técnica, parece razoável que esse critério tenha um peso importante na definição da proposta mais vantajosa. A polêmica surge porque muitos doutrinadores analisam o RDC sob as luzes da jurisprudência e da doutrina (caudalosa, diga-se) da Lei nº 8666. Lá – diferentemente daqui – a análise *é* calcada no fetiche do "menor preço" e não no critério de eficiência. Por outro lado, ontologicamente, projetos licitados pelo RDC são *technical based*, o que justifica a ampliação do uso do tipo técnica e preço.

A análise de conveniência ou não do uso da Contratação Integrada deve ser feita bem antes, quando a Administração optar por esse tipo de contração. Se o fizer, o critério de julgamento técnica e preço já estará implicitamente justificado. Trata-se, portanto, de tipo de licitação vinculado, tendo a Administração obrigação de adotá-lo nos procedimentos executados mediante essa modelagem contratual.

O Decreto que regulamenta a matéria (Decreto nº 7.581/11) determina que o fator de ponderação mais relevante seja limitado a setenta por cento. Isso significa que, em tese, qualquer combinação entre técnica e preço é possível, desde que o critério mais valioso não ultrapasse esse limite. Cumpre lembrar que o Decreto não determina qual dos dois fatores (técnica o preço) deverá preponderar. Parece razoável, no entanto, que o critério de técnica tenha maior ponderação. Além disso, diz o Decreto que critério de sustentabilidade ambiental deverá ser considerado quando da avaliação das propostas técnicas.

Vê-se que os incentivos dos licitantes, o grau de assimetria de informações e a intensidade da seleção adversa variarão conforme a partilha de ponderação entre técnica e preço, definidas no edital do RDC. Se o critério técnica for o preponderante (como parece razoável ser), os licitantes terão menos incentivos para colocar preços abaixo dos das suas próprias valorações e isso levará certamente à diminuição da seleção adversa pelo critério preço.

Por outro lado, quanto maior a ponderação pelo critério técnica, maior a discricionariedade da Administração em escolher a proposta mais vantajosa e maior a pressão técnica. Assim, todo o cuidado é necessário para que a Administração utilize os critérios adequados para a escolha da proposta que mais atenda aos critérios de técnica.

6 Teoria da Imprevisão e Reequilíbrio Econômico Financeiro

Essas limitações são estabelecidas pelo §4º do artigo 9º da Lei do RDC que estabelece:

> §4º Nas hipóteses em que for adotada a contratação integrada, é vedada a celebração de termos aditivos aos contratos firmados, exceto nos seguintes casos:
>
> I - para recomposição do equilíbrio econômico-financeiro decorrente de caso fortuito ou força maior; e
>
> II - por necessidade de alteração do projeto ou das especificações para melhor adequação técnica aos objetivos da contratação, a pedido da Administração Pública, desde que não decorrentes de erros ou omissões por parte do contratado, observados os limites previstos no §1º do art. 65 da Lei nº 8.666, de 21 de junho de 1993.

Caso a Administração adote a Contratação Integrada, somente poderão ocorrer aditivos contratuais mediante alegação de Caso Fortuito e Força Maior ou por necessidade de alteração do projeto a pedido da Administração Pública. Esse dispositivo é importante porque o instituto do Reequilíbrio Econômico Financeiro (REF) do Contrato deve ser rediscutido no direito brasileiro.

O primeiro ponto de análise será na possibilidade de modificação unilateral do contrato por parte da Administração diante da necessidade de mudança no projeto ou em suas especificações para atender de forma mais adequada aos objetivos da contratação, desde que essa mudança não provenha de erros e omissões do contratado.

Se forem detectados erros ou omissões, não cabe à Administração promover os reparos no contrato. É hipótese, conforme lembra Justen Filho,[8] de desclassificação do licitante. Se tal erro for revelado durante a execução contratual, acredita o referido autor que a Administração poderia promover alterações para garantir a correta execução do contrato, desde que isso não determine a elevação da remuneração do particular. Sendo assim, mesmo diante de erros e omissões do projeto básico de engenharia, a Administração poderia promover modificações contratuais, mas isso não significa a assunção pela Administração dos efeitos financeiros decorrentes. Essa é a opinião de Justen Filho.

Admitir o reparo ao contrato, mesmo diante de erros ou omissões técnicas, parece uma porta larga para toda e qualquer sorte de mudanças contratuais. A Contratação Integrada e sua formatação contratual do tipo DBOT já chancela a constatação de que a Administração não tem expertise suficiente para elaborar as propostas técnicas. Não faz sentido, portanto, dar uma poder extroverso à Administração para modificar o contrato sem uma ampla justificativa. Dessa forma, a Administração poderá efetuar reparos ao contrato, mas em situações excepcionalíssimas e mediante abertura de processo administrativo para chancelar a correção de rumos. Caso, no entanto, o contrato não possa mais ser executado, cabe a resilição contratual e a consequente imposição de sanção ao contratado.

À parte a questão dos erros e omissões, a aplicação de rotineiras modificações unilaterais nos contratos administrativos é uma conhecida cláusula exorbitante. Essa modificação seguirá as regras definidas no §1º, art. 65, da Lei nº 8666, que determina que o contratado ficará obrigado a aceitar os acréscimos ou as supressões que se fizerem nas obras, serviços ou compras, até 25% (vinte e cinco por cento) do valor

[8] JUSTEN FILHO, Marçal. *Comentários ao RDC*. São Paulo: Dialética, 2013. p. 205.

inicial atualizado do contrato, e, no caso particular de reforma de edifício ou de equipamento, até o limite de 50% (cinquenta por cento) para os seus acréscimos.

Qual seria, então, o impacto da existência de Cláusulas Exorbitantes na estipulação dos riscos assumidos pelo contratante em um contrato administrativo? Parece claro que as Cláusulas Exorbitantes podem ser vistas como um tipo de risco assumido pelo contratado e o seu comportamento será função do tipo de prerrogativa que o Poder Público irá exercer.

Se o particular sabe que a Administração tem a prerrogativa de cambiar unilateralmente as cláusulas contratuais, modificando os quantitativos do projeto, sabe também que estará assumindo o risco desse comportamento da Administração. Em regra, as cláusulas exorbitantes não são consideradas na discussão da partilha de riscos, mas o particular as precifica e coloca em suas expectativas.

Assim, essa regra que é vista com certa condescendência no âmbito das licitações da Lei nº 8.666, deve ser considerada com reservas e utilizada em situações excepcionais para o RDC. A Administração não poderá desvirtuar a seu bel prazer o projeto básico de engenharia, alegando razões genéricas. Toda a expertise operacional advém da empresa privada e é ela a responsável pelo desenho de todo o projeto. Não é possível, portanto, analisar o dispositivo à luz da experiência da Lei nº 8666, mas sim, estabelecer um novo paradigma com base no seu caráter de extrema excepcionalidade.

A regra contida no inciso I do §4º do artigo 9º do RDC merece uma maior atenção. Diz a norma que a Administração somente concederá REF diante da constatação de caso fortuito e força maior. Para tanto, o REF deve ser reavaliado e tratado com rigor, considerando três elementos fundamentais: Risco, Probabilidade e Incerteza. Somente com base nesses elementos é que poderíamos ter uma dimensão clara do instituto.

Na verdade, considerar uma visão mais ampla do instituto do REF significa assumir hipóteses: a) os agentes envolvidos são parcialmente racionais (*bound rationality*); b) os indivíduos são maximizadores de suas expectativas (utilitarismo); c) a aplicação da Teoria da Imprevisão dever ser feita sob novos pressupostos e d) existe forte incompletude contratual.

Embora as duas primeiras conjecturas sejam relevantes, vamos nesse texto cingir nossa análise nas últimas.

6.1 Insuficiência da Teoria da Imprevisão como substrato teórico para o Reequilíbrio Financeiro do Contrato Administrativo

Para Cordeiro,[9] o desequilíbrio dos contratos, sobremodo após as grandes guerras, marcou o renascimento da cláusula *Rec Sic Stantibus*, estabelecendo um trade-off entre a vontade das partes e a realidade subjacente ao contrato.

Dentre as várias teorias que surgem para fundamentar a revisão contratual calcada na alteração das circunstâncias que permearam a celebração do contrato, duas são marcantes: Teoria da Imprevisão e Teoria da Base Negocial.[10]

A Teoria da Imprevisão (e sua variante, a Teoria da Onerosidade Excessiva) estão ligadas ao aspecto volitivo e são chamadas de *teorias subjetivas*, ao passo que a Teoria da Base Negocial se preocupa com as circunstancias existentes quando da celebração da avença, caracterizando uma *teoria objetiva*.[11]

As Teorias da Imprevisão e da Onerosidade Excessiva centram-se naquilo que as partes avençaram conforme a manifestação de suas próprias vontades. A Teoria da Base Negocial, segundo Cordeiro, privilegia a instrumentalização do contrato e retira, ainda de forma tímida, a vontade como fundamento exclusivo da obrigatoriedade do contrato.

Para invocarmos a Teoria da Imprevisão, três elementos são essenciais: a) imprevisibilidade; b) extraordinariedade; e c) excessiva onerosidade suportada por uma das partes. Dentre esses componentes, dois demonstram bem o voluntarismo da imprevisão: imprevisibilidade e extraordinariedade. Sendo assim, *o pressuposto utilizado para fundamentar a Teoria da Imprevisão* é *imperfeito porque a vontade das partes* é *viesada pela assimetria de informação*. Dessa forma, toda vez que uma parte tiver vantagem informacional em relação à outra parte e utilizá-la como vantagem para auferir renda quando da assinatura de um

---

9 CORDEIRO, Eros Belin de Moura. *A revisão dos contratos na nova sistemática codificada brasileira e a Constituição do Brasil*. Dissertação apresentada como requisito parcial à obtenção do grau de mestre, Programa de Pós-Graduação em Direito, Setor de Ciências Jurídicas, Universidade Federal do Paraná. 2005. Disponível em: http://dspace.c3sl.ufpr.br/dspace/bitstream/handle/1884/1751/A%2Brevisao%2Bdos%2Bcontratos%2Bna%2Bsistematica%2Bcodificada%2Bbrasileira.pdf?sequence=1. Acesso em 01 nov. 2013.

10 MORAES, Renato José de. *Cláusula Rec Sic Stantibus*. São Paulo: Ed. Saraiva, 2002.

11 SILVA, Leonardo Toledo. Os contratos EPC e os pleitos de reequilíbrio econômico-contratual. *In*: SILVA, Leonardo Toledo. *Direito e Infraestrutura*. São Paulo: Editora Saraiva, 2012.

contrato administrativo, estaríamos diante de uma situação de seleção adversa. *Quando isso acontece, não há de se falar em Teoria da Imprevisão.*

Isso ocorre porque a Teoria da Imprevisão deve ser utilizada quando há uma subversão da vontade original das partes. *No caso da seleção adversa não há subversão alguma, porque uma parte usou inadvertidamente sua vantagem informacional para auferir renda do outro contratante.* Usar a Teoria da Imprevisão (que por definição é instrumento de adequação contratual ex post) corresponde a chancelar a captura de renda ao contratante que falseou a verdade durante o procedimento licitatório. Da forma como esse instrumento é hoje utilizado, são gerados incentivos para o aprofundamento da seleção adversa e mais representa uma vantagem perversa para a empresa licitante oferecer preços ou qualidade que sabe, de antemão, que não conseguirá honrar.

Assim, a utilização da Teoria da Imprevisão é inadequada para servir de base teórica para a recomposição do equilíbrio financeiro do contrato por conta não somente da sua defasada base volitiva, mas também por não considerar as assimetrias informacionais existentes entre o Poder Público contratante e o particular.

Dentro desse diapasão, esse dispositivo do RDC não possibilitou que todo e qualquer evento caracterizador da Teoria da Imprevisão possa ser utilizado como base para o aditamento contratual com base para REF, mas sim, apenas aqueles resultantes de caso fortuito e força maior. Aquelas advindas de Fato da Administração e Fato do Príncipe, como decorrem de uma ação ou omissão da Administração com repercussão contratual, deverão gerar indenização por parte da Administração.[12]

Um ponto central para analisar a Teoria da Imprevisão diz respeito à insuficiência conceitual do preço como transmissor de informação e como proxy para a demarcação do risco. Quando o licitante elabora o seu preço, ele faz crer ao Governo contratante que seu preço reflete o risco assumido no contrato. Isso nem sempre é verdade, porque *o preço estipulado é imperfeito para comunicar todas as características e intenções do licitante contratado.*

---

[12] JUSTEN FILHO, Marçal. *Comentários ao RDC.* São Paulo: Dialética, 2013. p. 202.

6.1.1 Teoria de Preço e da Microestrutura de Mercado

Há de se perguntar: O que determina os preços? Nos termos do paradigma econômico tradicional, os preços são estabelecidos pela intersecção entre as curvas de oferta e de demanda para um determinado bem. Essa premissa é verdadeira no equilíbrio final do mercado. Para O'Hara,[13] no entanto, é necessário observar como esse preço é alcançado. De forma surpreendente, a teoria econômica apresenta poucas respostas a essa questão que é ponto inicial de investigação da Teoria da Microestrutura de Mercado.

Para os economistas, há duas abordagens tradicionais para explicar a formação dos preços. A primeira trata da questão do equilíbrio. Assim, a economia se envolve em descobrir o ponto de equilíbrio per si, sem se importar com os fatores que levam ou levaram a ele e como um específico preço foi determinado. As duas características dessa abordagem são a *simplicidade e a generalidade*. Está implícita nessa análise que o mecanismo de comércio e as características informacionais não afetam o equilíbrio final. Essa é uma abordagem problemática em mercados onde as partes possuem assimetrias informacionais. Esse é o caso da definição de preços licitados em obras contratadas pelo RDC. *Ancorar a Teoria da Imprevisão na frustração das expectativas estabelecidas pelos preços contratados* é *coadunar com a visão clássica e defasada da Teoria dos Preços.*

Uma visão alternativa, ainda segundo O'Hara, é estabelecida pelo sistema de preço Walrasiano, em que o preço de equilíbrio é dado pelos lances sucessivos entre aqueles que desejam vender e os que necessitam comprar. Nesse modelo não há custos consideráveis para barganhar, bem como não existem assimetrias informacionais. O sistema Walrasiano é simples e elegante, mas não captura as circunstâncias que levam à determinação dos preços. O problema é que a Teoria dos Preços Walrasiana não apresenta uma visão muito realista dos mercados.

Uma falha do modelo Walrasiano é não considerar o fator tempo. Nesse enfoque, O'Hara cita os trabalhos de Demsetz, que fazem referência à existência de duas curvas de demanda e oferta, uma de curto e outra de longo prazo. O argumento é que há variações intertemporais porque alguns agentes desejam comprar e vender com mais urgência do que outros. Isso parece intuitivo, porque se há emergência para

---

13 O'HARA, Maureen. *Market Microstructure Theory*. Cambridge-MA: Blackwell Publishers, 1996.

comprar algo, o indivíduo geralmente paga mais por isso (experimente comprar uma passagem de avião no dia da viagem).

Essa ideia de que o preço poderia conter um custo pelo imediatismo não foi considerada na visão Walrasiana. Assim, a visão de um único equilíbrio fica comprometida, porque dependerá não apenas do desejo de comercializar, mas também se as partes desejam comprar e vender em um dado momento ou adiar suas opções. Para esclarecer esses aspectos, um importante componente deve ser considerado: informação.

6.1.2 Informação e processo de determinação dos preços

Os preços representam expectativas condicionais, ou seja, o preço em cada ponto reflete toda a informação pública disponível, mas não necessariamente toda a informação privada. Dessa forma, até o ajuste dos preços de acordo com informações adicionais, o equilíbrio alcançado é semieficiente.

Daí é importante observar como os preços se ajustam de acordo com a informação liberada com o passar do tempo. Nos paradigmas de microestrutura que vimos (ajuste Imediato e Walrasiano), os preços eventualmente convergem para valores, considerando a nova informação recebida, mas como esse ajustamento ocorre no limite, esse mecanismo pode ser infinito.

Para entender como os preços se tornam eficientes, é necessário saber mais sobre como o ajustamento ocorre.[14] Desde que diferentes estruturas possam ser afetadas pelo ajustamento, entendê-lo pode prover insights de como os mercados podem ser estabelecidos e estruturados. Se os comerciantes agem competitivamente, o comércio resulta em um equilíbrio cujos preços "revelam" toda a informação privada. Nesse caso, os preços se ajustam instantaneamente a toda a informação e o mercado é totalmente eficiente.

No mercado real, no entanto, o ajustamento não é imediato, nem toda a informação é captada e fica difícil isolar o efeito líquido de uma determinada informação na definição do preço. A grande dificuldade em analisar o processo de ajustamento de preços é que o movimento dos preços depende de como os participantes do mercado aprendem do mercado de informações. Dependem, portanto, de uma miríade de

---

[14] O'HARA, Maureen. *Market Microstructure Theory*. Cambridge-MA: Blackwell Publishers, 1996.

fatores como predisposição dos agentes ao risco, natureza e extensão da incerteza e até da estrutura do mercado em si.

Em um modelo simples, onde a única incerteza é a inferência sobre o valor privado dos agentes, os agentes não informados podem fazer inferências sobre a informação. Em ambientes mais sofisticados (o que, de fato, ocorre na realidade) esse problema de aprendizado é mais complexo, fazendo-se necessário um link entre informação de mercado e valor aparente dos ativos.

A Teoria Econômica Clássica observa que, em um mercado competitivo, os preços são determinados pelas forças de oferta e demanda. Também conclui que diante de monopólios, os preços se elevam e as quantidades se deprimem. Esses fundamentos básicos são importantes, mas não consideram vários elementos complexos referentes à determinação dos preços.

Uma boa pista para resolver essas imperfeições é utilizar a chamada Microestrutura de Mercado (*Market Microstructure*) que é uma área da Teoria das Finanças que estuda a dinâmica e o processo pelo qual os investidores fazem previsões sobre o valor futuro dos ativos com base no volume atual dos negócios e nos preços correntes. Assim, a Microestrutura de Mercado especifica as características dos mecanismos de troca que facilitam a descoberta do processo de determinação de preços entre compradores e vendedores. Essa teoria também se preocupa com os mecanismos de revelação de informação, ou seja, estuda o nível de transparência dos mercados e, mais especificamente, o quanto de informação os preços carregam, ou seja, microestrutura de preços.

A transparência quanto ao preço pode ser entendida analisando-se as regras que são utilizadas para comercializar. Em uma licitação em leilão reverso (pregão), por exemplo, há elevado nível de transparência, considerando a liberação das informações pelos lances sucessivos dos licitantes. Essa transparência permite ao Governo (no caso das licitações) ter uma melhor noção do preço de reserva dos licitantes e da dinâmica das forças de oferta e demanda.

Há vários tipos de transparência. A transparência dos vendedores (no nosso caso, licitantes) ser refere aos custos de produção, prazo de entrega ou capacidade de executar. Também é importante evidenciar os custos de oportunidade e a probabilidade de se conhecer o preço de reserva do licitante (*inventory information*), bem com o custo dessa transparência.

Ainda quanto ao preço, é importante diferenciá-lo de valor. Um guarda-chuva vendido em uma esquina qualquer em um dia de chuva é bem mais caro do que o mesmo item sendo vendido em dia de sol, muito embora o produto seja exatamente o mesmo. Essa dicotomia preço-valor é um ponto de grande importância quando o Governo decide contratar serviços, por exemplo. Nesse caso, o uso irrestrito de tabelas mais provoca problemas e exacerba a seleção adversa do que resolve conflitos. Isso ocorre porque um dos pontos que faz com que o preço seja diferente do valor é a quantidade de informação disponível.

Como lembra Madhavan,[15] a pesquisa de informação contida nos preços (em um conceito mais amplo: *Market Microstructure*) envolve um amplo espectro:

a) *Formação do preço*, incluindo aspectos estáticos (determinação dos custos de comercialização, por exemplo) ou aspectos dinâmicos, como o processo pelo qual os preços revelam a informação em determinado período de tempo. Em essência, esse ponto de análise pretende olhar para dentro da "caixa preta" dos preços.

b) *Estrutura de desenho de mercados*, incluindo a relação entre a formação dos preços e as regras de comercialização. Nesse caso, é discutido como diferentes regras afetam a "caixa preta" e a consequente liquidez e qualidade do mercado. No caso do RDC, a mudança das regras em relação às licitações da Lei nº 8666 mudaram os incentivos e os mecanismos (inclusive informacionais) que acabarão por determinar o preço final dos bens.

c) *Informação e sua revelação*. Esse é um ponto relacionado à transparência de mercado que está ligado à capacidade dos participantes do mercado em observar as informações sobre os seus competidores. Isso se refere a analisar como a revelação das informações da "caixa preta dos preços" repercute o comportamento e as estratégias dos outros participantes do mercado. No caso das licitações, mais uma vez, a quantidade de informação revelada afeta a oferta dos outros licitantes e o grau de seleção adversa.

---

15 MADHAVAN, Ananth. Market Microstructure: a Survey. *Journal of Financial Markets*, n. 3, p. 205-258, 2000.

Recentes trabalhos em microestrutura de mercados (Market microstructure) consideram avanços no campo da economia da informação, expectativas racionais e competição imperfeita com o fito de construir modelos que mensurem o impacto da informação nos preços.

Os mercados são muito distintos e os preços se comportam diferentemente em cada um deles. Dessa forma, *encarar o fator preço de forma monolítica e concentrar sobre ele a base volitiva que servirá de parâmetro para a aplicação da Teoria da Imprevisão é um pressuposto falho e impreciso.*

Para Pereira da Silva, os preços de mercado não são apenas afetados pelos custos de transação, mas também pela presença de informação na determinação do comportamento dos mercados.[16] O autor cita os trabalhos de Admati e Pfleiderer,[17] que veem os preços como variáveis aleatórias e analisam a distribuição da informação antes da realização dos preços. Dessa forma, a dispersão da informação gera externalidades positivas sobre os preços, refletindo sinais fornecidos pela informação obtida.

Aquele que detém a informação possui claros incentivos para postergar a sua revelação. A uma, porque tem o poder de discriminar os preços e conseguir que os outros agentes do mercado paguem mais por sua informação. E, a duas, porque garante mais vantagens para si, considerando que quanto mais preciso o sistema de preços, menores serão os custos de transação.

Um ponto interessante de investigação é o ruído que garante que o valor da informação não diminua, restringindo o acesso de outros agentes ao verdadeiro conteúdo. O jogo de planilha, tão comum em obras públicas, pode ser considerado um ruído, ao passo que esconde o verdadeiro valor dos itens precificados, gerando forte seleção adversa no sistema. Ainda segundo os autores (e conforme observação de Pereira da Silva (2003)), o detentor da informação (sobretudo aquele que tem poder monopolista sobre ela) tende a manobrar a informação de forma que as decisões dos agentes no mercado sejam feitas com base em informação adicional e não apenas com base na observação

---

16 PEREIRA DA SILVA, Pedro Miguel Bento. *Economia dos mercados financeiros análise da Informação Privada*. Mestrado em Economia Monetária e Financeira Universidade Técnica de Lisboa. Instituto Superior de Economia e Gestão. Out 2003. Disponível em: https://www.repository.utl.pt/bitstream/10400.5/894/1/Tese%20Definitiva%20F.pdf. Acesso em 30 dez. 2013.

17 ADMATI, Anat R.; PFLEIDERER, Paul. Viable Allocation of Information in Finantial Markets. *Journal of Economic Theory*, n. 43, p. 76-115, 1987.

dos preços do mercado. O monopolista tentará vender sinais personalizados que não afetam, em si, os preços de equilíbrio. No caso das licitações, esses sinais podem ser o histórico de comportamento dos licitantes em relação a contratos anteriores e suas chances de ganhar ou perder no "jogo" do reequilíbrio financeiro; as sua posição em relação à Administração e sua chance de influenciar na modificação do contrato. Também se enquadram nessa sinalização, as chances judiciais de um novo arranjo contratual.

A concentração de informação pode ser explicada pela diferença de preferências entre os agentes de forma que quanto mais suscetíveis aos riscos forem os licitantes, mais tenderão a mergulhar nos preços ofertados. No caso das licitações, se um determinado licitante tem uma expectativa positiva de um rápido e eficaz (para ele, pelo menos) Reequilíbrio Econômico Financeiro, estará mais disposto a assumir o risco de ganhar com um preço defasado. Esse argumento é mais uma razão para rechaçar o uso do preço como proxy para invocação da Teoria da Imprevisão.

Ainda segundo Admati e Pfleiderer,[18] a informação transmitida possui dois efeitos importantes: o agregador e o desbloqueador. No caso do efeito agregador, os sinais tendem a ser mais complementares, considerando que os preços agregam informação e há pouco ruído. Nesse caso, qualquer sinal adicional tem um valor incremental, por mais irrelevante que seja. Assim, esse efeito agregador justifica mais rigor nas exigências de qualificação, dotando o sistema de mais mecanismos de signaling e screening. Isso induz à conclusão de que o conjunto de sinais observáveis no mercado seja sempre superior ao preço de equilíbrio do mercado e que o preço de mercado (que se pressupõe seja o preço ofertado pelo licitante vencedor) esteja aquém do real valor, considerando toda a informação existente.

O efeito desbloqueador observa que em muitas circunstâncias (em licitações e, provavelmente, na maioria delas) o agente informado não estará disposto a revelar toda a sua informação porque terá incentivo de obter ganhos com toda a informação privada que detém.

Ainda segundo Admati e Pfleiderer (1987), se o agente for neutro ao risco e se conseguir determinar o número de agentes informados

---

18 ADAMATI e PFLEIDERER, 1987 *apud* PEREIRA DA SILVA, Pedro Miguel Bento. *Economia dos mercados financeiros análise da Informação Privada*. Mestrado em Economia Monetária e Financeira Universidade Técnica de Lisboa. Instituto Superior de Economia e Gestão. Out 2003. Disponível em: https://www.repository.utl.pt/bitstream/10400.5/894/1/Tese%20Definitiva%20F.pdf. Acesso em 30 dez. 2013.

no mercado, não terá incentivo para vender sua informação, posto que revelar sua informação aumentaria a competição em detrimento de sua posição. Esse é o caso em licitação, no qual o agente tem a informação privada e assume o risco de não divulgá-la, confiando, entre outras coisas, no sucesso de um eventual Reequilíbrio Econômico Financeiro. No caso de o agente ser avesso ao risco, ou seja, não confiando em uma possível melhora de sua posição na arguição de uma revisão contratual, será mais útil revelar (eventualmente vender) sua informação privada e entrar em um certame mais competitivo.

Logo, ancorar os pedidos de Reequilíbrio Econômico Financeiro com base na equivocada Teoria da Imprevisão, aumentará os riscos da Seleção Adversa, bem como os incentivos para a malversação da informação privada.

Embora o texto legal restrinja a aplicação da Teoria da Imprevisão, a utilização dessa teoria graceja no âmbito *judicial, sendo objeto de vários arrestos que tentam recompor o que simplesmente nunca existiu, ou seja, um equilíbrio fictício quando da celebração do negócio que foi enuviando pela assimetria de informação existente entre as partes.*

Na Teoria da Base Negocial, por outro lado, há o substancial distanciamento da imprevisibilidade como vetor da intervenção no contrato, caracterizando uma gradual objetivação. Essa teoria foi aprofundada por Larenz, que a separava em uma base subjetiva e outra objetiva. Quanto à subjetividade, é necessário que ambos os contratantes partam da mesma base fática, calcando-se no conceito de erro. A base objetiva, por seu turno, é o conjunto de aspectos fáticos sobre os quais se funda o consenso. Nesse sentido, Cordeiro (2005) observa que Larenz vê na base objetiva dois elementos: a) a alteração das circunstâncias significa ausência de concretização da finalidade contratual; ou b) a quebra da equivalência das prestações, refletindo a insubsistência do sinalagma próprio dos contratos bilaterais.

Para Gil,[19] a Teoria da Base Negocial assemelha-se 'a *unforessen contingencies'* do direito americano, mas foi no direito alemão que ela mais prosperou. Nesse sentido, o §313 de BCB estabelece duas

[19] GIL, Fábio Coutinho de Alcântara. *A Onerosidade Excessiva em Contratos de Engineering.* Tese de Doutoramento em Direito Comercial da USP. 2007. Disponível em: http://www.google.com.br/url?sa=t&rct=j&q=&esrc=s&source=web&cd=2&ved=0CDUQFjAB&url=http%3A%2F%2Fwww.teses.usp.br%2Fteses%2Fdisponiveis%2F2%2F2132%2Ftde-24052011143442%2Fpublico%2FTese_FINAL_completa_Onerosidade_e_Engineering_Fabio_C_A_Gil.pdf&ei=7oJ3UvT8HcW_sQTk8oCgBg&usg=AFQjCNG70R5PF1e5nXeBZev8bpnQcXd_Zw&sig2=ByOiRDOE3-xdR0bwiMgUJw&bvm=bv.55819444,d.cWc. Acesso em 12 ago. 2013.

hipóteses de aplicação: a) modificação prejudicial das circunstâncias, que constituem a base do negócio depois de sua conclusão; e b) *revelação de falsidade de premissas consideradas essenciais e que constituem a base do negócio, já desde a celebração do contrato.*

Uma evolução no direito brasileiro em relação à teoria de Larenz foi a aceitação da premissa de Kegel sobre a "Teoria do Risco" segundo a qual os riscos inerentes ao negócio devem ser mantidos mesmo que as alterações não fossem previstas. Isso induz a duas consequências: não reconhecimento de fato superveniente considerado no risco natural do negócio e a distribuição equânime dos riscos diante de um fato superveniente que vá além da álea normal do contrato.

Em resumo, há uma tendência de objetivação da revisão contratual calcada na teoria da quebra da base negocial.

Assim, uma ruptura com a Teoria da Imprevisão e uma transição para a Teoria da Base Negocial, considerando a assunção da falsidade das premissas informacionais estabelecidos quando da celebração do contrato, parece ser um caminho mais adequado para enfrentarmos os desafios dos Reequilíbrios Econômico Financeiros dos contratos celebrados no âmbito *do RDC.*

Dessa forma, há uma ruptura com a base volitiva do contrato (Teoria da Imprevisão) e uma transição para uma teoria calcada na base fática na qual o contrato foi celebrado. Perde, portanto, força, a ideia do contrato como vontade das partes e que a simples frustração dessa vontade original poderia promover a recomposição contratual. Hodiernamente, deve-se olhar para as circunstancias reais sobre as quais o contrato foi celebrado.

A esse respeito, Lôbo[20] observa que a Teoria da Imprevisão – tão em voga nos tribunais brasileiros – tem caráter restritivo porque representa uma restrição à adoção da cláusula *rec sic stantibus* ou mesmo ao voluntarismo ou liberalismo jurídico. Essas restrições, ainda segundo o autor, mostram-se em dois pontos: Excepcionalidade e imprevisibilidade.

Lôbo afirma, acertadamente, que na Teoria da Imprevisão, tal como a aplicamos no Brasil, o evento causador do desequilíbrio não poderia ser previsto quando da celebração da avença. O foco na imprevisibilidade afasta situações consideradas comuns para contratos de duração continuada. Imprevisibilidade sempre haverá, por conta da incompletude implícita do contrato e a impossibilidade de antever

20 LÔBO, Paulo. *Direito Civil*: contratos. São Paulo: Editora Saraiva, 2012. p. 206.

todas as suas contingências. *A Teoria da Imprevisão, portanto, traz em seu* ínsito *a ideia de completude contratual – tão 'a moda dos arranjos contratuais tradicionais – mas descola-se da realidade ao confundir um natural estado de artes do contrato (incompletude) com uma situação excepcional.*

6.2 Incompletude contratual e Reequilíbrio Econômico Financeiro (discernindo entre bons contratos e as más instituições)

Contratos de infraestrutura, como é o caso desses celebrados no âmbito do RDC, são contratos complexos, posto que apresentem, além de valores vultosos, elevada complexidade técnica. Nesse aspecto, Araújo e Brosseau[21] podem dar importantes contributos ao debate. Nesses tipos de contrato, a incompletude é intrínseca pelo fato de os contratantes não possuírem condições de prever todas as contingências que afetarão a avença em décadas. Ademais, há consideráveis custos de transação para uma pretensa completude.

Dessa forma, para os juristas, a incerteza tem (ou deveria ter) por nome imprevisão.

Considerando contratos incompletos, há de se impor ao judiciário o ônus de definir o melhor acordo entre as partes, quando essas mesmas partes forem incapazes de fazê-lo *ex ante*.

Um efeito possível da regra contida no §4º do artigo 9 do RDC, que restringe a aplicação do REF, será forçar uma revelação de informação *ex ante*. Essa revelação pode ser traduzida em preços mais reais, por exemplo.

Um grande problema, como lembra Kirat,[22] remanesce: como traduzir uma categoria econômica em dispositivos jurídicos. O Reequilíbrio Econômico Financeiro nasce dessa incapacidade por conta de postulados errados. A noção de completude e incompletude não são categorias jurídicas e nos cabe encontrar meios de fazer essa tradução, assim:

a) *Assimetrias informacionais ex ante*: Nesse sentido, a incompletude se exprime como uma relação desequilibrada entre as partes do contrato, do beneficiário de uma informação privada que pode auferir vantagem e renda disso. *O direito das*

21 ARAÚJO, Fernando. *Contratos incompletos*. Lisboa: Ed. Almedina, 2003.

22 KIRAT, Thierry. L'Allocation des Risques Dans Les Contrats: de L'Économie des Contrats – Incomplets - À La Pratique des Contrats Administratifs. *Revue internationale de droit économique*, n. 2003/1, t. XVII, 1, p. 11-46, 2003.

obrigações oferece recursos para que as partes reduzam, a priori, a probabilidade de uma utilização oportunista da informação privada, que é a obrigação das partes de agir com BOA-FÉ, ou mesmo por regras que forcem a revelação de informação durante a execução contratual.

Um exemplo pode ser útil. Suponhamos um caso em que houve ruptura contratual quando uma das partes foi vítima de má fé do outro contratante. Alegou-se, portanto, que ele não teve condições de conhecer o verdadeiro "tipo" de contratante e, portanto, sofrerá uma penalidade pela ruptura contratual. A revelação do tipo se dá por cláusulas contratuais de reparação do dano. Assim, a negociação *ex ante* é "information forcing" na medida em que força as partes a revelarem a informação.

Sendo assim, a Boa-fé pode ser uma tradução desse gap informacional. A questão, no entanto, é saber se o comportamento daquele que esconde sua informação é de fato caracterizador de má-fé ou as regras impostas pelos certames licitatórios são incapazes de extrair tal informação. Dito de outra forma, se o licitante revelou toda a informação que foi a ele solicitada e, restando um quantum informacional não revelado, estaria ele incorrendo em má fé. Ele é *ab initio,* obrigado a revelar toda a informação que tem?

Acho que não. A revelação não mandatória da informação detida pela licitante parte da sua estratégia de ganhar a avença e são exemplos disso informações sobre sua governança interna e todos os seus custos de produção.

Claro que o falseamento da verdade, como se dá no conhecido "jogo de planilha" poderá ser definido como uma ruptura com os parâmetros de boa-fé. Para nossos fins, calar é diferente de mentir.

Em síntese, a simples aplicação do Principio da Boa-Fé é *inadequado para resolver problemas de Reequilíbrio Econômico Financeiro quando há elevadas assimetrias informacionais.*

b) *Conhecimento imperfeito dos estados do mundo futuro também* é *uma expressão da incompletude.* Isso é óbvio e já foi discutido em outros pontos deste texto. Não dá para saber tudo sobre o futuro e suas repercussões nos contratos. A presunção de completude, pressuposto ínsito nas decisões dos nossos tribunais, impõe infundada pressão no instituto do REF, com efeitos maléficos para a adequada execução contratual.

c) *A incompletude pode ser um produto tanto de elementos exteriores e objetivos quanto de elementos interiores e subjetivos, ou seja, a*

> *imprevisibilidade das contingencias do ambiente e o conhecimento imperfeito do comportamento dos contratantes durante a execução contratual.* O direito não é alheio a essas manifestações que aplica os standarts de boa-fé e técnicas de revisão das obrigações, muito embora, a técnica e os pressupostos teóricos da boa-fé sejam insuficientes para captarem toda a problemática da questão.

Uma importante mudança de paradigma é *que a informação deve ser tratada pelo direito como um atributo do contrato, exatamente por afetar a tomada de decisões das partes e a legitimidade do consentimento.* O direito de *common law* considera a incompletude como algo intrínseco ao contrato, ao passo que o *civil law* seria hostil ao tema.

Um ponto a considerar é que a noção de completude tem como pressuposto básico a ideia do elemento preço como detentor de informação e isso não condiz com a realidade porque o preço é um insuficiente proxy para a informação. A ruptura dessa noção walsariana de preço é passo fundamental para transcendermos o "fetiche do menor preço" que assola o nosso sistema de licitações.

Se, como acredita Kirat (2003), a Teoria da Imprevisão não pode ser considerada como expressão jurídica da incerteza, a questão que deve ser posta é: *Como traduzir juridicamente e empiricamente o problema da incerteza do futuro?*

Do ponto de vista econômico, incompletude e incerteza funcionam juntas: a incerteza do futuro engendra a incompletude dos contratos, incapazes de prever de forma exaustiva a lista de estados de natureza do porvir. Não há clara tradução jurídica para isso, mas Kitat (2003) faz algumas propostas. Em primeiro momento, observa que um contrato incompleto economicamente pode não sê-lo juridicamente. Aí temos que diferenciar duas classes de eventos: os conhecidos, mas de efeitos incertos, e os não conhecidos. Isso pode ser traduzido para risco e incerteza.

O problema é que como essa partilha dos riscos muitas vezes não é clara, a assunção do risco durante a execução contratual incentiva o contratado a repassar esse risco para outrem. Vejamos, por exemplo, a Lei de Concessões de Serviço Público (Lei nº 8987/95). Ela aduz, em seu inciso II do art. 2:

> II - concessão de serviço público: a delegação de sua prestação, feita pelo poder concedente, mediante licitação, na modalidade de concorrência, *à* pessoa jurídica ou consórcio de empresas que demonstre capacidade para seu desempenho, *por sua conta e risco* e por prazo determinado. (grifo nosso)

Essa regra é emblemática porque mostra o inadequado entendimento dos riscos e sua partilha no contrato administrativo. Embora a lei diga que todo o risco caberá ao concessionário, este terá incentivo para repassar esse risco para uma terceira pessoa que, na grande maioria das vezes, é o usuário do serviço.

E aí é necessário aprofundarmos o argumento. Qual seria o impacto da existência de Cláusulas Exorbitantes na estipulação dos riscos assumidos pelo contratante em um contrato administrativo? Parece claro que as Cláusulas Exorbitantes podem ser vistas como um tipo de risco assumido pelo contratado e o seu comportamento será função do tipo de prerrogativa que o Poder Público irá exercer.

Se o particular sabe que a Administração tem a prerrogativa de cambiar unilateralmente as cláusulas contratuais, modificando os quantitativos do projeto (§§1º e 2º do art. 65 da Lei nº 8666/93), o particular estará assumindo o risco desse comportamento da Administração. Ocorre que, em regra, as cláusulas exorbitantes não são consideradas na discussão da partilha de riscos, mas o particular as precifica e coloca em suas expectativas.

A existência de Cláusulas exorbitantes representam um custo do sistema que deve ser considerado e o REF, portanto, significa uma realocação de riscos ex post. O Judiciário, nesse caso, funcionaria como uma espécie de resseguro, que vai espraiar os riscos intrínsecos do contrato para todos ao conceder, no mais das vezes, o REF solicitado, realinhando as expectativas do contrato, porém com elevados custos de transação.

Assim, deve ser concedido o REF caso uma situação extraordinária venha a ocorrer. O que acontece atualmente é que as assimetrias de informação acabam por impossibilitar o Governo de perceber se a proposta vencedora da licitação será, de fato, executada, acabando por pressionar a fase de execução contratual com vistas a estabelecer o "preço real".

Pode-se argumentar que esse REF seria eficiente, na forma que realinharia os preços iniciais. Ademais, segundo Coase, "na ausência de custos de transação, somente será importante a alocação final dos direitos de propriedade, não interessando muito a alocação inicial. Esse não é o caso das licitações no Brasil. Os imensos custos de transação acabam por determinar a alocação final como sub ótima".[23]

A questão do REF do contrato necessariamente estará ligada à repartição de riscos estabelecida *ex ante* quando da divulgação da

---

[23] COASE, Ronald. *A firma, o mercado e o direito*. 2. ed. São Paulo: Forense Universitária, 2017. p. 118.

minuta do contrato juntamente como a licitação. Ocorre que, muitas vezes, o contrato inicialmente celebrado imputa uma determinada quantidade de risco para o contratado que o aceita com vistas a assinar o contrato, porém, já vislumbrando a possibilidade, logo quando iniciada a fase de execução contratual, de realinhar as bases contratuais, quer administrativa ou judicialmente, pelo REF. Tão mais suscetível à assunção do risco será o contratante, tanto menor for a expectativa de realização dos riscos e/ou maior a probabilidade de denunciação do contrato alegando REF.

Uma forma de estabelecer adequadamente esses riscos é consignar no contrato administrativo uma Matriz de Risco que irá classificar a assunção de diversos riscos entre as partes. A esse propósito, Ribeiro[24] lembra que os elementos centrais dos contratos de Concessão comum e PPP são os indicadores de desempenho; o sistema de pagamento; o conjunto de penalidades; a *matriz de risco e o Reequilíbrio Econômico Financeiro*. Observa que a matriz de risco soma-se aos indicadores de serviço e ao sistema de pagamento para estabelecer a "equação econômico financeira" do contrato e diz que a função do sistema de equilíbrio econômico financeiro é o cumprimento permanente da matriz de risco.

Nesse ponto, acho mais adequado entender o REF como uma alocação de risco *ex post*, do que um mero garantidor da situação *ex ante*. Até porque a concessão de REF irá modificar as expectativas do contratado, mudando o seu cálculo de probabilidade em relação a possíveis mudanças posteriores no contrato.

Um ponto fundamental deve ser esclarecido. Não se pode confundir realocação de risco com Reequilíbrio Econômico Financeiro. Esta última deve ser vista em caráter excepcional e extravagante aos riscos alocados no contrato. Ribeiro diz, de forma enfática, que "a representação da equação econômico-financeira, usada na doutrina jurídica tradicional, enquanto uma igualdade de receita/benefícios e custos/ônus, simplesmente não faz sentido quando percebemos que os contratos são instrumentos de distribuição de risco".[25]

Dessa forma, podemos dizer que o custo real do projeto para o contratado é função da intensidade do efeito provocado pela seleção

---

[24] RIBEIRO, Maurício Portugal. *Concessões e PPPS*: melhores práticas em Licitações e Contratos. São Paulo: Ed. Atlas, 2011.

[25] RIBEIRO, Maurício Portugal. *Concessões e PPPS*: melhores práticas em Licitações e Contratos. São Paulo: Ed. Atlas, 2011. p. 116.

adversa (assimetria de informação), do seu incentivo para reduzir custos e da quantidade (e qualidade) dos riscos assumidos. O custo inicial do projeto também será função da expectativa do contratante (probabilidade) de conseguir um rápido e vantajoso REF.

O REF somente poderia ser considerado para além das contingências estabelecidas na matriz de risco. Esse reequilíbrio deveria ser visto como condição excepcional e não apenas como uma contingência da execução contratual e da intrínseca incompletude dos contratos.

7 Conclusão

As restrições impostas pelo RDC em possibilitar o Reequilíbrio Econômico Financeiro são inócuos. Em primeiro lugar, utilizar o referencial teórico da Teoria da Imprevisão para fins de REF é equivocado. Quanto há grandes assimetrias informacionais, o uso da Teoria da Imprevisão – e o seu substrato volitivo – apenas faz aumentar o risco de seleção adversa.

O correto seria transitar para teorias de cunho mais subjetivistas, como a Teoria da Base do Negócio, que seria mais adequada para captar as premissas consideradas essenciais e que constituem a essência do negócio, já desde a celebração do contrato.

O pressuposto utilizado para fundamentar a Teoria da Imprevisão é imperfeito, porque a vontade das partes é viesada pela assimetria de informação.

Dessa forma, toda vez que uma parte tiver vantagem informacional em relação à outra parte e utilizá-la como vantagem para auferir renda quando da assinatura de um contrato administrativo, estaríamos diante de uma situação de seleção adversa. Quando isso acontece, não há que se falar em Teoria da Imprevisão.

A Teoria da Imprevisão deve ser utilizada quando há uma subversão da vontade original das partes. No caso da seleção adversa não há subversão alguma, porque uma parte usou inadvertidamente sua vantagem informacional para auferir renda do outro contratante. Ancorar a Teoria da Imprevisão na frustração das expectativas estabelecidas pelos preços contratados é coadunar com a visão clássica e defasada da Teoria dos Preços. Logo, considerar o fator preço de forma monolítica e concentrar sobre ele a base volitiva que servirá de parâmetro para a aplicação da Teoria da Imprevisão é um pressuposto falho e impreciso.

Ancorar os pedidos de Reequilíbrio Econômico Financeiro com base na equivocada Teoria da Imprevisão aumentará os riscos da Seleção Adversa, bem como os incentivos para a malversação da informação privada.

Embora o texto legal restrinja a aplicação da Teoria da Imprevisão, a utilização dessa teoria graceja no âmbito judicial, sendo objeto de vários arrestos que tentam recompor o que simplesmente nunca existiu, ou seja, um equilíbrio fictício quando da celebração do negócio que foi enuviando pela assimetria de informação existente entre as partes.

Assim, uma ruptura com a Teoria da Imprevisão e uma transição para a Teoria da Base Negocial, considerando a assunção da falsidade das premissas informacionais estabelecidas quando da celebração do contrato, parece ser um caminho mais adequado para enfrentarmos os desafios dos Reequilíbrios Econômico Financeiros dos contratos celebrados no âmbito do RDC.

A Teoria da Imprevisão, portanto, traz em seu ínsito a ideia de completude contratual – tão 'a moda dos arranjos contratuais tradicionais – mas descola-se da realidade ao confundir um natural estado de artes do contrato (incompletude) com uma situação excepcional.

Uma importante mudança de paradigma é que a informação deve ser tratada pelo direito como um atributo do contrato, exatamente por afetar a tomada de decisões das partes e a legitimidade do consentimento.

A existência de cláusulas exorbitantes representam um custo do sistema que deve ser considerado e o REF, portanto, significa uma realocação de riscos *ex post*. O Judiciário, nesse caso, funcionaria como uma espécie de resseguro, que vai espraiar os riscos intrínsecos do contrato para todos, ao conceder, no mais das vezes, o REF solicitado, realinhando as expectativas do contrato, porém com elevados custos de transação.

Referências

ADMATI, Anat R.; PFLEIDERER, Paul. Viable Allocation of Information in Finantial Markets. *Journal of Economic Theory*, n. 43, p. 76-115, 1987.

ARAÚJO, Fernando. *Contratos incompletos*. Lisboa: Ed. Almedina, 2003.

COASE, Ronald. *A firma, o mercado e o direito*. 2. ed. São Paulo: Forense Universitária, 2017.

CORDEIRO, Eros Belin de Moura. *A revisão dos contratos na nova sistemática codificada Brasileira e a Constituição do Brasil*. Dissertação apresentada como requisito parcial à obtenção do grau de mestre, Programa de Pós-Graduação em Direito, Setor de Ciências

Jurídicas, Universidade Federal do Paraná. 2005. Disponível em: http://dspace.c3sl.ufpr.br/dspace/bitstream/handle/1884/1751/A%2Brevisao%2Bdos%2Bcontratos%2Bna%2Bsistematica%2Bcodificada%2Bbrasileira.pdf?sequence=1. Acesso em 01 nov. 2013.

GIBBS, Tony. *An Assessment of Turn-key Contracts for the Realisation of Capital Works Projects Principally for Public Sector Healthcare Facilities prepared by under contract to The Pan American Health Organisation with funding from The United States Agency for International Development.* November 2008. Disponível em: www.disaster-info.net/.../WindHazards_Turn-key.pdf. *Acesso em 25 set. 2013.*

GIL, Fábio Coutinho de Alcântara. *A Onerosidade Excessiva em Contratos de Engineering.* Tese de Doutoramento em Direito Comercial da USP. 2007. Disponível em: http://www.google.com.br/url?sa=t&rct=j&q=&esrc=s&source=web&cd=2&ved=0CDUQFjAB&url=http%3A%2F%2Fwww.teses.usp.br%2Fteses%2Fdisponiveis%2F2%2F2132%2Ftde-24052011143442%2Fpublico%2FTese_FINAL_completa_Onerosidade_e_Engineering_Fabio_C_A_Gil.pdf&ei=7oJ3UvT8HcW_sQTk8oCgBg&usg=AFQjCNG70R5PF1e5nXeBZev8bpnQcXd_Zw&sig2=ByOiRDOE3-xdR0bwiMgUJw&bvm=bv.55819444,d.cWc. Acesso em 12 ago. 2013.

JUSTEN FILHO, Marçal. *Comentários ao RDC.* São Paulo: Dialética, 2013.

KIRAT, Thierry. L'Allocation des Risques Dans Les Contrats: de L'Économie des Contrats – Incomplets - À La Pratique des Contrats Administratifs. *Revue internationale de droit économique,* n. 2003/1, t. XVII, 1, p. 11-46, 2003.

KUPFER, David; HASENCLEVER, Lia. *Economia Industrial*: fundamentos Teóricos e Práticos no Brasil. São Paulo: Ed. Campus, 2002.

LARENZ, Karl. *Base del negocio jurídico y cumplimiento de los contratos.* Albolote, Granada: Comares, 2002.

LÔBO, Paulo. *Direito Civil*: contratos. São Paulo: Editora Saraiva, 2012.

MADHAVAN, Ananth. Market Microstructure: a Survey. *Journal of Financial Markets,* n. 3, p. 205-258, 2000.

MORAES, Renato José de. *Cláusula Rec Sic Stantibus.* São Paulo: Ed. Saraiva, 2002.

O'HARA, Maureen. *Market Microstructure Theory.* Cambridge-MA: Blackwell Publishers, 1996.

OLIVEIRA, Pedro Jorge. *Obras Públicas*: tirando suas dúvidas. Belo Horizonte: Ed. Fórum, 2010.

PEREIRA DA SILVA, Pedro Miguel Bento. *Economia dos mercados financeiros análise da Informação Privada.* Mestrado em Economia Monetária e Financeira Universidade Técnica de Lisboa. Instituto Superior de Economia e Gestão. Out 2003. Disponível em: https://www.repository.utl.pt/bitstream/10400.5/894/1/Tese%20Definitiva%20F.pdf. Acesso em 30 dez. 2013.

RIBEIRO, Maurício Portugal. *Concessões e PPPS*: melhores práticas em Licitações e Contratos. São Paulo: Ed. Atlas, 2011.

SILVA, Leonardo Toledo. Os contratos EPC e os pleitos de reequilíbrio econômico-contratual. *In*: SILVA, Leonardo Toledo. *Direito e Infraestrutura.* São Paulo: Editora Saraiva, 2012.

RISCOS EM PROJETOS DE INFRAESTRUTURA

O processo de desenvolvimento brasileiro vive um novo ciclo. Vencido o desafio da estabilidade macroeconômica que estabeleceu o equilíbrio das contas públicas no lastro do fim da inflação, uma nova etapa se avizinha. Essa mesma estabilidade é condição necessária, porém não suficiente para alavancar o desenvolvimento e iniciar um novo ciclo virtuoso na economia brasileira. O grande desafio consiste em encontrar saídas e mecanismos que ao mesmo tempo sejam sustentáveis e não exijam tanto dos cofres governamentais.

Tal agenda reflete, por óbvio, a necessidade de novos investimentos em infraestrutura. Não teremos crescimento autossustentado sem um esforço amplo em estradas, siderurgia, geração de energia, muitos outros setores que tanto carecem de novos impulsos. Esse impulso, ao contrário do que aconteceu outrora, não pode mais ter o ímpeto único do Estado brasileiro. Cumpre então encontrar respostas e mecanismos claros de incentivar parceiros privados a investirem nesses projetos ao passo que sejam encontrados instrumentos jurídicos adequados que garantam segurança nas avenças e promovam a adequada repartição de responsabilidades entre as partes signatárias.

Nesses tipos de contratos, a repartição de riscos passa a ser ponto sensível da modelagem. Assim, esse texto procura investigar quais os entraves e as soluções para partilha de riscos em contratos administrativos em geral (regidos pela Lei nº 8666/93); nos contratos de concessão de serviço público (Lei nº 8987/95) e, por fim, nas Parcerias público-privadas – PPP (Lei nº 11074/04). Para tanto, após notas introdutórias, cumpre investigar quais as principais fontes de risco em projetos de infraestrutura, bem como os obstáculos postos para a adequada tomada de decisões por parte dos agentes econômicos. Em seguida, uma investigação sobre a incidência do risco em diversas fases dos projetos de infraestrutura e, por fim, os critérios para alocação de riscos serão analisados, tendo como referencial essa partilha na Lei de Licitações Públicas; na Lei de Concessões de Serviços Públicos e na Lei das Parcerias público-privadas. O ponto central é investigar, diante da lacuna normativa que há no direito brasileiro, se poderia existir uma estipulação contratual *ex ante* da repartição de riscos entre as partes. As conclusões encerram essa análise.

1 Introdução

Um dos pontos mais sensíveis da modelagem de contratos de infraestrutura em geral e Parcerias público-privadas em particular é a detecção dos riscos envolvidos e a melhor forma de distribuí-los e minimizá-los. Para que se tenha um panorama mais claro sobre a discussão, cumpre entender a noção de risco e quais as implicações para a formatação de contratos. É bom que se perceba que a gestão de risco passou a ser um tema relevante na economia, sobretudo no século XX. A perspectiva de um panorama econômico estável, ou melhor, previsível, foi superado pelo paradigma da incerteza que tomou conta de boa parte do establishment econômico do período.

Sabe-se que a economia clássica fundava-se em ideários nos quais a certeza das regras econômicas dava tranquilidade aos agentes econômicos. Mudanças radicais na economia, sobretudo nos anos 20 do século passado, mostraram que o receituário liberal não mais atendia aos ditames de certeza e tranquilidade. A economia (como de resto, toda a ciência) entrava em uma fase estocástica, instigada pela volatilidade e pelo diagnóstico da variabilidade de ações dos agentes econômicos e, mais ainda, dos resultados produzidos pelas medidas adotadas pelos governos.

Nesse campo, duas ideias consubstanciadas no período são emblemáticas, as ideias keynesianas e as inovações sobre gestão de risco, sobretudo a Teoria dos Jogos. Keynes tornou clara a visão de que os postulados clássicos não poderiam perdurar. A ideia keynesiana, portanto, é a de que estamos imersos em incertezas e não há, de antemão, fontes seguras para lidar com essa imprevisibilidade. Parece razoável, no entanto, que se arregimentem instrumentos para minimizar o impacto dessa incerteza, ou seja, podem-se construir estratégias para lidar com o risco e, caso o evento incerto ocorra, diminuir nossas perdas. A Teoria dos Jogos foi uma construção matemática gestada na primeira metade do século passado por Von Neumman, que apresentou estratégias adotadas por um jogador (um agente econômico, por exemplo) diante das possíveis alternativas de estratégias adotadas por seu oponente. Nesse caso, passam a ser relevantes não apenas as suas decisões, mas as medidas tomadas à luz das decisões do adversário. Dessa forma, o ambiente econômico está constantemente mudando e cada dado econômico é específico de seu próprio tempo. Sendo assim, as generalizações são pouco úteis e a simples "regressão à média" em um ambiente de variação constante parece não surtir o resultado desejado.[1]

Dessa forma, a gestão do risco ganha complexidade e sofisticação doutrinária, transcendendo a mera análise probabilística e ingressando em outras searas que ultrapassam as ciências exatas. Assim, diante desse contexto claro de que não se sabe ao certo o que nos acontecerá no futuro é que se devem adotar estratégias para minimizar esses riscos.

2 Definição de Risco

A exata definição de risco não é tarefa fácil e há controvérsias na literatura. Uma série de definições pode ser encontrada, tais quais:[2]

- Uma situação onde não existe um conhecimento do resultado final;
- A variação de um possível resultado que existe na natureza em uma determinada situação;
- Alta probabilidade de insucesso;
- Falta de previsibilidade sobre estrutura, resultado ou consequências de uma decisão ou planejamento;
- O impacto de algo que está em curso sobre os objetivos e metas estabelecidas, medido em termos de consequências ou probabilidade.

A essência do risco, no entanto, é caracterizada por três aspectos fundamentais: o evento que significa a possível ocorrência de algo

---

1 BERNSTEIN, Peter. *O desafio dos deuses*: a fascinante história do risco. 8. ed. São Paulo: Ed. Campus, 1997.

2 VAIJAYANTI PADIYAR; Tarun Shankar; VARMA, Abhishek. *Risk management in PPP*. IL & FS Infraestructure Development Corporation LTD. Disponível em: http://persmin.nic.in/otraining/undp_modules/PPPID/Training%20Modules%5CAdvanced%20Module%5CPresentations%5CRisk%20Management%20in%20PPP.PDF. Acesso em 12 jan. 2009.

que poderia impactar o investimento; a probabilidade que significa a chance de o evento de risco ocorrer em determinado período de tempo e, por fim, o impacto que corresponde ao valor financeiro resultante da incidência do risco.

Muitos ainda misturam o entendimento de risco e a incerteza e persiste de fato certa indeterminação semântica sobre isso. Enquanto alguns não fazem qualquer diferenciação, para outros, no entanto, uma situação arriscada ocorreria quando as probabilidades do evento fossem conhecidas, ao passo que estaríamos diante de uma situação incerta se tivéssemos desconhecimento dessas probabilidades. A caracterização do risco pode se dar em diferentes contextos. Em primeiro lugar, o risco pode ser considerado como uma oportunidade e nesse caso quanto maior o risco, maior será o potencial de retornos ou perdas. O risco pode ser também visto como um evento potencialmente negativo que afeta as metas e a performance econômica, sendo a melhor saída a redução da probabilidade do evento negativo.

Existem várias mecanismos que podem ser utilizados para detectar riscos e alguns deles podem ser muito úteis para análise de projetos de infraestrutura.

A *fault tree* (árvore de falhas) é um diagrama que mostra a relação entre um especifico e indesejável evento e o sistema, pontuando as falhas nos componentes desse mesmo sistema. Trata-se de um mecanismo dedutivo considerando que primeiro o evento indesejado é definido para então ser analisado o impacto desse evento em todo o sistema. A árvore de eventos é um método que mostra a sequência de resultados que podem ocorrer após determinado acontecimento. Trata-se de método indutivo muito usado para análise de repercussão antes e após um dado evento. A análise causa-consequência, por sua vez (*cause-consequence analysis* – CCA) é um misto entre a *faut tree* e a árvore de eventos. Essa técnica combina a analise das causas (descrita pela *faut tree*) e a análise de consequências determinada pela arvore de eventos, estabelecendo uma abordagem indutiva-dedutiva. O objetivo dessa técnica é identificar os tipos de eventos que podem ocasionar consequências indesejáveis e suas respectivas probabilidades em um diagrama CCA para então calcular as probabilidades das correspondentes consequências, estabelecendo, por fim, o nível de risco do sistema.

O diagrama de influência é um instrumento gráfico-numérico que identifica as variáveis críticas e revela explicitamente qualquer independência condicional entre elas. Além dessas, podemos ter a análise de decisões; simulações estocásticas; análise de sensibilidade e modelos de inteligência artificial. Todos esses instrumentos têm sido utilizados para análise de riscos em projetos de infraestrutura.

Outros métodos que podem ser utilizados são aquelas ferramentas de tomada de decisões em ambientes de incerteza, incluindo vários métodos como: algoritmos, teoria bayseana e árvore de decisões. Um algoritmo, por exemplo, contém uma sequência de instruções para resolver determinado problema. A árvore de decisões, por sua vez, mostra graficamente uma sequência de escolhas conhecidas e seus possíveis resultados de forma que o tomador de decisão poderá identificar as melhores alternativas para atingir os objetivos pretendidos. Ela incorpora probabilidades de riscos e os custos-benefícios de cada sequência de eventos considerando cada decisão tomada. Além desses, métodos de simulação de projetos e análises de sensibilidade também podem ser utilizados e tanto melhor funcionarão quanto mais acuradas forem as estimativas das probabilidades dos eventos e de seus resultados (*outcome*).

Esses são apenas alguns exemplos de tantos outros métodos que podem ser utilizados para detectar o nível de risco de determinado empreendimento. No entanto, todos dependerão da qualidade dos dados coletados e da adequada escolha do método que melhor se vincula a um determinado projeto ou realidade. Cabe então uma análise sobre quais fontes de risco devem ser consideradas em projetos de infraestrutura, conquanto sua adequada detecção é condição necessária para o bom termo de projetos complexos.

3 Fontes de risco

As fontes do risco são os chamados fatores de risco, que podem influenciar a rentabilidade de determinado projeto de infraestrutura.[3] A grande questão em projetos complexos é determinar como esses riscos serão abordados. Tal questão assume relevo, sobretudo, em projetos organizados sob a forma de Project Finance e, mais especificamente, em projetos de Parcerias público-privadas. Não por menos, o artigo 5º da Lei nº 11.794/04 determina que os contratos das PPPs devem explicitamente dispor sobre a partilha de riscos.

[3] IRWIN, Timothy. *Government Guarantees*: allocation and valuing risk in privately financed infraestructure projects. Washington D.C.: The World Bank, 2007.

Alocar riscos, portanto, passa a ser um elemento crucial para o sucesso de determinado projeto. É importante lembrar, no entanto, que alocar risco não é a mesma coisa que alocar valor, porque a alocação do risco para uma parte não necessariamente significa reduzir o interesse da parte sobre o valor do projeto.

Na alocação de riscos sempre haverá trade-offs e a resposta convencional a esse dilema é que eles deverão ser alocados para a parte que tem melhor condição de gerenciá-los. A resposta parece correta, mas é simplista e vaga. Para ser mais preciso, cada risco deve ser alocado de acordo com o direito de tomar decisões de forma a maximizar o valor total do projeto (*total project value*), considerando a capacidade de cada parte para: a) influenciar o correspondente fator de risco; b) influenciar a sensibilidade do valor total do projeto em relação ao risco – antecipando ou respondendo ao fator de risco – e; c) absorver o risco.

Essas três formas se referem às maneiras que o risco pode ser gerenciado. Primeiramente, portanto, existem situações em que uma das partes pode influenciar o fator de risco, ou seja, poder agir para melhorar ou piorar o resultado final considerando um determinado risco. Uma construtora poderá, por exemplo, mudar os custos de construção pela escolha de materiais mais adequados e, se ninguém mais pode gerenciar esses riscos de construção, o princípio diz que esse risco deverá ser alocado para a empresa construtora. Além disso, as construtoras poderão usar garantias ou seguros de construção ou mesmo estabelecer um preço que não varie com os custos de construção. No mesmo sentido, os riscos de aquisição de terra (desapropriação) devem ser alocados ao Governo, porque este pode usar o seu poder de império para forçar a aquisição da terra. Assim, alocando esse risco ao Governo, este incorrerá nos custos do atraso da desapropriação, determinando incentivos para a celeridade nesses procedimentos.

A segunda regra dispõe sobre a possibilidade de influenciar a sensibilidade do projeto ao risco. Se uma parte pode influenciar o fator de risco e suportá-lo, ela recebe os benefícios de melhor sofrer a incidência desses riscos e paga o custo de fazê-lo. Se uma parte, por exemplo, sabe mais sobre terremotos, ela pode escolher a localização do empreendimento, de forma que fique menos vulnerável aos abalos sísmicos, ou poderá escolher os materiais mais resistentes. Quanto à demanda, uma parte pode não ter muito influência sobre ela, mas poderá ter mais poder de previsão maximizando o efeito dessa previsão. Logo, se uma firma tem condições de responder rapidamente às mudanças, deve a ela serem alocados os riscos. Isso se relaciona com a ideia de recusar, expandir, contratar ou desistir do projeto. Em resumo, o princípio diz que, *ceteris paribus*, a parte que pode melhor antecipar ou responder ao risco deverá suportá-lo.

A terceira e última regra de alocação de risco observa que existem momentos nos quais nenhuma das partes pode influenciar, antecipar ou responder ao fator de risco. Nesses casos, o risco deverá ser alocado para a parte que pode absorvê-lo mais facilmente e a um menor custo. Consumidores, por exemplo, podem assumir o risco da inflação, porque teoricamente os seus rendimentos também sofrem reajustes. O Governo e a firma, por outro lado, também podem assumir esse risco, porque podem adquirir derivativos ou comprar seguros. Os acionistas (*shareholders*) podem absorver o risco, porque possuem diversificados *portfolios*. Logo, uma minuciosa análise deverá ser levada a termo para definir aquele que suportará o risco a um menor custo.

Essa habilidade da parte para absorver o risco depende de quatro aspectos: em primeiro lugar, é determinada de acordo com a correlação do fator de risco com o ativo e passivo da empresa. Deverá ser considerada a repercussão desse risco nos bens e direitos da empresa e qual a magnitude dessa interferência. Assim, se o risco é pequeno e não correlacionado com o ativo/passivo, então o custo de suportá-lo será pequeno. Também dependerá da possibilidade de transferir esse risco para terceiros. As firmas e o Governo, por exemplo, podem comprar derivativos para protegê-los das mudanças no câmbio e na taxa de juros, bem como dos preços das commodities. O Governo pode transferir o risco da inflação ou do desajuste fiscal para a sociedade, para os consumidores. Em linhas gerais, em grandes projetos de infraestrutura, o ideal será espraiar os diversos riscos entre vários parceiros, como credores, seguradoras, subcontratadores e acionistas e aqueles estruturados sob a forma de *Project finance,* que bem se prestam a esse mister, considerando que uma rede de contratos deverá ser estabelecida para atender às demandas contratuais da Sociedade de Propósito Específico.

4 Obstáculos para a tomada de decisões

Evidentemente que discernir sobre os impactos dos riscos não é tarefa fácil, devido a fatores que dificultam a sua clarificação em um determinado projeto. Em primeiro lugar, existem dificuldades cognitivas, e boas decisões sobre suportar riscos apresentarão dois importantes componentes. Primeiro, o tomador de decisão deverá saber o valor e a correspondente probabilidade de cada estado de natureza sobre cada possível ação. O Governo, por exemplo, poderia ofertar uma garantia para uma rodovia e deveria fazê-lo levando em consideração a distribuição de probabilidade, caso a garantia fosse realizada. Em segundo lugar, o tomador de decisão deveria avaliar cada resultado (*outcome*) relacionando-o com cada decisão específica, pesando cada decisão com base na probabilidade de sua ocorrência (*expected-utility theory*). Nesse caso, para escolher a melhor opção de decisão deverá conhecer cada utilidade, associada à sua probabilidade, e escolher aquela que maximiza a sua utilidade esperada. Trata-se, portanto, de um problema de maximização da Função Utilidade daquele que avalia o risco assumido.[4]

Se não bastassem as dificuldades apresentadas, ainda há problemas no julgamento das probabilidades, como, por exemplo, o excesso de confiança. Quantas e quantas vezes empresários, políticos e a sociedade se empolgam com a ideia de uma novo ciclo de desenvolvimento quando, na verdade, tratava-se de uma bolha de demanda ou especulativa. Dessa forma, sempre há um componente emocional nas decisões e uma consequente falha em avaliar as corretas repercussões dos investimentos. Assim, excesso de confiança significa subestimar a incerteza.

1. Há, também, uma tendência a superestimar a extensão na qual o presente foi previsível no passado e se o que aconteceu outrora tinha realmente que acontecer (*highsight bias*). Dessa forma, se o passado parece ter sido mais previsível do que foi, o futuro parecerá mais previsível do que é. Nesse caso, há um distanciamento do ambiente de decisão do passado que dificulta a tomada de decisões no presente. Quanto à análise das probabilidades, a correta avaliação do risco dependerá de como cada evento aparece na mente do tomador de decisão e como deverá valorá-lo. Da mesma forma, dependerá também de como cada evento poderá ser "isolado" de outros eventos. Cumpre também lembrar que os julgamentos sobre as probabilidades incidentes sobre os eventos costumam falhar, porque muitas vezes são diagnosticadas regras em eventos quando, na verdade, esses eventos são aleatórios.

4 VARIAN, Hal R. *Microeconomia*: princípios básicos. 7. ed. São Paulo: Ed. Campus, 2006.

Por fim, resta lembrar que a análise do risco passa de forma premente para a correta avaliação do fluxo de caixa do projeto, bem como da sua taxa de retorno, considerando o custo e o benefício incorrido.

5 Fases dos projetos de infraestrutura e risco

Existem várias maneiras de formatar projetos de infraestrutura, considerando as responsabilidades das partes e os compromissos quando do término da avença. No entanto, a mais usual é a do tipo BOT (*buit, operate and transfer*). Nessa formatação, o parceiro privado se ocupa de construir e operar o bem ou o serviço, recebendo para tanto a contrapartida do Governo, conforme regras preestabelecidas no contrato assinado entre as partes. Quando do término do contrato, os bens deverão então ser revertidos para o parceiro público. Esse, inclusive, é o arranjo albergado pela Lei nº 11074/04, que estabelece a possibilidade de concessões patrocinada e administrativa. No primeiro caso, havendo necessariamente contrapartida do Poder Público, ao passo que na concessão administrada, o Poder Público assume o compromisso de transferir recursos regulares na condição de pagamento pelo serviço prestado pelo concessionário ao próprio governo.

Sendo assim, nas formatações do tipo BOT há riscos que são mais contundentes em específicas fases do projeto, conquanto as estratégias de minimização de risco devem ser consideradas para cada fase per si. Dessa forma, três grandes etapas podem ser consideradas: a) a fase de elaboração do projeto e da construção; b) a fase de início de funcionamento (start-up); e c) a fase de operação. Os riscos em geral são bastante altos, considerando que o desenvolvimento do projeto é complexo, demanda bastante tempo e recursos. Assim, o nível de negociações entre as partes é demorado, determinando elevados custos de transação e de oportunidade.

A fase de elaboração de projetos é comumente muito arriscada, tendo em vista os elevados custos financeiros envolvidos e o tempo necessário para iniciar o funcionamento dos projetos. Esses aspectos comumente distorcem a perspectiva quanto à geração de receita e a rentabilidade do projeto. Isso ocorre porque comparado a outros investimentos industriais e comerciais, ocorrerá pesados investimentos e longo tempo de construção, o que significa submissão a vários fatores de risco sem a geração de receitas. É nessa fase inicial, por óbvio, que se dará a aquisição de equipamentos e incorrerá em outros custos pré-operacionais, o que, dependendo do projeto, poderá levar vários anos.

Muitos projetos apresentam problemas durante a fase de execução em decorrência de subestimação dos custos operacionais e superavaliação dos resultados finais ou da demanda.

A fase de início do funcionamento do projeto envolve menores riscos. Nesse período, subentende-se que todos os equipamentos estão devidamente testados, os insumos e as matérias primas foram encomendados. Riscos ainda advêm dos pagamentos finais a contratantes e fornecedores dos equipamentos. Nesse período, as receitas começam a ser auferidas.

Por fim, vem a fase operacional, que pode estender-se por décadas. Nessa fase, por uma série de fatores, o risco de insuficiente receita pode ser relevante, sobretudo quando considerada a necessidade de fazer frente ao serviço da dívida, bem como uma adequada taxa de retorno do investimento. Nessa fase, espera-se uma estabilização do fluxo de caixa, o que minimizará os fatores de risco.

Entender a incidência dos riscos em várias fases do projeto é condição essencial para entender e operar a adequada alocação de riscos.

6 Alocação da exposição ao risco

Feitas as gerais observações sobre a tipologia de alocação de riscos, temos que considerar os diversos tipos existentes. Evidentemente que quanto mais complexos forem os projetos ou mais específicos os ativos, mais submissão a diferentes riscos deverá ser considerada. Assim, repartir esses específicos riscos determina uma grande empreitada que certamente demandará esforços econômicos, jurídicos e contábeis para chegar a bom termo. Logo, projetos dessa monta intrinsecamente envolvem elevados custos de transação e comportamentos *rent seeking*.

Segundo Irwin, "os riscos podem ser divididos em quatro categorias: (i) se são específicos para um determinado projeto; ou (ii) se são gerais; (iii) se afetam o valor total do projeto; ou (iv) se seus efeitos se distribuem entre os vários parceiros (*stakeholders*).[5] As três regras de alocação vistas em item anterior são importantes para análise dos riscos que afetam um projeto específico ou se afetam a economia em geral.

---

[5] IRWIN, Timothy. *Government Guarantees*: allocation and valuing risk in privately financed infraestructure projects. Washington D.C.: The World Bank, 2007. p. 62.

Os riscos que afetam um projeto específico geralmente são controlados por uma das partes. O risco do preço do serviço, por exemplo, geralmente é controlado pelo Governo, se ele pode regulá-lo, caso contrário, deverá ser alocado para a firma. Nesses casos, a atenção deve ser dada a controlar o risco, sendo de menor importância o aspecto de antecipá-lo, reagir a ele ou mesmo absorvê-lo. No caso de riscos gerais, as coisas são diferentes, porque os vários *stakeholders* não podem influenciar o fator de risco isoladamente. Nesse caso, a melhor opção será antecipar ou absorver o risco.

Outro ponto que merece destaque na alocação de risco são os custos de transação. Nesse caso, fazer uma análise meticulosa dos riscos envolvidos pode ser uma tarefa difícil e cara. Assim, pode existir uma incompletude ótima que vai atender aos parâmetros de custo-benefício.

Por fim, resta lembrar, conforme Irwin (2007), que a alocação de risco deverá se dar de forma a maximizar o valor total do projeto, levando em consideração a habilidade da parte para influenciar, antecipar e absorver os riscos e os custos de transação.

7 Alocação de riscos para o Governo

A alocação de riscos para o Governo apresenta algumas peculiaridades. A primeira observação refere-se à possibilidade de o Governo absorver o risco considerando, ao contrário do setor privado, sua capacidade de espalhar, dissipar esse risco entre milhões de contribuintes e beneficiários de programas do Governo. Em projetos de infraestrutura, no entanto, a possibilidade de absorver o risco pode não ser um fator decisivo para a alocação de risco para o Governo. Segundo Irwin, "se uma parte pode influenciar, antecipar ou responder ao risco, estará mais apta a receber a alocação de risco do que aquela parte apenas capaz de absorvê-lo pura e simplesmente".[6]

Um ponto a considerar é se uma firma for suficientemente grande, certamente também poderá distribuir o risco entre seus milhares de acionistas, considerando, inclusive, que, em última instância, os beneficiários seriam fundos mútuos, fundos de pensão ou mesmo companhias de seguro.

---

6 IRWIN, Timothy. *Government Guarantees*: allocation and valuing risk in privately financed infraestructure projects. Washington D.C.: The World Bank, 2007. p. 65.

Parece claro, no entanto, que embora as firmas também possam dispersar o risco entre diversos atores, ao passo que o Governo o faz em relação aos contribuintes, o Governo possui uma importantíssima prerrogativa: pode distribuir esse risco coercitivamente, obrigando seus cidadãos a suportá-los. Essa ideia é bastante intuitiva. Geralmente, as pessoas que desejam vender um risco sabem mais sobre esse fator de risco do que o comprador desse risco (inclusive pela presença de informação assimétrica) e os mercados não estão dispostos a segurar todos esses riscos. Logo, seguradoras procurarão discernir entre bons e maus riscos ao passo que pessoas que possuem maiores riscos estarão mais dispostas a comprar o seguro, deixando o segurador com a opção de aumentar o grau de vulnerabilidade do seu portfolio, ou simplesmente não oferecer determinado tipo de seguro. Trata-se de um problema de seleção adversa que pode ser resolvido pelo Governo, obrigando o pagamento de um prêmio mediante taxação ou determinando a compra de um seguro obrigatório (o seguro obrigatório de carros pode ser um exemplo).

Esse poder coercitivo do estado em contratos administrativos de concessão de serviço público e Parcerias público-privadas reveste-se do conceito de Regime Jurídico Administrativo, que apresenta como componente básico: a supremacia do Poder Público sobre o particular. Esse poder coercitivo do estado também se mostra relevante pela possibilidade de diminuição da informação assimétrica pela extração compulsória de informações da firma (obtenção de dados fiscais, por exemplo) o que resta impossível para o segurador privado.

Também caberá ao Governo tributar, conceder renúncia de receitas ou mesmo subsidiar determinado setor pela concessão de taxas de juros especiais ou oferta de garantias. Essa possibilidade leva a crer que o Governo estaria mais apto a resolver problemas de seleção adversa e moral hazard. Assim, deveria o Governo conceder garantias para minimizar a exposição do parceiro privado ao risco e permitir o seu maior interesse nos investimentos de infraestrutura. O Fundo Garantidor das PPPs segue esse princípio.

Em resumo, em se tratando de riscos, três posturas são relevantes: administrar; evitar ou transferir.[7] Se existem riscos (e eles sempre existirão) essas medidas passam a ser relevantes. Tal assertiva ganha relevo, pois um ponto sensível em modelagens de PPPs é a

---

[7] BARALDI, Paulo. *Gerenciamento de riscos empresariais.* 1. ed. São Paulo: Ed. Campus, 2005. p. 40.

transferência do risco entre os parceiros. Assim, ao assumir um risco, qual estratégia a se adotar.

Por óbvio, a primeira questão relevante para medir a atratividade para os parceiros é saber se vale a pena assumir os riscos *vis a vis* as oportunidades. O governo, por exemplo, assumirá muitos riscos se de fato acreditar que a modelagem de Parceria público-privada será importante para incrementar o investimento em determinados setores. No âmbito do setor público, onde, muitas vezes, estamos diante de "quase mercados", os ganhos (ou perspectivas de ganhos) para o Governo contratar parcerias não são absolutamente mensuráveis, o que dificulta a análise por parâmetros exclusivos de avaliação de riscos aplicáveis ao setor privado. Aspectos como a imagem desenvolvimentista do gestor e o incentivo a setores de mais trabalhos intensivos; a elevação da autoestima de determinada região; ganhos políticos; facilidades de corrupção, entre tantas outras, não são facilmente mensuráveis. Assim, administrar riscos trata de adequadamente conhecê-los e ponderar sobre a possibilidade de transferi-los ou de minimizá-los. Ambos os parceiros devem fazê-lo adequadamente, afinal, não se trata de qualquer contrato, mas sim, de valores vultosos e investimentos que deverão ser amortizados em muitos anos.

Um cálculo igualmente relevante é saber se os riscos assumidos compensam os benefícios auferidos e, mais uma vez, a aposta na modelagem PPP é anuviada pelo ambiente do direito público e a interpretação do princípio da indisponibilidade do interesse público. O tema é relevante, sobretudo se observarmos o terceiro condicionante do gerenciamento de riscos que é a possibilidade de transferi-los. Nesse caso, quando da formatação e da celebração do contrato, os parceiros devem ter em mente as possibilidades de transferência do risco para outros agentes. O parceiro privado poderá fazê-lo com a assunção de seguro ou mesmo mediante operações de *hedge*. No entanto, há riscos que não podem ser transferidos como, por exemplo, os riscos políticos aos quais o parceiro privado está submetido. Ocorre que, muitas vezes, esses riscos podem ser transferidos para a sociedade mediante um mal funcionamento do serviço ou de tarifas muito elevadas.

Assim, as PPPs envolvem uma quantidade muito grande de riscos que podem ser minimizados, transferidos, ou mesmo eliminados, no entanto, é princípio que não há capitalismo sem riscos e os parceiros públicos e privados devem ter essa consciência. As PPPs não são instrumentos para extinção de riscos, mas sim, mecanismos adequados para mensurá-los e minimizá-los.

É necessário, então, fazer uma análise de como os riscos são tratados em nossa legislação. Quando as relações são eminentemente de natureza privada, nos parece que o enquadramento legal resta mais simples. Ademais, como sabemos, no âmbito privado vige o princípio da vontade das partes, sendo a legislação apenas um guia, um molde para que os interesses sejam bem definidos e preservados. Nunca é por demais lembrar Celso Antônio Bandeira de Mello,[8] que afirmou que no âmbito privado tudo pode ser feito, exceto o que a lei proíbe, ao passo que na seara pública somente há espaço para proceder segundo os estritos limites da lei. Resta então uma muito estrita liberdade para o administrador sob os auspícios do Regime Jurídico administrativo e os princípios da estrita legalidade, da supremacia do Poder Público sobre o particular e da indisponibilidade do interesse público. Portanto, no direito privado vale o que as partes acordaram na partilha contratual do risco.

No âmbito público, três diplomas normativos são contundentes e intrinsecamente imbicados para compreender a noção de risco contratual. A Lei nº 8666/93, que rege os contratos administrativos, determinando a ideia genérica de risco, de álea; a Lei de Normas Gerais de Concessões de Serviço Público (Lei nº 8987/95); e a Lei de Parcerias público-privadas (Lei nº 11074/04).

Para o direito administrativo pátrio, álea corresponderia ao risco que os contratantes assumem ao celebrar o contrato. Podemos dividir as áleas em três tipos: álea empresarial (risco normal); álea administrativa e álea econômica. Os riscos normais seriam aqueles referentes ao próprio risco do negócio, sob o aspecto empresarial. Assim, um restaurante, uma padaria, uma montadora ou mesmo uma usina siderúrgica apresentam o risco da má formatação do negócio e seu consequente insucesso.

Além dos riscos normais, temos a chamada álea extraordinária, que advém de ações ou omissões que provocam descompensações na implícita cláusula dos contratos administrativos do equilíbrio econômico-financeiro. Assim, sempre que estivermos diante dessas situações, deverá ocorrer o reequilíbrio contratual e, se isso for inviável, a devida rescisão contratual. Nesse sentido, a Lei de Licitações, em seu art. 65, trata da matéria ao dispor:

---

[8] MELLO, Celso Antônio Bandeira. *Curso de Direito Administrativo*. 13. ed. São Paulo: Ed. Malheiros, 2001.

> Art. 65. Os contratos regidos por esta Lei poderão ser alterados, com as devidas justificativas, nos seguintes casos: (...) II - por acordo das partes: d) para restabelecer a relação que as parte pactuaram inicialmente entre os encargos do contratado e a retribuição da Administração para a justa remuneração da obra, serviço ou fornecimento, objetivando a manutenção do equilíbrio econômico-financeiro inicial do contrato, na hipótese de sobreviverem fatos imprevisíveis, ou previsíveis, porém de consequências incalculáveis, retardadores ou impeditivos da execução do ajustado, ou ainda, *em caso de força maior, caso fortuito ou fato do príncipe, configurando* álea *econômica extraordinária e extracontratual. (grifo nosso).*

A álea administrativa significa que a Administração concorreu para o desequilíbrio do contrato. Ela se subdivide em *Fato da Administração e Fato do príncipe.* Ambos acarretam modificação nas condições do contrato, permitindo a sua revisão com o objetivo de se preservar o equilíbrio econômico-financeiro. Fato da Administração são os relacionados à própria execução do contrato. Podem constituir-se na simples alteração voluntária do contrato pela Administração Pública, como em quaisquer atos da Administração que venham a trazer algum prejuízo para o contratado. Nesse caso, o cumprimento do contrato por parte da Administração vincula-se especificamente a alguma cláusula contratual. Exemplo: um contrato para construção de uma rodovia no qual a Administração se compromete a desapropriar as propriedades pelas quais passará a estrada. No entanto, a Administração não o faz, impossibilitando a execução contratual. Nesse caso fica assegurado *ao particular o direito* à *indenização por perdas e danos.* Configura o chamado *Fato da Administração* as hipóteses dos incisos XIV a XVI, do art. 78, da Lei nº 8.666/93.

O Fato do Príncipe, por sua vez, não se relaciona diretamente com o contrato. São alterações advindas da relação contratual por conta de medidas da Administração ou do Estado como um todo, não relacionadas diretamente com o contrato, mas que terão influência sobre ele, provocando um desequilíbrio na esfera econômica da relação contratual. Assim, o Fato do Príncipe provoca a rescisão por tornar impossível a continuidade da execução do contrato. Um bom exemplo é um contrato celebrado entre o particular e o Governo Federal que venha a ser afetado por um plano econômico (como o Plano Real).

Nesse caso, nenhuma das partes deixa de cumprir seus deveres e a rescisão não importa direito a indenização por perdas e danos diante da outra parte contratante. No entanto, o particular terá direito de pleitear a indenização contra a pessoa de direito público que editou as regras que tornaram impossível o cumprimento do contrato.

Assim, se um particular assina um contrato com o Governo Federal e este edita um plano econômico ou mesmo uma medida administrativa, caberá ao particular pleitear indenização do Governo Federal. Outro exemplo de Fato do Príncipe é quando, por um ato geral do Poder Público, proíbe-se a importação de determinado produto, ocasionando o impedimento da plena execução de um contrato celebrado entre o particular e a Administração pública.

Álea econômica, por seu turno, significa que a Administração não concorreu para a inexecução contratual. Deu-se um fato inesperado, imprevisível, que acabou por onerar demasiadamente um dos polos da relação contratual.

Por conta dessas situações, a doutrina construiu a chamada *Teoria da Imprevisão*. Segundo essa teoria, é permitida a revisão dos contratos administrativos diante de circunstâncias imprevistas. No Direito Romano já se tinha essa noção, expressa na frase latina *rec sic standibus*. Essa expressão latina configura uma cláusula implícita em todos os contratos de prestação continuada e significa que o contrato vale da forma como foi previsto, *desde que as condições permaneçam as mesmas*. Existem alguns requisitos para a aplicação da Teoria da Imprevisão, com a consequente revisão dos contratos. Em primeiro lugar, é necessário que as situações sejam, de fato, imprevisíveis, na sua ocorrência ou consequências. Além disso, é fundamental que sejam inevitáveis e que venham a onerar excessivamente uma das partes. No caso de Teoria da Imprevisão, as duas partes (Administração e contratado) devem arcar com os prejuízos.

Além dos elementos analisados, temos outros eventos que podem levar à inexecução do contrato. São os chamados *caso fortuito e força maior*. Trata-se de "fato excepcional ou imprevisível, *estranho* à *vontade das partes*, que altere fundamentalmente as condições de execução do contrato" (inciso III, §1º, art. 57). Como exemplos, temos terremotos, ciclones, tempestades anormais, queda de raios, etc. Nesses casos, surge a impossibilidade de execução do contrato pela *ocorrência de circunstâncias absolutamente estranhas* à interferência da Administração Pública que geram para o contratado excessiva onerosidade ou mesmo impossibilidade da normal execução do contrato.

No nosso entender, corroborando com a opinião de Ribeiro e Prado,[9] *a Lei nº 8666/93 não estabelece um critério para definir a partilha*

[9] RIBEIRO, Maurício Portugal; PRADO, Lucas Navarro. *Comentários à lei de PPP – Parceria Público-Privada*. São Paulo: Ed. Malheiros, 2008. p. 121.

dos riscos. Assim, os riscos estabelecidos na Lei nº 8666/93 se referem a riscos extracontratuais, fora, portanto, da seara do contrato. Esses dispositivos chamados de álea, não se prestam a estabelecer regras quanto à partilha de riscos dentro do próprio contrato. Assim, essa concepção de risco na Lei nº 8666/93 faz com que inadvertidamente todas as tensões pela inexecução contratual sejam corrigidas sob a égide da manutenção do equilíbrio econômico-financeiro. Assim, essa é a lógica esposada no artigo 65, II, "d" da Lei nº 8666/93, quando trata dos contratos de obras e prestação de serviços públicos. Aliás, dentro da tradição clássica do nosso direito administrativo não há opção de definir a partilha *ex ante* na elaboração do contrato, basicamente pelo fato de o nosso sistema não estar apto a dispor sobre parâmetros de eficiência econômica.

Nesse sentido, Ribeiro e Prado determinam que os únicos riscos que a Lei nº 8666/93, em seu art. 65, transfere *ex ante* para o Poder Público são os seguintes: I) modificação unilateral do contrato que aumente os encargos do contratado; II) modificação que promova uma repercussão nos preços contratados; III) danos impostos ao contratado pela suspensão de obra contratada.

Estabelecidos dessa forma, cabe perguntar se e quais os riscos poderiam ser postos *ex ante* em um contrato administrativo diante da ausência de um disciplinamento explícito na Lei nº 8666/93. Esse ponto é sensível, considerando que no contrato administrativo há os princípios basilares da supremacia do interesse público e da sua indisponibilidade, porém, diante de uma nova maneira de encarar o direito administrativo e financeiro, mais aberto às repercussões econômicas das avenças, entendemos que, malgrado a lacuna legal, há espaço para o estabelecimento de cláusulas contratuais de repartição de risco no contrato administrativo e tal posição repercute a tensão existente no nosso ordenamento entre eficiência *versus* estrita legalidade. Em um ambiente amalgamado pelo Princípio da Eficiência esculpido no artigo 37 da Constituição Federal, deve a Administração se esmerar para extrair do contrato administrativo o máximo de eficiência econômica, atendendo, portanto, as demandas dos agentes na economia.

Outro ponto importante a se considerar é que como o contrato administrativo tem um caráter de contrato de adesão, considerando que sua minuta já vem anexada ao edital licitatório, não haveria condições *ex ante* de pactuar as cláusulas contratuais, fazendo uma partilha adequada dos riscos. Dessa forma, o contrato restaria incompleto e essa incompletude adviria ou da falta de percepção, por parte da

Administração, da necessidade de elaborar um contrato que disponha sobre a partilha adequada dos riscos ou de uma incompletude deliberada, considerando os elevados custos de transação de estabelecer essas premissas.

Dessa forma, a incompletude contratual (deliberada ou não) repercutirá durante a execução contratual, imputando a resolução dos conflitos para o conceito de equilíbrio econômico financeiro, ou seja, na concepção arcaica do regime jurídico administrativo de que a supremacia do Poder Público sobre o particular teria o condão de imputar todos os riscos ao contratante privado. É uma saída encontrada, mas traduz uma falsa premissa de que os riscos deverão ser alocados *ex post*, e não quando da elaboração contratual. A melhor solução, no nosso entender, lastreada, inclusive, nos princípios que regem a administração pública no Brasil, refere-se à possibilidade de uma partilha de riscos *ex ante* (durante a elaboração contratual) entre as partes, com lastro no disciplinamento legal de contratos administrativos no direito administrativo brasileiro.

Indo além da Lei nº 8666/93, cumpre observar o disposto na Lei Geral de Concessões de Serviço Público, a Lei nº 8987/95. Esse diploma normativo aparentemente imputa todos os riscos para o contratado, conforme determina o inciso II do art. 2º:

> II - concessão de serviço público: a delegação de sua prestação, feita pelo poder concedente, mediante licitação, na modalidade de concorrência, à pessoa jurídica ou consórcio de empresas que demonstre capacidade para seu desempenho, *por sua conta e risco* e por prazo determinado. (grifo nosso).

Sob esse aspecto, Perez[10] observa que em um contexto complexo, a teoria das áleas ordinárias e extraordinárias resta insuficiente para resolver os problemas das complexas concessões de serviço público. Ademais, parece pueril supor que todos os riscos são de fato suportados pelo concessionário. No limite, esses riscos são repassados para o usuário ou pelo aumento das tarifas ou, o que é mais comum, pela má execução do serviço. Assim, conforme nos lembra Nester,[11] os ris-

---

[10] PEREZ, Marcos Augusto. *O risco no contrato de concessão de Serviço Público*. Belo Horizonte: Editora Fórum, 2006. p. 115.

[11] NESTER, Alexandre Wagner. O risco do empreendimento nas parcerias público – privadas. *In*: TALAMINI, Eduardo; JUSTEN, Mônica. *Parcerias Público-Privadas*: enfoque multidisciplinar. São Paulo: Ed. Revista dos Tribunais, 2005.

cos podem ser transferidos (em parte esterilizados) através da tarifa cobrada do usuário, havendo um "overprice" tarifário para minimizar o risco do empreendimento. Cumpre também lembrar que na formatação tradicional de concessão de serviço público, caso haja lucro, o mesmo será integralmente apropriado pelo parceiro privado.

Por esses aspectos, o judiciário tem amenizado o princípio de submissão total do concessionário aos riscos envoltos no contrato de concessão. Aliás, corroboramos com o entendimento de Perez (2006) ao concluir que a dicção da expressão "por sua conta e risco" não transfere absolutamente todos os riscos para o concessionário, mas apenas aqueles, diante das condicionalidades e especificidades do contrato de concessão, que forem transferidos pelo contrato. Dessa forma, tanto a Lei nº 8666/93 quanto a Lei nº 8987/95 estariam mais aptas a serem interpretadas dentro de um ambiente econômico mais completo, em que investimentos complexos e vultosos devem ser empreendidos.

Um passo adiante nesse processo foi dado pelo critério de repartição de riscos, consignado na Lei das PPPs, que determina que o particular assuma alguns riscos que, nos contratos de concessão normal estariam resguardados na cláusula de manutenção do equilíbrio econômico financeiro do contrato. Isso ocorre porque, ao passo que o Poder Público se compromete a repassar recursos diante de eventuais riscos realizados, o contratante privado deverá arcar com parte dos riscos extraordinários envolvidos na avença. É óbvio que a partilha desses riscos deverá ser estabelecida no contrato da PPP celebrado entre as partes e a modelagem de partilha desses riscos é um dos pontos chaves do sucesso da parceria, conforme intelecção do art. 5, III, Lei nº 11.074/04, que dispõe que o contrato de PPP deverá estabelecer "a repartição de riscos entre as partes, inclusive os referentes a caso fortuito, força maior, fato do príncipe e álea econômica extraordinária".

A grande novidade da PPP é que o risco empresarial não será suportado integralmente pelo concessionário, mas sim, repartido com o Poder Público. Isso se dá através do oferecimento de garantias e do consequente desembolso de recursos por parte do poder concedente. É relevante, conforme lembrado por Nester (2005), que na PPP o Poder Público, a juízo do disposto no inciso IX do art. 5º da Lei nº 11.079/04, poderá compartilhar eventuais ganhos com o concessionário.

Dessa forma, a lei das PPPs corrobora com o entendimento que o contrato celebrado entre as partes e de acordo com as especificidades do objeto é o lócus adequado para o estabelecimento da partilha de riscos entre as partes contratantes. Essa medida decerto economizará infindáveis demandas posteriores, durante a execução contratual, alegando a incidência de situações imprevisíveis ou mesmo de manutenção do equilíbrio econômico financeiro do contrato.

8 Conclusões

1. Embora não haja uma definição clara sobre riscos e sua tipologia, uma classificação se impõe útil, sobremodo em contratos de infraestrutura em que as incertezas se somam a uma grande complexidade na elaboração contratual. Na alocação de riscos sempre haverá trade-offs e a resposta convencional a esse dilema é que eles deverão ser alocados para a parte que tem melhor condição de gerenciá-los. Para ser mais preciso, cada risco deve ser alocado de acordo com o direito de tomar decisões de forma a maximizar o valor total do projeto (*total project value*) considerando a capacidade de cada parte para: a) influenciar o correspondente fator de risco; b) influenciar a sensibilidade do valor total do projeto em relação ao risco – antecipando ou respondendo ao fator de risco; e c) absorver o risco. Essa abordagem resta fundamental para o entendimento e a formatação de contratos de infraestrutura.
2. Se não bastasse a dificuldade para classificar os riscos, há grandes obstáculos para a sua detecção. Em primeiro lugar, existem obstáculos cognitivos que advêm da dificuldade de o tomador de decisão discernir sobre o valor e a correspondente probabilidade de cada estado de natureza sobre cada possível ação.

Há problemas no julgamento das probabilidades e existe uma tendência a superestimar a extensão na qual o presente foi previsível no passado (*highsight bias*).

3. Nos projetos de infraestrutura, há riscos que são mais contundentes em específicas fases do projeto e três grandes etapas podem ser consideradas: a) a fase de elaboração do projeto e da construção, que é comumente muito arriscada por causa dos elevados custos financeiros envolvidos e os tempo necessário para iniciar o funcionamento dos projetos; b) a fase de início de funcionamento (*start-up*), quando subtende-se que todos os equipamentos estão devidamente testados,

os insumos e as matérias primas foram encomendados. Riscos ainda advêm dos pagamentos finais a contratantes e a fornecedores de equipamentos. Nesse período, as receitas começam a ser auferidas; e c) a fase de operação, quando espera-se uma estabilização do fluxo de caixa que minimizará os fatores de risco.

4. O Governo pode absorver uma série de riscos, considerando sua capacidade de dissipar esses riscos entre milhões de contribuintes e beneficiários de programas do Governo, distribuindo os riscos coercitivamente, obrigando seus cidadãos a suportá-los.

Esse poder coercitivo do estado em contratos administrativos de concessão de serviço público e Parcerias Público-Privadas reveste-se do conceito de Regime Jurídico Administrativo, que apresenta como um componente básico para a supremacia do Poder Público sobre o particular. Esse poder coercitivo do estado também se mostra relevante pela possibilidade de diminuição da informação assimétrica pela extração compulsória de informações da firma, o que resta impossível para o segurador privado, como, por exemplo, a obtenção de dados fiscais.

Também caberá ao Governo tributar, conceder renúncia de receitas ou mesmo subsidiar determinado setor pela concessão de taxas de juros privilegiadas ou ofertando garantias. Essa possibilidade leva a crer que o Governo estaria mais apto a resolver problemas de seleção adversa e moral hazard. Assim, deveria o Governo conceder garantias para minimizar a exposição do parceiro privado ao risco, e permitir seu maior interesse nos investimentos de infraestrutura. O Fundo Garantidor das PPPs (art. 8º, inc. V, da Lei nº 11.079/04) segue esse princípio.

5. A Lei nº 8666/93 não estabelece um critério para definir a partilha dos riscos, mas sim, riscos extracontratuais, fora, portanto, da seara do contrato. Esses dispositivos chamados de álea, não se prestam a estabelecer regras quanto à partilha de riscos dentro do próprio contrato. Assim, essa concepção de risco na Lei nº 8666/93 faz com que inadvertidamente todas as tensões pela inexecução contratual sejam corrigidas sob a égide da manutenção do equilíbrio econômico financeiro. Essa é a lógica esposada no artigo 65, II, "d" da Lei nº 8666/93, quando trata dos contratos de obras e prestação de serviços públicos.

6. Dentro da tradição clássica do nosso direito administrativo não há opção de definir a partilha *ex ante* dos riscos na elaboração do contrato, pelo fato de o nosso sistema não estar apto a preponderantemente dispor sobre parâmetros de eficiência econômica.
7. Há uma ausência, no sistema jurídico pátrio, da ideia de custos de transação e informação assimétrica e falta de uma clara definição de risco.
8. Embora incidam sobre o contrato administrativo os princípios basilares da supremacia do interesse público e da sua indisponibilidade, devemos considerar uma nova maneira de encarar o direito administrativo e financeiro, mais aberto às repercussões econômicas das avenças. Assim, entendemos que, malgrado a lacuna legal, há espaço para o estabelecimento de cláusulas contratuais de repartição de risco no contrato administrativo. Tal posição, inclusive, repercute a tensão existente no nosso ordenamento entre eficiência *versus* estrita legalidade. Em um ambiente amalgamado pelo princípio da eficiência esculpido no artigo 37 da Constituição Federal, deve a Administração se esmerar para extrair do contrato administrativo o máximo de eficiência econômica, atendendo, portanto, para as demandas dos agentes na economia.
9. Porém, como o contrato administrativo tem um caráter de contrato de adesão, considerando que sua minuta já vem anexada ao edital licitatório, não haveria condições *ex ante* de pactuar as cláusulas contratuais, fazendo uma partilha adequada dos riscos. Dessa forma, o contrato restaria incompleto e essa incompletude adviria ou da falta de percepção, por parte da Administração, da necessidade de elaborar um contrato que disponha sobre a partilha adequada dos riscos ou de uma incompletude deliberada, considerando os elevados custos de transação de estabelecer essas premissas.
10. A incompletude contratual (deliberada ou não) repercutirá durante a execução contratual, imputando a resolução dos conflitos para o conceito de equilíbrio econômico financeiro, ou seja, na concepção arcaica do regime jurídico administrativo de que a supremacia do Poder Público sobre o particular teria o condão de imputar todos os riscos ao contratante privado. É uma saída encontrada, mas traduz uma falsa

premissa de que os riscos deverão ser alocados *ex post*, e não quando da elaboração contratual. A melhor solução, no nosso entender, lastreada inclusive nos princípios que regem a administração pública no Brasil, refere-se à possibilidade de uma partilha de riscos *ex ante* (durante a elaboração contratual) entre as partes, com lastro no disciplinamento legal de contratos administrativos no direito administrativo brasileiro.

11. A Lei Geral de Concessões de Serviço Público, a Lei nº 8987/95 aparentemente imputa todos os riscos para o contratado (art. 2º, II). Nesse contexto, a teoria das áleas ordinárias e extraordinárias resta insuficiente para resolver os problemas das complexas concessões de serviço público. Ademais, parece pueril supor que todos os riscos são de fato suportados pelo concessionário. No limite, esses riscos são repassados para o usuário ou pelo aumento das tarifas ou, o que é mais comum, pela má execução do serviço.

O judiciário tem amenizado o princípio de submissão total do concessionário aos riscos envoltos no contrato de concessão. Logo, a expressão "por sua conta e risco" não transfere absolutamente todos os riscos para o concessionário, mas apenas aqueles, diante das condicionalidades e especificidades do contrato de concessão, que forem transferidos pelo contrato. Dessa forma, tanto a Lei nº 8666/93 quanto a Lei nº 8987/95 estariam mais aptas a ser interpretadas dentro de um ambiente econômico mais completo, em que investimentos complexos e vultosos devem ser empreendidos.

12. Nas PPPs que determinam que o particular assuma alguns riscos que, nos contratos de concessão normal estariam resguardados na cláusula de manutenção do equilíbrio econômico financeiro do contrato. Isso ocorre porque, ao passo que o Poder Público se compromete a repassar recursos diante de eventuais riscos realizados, o contratante privado deverá arcar com parte dos riscos extraordinários envolvidos na avença. É óbvio que a partilha desses riscos deverá ser estabelecida no contrato de PPP celebrado entre as partes e a modelagem de partilha desses riscos é um dos pontos chaves do sucesso da parceria.

A grande novidade da PPP é que o risco empresarial não será suportado integralmente pelo concessionário, mas sim, repartido com o Poder Público. Isso se dá através do oferecimento de garantias e do consequente desembolso de recursos por parte do poder concedente.

13. A lei das PPPs corrobora com o entendimento que o contrato celebrado entre as partes e de acordo com as especificidades do objeto é o lócus adequado para o estabelecimento da partilha de riscos entre as partes contratantes. Essa medida decerto economizará infindáveis demandas posteriores, durante a execução contratual, alegando a incidência de situações imprevisíveis ou mesmo de manutenção do equilíbrio econômico financeiro do contrato.

Referências

BARALDI, Paulo. *Gerenciamento de riscos empresariais*. 1. ed. São Paulo: Ed. Campus, 2005.

BERNSTEIN, Peter. *O desafio dos deuses*: a fascinante história do risco. 8. ed. São Paulo: Ed. Campus, 1997.

IRWIN, Timothy. *Government Guarantees*: allocation and valuing risk in privately financed infraestructure projects. Washington D.C.: The World Bank, 2007.

MELLO, Celso Antônio Bandeira. *Curso de Direito Administrativo*. 13. ed. São Paulo: Ed. Malheiros, 2001.

NESTER, Alexandre Wagner. O risco do empreendimento nas parcerias público – privadas. *In*: TALAMINI, Eduardo; JUSTEN, Mônica. *Parcerias Público – Privadas*: enfoque multidiciplinar. São Paulo: Ed. Revista dos Tribunais, 2005.

PEREZ, Marcos Augusto. *O risco no contrato de concessão de Serviço Público*. Belo Horizonte: Editora Fórum, 2006.

RIBEIRO, Maurício Portugal; PRADO, Lucas Navarro. *Comentários à lei de PPP – Parceria Público-Privada*. São Paulo: Ed. Malheiros, 2008.

VAIJAYANTI PADIYAR; Tarun Shankar; VARMA, Abhishek. *Risk management in PPP*. IL & FS Infraestructure Development Corporation LTD. Disponível em: http://persmin.nic.in/otraining/undp_modules/PPPID/Training%20Modules%5CAdvanced%20Module%5CPresentations%5CRisk%20Management%20in%20PPP.PDF. Acesso em 12 jan. 2009.

VARIAN, Hal R. *Microeconomia*: princípios básicos. 7. ed. São Paulo: Ed. Campus, 2006.

OS LIMITES E A APLICAÇÃO DA TAXA INTERNA DE RETORNO

A regulação e o controle das concessões de serviço público apresentam limites teóricos e práticos. Temos visto nos últimos anos uma politização do debate e decisões importantes promovidas pelos órgãos de controle e, sobretudo, pelo judiciário, que causam imenso impacto na rentabilidade dessas concessões e tem como eixo balizador a adequação (ou a inadequação) do uso da Taxa Interna de Retorno nesses contratos.

O *leit motiv* de decidir dos Tribunais traça um link entre o uso da TIR e o Princípio do Reequilíbrio Econômico Financeiro - REF do contrato. Significa dizer que, muitas vezes, o desbalanceamento contratual teria como remédio consequente a manutenção e/ou redefinição da TIR de forma a coloca-la em patamares capazes de reequilibrar a avença. Assim tem sido feito.

É bem verdade, como veremos, que lastrear a decisão sobre o REF na manutenção da TIR muitas vezes tem base econômica frágil. O Judiciário e os órgãos de controle ao detectar a "fumaça do desequilíbrio" (desculpem o neologismo!) apontam imediatamente para o recálculo da taxa. Isso invariavelmente trás imensos problemas para as concessões, para os usuários e para o próprio Governo.

Há medidas, no entanto, que podem ser utilizadas para minorar essas deficiências e algumas delas são úteis como o fluxo de caixa marginal e a Taxa Interna de Retorno Modificada.

Assim, é comum que as decisões de investimento (ou mesmo as decisões judiciais) sejam tomadas sem o claro entendimento dos limites e das consequências da aplicação da TIR. De tal sorte que o problema já surge na origem quando da elaboração dos editais e da definição da referida taxa de retorno. Dessa forma, as autoridades deveriam entender claramente a definição, a metodologia de cálculo e as alternativas ao uso da TIR nos contratos. Assim, utiliza-se a TIR apenas como um dado do contrato, como número cabalístico e daí desenvolvem-se teses para justificar o reequilíbrio econômico-financeiro.

Pegue-se o bem documentado, Acórdão do TCU (TC nº 026.335/2007-4), que, provocado pela Secretaria de Fiscalização de Desestatização – Sefid – do próprio Tribunal de Contas, analisou a ocorrência de desequilíbrios econômico-financeiros em contratos de concessão de rodovias federais, decorrentes de tarifas superavaliadas, pretensamente operando em desfavor dos usuários. Nesse caso havia uma TIR originalmente definida quando da outorga da concessão, nos anos 90, no montante de 17% a 24%. Anos depois, com o boom econômico brasileiro e a diminuição do "risco Brasil", o Estado alegou que o contrato estava desequilibrado em favor do concessionário, o que demandava uma readequação, para menos, do montante da TIR, sob pena de permitir que o contratado auferisse ganhos extraordinários.

Da mesma forma, as concessões que foram celebradas nos últimos anos apresentaram Taxas Internas de Retorno mais baixas, refletindo o ambiente econômico positivo. Com profunda crise econômica de 2015-16, a rentabilidade dessas concessionárias sofrerá abalos e certamente a readequação dos contratos via TIR será cobrada administrativamente e judicialmente.

As perguntas que se fazem são: se a Taxa Interna de Retorno é o melhor instrumento para auferir a rentabilidade desses investimentos e se a TIR pode servir de parâmetro para esse reequilíbrio. Cabe também indagar se caberia ao Poder Público definir *ex ante,* quando do lançamento do edital da licitação, o valor da TIR. Por fim, inovações (ou invenções) como a TIR modificada (MIRR) e o fluxo de caixa marginal seriam capazes de dirimir essas imperfeições.

Como vemos, são muitas dúvidas, muitos questionamentos ainda sem investigação adequada na doutrina. Nas hostes da engenharia econômica e da análise de investimentos alguma coisa tem sido discutida, mas na seara do direito, nada além do que reproduzir velhos manuais.

1 A Taxa Interna de Retorno como instrumento de avaliação de rentabilidade

O mais popular indicador de rentabilidade de um projeto é, sem dúvida, a Taxa Interna de Retorno. No entanto, há décadas, como lembra Kelleher and MacCormack,[12] os livros de finanças têm emitido alertas quanto ao uso da TIR e à hipótese de reinvestimento do fluxo de caixa por essa taxa, apontando que sua utilização pode fazer um projeto ruim aparentar ser bom e um projeto bom se passar por ótimo.

Os autores reportam que pesquisa realizada nos Estados Unidos em 1999 aponta que ¾ dos CFOs costumam usar a TIR quando avaliam projetos. Kelleher e MacCormack (2004) fizeram também uma pesquisa informal com 30 executivos de corporações, fundos Hedge e firmas de Venture capital que demonstrou que apenas 6 (seis) executivos estavam conscientes das deficiências e problemas de definir rentabilidade de projetos usando a TIR. Por que, então, os responsáveis pelos investimentos das empresas continuam a usar indiscriminadamente a TIR quando se sabe de suas deficiências?

É sabido que algumas deficiências da TIR são muito técnicas, mas a utilização indiscriminada dessa taxa pode trazer sérias implicações para a empresa. Quando os diretores financeiros resolvem executar um contrato com base na TIR é possível que estejam fazendo isso alicerçados em cálculos bastante distorcidos. Um efeito claro é a diminuição da riqueza dos acionistas, porque o projeto, ao fim e ao cabo, não apresentará o rendimento esperado. A maior explicação para isso é que a hipótese contida na TIR de que os fluxos de caixas intermediários serão reinvestidos a essa mesma taxa é irreal.

Ainda segundo os autores, quando a TIR calculada é maior do que a taxa efetiva de reinvestimento dos fluxos de caixa intermediários, pode surgir uma expectativa irreal quanto ao retorno anual do investimento. A regra implícita é que a empresa tenha projetos adicionais, igualmente atraentes, e que poderia investir nos fluxos de caixa intermediários. Vê-se que o pressuposto por trás do uso da TIR é a ideia de custo de oportunidade. Ocorre, no entanto, que nos mais das vezes os projetos de concessão são tão únicos e específicos que não há de se falar em projetos alternativos. Sendo assim, o uso da TIR simplesmente não faz sentido.

É sabido, embora vá além do escopo deste trabalho, que também está por trás da adoção da TIR como elemento balizador do controle da rentabilidade da concessão, a avaliação do investimento com base no modelo WACC, que embute a possibilidade de, diante da mudança do

---

12 KELLEHER, John; MACCORMACK, Justin. *Internal Rate of Return*: a Cautionary Tale. The McKinsey Quarterly. Ouctober 20, 2004. Disponível em: http://ww2.cfo.com/strategy/2004/10/internal-rate-of-return-a-cautionary-tale/. Acesso em 20 set. 2019.

custo de oportunidade do capital, a empresa realinhar sua carteira de investimentos para atingir a sua rentabilidade adequada. Fazer[13] essa correlação não faz sentido, porque não há uso alternativo ao projeto que, via de regra, seja específico. Daí porque estabelecer uma regulação pela TIR e torna-la estática poderá permitir ganhos monopolistas do concessionário.

Os autores concluem que a melhor maneira de evitar o problema é simplesmente não utilizar a TIR como forma de tomada de decisão, substituindo-a, talvez, pela TIR modificada.

De toda forma, os dois métodos mais utilizados para avaliação de investimentos são o Valor Presente Líquido – VPL (NPV em inglês) e a Taxa Interna de Retorno – TIR que são métodos que têm um caráter universal.

O grau de confiabilidade dos dois métodos é igual, no entanto, em geral apenas um deles é utilizado para avaliar um determinado investimento. Normalmente, o escolhido é método da TIR, porque parece ser mais compreensível e óbvio para investidores, como um indicador que mostra o limite de lucratividade do projeto. Em muitos casos, como lembra Mackevicius e Tomasevic,[14] o resultado tanto pelo VPL quanto pela TIR convergem para o mesmo resultado. No entanto, os resultados podem diferir significantemente no caso de investimentos não típicos, gerando resultados opostos.

Ambos os métodos estão baseados no fluxo de caixa de um projeto, sendo importante determinar as saídas e entradas dos recursos. O VPL é baseado no conceito de valor presente líquido e mostra a quantidade de renda que é agregada ao projeto em relação aos pagamentos. Assim, o VPL é igual ao fluxo de caixa agregado para um determinado período, descontado a uma determinada taxa.

---

13 BELLUZO, Luiz Gonzaga. Decisão de Investimentos, CMPC e Revisão Tarifária no Setor de Transportes Rodoviários. *In*: CARVALHO, André Castro (Org.). *Teoria e Prática do Equilíbrio Econômico-Financeiro odos Contratos de Concessão de Rodovias*: o caso do Anel de Integração do Paraná. São Paulo: Quartier Latin, 2010.

14 MACKEVICIUS, Jonas; TOMASEVIC, Vladislav. Evaluation of Investment Projects in Case of Conflict Between the Internal Rate of Return and the Net Present Value Methods. *Ekonomika*, v. 89(4), 2010.

Vejamos o gráfico, copiado de Mackevicius e Tomasevic:

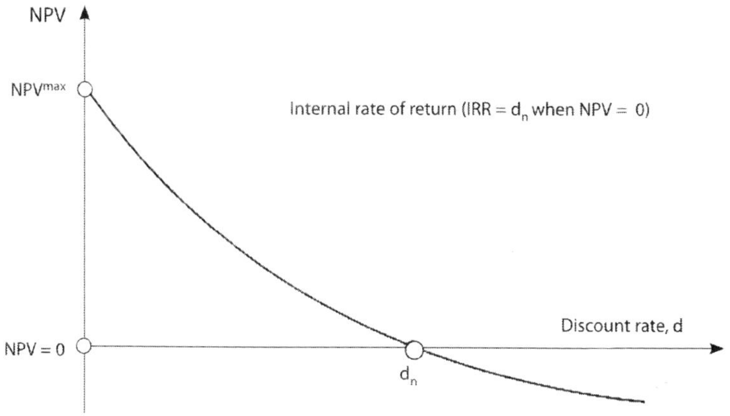

Fonte: MACKEVICIUS e TOMASEVIC, 2010.

Nesse caso, as seguintes regras são aplicáveis:

a) VPL > 0, nesse caso, o investimento é considerado efetivo, ou seja, o valor do projeto aumentará durante sua implementação.
b) VPL < 0, o investimento não será efetivo e o investidor terá perdas no montante igual ao VPL.
c) VPL = 0, nessa hipótese o projeto não gera lucro nem prejuízo ao investidor.

Essas hipóteses são apresentadas no gráfico anterior que mostra o VPL para diversas taxas de desconto. Essa curva tem tipicamente o formato de curva descendente. Dois pontos da curva merecem atenção: o ponto d_n e o ponto VPL max (NPV^{max} no gráfico). No ponto d_n, a curva intercepta o eixo x e o VPL^{max} se dá quando o eixo y é cruzado.

O ponto d_n é o que mais nos interessa e significa a taxa pela qual o investidor não terá ganhos ou perdas. Após esse ponto, o VPL líquido será negativo e o investidor não deverá aceitar esse projeto. Esse ponto de interseção é chamado de Taxa Interna de Retorno.

A ideia intuitiva é a seguinte: se um determinado investidor colocar o dinheiro destinado a um investimento em um banco que o remunerará a uma taxa maior do que aquela do empreendimento, não haveria nenhuma razão para fazer o investimento. Quanto à taxa de juros, coincide com a TIR do projeto, investir no projeto ou deixar o dinheiro no banco são equivalentes, ou seja, gerariam o mesmo lucro.

É importante observar que a TIR depende apenas de fatores intrínsecos ao projeto, não fazendo sentido utiliza-la além dos limites do projeto.

Para calcular o TIR, deve-se igualar a equação do VPL a zero e encontrar o seu valor. É claro que a maneira mais simples é utilizar a calculadora eletrônica ou uma planilha do Excel. Fazer isso mecanicamente representa elaborar um exercício de interpolação matemática até encontrar um número adequado.

Do ponto de vista matemático é importante perceber que a fórmula que calcula o VPL é uma transformação linear. Isso significa que adicionando um ou mais períodos para análise dos investimentos, isso aumenta ou diminui o resultado final do VPL sem alterar os resultados dos períodos anteriores. No caso da TIR, acrescentar outros períodos poderia levar a mudanças na direção da curva e comprometer o resultado final.

No caso da TIR, há a hipótese intrínseca que as receitas do fluxo de caixa poderão ser reinvestidas pelo valor da TIR. Essa condição, no entanto, é infrequente e a taxa de reinvestimento varia.

De qualquer forma, há vantagens e desvantagens do uso da Taxa Interna de Retorno para avaliação de investimentos.

A primeira grande vantagem é que a TIR é informativa, objetiva e independente do tamanho de qualquer investimento alternativo. Além de mostrar o limite de lucratividade de um determinado projeto. Assim, o disseminado uso da TIR se dá pelo fato de que ela pode comunicar com apenas um número as básicas características de lucratividade de um determinado projeto. A TIR representa o mais próximo que se pode chegar do VPL, sem que na verdade tenhamos um critério como o VPL.

Da mesma forma, quando o Governo lança um edital de concessão definindo uma determinada TIR, as empresas interessadas, a imprensa, os órgãos de controle e a sociedade podem (sobremodo comparando com outros projetos similares) ter uma ampla ideia da atratividade do projeto.

A TIR permite a comparação de projetos com diferentes níveis de risco, de forma que um projeto mais arriscado deverá ter uma maior Taxa Interna de Retorno para que possa ser aceito. A TIR também permite elencar e escalonar projetos de acordo com sua viabilidade econômica, bem como mostrar o custo-limite de tomar emprestado recursos e ainda manter o projeto viável.

Apesar das vantagens da TIR, há várias desvantagens que acabam por determinar sua difícil adoção e, em muitos casos, não desejável.

Em primeiro lugar não é um critério de lucratividade absoluta, porquanto apenas observa os aspectos internos do projeto. Além disso, é altamente sensível à confiabilidade das previsões sobre o inteiro fluxo de caixa do projeto. E aqui abro um parêntese: como aquiescer com as previsões de fluxo de caixa feitas para concessões no Brasil com prazo de vigência de duas ou três décadas? Parece desarrazoado ancorar qualquer decisão de equilíbrio econômico financeiro na TIR quando se sabe que as premissas sobre as quais é alicerçada são frágeis. Não há como garantir uma fluxo de caixa estável em uma concessão no país, pelo que regular e controlar pela TIR perde qualquer sentido.

A Taxa Interna de Retorno somente poderá ser utilizada quando estivermos diante de um fluxo de caixa convencional, o que significa que haverá apenas uma saída de recursos seguida de somente entradas. Dizendo de outra forma, não haverá mudança no sinal do fluxo de caixa durante a execução do projeto. Isso é fácil entender dando uma olhada novamente na expressão que calcula a TIR:

$$TIR = \sum_{T=0}^{n} \frac{Fn}{(1+i)^n} = 0$$

Onde:
I = Taxa de desconto (TIR)
Fn = Fluxos de caixa no período n
n = Número de períodos

Um fluxo de caixa convencional[15] seria aquele que contemplasse esses dois aspectos:

I) Os desembolsos (saídas líquidas de caixa) ocorrerão nos primeiros anos e os recebimentos (entradas líquidas de caixa) se darão nos anos subsequentes, caracterizando apenas uma inversão do fluxo de caixa.

II) O somatório dos recebimentos supera o dos desembolsos.

---

[15] BARBIERI, José Carlos; ÁLVARES, Antônio Carlos Teixeira; MACHINE, Claude. Taxa Interna de Retorno: Controvérsias e Interpretações. *GEPROS - Gestão da Produção, Operações e Sistemas*, ano 2, v. 5, p. 131-142, out./dez. 2007.

No caso de um fluxo convencional, e conforme o Teorema de Descartes, existe apenas uma raiz positiva ($x^* = 1 + i^*$) para a equação da TIR, atendendo a condição I. A condição II demonstra que X^* é superior à unidade, ou seja, $i^* > 0$, logo existirá apenas uma Taxa Interna de Retorno.

Por fim, o uso da TIR pressupõe que o fluxo de caixa será sempre reinvestido por essa mesma taxa. Isso não acontece, o que torna desarrazoado utilizar a TIR nessas circunstâncias. O modelo da TIR como foi concebido e é interpretado permite inferir que os fluxos de caixa intermediários quando positivos (recebimentos) sejam remunerados a uma taxa de juros igual à TIR, ao passo que os fluxos de caixa negativos (desembolsos) sejam financiados por essa mesma taxa. Como essa premissa é inverídica, a TIR pode diferir substancialmente da taxa de mercado e comprometer toda a análise da viabilidade do projeto.

No mais das vezes, no entanto, estamos diante de fluxos de caixa não convencionais, aqueles nos quais as entradas e saídas se alternam durante o tempo, descaracterizando a linearidade do fluxo. Como sabemos, o cálculo da TIR traduz-se na resolução de uma equação polinomial de grau *n*. Assim, quanto mais vezes o fluxo de caixa mudar de sinal, mais raízes teremos na equação.

Barbieri coloca um interessante exemplo, formulado nos seguintes termos:

> Uma empresa de eventos investiu $1.000 mil num grande centro de convenções temporário, para celebrar a passagem do milênio. Apura como resultado líquido, um ano após, $2.400 mil. Porém, no final do ano seguinte, sofre uma condenação que a obriga a ressarcir o Município em $430 mil, referentes ao custo da desmontagem das instalações, além de multa de 1.000 mil. A taxa mínima de atratividade definida pela empresa *é* 20% a.a.[16]

O cálculo do VPL em função da taxa de juros *é* dado pela seguinte fórmula:

$$VPL = -1.000 + \frac{2.400}{(1+i)} - \frac{1.430}{(1+i)^2}$$

[16] BARBIERI, José Carlos; ÁLVARES, Antônio Carlos Teixeira; MACHINE, Claude. Taxa Interna de Retorno: Controvérsias e Interpretações. *GEPROS - Gestão da Produção, Operações e Sistemas*, ano 2, v. 5, p. 131-142, out./dez. 2007.

Se igualarmos a equação a zero, encontraremos a Taxa Interna de Retorno do Investimento. Percebe-se facilmente se tratar da resolução de uma equação de 2º grau que terá duas respostas: 10% e 30%. Se adotarmos uma taxa de juros de, digamos, 20%, teríamos um VPL de 6,94%. Assim, se a TIR for de 30%, deveríamos aceitar o projeto porque a TIR > VPL. Já se escolhermos a TIR de 10%, o projeto não poderia ser viável porque a TIR < VPL, no caso, 20%. Como resolver isso? O gráfico a seguir representa essa função:

Fonte: BARBIERI *et al*, 2007.

O VPL será negativo para um Taxa Mínima de Atratividade (TMA) menor do que 10% ou superior a 30%, o que determina que o investimento não deverá ser realizado nessas circunstâncias. O investimento apenas seria viável se a TMA estiver entre 10% e 30%. Isso parece estranho. Se para uma TMA de 20% o projeto seria viável, não o seria para uma TMA de 5%. Isso faz Barbieri concluir que: "A TIR definida com a taxa de juros que torna nulo o valor presente líquido do fluxo de caixa, não representa a medida de retorno do investimento".[17]

Do ponto de vista financeiro e de acordo com o modelo matemático da TIR, os fluxos intermediários, se positivos, deverão ser aplicados pela TIR e, se negativos, deverão ser financiados também por essa mesma taxa. Se ocorrer uma abrupta inversão de sinal durante o fluxo de caixa, todo o investimento (saída de caixa) poderia ser resgatado pela TIR, em qualquer momento durante a execução do fluxo de caixa. Nesse caso, o investidor estaria recebendo todo o investimento remunerado pela TIR e estaria tomando emprestado, do mesmo projeto, os recursos excedentes a esse mesmo valor da TIR. Isso não faz

[17] BARBIERI, José Carlos; ÁLVARES, Antônio Carlos Teixeira; MACHINE, Claude. Taxa Interna de Retorno: Controvérsias e Interpretações. *GEPROS - Gestão da Produção, Operações e Sistemas*, ano 2, v. 5, p. 131-142, out./dez. 2007.

sentido, porque, do ponto de vista da empresa, a lógica é inversa, ou seja, no caso de um empréstimo, o ideal é ter a menor taxa de juros. No caso da lógica do investimento, ocorre exatamente o contrário.

Nessas hipóteses, não há como utilizar a TIR como método de aferição da rentabilidade do projeto. Além disso, se não houver uma clara ideia de como o fluxo de caixa do empreendimento se comportou ao longo do tempo, como propor (e chancelar) um Reequilíbrio Econômico Financeiro com base na TIR? Simplesmente não faz sentido e acaba por aumentar as distorções.

A hipótese adequada nesse caso é não utilizar a TIR para regular e controlar as concessões. No caso de juridicização de um contrato de concessão, alegando desequilíbrio da TIR e necessidade de reequilibrar o contrato, o mais adequado é, antes de tudo, realizar meticulosa perícia para descobrir o real comportamento do fluxo de caixa durante o período analisado.

Em razão disso, podemos observar que a TIR não pode ter um caráter estático, porque é influenciada por fatores exógenos e endógenos. Se for feito o Reequilíbrio Econômico Financeiro considerando a imutabilidade da TIR, o concessionário ou terá grandes perdas (no caso de piora do cenário econômico) ou auferirá ganhos monopolistas e lucros acima dos pactuados no mercado.

As decisões dos órgãos de controle e, principalmente, do Poder Judiciário, muitas vezes são tomadas – repito – em bases equivocadas, porque a TIR quando tratada de maneira estática não poderia sobremaneira refletir a real rentabilidade do projeto.

Nesse sentido, métodos alternativos são possíveis, como a TIR modificada, tendo como corolário o fluxo de caixa marginal. O problema maior, no entanto, persiste: a incompreensão dos limites e alcances da TIR e os métodos alternativos para avaliar a rentabilidade dos investimentos. Decisões tanto do TCU quanto do judiciário baseados na TIR apresentam forte distorção em relação à realidade, o que acaba determinado decisões erradas. Na maioria das vezes, não faz sentido regular pela TIR, nem mesmo julgar com base nela. Também é absurdo politizar a questão.

Por tudo isso urge uma análise mais profunda do instituto do Reequilíbrio Econômico Financeiro no contrato administrativo, colocando o debate em bases reais, cientificamente sólidas, e não simplesmente repetir institutos que apenas tangenciam os reais problemas propostos. Tal entendimento é urgente, sobremodo porque uma das saídas para a retomada do desenvolvimento econômico é a retomada dos projetos de infraestrutura no país.

Referências

BARBIERI, José Carlos; ÁLVARES, Antônio Carlos Teixeira; MACHLINE, Claude. Taxa Interna de Retorno: Controvérsias e Interpretações. *GEPROS - Gestão da Produção, Operações e Sistemas*, ano 2, v. 5, p. 131-142, out./dez. 2007.

BELLUZO, Luiz Gonzaga. Decisão de Investimentos, CMPC e Revisão Tarifária no Setor de Transportes Rodoviários. *In*: CARVALHO, André Castro (Org.). *Teoria e Prática do Equilíbrio Econômico-Financeiro odos Contratos de Concessão de Rodovias*: o caso do Anel de Integração do Paraná. São Paulo: Quartier Latin, 2010.

KELLEHER, John; MACCORMACK, Justin. *Internal Rate of Return*: a Cautionary Tale. The McKinsey Quarterly. Ouctober 20, 2004. Disponível em: http://ww2.cfo.com/strategy/2004/10/internal-rate-of-return-a-cautionary-tale/. Acesso em 20 set. 2019.

MACKEVICIUS, Jonas; TOMASEVIC, Vladislav. Evaluation of Investment Projects in Case of Conflict Between the Internal Rate of Return and the Net Present Value Methods. *Ekonomika*, v. 89(4), 2010.

ANÁLISE ECONÔMICA E JURÍDICA DO IPTU: EFICIÊNCIA, EXTERNALIDADES E DISTORÇÕES[18]

1 Introdução

O presente trabalho tem por objetivo levantar algumas questões atinentes à consideração, pelo direito tributário e pelo direito imobiliário, dos efeitos extrafiscais do IPTU sobre a propriedade. É pressuposta, portanto, a ideia fundamental do movimento conhecido como *Law and Economics*, a respeito da consideração não apenas das relações existentes entre os diversos ramos do direito, mas também da relação havida entre direito e economia.

O referido movimento *Law and Economics* sustenta-se em premissas que demonstram a influência das normas legais na economia, bem como dos efeitos da economia no direito. As contribuições deste movimento não se limitam ao âmbito privado, como é o caso da análise jurídico-econômica existente nas decisões de estratégias mercadológicas efetuadas pelas empresas privadas, mas também se demonstram bastante úteis, ou até mesmo indispensáveis, na formulação de políticas públicas que primem pela eficiência de suas realizações.

Com isso, portanto, vem se tornando menos rígida a divisão entre direito e economia. Ademais, além de estarem ligados entre si, o direito e a economia estão ligados à política e às instituições por ela estabelecidas. Nesse sentido, Coase atenta para o fato de que "o objetivo da política econômica é garantir que as pessoas, quando decidirem que caminho seguir, escolham aquele que resulta na melhor escolha para o

[18] Escrito em coautoria com Isabel Matheos, mestre e doutoranda em Direito pela UFPE; Professora de Direito Financeiro e Tributário na Faculdade de Direito da UFPE.

sistema como um todo".[19] Para ele, é ingênuo pensar, desta feita, que as normas positivadas no ordenamento jurídico não refletem ao menos um objetivo, ainda que temporário, almejado em determinado Estado.

Em outros termos, por uma análise em primeiro plano, não é apenas um objetivo, mas também um requisito de validade de uma norma num determinado ordenamento jurídico, que esta não contrarie os termos da Constituição. O ideal, no sentido da efetivação dos preceitos constitucionais, é que esta norma represente a concretização dos objetivos gerais previstos naquela Constituição. Mas, fato é que, para além desses objetivos expressamente previstos na Carta Magna de determinado Estado, as normas positivadas poderão representar, em segundo plano, objetivos de ordem social ou econômica, por exemplo, e que, mesmo não sendo obrigatórios ou permanentes, poderão influenciar o comportamento dos cidadãos.

Podemos ver que a relação entre o direito e a economia encontra-se cada vez mais estreita, sendo muitas as possibilidades de análise econômica do direito. De fato, é imprescindível uma harmonia entre a economia de mercado e as normas jurídicas, bem como se faz necessária a consideração das regras de mercado por parte do direito. Assim, apesar das divergências doutrinárias havidas dentre as diversas correntes desenvolvidas ao longo dos anos no movimento do *Law and Economics*, é comum a premissa de que o direito e a economia não podem restar desvinculados.

Nesse contexto, a primeira observação a ser feita sobre o tema aqui apresentado é que a interpretação do direito imobiliário deve considerar aspectos desenvolvidos pela análise econômica do direito a respeito das instituições jurídicas, inclusive aquelas que são determinadas por outros ramos jurídicos, tais como o direito tributário. Como será demonstrado ao longo deste artigo, há algumas premissas econômicas do direito tributário que não podem ser ignoradas pelo direito imobiliário. Ao se discutir, assim, temas como o Imposto Predial e Territorial Urbano (IPTU) incidente sobre a propriedade, o olhar não deve ser lançado apenas às normas jurídicas que são impostas pelo ordenamento jurídico, mas também a todas as razões e implicações econômicas que circundam esta imposição.

Em atenção a esse fato, será dividido o presente artigo em duas partes. A primeira parte consiste no estabelecimento de algumas

[19] COASE, Ronald. *The Firm, the Market and the Law*. Chicago: University of Chicago Press, 1988. p. 27.

premissas do *Law and Economics* sobre o tema da eficiência econômica. O que deve ser levado em consideração pelo Poder Público quando pretende atingir, por meio da imposição normativa, patamares eficientes na economia? A segunda parte deste artigo é dedicada às principais características do IPTU. Que características econômicas do IPTU vêm sendo consideradas pelo Governo ao estabelecer as respectivas normas tributárias? Ao fim será observado como estes aspectos devem ser observados pelo direito tributário e pelo direito imobiliário.

2 Intervenção Estatal e Tributação

Para investigar a atuação estatal é necessário entender as *rationales* econômicas para essa intervenção e compreender, *ab initio*, quais são a fundamentais funções desempenhadas pelo Estado. Adam Smith (1987), ao estabelecer os fundamentos da ciência econômica no século XVIII em sua obra "A Riqueza das nações", se preocupou com o tema e definiu que o Estado teria as seguintes funções:

i. Proteger a sociedade dos invasores e da violência, exercendo o poder de soberania;
ii. Proteger os diversos membros da sociedade da injustiça e da opressão, estabelecendo a administração de justiça;
iii. Prover bens públicos;

Esses postulados de Smith são intuitivos e se desdobram na necessidade do Estado de prover segurança nacional, fazer cumprir as leis, estabelecendo um ambiente jurídico confiável no qual se possa fazer cumprir os contratos, além de prover bens públicos em adequada qualidade para que a economia possa bem funcionar. Além dessas funções de Smith, também podemos considerar outras três atribuições básicas do Estado:

i. Alocação de recursos;
ii. Distribuição de renda;
iii. Estabilidade econômica;

Segundo a função alocativa, o Estado deveria prover bens públicos conquanto esses bens não fossem adequadamente providos pelo setor privado da economia. É sabido que o precípuo mecanismo de alocação de recursos é o mercado. Ele o faz tentando maximizar a aplicação dos meios de produção, atendendo os incentivos dos diversos integrantes do mercado. Ocorre que, quando o mercado apresenta imperfeições, esse mecanismo alocativo ou apresenta falhas ou simplesmente não funciona, daí a necessidade do Governo prover alguns tipos especiais de bens.

O efeito distributivo determina o interesse do Governo em distribuir renda e riqueza, que é gerada pelo mecanismo de mercado entre as pessoas. Isso não necessariamente significa distribuir dos ricos para os pobres. Por exemplo, um governo leniente com a inflação e que se aproveita das benesses do "imposto inflacionário", chancela a piora da distribuição de renda em detrimento dos pobres, comportamento esse crítico durante as décadas de alta inflação no Brasil.

Uma forma comum de distribuição de renda é a tributação e essa transferência pode ser o objetivo principal do Governo ou surgir com o efeito prodrômico da exação. No caso brasileiro, por exemplo, a excessiva carga tributária centrada em impostos indiretos sinaliza um peso maior sobre as renda dos mais pobres, piorando a distribuição de renda da sociedade.

Por fim, o efeito estabilizador. Deve o Governo deter os clássicos instrumentos de política econômica: política fiscal, monetária, creditícia a cambial com o fito de manter a economia estável. Tarefa por vezes difícil, sobremodo quando o Governo tem que lidar com fatores externos, expectativas, credibilidade e capacidade gerencial.

2.1 O paradigma da eficiência

Um argumento comumente utilizado é que o Estado é ineficiente e o mercado poderia prover os bens com maior presteza e qualidade. É a clássica questão da eficiência. Para tanto, e considerando que o conceito será recorrente neste trabalho, cumpre abordarmos melhor o tema.

O pressuposto básico – já vimos – é que a iniciativa privada é mais eficiente para gerar crescimento econômico. Tal posição entra em choque com a tradicional escola mercantilista para a qual o Estado deve ter um papel importante. Colbert, Ministro das Finanças de Luis XIV, foi um importante representante dessa escola. Adam Smith veio romper essa tradição e fundar a escola clássica. Para o autor, referência na história das ideias liberais, os vícios privados (lucro, ganância, sucesso) podem se converter em benefícios públicos. Está por trás do receituário teórico liberal as ideias da livre competição, em que a informação é acessível a todos e não há barreiras para a entrada nos mercados. Trata-se, na verdade, de uma construção utópica, posto que dificilmente encontraremos condições suficientes para implementar essas teorias.

Há várias formas de discutir a eficiência na economia, de tal sorte que o vocábulo é corrente em nossa linguagem. Para muitos, eficiência significa produzir um desejável resultado com o mínimo de esforço ou despesa, ou seja, minimizando o esforço gasto. Podemos traduzir essa ideia de eficiência agregando a ideia de valor, ou seja, o quanto de benefício determinada ação econômica trará para um determinado indivíduo.

Para fins de nossa análise, devemos entender o custo social total como o valor de todos os recursos que são empregados para produzir uma determinada quantidade de um bem, ao passo que o custo social marginal é a quantidade agregada em cada mês para produzir tal bem, ou seja, a mínima soma de dinheiro necessária para incentivar os produtores a produzirem uma quantidade extra do bem. No mesmo sentido, devemos considerar o benefício marginal de um bem com o seu valor, o benefício que esse bem proporcionará por unidade adicional consumida.

É claro que a condição de equilíbrio seria dada quando o benefício social marginal fosse igual ao custo social marginal. Nesse ponto, seria interessante produzir o bem. Evidentemente, essa condição de equilíbrio seria alcançada com mais facilidade em uma economia simples, sem distorções. No mundo real, uma série de problemas e distorções existe. Monopólios, tributação e subsídios são distorções comuns que dificultam para que a economia esteja em equilíbrio.

Outra forma de pensar a eficiência é defini-la como um critério normativo para avaliar o efeito do uso dos recursos na economia sobre o bem estar dos indivíduos. Dessa forma, o critério de eficiência seria satisfeito quando os recursos fossem usados, dado um determinado período, de maneira que é impossível aumentar o bem-estar de qualquer pessoa sem reduzir o bem-estar de outra pessoa.

Esse é o chamado "Princípio da Eficiência de Pareto", economista originário da escola de Lausanne (assim como Walras), que apresenta um princípio baseado na ideia de equilíbrio geral da economia. O exemplo clássico é de uma economia de dois agentes (Robison Crusoé e Sexta-Feira), quando o ótimo seria alcançado em uma situação na qual, dado o nível de utilidade de um indivíduo, a utilidade do outro indivíduo seria maximizada e ocorreria em qualquer ponto da curva de possibilidade de produção. Esse é o primeiro teorema do equilíbrio geral.

No segundo teorema do equilíbrio geral, a economia estará em equilíbrio desde que os fatores de produção sejam modificados e o nível de utilidade seja mantido. Importante observar que, no ponto de equilíbrio de Pareto, ocorre a melhor distribuição de recursos, mas não há preocupação com a distribuição de renda. Esse ponto de equilíbrio será dado, portanto, quando o benefício marginal de aquisição de um bem se igualar ao custo marginal de adquiri-lo (Bmg = Cmg).

Segundo o teorema de Kaldor-Hicks, uma mudança econômica pode ser eficiente desde que os ganhos dos potenciais ganhadores compensem as perdas dos prejudicados. Pode-se esperar até que os ganhos ultrapassem as perdas. Esse teorema é o da "wealth maximization" de Posner.

Há que ser lembrado que a economia não opera em eficiência todo o tempo, aliás, o equilíbrio é dinâmico e não estático. As forças de mercado e o Governo a todo o tempo interagem, distanciando ou aproximando a economia (ou setores dela) do ponto ótimo. Isso ocorre porque a ideia de um simples equilíbrio de Pareto pressupõe a ausência de distorções. Isso, como já vimos, é desarrazoado em uma economia real. Uma série de fatores levam à necessidade de encontrar uma posição de "*second best*", ou seja, um ponto de menor distorção possível.

Assim, a discussão econômica passa a ser focada no seguinte dilema: falhas de mercado *versus* falhas de Governo. Discute-se, portanto, o porquê da impossibilidade de uma economia somente submetida às forças de mercado ou uma total planificação da economia. A percepção do problema nos permite diagnosticar quanto de mercado e quanto de Estado temos ou precisamos ter.

2.2 Falhas de mercado

O ótimo de Pareto somente se estabelece em uma economia em perfeita competição. No entanto, tal situação é difícil, pois o mercado apresenta imperfeições que impedem que essa maximização de eficiência seja alcançada. São essas falhas de mercado que possibilitam, então, a atuação do Governo. Podemos afirmar que uma das grandes razões para a existência do Governo é a necessidade de minorar as externalidades negativas e promover as positivas, isto porque, enquanto o mercado funciona muito bem para alocar os recursos em uma economia ideal, não opera adequadamente na presença de externalidades.

Podemos definir externalidade como um evento econômico que provoca apreciável benefício (externalidade positiva) ou considerável prejuízo (externalidade negativa) a um terceiro alheio àquela ação econômica. Nesse caso, o elemento chave é perceber que o prejuízo ou o benefício ocorrerá fora do mecanismo de mercado. Evidentemente que se todos os efeitos das externalidades fossem captados pelo mercado, seriam precificados e não haveria problemas de alocação. É exatamente essa miopia do mercado de captar esses efeitos que resulta numa ineficiência alocativa.

Um caso exemplar de externalidade positiva seria a educação. Uma pessoa educada gera um efeito positivo, não apenas para sua vida, mas também gera a possibilidade de alcançar melhores oportunidades para a coletividade como um todo. Por isso é dito que o benefício social da educação é maior do que os seus custos sociais, pelo que o Governo tem interesse em ofertar esse bem. Além disso, efeitos externos da educação não são facilmente mensuráveis, o que demanda um esforço grande de avaliação e acompanhamento.

Embora as externalidades positivas sejam importantes, o que nos interessa são as negativas, que, por óbvio, representam uma ação de um agente econômico que provoca repercussões negativas na comunidade. O exemplo usual é a poluição. Quando uma indústria se instala em determinada região ou mesmo quando há plantações nas quais são utilizados indiscriminadamente fertilizantes, certamente a população que vive nas cercanias será prejudicada com desconforto e mais doenças, bem como com a contaminação do solo e do lençol freático, gerando, em última instância, mais gastos governamentais. O mecanismo de mercado não consegue detectar essas imperfeições.

Outra maneira de encarar o problema é definir que a existência de externalidades advém da insuficiente definição dos direitos de propriedade. Se esses direitos fossem bem definidos, haveria a possibilidade de firmas e indivíduos negociarem compensações para suas perdas. Dessa forma, as firmas poderiam indenizar os indivíduos pelos danos causados ou um grupo de indivíduos poderia pagar à indústria para que ela não poluísse. Logo, as soluções de mercado são viáveis quando os direitos de propriedade são claramente definidos, no entanto, na sua ausência, soluções de mercado não são possíveis. Nesse caso, há de ser resolvido o problema da imperfeita definição dos direitos de propriedade e isso pode ser feito de forma privada ou pela atuação do Governo.

Um tipo muito próprio de externalidade é dado pelos bens públicos que determinam um benefício geral à comunidade, como, por exemplo, um parque ou vigilância pública. A educação é um bem parcialmente público (ou meritório), porque grande parte do seu benefício é apropriado pelo indivíduo. Uma forma de encarar o problema da externalidade negativa e analisá-la sob o enfoque dos danos marginais. Como é sabido, essas externalidades promovem custos e esses custos são difíceis de serem mensurados. Assim, muitas vezes, é conveniente dividi-los em dois grandes grupos: danos marginais constantes e variáveis.

Em um mercado de determinado produto, a firma maximizará os seus lucros no ponto no qual o custo privado marginal (CPM) for igual ao benefício marginal (BM), que é a receita marginal. Se, no entanto, houver uma externalidade negativa associada à produção do bem, haverá também um dano marginal (ou uma perda marginal de eficiência). Dessa forma, se somarmos o custo marginal para produzir determinado bem e a perda marginal para a sociedade advinda de uma externalidade, poderíamos definir o custo marginal total da sociedade para produzir esse bem. A esse valor poderemos chamar de Custo Social Marginal – CSM.

Assim, esses valores devem ser considerados quando pensamos na produção de garrafas pet de refrigerante que, embora recicláveis, promovem danos ao meio ambiente. O mesmo ocorre com pilhas e baterias descarregadas de celulares. Há um dano social na produção desses bens que muitas vezes não é considerado por não ser captado pelo mecanismo de mercado. Evidentemente que quanto mais garrafas pet e baterias de celulares forem produzidas, mais crescerá o risco do aumento de danos.

A forma correta de resolver o problema é ou o Governo estabelecer regras para a reciclagem e o descarte desses produtos ou mesmo a sociedade organizar cooperativas, por exemplo, para recicla-los. Veja o caso das latinhas de cerveja e refrigerante. Parte desse custo foi percebida pelo mercado que considera mais viável reciclar as latas do que produzi-las novamente. Assim, paga-se um valor por lata recolhida e entregue para a reciclagem. A sociedade organizou-se em cooperativas de catadores que fazem esse serviço. Nesse caso, as externalidades negativas (poluição) foram minoradas por essa ação. É claro que a função de custos da empresa produtora de latinhas vai dizer o quanto ela estará disposta a pagar por uma lata usada. O mesmo ocorre quando o governo se dispõe a pagar bônus pela não poluição das empresas, evitando o efeito deletério para o meio ambiente.

Muitas vezes esses danos são difíceis de serem mensurados. Um caso interessante ocorreu em uma usina nuclear localizada no Lago

Michigan. Essa usina retirava água congelada do lago para resfriar os seus geradores. A água superaquecida, no entanto, retornava ao lago. Ocorre que esse processo provocava danos aos micro-organismos que viviam no lago, gerando um desequilíbrio ambiental. Obviamente que, quanto mais energia fosse produzida, mais danos seriam causados. Ocorre que os danos eram de difícil percepção e o custo de mensurá-los muito altos. Assim, qual seria a melhor forma de agir?

Algumas saídas podem ser encontradas para o problema das externalidades. Duas saídas são possíveis, ou via mercado ou via Governo. Embora, por definição, os mercados sejam falhos para alocar recursos na presença de externalidades, algumas saídas podem ser tentadas. Se atendermos a uma lógica privada, podemos seguir os ensinamentos de Coase (1988), segundo o qual um fator determinante da definição do bem estar é o claro estabelecimento dos direitos de propriedade. Assim, por exemplo, se é definido um mercado de crédito de carbono na Amazônia, por exemplo, e são bem definidas as regras de sua aplicação, as externalidade advindas da poluição poderiam ser resolvidas por regras de mercado. Há formas, portanto, de essas externalidades serem resolvidas via mercado, mas tudo dependerá da definição clara dos direitos de propriedade e dos custos de transação respectivos. Custos esses que podem ser definidos como aqueles que os agentes enfrentam quando recorrem ao mercado para adquirir equipamentos, insumos ou serviços, ou quando estabelecem uma "interface" com outro agente. São exemplos de Custos de Transação os custos de negociar, redigir e garantir o cumprimento de um contrato (formal ou informal).

Parece, no entanto, que a forma clássica de resolver problemas de externalidade é estabelecendo regulação e controle. No caso da poluição, o Governo poderia estabelecer regramento proibindo as indústrias de fazê-lo. Isso não é tão simples, porque o regulador tem que levar em conta não apenas o efeito sobre a saúde das pessoas, mas também o impacto na economia da região daquela indústria.

Uma alternativa viável seria utilizar o sistema tributário para impor desincentivos aos poluidores. Em linhas gerais, como bem lembrou o economista Arthur Cecil Pigou,[20] no começo do século XX, um tributo sobre uma firma corresponderia a uma externalidade negativa, ao passo que um subsídio teria o efeito contrário. Para Pigou, a melhor

20 PIGOU, Arthur Cecil. *The Economics of Welfare*. London: Macmillan, 1947.

solução seria aplicar uma tributação sobre a firma no exato montante do dano marginal provocado por ela. Assim, a firma deverá ajustar sua produção para absorver o custo do tributo.

Essa é uma visão tradicional da questão das falhas de mercado em geral e das externalidades em particular. No entanto, análises recentes são críticas (até céticas) quanto ao alcance do diagnóstico das falhas de mercado como argumento para a intervenção governamental. Advogam, em contrapartida, o uso mais amplo da ideia de custos de transação, que seria um método mais eficaz para entender a natureza da ação coletiva, muito embora não seja de tão fácil detecção quanto a ideia das falhas de mercado. O problema é que as falhas de mercado são usadas como uma "resposta mágica" para toda e qualquer intervenção governamental. Para onde olharmos haverá falhas e, então, qualquer argumento para a ação do Governo seria econômica e moralmente válido.

As falhas de mercado ocorrem quando o mercado não é bem sucedido na produção de bens públicos, o que acaba por provocar externalidades: margem aos monopólios naturais, iniquidades ou indesejável distribuição de renda. Na verdade, todos esses efeitos são formas de externalidades que consistem em um efeito não monetário de alguma decisão de um determinado agente econômico.

A ideia de explorar os custos de transação advém da abordagem pioneira de Coase (1988), para quem os indivíduos formam firmas com o esforço de diminuir esses custos, utilizando, para esse fim, o sistema de preços. Os direitos de propriedade são importantes porque definem a condição na qual as externalidades desaparecem completamente. Assim, os custos de transação correspondem à condição necessária para transferir, estabelecer e manter os direitos de propriedade.[21]

Evidentemente que somente numa situação ideal os direitos de propriedade seriam perfeitos e não haveria custos de transação. Nesse mundo ideal, não se teria a necessidade de haver um Governo, porque o mercado faria toda a alocação perfeita. Como corolário dessa assertiva, podemos observar que as externalidades somente existem em função dos custos de transação e estes também somente subsistem se houver uma imperfeita definição dos direitos de propriedade. Logo, não podemos falar de externalidades sem pormos o olho nos custos

---

[21] COOTER, Robert; ULLEN, Thomas. *Direito e Economia*. (Trad. Luis Marcos Sander e Francisco Araújo da Costa). Porto Alegre: Bookman, 2010. p. 4.

de transação e nos direitos de propriedade, porque são sempre fatores correlacionados.

Nesse sentido, cumpre definir que o valor líquido da externalidade constitui o menor valor do custo de transação a ela associado. Zerbe Jr. e McCurdy[22] dão um bom exemplo disso. Eles supõem que uma determinada firma produz uma poluição cujo dano é estimando em U$125.000 e o custo máximo que as firmas podem suportar para instalar aparelhos antipoluição é de U$100.000. Logo, o dano que a poluição causa é maior do que a viabilidade econômica de instalar esses aparelhos. Esse valor é de U$25.000. Assim, U$25.000 corresponderia ao ganho para a sociedade pela eliminação da poluição caso os custos de transação fossem nulos.

Ocorre que há custos de transação, como negociação, advogados, elaboração de contratos, entre tantos. Assim, se os custos de transação forem menores do que U$25.000, valerá a pena tentar um acordo para definir a questão da poluição. Se, no entanto, os custos superarem os U$25.000, não haverá incentivo para resolver o problema. Portanto, percebe-se que, quando as externalidade persistirem, o montante do custo de transação será igual ou maior do que o valor líquido da externalidade.

O ponto fundamental é que somente não teríamos falhas de mercado se os custos de transação fossem zero, mas isso jamais ocorrerá. Daí a discussão do método de falhas de mercado para justificar a ação ampla demais do Governo. Cabe também lembrar que onde há problemas de Moral Hazard e Seleção Adversa, os custos de transação serão maiores, assim, tanto maiores serão as externalidades. Cabe, então, concluir, nesta primeira parte, que a *rationale* para a intervenção estatal apenas calcada na falha de mercado, sobremodo externalidades, representa uma análise parcial que deve ser complementada pela abordagem dos custos de transação.

3 Aspectos jurídicos e econômicos da cobrança do IPTU no Brasil

Um estudo jurídico do IPTU se faz necessário para realizar uma análise econômica deste tributo, bem como para uma correta compreensão do impacto deste no direito imobiliário. É necessário que

[22] ZERBE JR, Richard; McCURDY, Howard. The Failure of Market Failure. *Journal of Policy Analisys and Management*, Chicago, v. 18, n. 4, p. 558-578, fall, 1999.

observemos, portanto, alguns aspectos jurídicos do imposto em comento, mormente quanto aos aspectos legais e administrativos deste, tais como a competência tributária, o fato gerador, a base de cálculo, as alíquotas e a progressividade, além das imunidades, isenções e características da *dívida* ativa tributária. Tais premissas jurídicas permitirão, ao final do artigo, avaliar o efeito econômico deste tributo no direito imobiliário.

3.1 Aspectos legais e administrativos do IPTU: competência tributária

Sendo o Brasil uma federação composta por três níveis de governo, que compreende a União, os 27 Estados mais o Distrito Federal e 5.567 Municípios, um dos pontos mais importantes dessa forma de organização é a definição das competências tributárias, dentre outros aspectos do imposto em comento.

A Constituição Federal (CF) de 1988 determinou que a instituição do IPTU é de competência municipal[23] e o fez acertadamente, considerando a estabilidade dos bens tributados, uma vez que os imóveis não podem migrar de um município para outro (inamovibilidade da base imponível). Ademais, a intrínseca relação entre o contribuinte e o Poder Público provedor de serviços reforça o argumento de que esse imposto deve ser de competência local.

A lei brasileira que define as normas gerais sobre a base de cálculo, o fato gerador e as hipóteses de incidência do IPTU é a Lei nº 5.172/66, denominada Código Tributário Nacional – CTN, que, em seu art. 32, estabelece que esse imposto incidirá sobre a propriedade predial e territorial urbana, tendo como fato gerador a propriedade, o domínio útil ou a posse do bem imóvel por natureza ou acessão física, conforme disposto na lei cível, e localizado na zona urbana do município.

3.2 Fato gerador e base de cálculo

O imposto tem como fato gerador a propriedade, o domínio útil ou a posse do imóvel, não podendo considerar as condições

[23] Art. 156. "Compete aos Municípios instituir impostos sobre: I - propriedade predial e territorial urbana; §1º Sem prejuízo da progressividade no tempo a que se refere o art. 182, §4º, inciso II, o imposto previsto no inciso I poderá: I - ser progressivo em razão do valor do imóvel; e II - ter alíquotas diferentes de acordo com a localização e o uso do imóvel".

pessoais do sujeito passivo, sobremodo sua capacidade econômica. O IPTU acompanha a "coisa" quando de suas transmissões ou transformações (art. 130, CTN). Tanto isso é verdade que se um determinado imóvel for vendido e estiver com qualquer débito de IPTU, esse valor será transferido, juntamente com a propriedade do imóvel, para o adquirente.

A base de cálculo do IPTU é o valor venal do imóvel (CTN, art. 33) e deverá corresponder ao valor à vista de venda, sendo calculado pelo somatório do valor do terreno e da construção e tendo como instrumento adequado para essa aferição a Planta Genérica de Valores, que somente poderá ser alterada mediante envio de projeto de lei para a Câmara Municipal.

3.3 Alíquotas e progressividade

A grande polêmica jurídica do IPTU se refere à determinação das alíquotas do imposto, ou mais propriamente, aos limites e possibilidade do seu aumento gradual (progressividade), sobremodo por conta dos deficientes instrumentos de aferição de base de cálculo do IPTU e dos cadastros imobiliários. Segundo a Constituição Federal (após a Emenda Constitucional nº 29/00), há a possibilidade da progressividade do IPTU em duas circunstâncias:

i. Em razão do valor do imóvel (valor venal), ou seja, tendo por base a capacidade contributiva do proprietário, conforme artigo 156, §1º, I, CF. Nesse caso, poderá ter alíquotas diferenciadas em razão da localização e do uso do imóvel; e
ii. Progressividade no tempo, de caráter sancionatório, com objetivo extrafiscal de assegurar o cumprimento da função social da propriedade. Nessa hipótese, a alíquota do tributo vai sendo aumentada ano a ano como forma de forçar o dono do imóvel a edificar, no caso de terrenos, ou ocupar, no caso de prédios.

A progressividade no tempo *é* capaz de determinar avanços na equidade do IPTU. Já a progressividade segundo o valor venal somente tornou-se possível a partir da edição da Emenda Constitucional nº 29/00, quando o Supremo Tribunal Federal (STF) passou a admiti-la. Esse entendimento e a sua mudança de posição ficaram assentados na Súmula nº 668 do STF, que afirma que "[é] inconstitucional a lei municipal que tenha estabelecido, antes da Emenda Constitucional nº

29, alíquotas progressivas para o IPTU, salvo se destinada a assegurar o cumprimento da função social da propriedade".

Cumpre lembrar, no entanto, que a Emenda Constitucional nº 29/2000 não está autorizando a progressividade de todos os impostos reais, mas apenas abrindo uma exceção específica para o caso do IPTU.[24] Ainda quanto à progressividade com base no valor venal, o STF não vem admitindo o aumento da alíquota com base no número de imóveis do contribuinte, argumentando que não seria possível a elevação do IPTU com base na sua capacidade contributiva. Nesse sentido, editou a Súmula nº 589: "[É] inconstitucional a fixação de adicional progressivo do Imposto Predial e Territorial Urbano em função do número de imóveis do contribuinte". A progressividade corresponde ao crescimento do imposto em função do aumento da base de cálculo; essa progressividade segundo o valor venal seguiria, portanto, a capacidade contributiva.

3.4 Imunidades e isenções

Também é importante observar como o sistema jurídico brasileiro trata das imunidades e isenções do IPTU. Em primeiro lugar, cumpre diferenciar uma da outra, considerando que as isenções são definidas por lei, ao passo que as imunidades estão, de pronto, estabelecidas no texto constitucional. Nesse último caso, o art. 150, VI, da Constituição Federal determina a chamada "imunidade recíproca", segundo a qual a União, os Estados e os Municípios não poderão instituir impostos sobre patrimônio, renda e serviços uns dos outros. Esse é o caso do IPTU. Assim, o prédio pertencente ao Poder Judiciário Federal não poderá ser tributado pelo município com o IPTU e o mesmo se aplica a um imóvel pertencente ao Estado.

A Constituição vai mais longe e, no §2º deste mesmo artigo 150, estende a imunidade sobre o patrimônio, a renda e os serviços das autarquias e fundações, desde que vinculadas às suas atividades essenciais ou dela decorrentes. Apesar da clareza do texto, subsistiam dúvidas quanto à incidência ou não de IPTU sobre imóveis de propriedade dessas entidades e alugados a terceiros. Tal dúvida foi superada com a edição da Súmula nº 724 do STF, estabelecida nos seguintes termos: "Ainda quando alugado a terceiros, permanece imune ao IPTU

---

[24] A Emenda Constitucional nº 42 autorizou a progressividade do Imposto sobre a Propriedade Territorial Rural (ITR).

o imóvel pertencente a qualquer das entidades referidas pelo art. 150, VI, c, da Constituição, desde que o valor dos alugueis seja aplicado nas atividades essenciais de tais entidades".

Embora não esteja contemplado na Constituição Federal, nem mesmo sumulado pela Suprema Corte, a tendência doutrinária é de admitir a imunidade recíproca do IPTU também para as Empresas Públicas e Sociedades de Economia Mista, desde que atuem na prestação de serviço público (art. 175, CF).

Quanto às isenções e anistias, não é incomum a prática dos Municípios de concedê-las com grande liberalidade. Nesse sentido, a Lei de Responsabilidade Fiscal (Lei complementar nº 101/00) estabelece algumas regras que procuram mitigar essas concessões (art. 14).

Para tanto, as isenções de IPTU deverão estar acompanhadas da estimativa do impacto orçamentário-financeiro no exercício em que deva iniciar sua vigência e atender aos parâmetros estabelecidos na Lei de Diretrizes Orçamentárias (LDO), cumprindo pelo menos uma das seguintes condições: a) demonstração de que a renúncia está contemplada na Lei Orçamentária Anual (LOA), assim como não afeta as metas de resultados fiscais contemplada em anexo próprio da LDO e; b) estar acompanhadas de medidas de compensação pelo aumento permanente da receita, que deve ser dado, por exemplo, pelo aumento de alíquotas ou base de cálculo.

3.5 Dívida Ativa Tributária

Quando o contribuinte não paga o tributo no prazo devido, cabe ao Município, por meio da sua Procuradoria da Fazenda Pública, promover a inscrição do nome do devedor na Dívida Ativa Municipal, que corresponde ao crédito da Fazenda Pública proveniente de obrigação legal relativa a tributos e respectivos adicionais e multas (art. 39 da Lei nº 4.320/64).[25] Assim, no caso do IPTU, a legislação tributária municipal, depois de expirado o prazo de pagamento, deverá inscrever em livro próprio do órgão administrativo competente os créditos exigíveis, depois de apurado o valor exato a ser pago.[26] Feita a inscrição, deverá ser expedido um documento chamado "Certidão da Dívida

25 O Código Tributário Nacional (art. 203) define como dívida ativa tributária: "Constitui Dívida Ativa Tributária a proveniente de crédito dessa natureza, regularmente inscrito na repartição tributária competente, depois de esgotado o prazo fixado para pagamento pela lei ou por decisão final proferida em processo regular".

26 BALEEIRO, Aliomar. *Uma introdução à ciência das finanças*. Rio de Janeiro: Forense, 1999.

Ativa", legitimando a Fazenda Pública a ir ao Judiciário e promover ação própria para o contribuinte devedor pagar o valor devido. Assim, será o devedor citado para pagamento no prazo de cinco dias ou para nomear bens que possam garantir o pagamento. Caso não haja o pagamento no prazo hábil, nem a garantia suficiente, a execução recairá em qualquer bem penhorável do devedor.

Resta saber se o imóvel residencial poderia ser dado em garantia para a quitação de dívida de IPTU. O tema nos remete ao princípio da "impenhorabilidade dos bens de família", conforme disposto no art. 1º da Lei nº 8.009/90 que assim dispõe:

> O imóvel residencial próprio do casal, ou da entidade familiar, é impenhorável e não responderá por qualquer tipo de dívida civil, comercial, fiscal, previdenciária ou de outra natureza, contraída pelos cônjuges ou pelos pais ou filhos que sejam seus proprietários e nele residam, salvo nas hipóteses previstas nesta lei.

A lei vai mais além e estabelece explicitamente (art. 3º) que essa impenhorabilidade seria oponível em qualquer processo de execução civil, fiscal, previdenciária, trabalhista ou de outra natureza.

No entanto, teve o legislador infraconstitucional o cuidado de ressalvar dessa restrição a cobrança de impostos, predial ou territorial, taxas e contribuições devidas em função do imóvel familiar. Logo, é possível impor ao imóvel residencial restrições em caso de não pagamento de IPTU. Dessa forma, há instrumentos legais para obrigar o pagamento do IPTU que não foi pago espontaneamente pelo contribuinte.

No entanto, existe uma série de problemas que dificultam a execução e a cobrança da dívida ativa tributária, como o desaparelhamento das Procuradorias Municipais que, por desídia e incapacidade técnica, deixam escoar o prazo para cobrança. Além disso, há de se considerar a mora e a lentidão do Poder Judiciário que, embora conte com Varas especializadas para esse mister, resta assoberbado por milhares de ações (muitas, inclusive, de pequena monta), determinando um prazo muito amplo para resolução dos conflitos. Essas deficiências sistêmicas acabam por promover elevados custos de transação, tornando mais difícil a recuperação judicial desses valores devidos ao Fisco.

Uma recente inovação nesse tema foi introduzida pela Resolução nº 33/06 do Senado Federal, autorizando os Estados, o Distrito Federal e os Municípios a cederem para as instituições financeiras a sua dívida ativa consolidada para cobrança por endosso-mandato, mediante a antecipação de receita de até o valor de face dos créditos, desde que respeitados os limites e as condições estabelecidos pela Lei Complementar nº 101, de 4 de maio de 2000, e pelas Resoluções nº 40 e 43, de 2001, do Senado Federal. Trata-se, em linguagem clara, da possibilidade da terceirização da cobrança da dívida tributária e, nesse contexto, certamente resta presente a terceirização da cobrança judicial das dívidas do IPTU.

Essa possibilidade reflete uma tentativa de melhorar o sistema de recuperação judicial das dívidas tributárias, bem como o diagnóstico da falta de eficiência e eficácia quando essas ações são praticadas pelos próprios entes públicos (Procuradorias das Fazendas Públicas). Ocorre que essa terceirização da dívida ativa sofre de enormes empecilhos constitucionais para ser implementada. A partir dessas observações a respeito do IPTU, algumas conclusões serão a seguir apresentadas, em consideração ao que foi exposto em todo o artigo.

4 Considerações finais

Foi observado, ao longo deste artigo, que o direito não pode se limitar à consideração das implicações que resultam das relações entre os diversos ramos desta ciência autônoma. Assim sendo, o direito imobiliário e o direito tributário não devem se ater apenas às influências que exercem entre si ou entre outras disciplinas jurídicas, mas também precisam atentar aos aspectos econômicos que estão inseridos nesta relação.

Em atenção a este fato, que consiste em objeto do *Law and Economics*, foram apontadas, inicialmente, questões deste movimento relativas à eficiência econômica. Mais especificamente, como o Estado pode atingi-la no contexto das funções que desempenha. Constatamos que, diferentemente das funções exercidas num Estado eminentemente liberal, que se preocupava basicamente com a proteção dos direitos de liberdade dos cidadãos, atualmente são identificadas outras funções, tais como a da estabilidade econômica.

Ao exercer esta função, o Estado deve não apenas observar os clássicos modelos de eficiência econômica, mas também considerar e rever uma série de distorções existentes no mercado, concretizadas por fatores como monopólios e tributação. É necessário que o Estado atue, assim, nas chamadas falhas de mercado, pois, apesar de o mercado funcionar bem na alocação de recursos, a presença de externalidades negativas prejudica o seu desempenho.

Dentre as formas de minorar a presença de falhas de mercado está a melhor definição dos direitos de propriedade e dos custos de transação respectivos, além do estabelecimento, pelo Estado, de regulação e controle administrativo. O sistema de tributação também pode ser utilizado nesse sentido. Ocorre que o argumento da necessidade de correção das falhas de mercado vem sendo utilizado pelo Governo para toda e qualquer intervenção governamental, algumas vezes sem critério, apenas porque existe a ideia de que o Governo precisa, de alguma maneira, atuar na economia.

A ausência de falhas de mercado só seria possível se os custos de transação fossem zero, o que nunca será concretizado. O problema, como foi apontado, consiste, então, na limitação à questão das falhas de mercado na justificativa de intervenção econômica pelo Governo. É necessário complementar esta abordagem com a verificação dos custos de transação.

Esta é a visão que se deve ter a respeito do IPTU. Conforme foi observado ao longo deste texto, o IPTU, dentre outros aspectos jurídicos que o caracterizam, é um tributo com progressiva estipulação das alíquotas. Restou aduzido, neste artigo, que o problema atualmente verificado no IPTU consiste nos deficientes instrumentos de aferição da base de cálculo deste tributo e dos cadastros imobiliários.

Assim, no que diz respeito à progressividade do IPTU em razão do valor venal do imóvel, a concretização da capacidade contributiva do contribuinte é verificada a partir da localização e do uso do imóvel. O que interessa, nesse primeiro aspecto da progressividade, é a determinação do valor venal do imóvel, fato que demanda uma constante atualização dos cadastros imobiliários e acompanhamento pelo governo das variações no mercado.

No entanto, o que se vê atualmente é a omissão de muitos dos municípios brasileiros nesse dever de acompanhar. Assim, o que deveria ser um instrumento para a efetivação do princípio da capacidade contributiva – a utilização do valor venal do imóvel no cálculo do IPTU a ser pago – restou esbarrado num custo de transação não previsto legalmente, mais especificamente o custo de transação que o Governo tem para atualizar os cadastros imobiliários.

Este fato demonstra que o direito tributário precisa acompanhar os passos do direito imobiliário. Não basta apenas fazer referência ao valor venal, sem considerar os custos administrativos em acompanhá-los. Da mesma maneira, o direito imobiliário tem que modernizar seus instrumentos, para que os cadastros deixem de ser um empecilho para a verificação da capacidade contributiva dos sujeitos passivos e se tornem ferramentas do Governo nessa finalidade. Faz-se necessária, portanto, uma sincronização do direito imobiliário com os objetivos determinados pelas normas tributárias.

Já a progressividade no tempo, desde que liberada por lei ordinária municipal, tem como razão uma política de desenvolvimento urbano, com o efeito extrafiscal de desestimular a especulação imobiliária. Assim, diante da finalidade constitucional de cumprimento da função social nas propriedades, fica permitido que os municípios instituam um aumento gradual da alíquota no IPTU sempre que restar verificado que o proprietário do bem imóvel não provê a este um adequado aproveitamento.

Nesse ponto, também é fundamental a contribuição do direito imobiliário para o direito tributário. Conforme aduzido no início deste trabalho, não se mostra mais suficiente, pela perspectiva do *Law and Economics*, a mera argumentação de que o Governo deve atuar na economia, regulando o mercado. É necessário mais do que esta constatação. O Governo não pode simplesmente dizer que vai instituir um tributo com efeito extrafiscal, sem assegurar como tal efeito poderá ser atingido.

Isso também vale para a instituição de alíquotas do IPTU progressivas no tempo. O direito tributário não pode se contentar com a mera instituição de progressividade das alíquotas, sem verificar se esta progressividade, de fato, está apta a incentivar a efetivação da função social dos imóveis, daí a importância da observação, pelo direito tributário, dos instrumentos desenvolvidos pelo direito imobiliário quanto à estipulação dos valores dos imóveis. Não basta apenas dizer que vai regular o mercado incentivando as construções nos terrenos por meio do aumento progressivo das alíquotas; é necessário que seja verificado se, de fato, tal aumento é capaz de representar um ânimo à concretização desta função no mercado imobiliário.

Tudo isso representa um custo a ser ponderado pelo Governo. Se o objetivo for realmente a eficiência econômica dessas medidas extrafiscais, o custo de uma adequada instituição de alíquotas e de um acompanhamento dos resultados deve ser levado em conta. Não podem os municípios apenas determinar a progressividade das alíquotas sem se preocupar com esse fator econômico, pois isto é contraditório à própria função extrafiscal do tributo em estudo.

A não consideração das falhas na determinação das alíquotas progressivas induz a efeitos fiscais incipientes. De um lado, há a possibilidade de o contribuinte ser excessivamente onerado a ponto até de desistir de manter a propriedade de um determinado imóvel, o que, certamente, não concretizará, por si só, a função social do imóvel, apenas retardando a solução do problema. Isso também poderá ocorrer, por outro lado, com a estipulação de alíquotas insuficientes. Nesse caso, poderá ser mais vantajoso para o contribuinte se manter na especulação imobiliária.

Como se pode observar, o direito tributário, ramo autônomo do direito, não pode abrir mão das ferramentas desenvolvidas pelo direito imobiliário e as normas estipuladas por ambos devem estar atentas aos aspectos econômicos, principalmente nos custos de transação que existem para a obtenção dos objetivos que determinam.

Referências

BALEEIRO, Aliomar. *Uma introdução à ciência das finanças*. Rio de Janeiro: Forense, 1999.

BRASIL. Constituição (1988). Constituição da República Federativa do Brasil de 1988. *Diário Oficial da República Federativa do Brasil*, Brasília, DF, 05 out. 1988. Disponível em: http://www.planalto.gov.br/ccivil_03/constituicao/Constitui%E7ao_Compilado.htm. Acesso em 31 mai. 2011.

BRASIL. Emenda Constitucional nº 29, de 13 de setembro de 2000. Altera os arts. 34, 35, 156, 160, 167 e 198 da Constituição Federal e acrescenta artigo ao Ato das Disposições Constitucionais Transitórias, para assegurar os recursos mínimos para o financiamento das ações e serviços públicos de saúde. *Diário Oficial da República Federativa do Brasil*, Brasília, DF, 14 set. 2000. Disponível em: http://www.planalto.gov.br/ccivil_03/constituicao/emendas/emc/emc29.htm. Acesso em 31 mai. 2011.

BRASIL. Emenda Constitucional nº 42, de 19 de dezembro de 2003. Altera o Sistema Tributário Nacional e dá outras providências. *Diário Oficial da República Federativa do Brasil*, Brasília, DF, 31 dez. 2003. Disponível em: http://www.planalto.gov.br/ccivil_03/constituicao/emendas/emc/emc42.htm. Acesso em 31 mai. 2011.

BRASIL. Lei nº 4.320, de 17 de março de 1964. Estatui Normas Gerais de Direito Financeiro para elaboração e contrôle dos orçamentos e balanços da União, dos Estados, dos Municípios e do Distrito Federal. *Diário Oficial da República Federativa do Brasil*, Brasília, DF, 23 mar. 1964, retificado em 09 abr. 1964, e 03 jun. 1964. Disponível em: http://www.planalto.gov.br/ccivil_03/leis/L4320compilado.htm. Acesso em 31 mai. 2011.

BRASIL. Lei nº 5.172, de 25 de outubro de 1966. Código Tributário Nacional (CTN). Dispõe sobre o Sistema Tributário Nacional e institui normas gerais de direito tributário aplicáveis à União, Estados e Municípios. *Diário Oficial da República Federativa do Brasil*, Brasília, DF, 27 out. 1966, retificado em 31 out. 1966. Disponível em: http://www.planalto.gov.br/ccivil_03/leis/L5172Compilado.htm. Acesso em 31 mai. 2011.

BRASIL. Lei nº 8.009, de 29 de março de 1990. Dispõe sobre a impenhorabilidade do bem de família. *Diário Oficial da República Federativa do Brasil*, Brasília, DF, 30 mar. 1990. Disponível em: http://www.planalto.gov.br/ccivil_03/leis/L8009.htm. Acesso em 31 mai. 2011.

BRASIL. Lei complementar nº 101, de 4 de maio de 2000. Lei de Responsabilidade Fiscal. Estabelece normas de finanças públicas voltadas para a responsabilidade na gestão fiscal e dá outras providências. *Diário Oficial da República Federativa do Brasil*, Brasília, DF, 05 mai. 2000. Disponível em: http://www.planalto.gov.br/ccivil_03/leis/LCP/Lcp101.htm. Acesso em 31 mai. 2011.

BRASIL. Senado Federal. *Resolução nº 33, de 2006*. Disponível em: www.senado.gov.br. Acesso em 31 mai. 2011.

BRASIL. *Resolução nº 40, de 2001*. Disponível em: www.senado.gov.br. Acesso em 31 mai. 2011.

BRASIL. *Resolução nº 43, de 2001*. Disponível em: www.senado.gov.br. Acesso em 31 mai. 2011.

BRASIL. Supremo Tribunal Federal. *Súmula nº 589, de 15 de dezembro de 1976*. É inconstitucional a fixação de adicional progressivo do imposto predial e territorial urbano em função do número de imóveis do contribuinte. Disponível em: http://www.stf.jus.br/portal/jurisprudencia/listarJurisprudencia.asp?s1=589.NUME. NAO S.FLSV.&base=baseSumulas. Acesso em 31 mai. 2011.

BRASIL. *Súmula nº 668, de 24 de setembro de 2003*. É inconstitucional a lei municipal que tenha estabelecido, antes da Emenda Constitucional 29/2000, alíquotas progressivas para o IPTU, salvo se destinada a assegurar o cumprimento da função social da propriedade urbana. Disponível em: http://www.stf.jus.br/portal/jurisprudencia/listarJurisprudencia.asp?s1=668.NUME. NAO S.FLSV.&base=baseSumulas. Acesso em 31 mai. 2011.

BRASIL. *Súmula nº 724, de 26 de novembro de 2003*. Ainda quando alugado a terceiros, permanece imune ao IPTU o imóvel pertencente a qualquer das entidades referidas pelo art. 150, VI, c, da Constituição, desde que o valor dos aluguéis seja aplicado nas atividades essenciais de tais entidades. Disponível em: http://www.stf.jus.br/portal/jurisprudencia/listarJurisprudencia.asp?s1=724.NUME. NAO S.FLSV.&base=baseSumulas. Acesso em 31 mai. 2011.

COASE, Ronald. *The Firm, the Market and the Law*. Chicago: University of Chicago Press, 1988.

COOTER, Robert; ULLEN, Thomas. *Direito e Economia*. (Trad. Luis Marcos Sander e Francisco Araújo da Costa). Porto Alegre: Bookman, 2010.

PIGOU, Arthur Cecil. *The Economics of Welfare*. London: Macmillan, 1947.

SMITH, Adam. *A riqueza das nações*. (Coleção os economistas). São Paulo: Editora Abril, 1987.

ZERBE JR, Richard; McCURDY, Howard. The Failure of Market Failure. *Journal of Policy Analisys and Management*, Chicago, v. 18, n. 4, p. 558-578, fall, 1999.

FINALIDADE E DESTINAÇÃO VINCULADA DAS CONTRIBUIÇÕES NA INTERVENÇÃO DO ESTADO NA ECONOMIA BRASILEIRA[1]

Este artigo tem como objetivo realizar uma observação acerca da utilização, pelo ordenamento jurídico brasileiro, da intervenção estatal na economia por meio da instituição de tributos. Mais especificamente, o presente trabalho visa a analisar as características da espécie tributária contributiva no cumprimento do escopo interventivo que o justifica. Esta análise será feita por meio do estudo a respeito da finalidade e da destinação vinculada do citado tributo. Para tanto serão realizadas, inicialmente, algumas considerações a respeito dos princípios constitucionais da Ordem Econômica, que devem nortear tais intervenções. Em seguida, será destacada a importância de serem considerados, pelo Direito, os efeitos econômicos da utilização das contribuições especiais. No tópico seguinte serão então consideradas as classificações apresentadas pela doutrina quanto à finalidade e à destinação vinculada dos tributos, as quais, por fim, guiarão uma análise sobre as contribuições de intervenção na economia existentes no Brasil.

1 Introdução: a instituição de normas tributárias na intervenção por normatização do Estado na economia brasileira

A intervenção do Estado brasileiro na economia encontra-se disciplinada no título VII da Constituição Federal, reservado à Ordem Econômica e Financeira. Algumas diretrizes da ordem econômica brasileira, como os princípios da livre iniciativa e da dignidade da

---

1 Escrito em coautoria com Isabel Arruda Matheos de Lima.

pessoa humana também se encontram nos dispositivos constitucionais inseridos nos títulos reservados aos princípios, direitos e garantias fundamentais.[2]

É importante esclarecer que a expressão "intervenção", no sentido a ser adotado neste artigo, limita-se à hipótese de atuação do Estado na esfera privada, não se referindo, portanto, à atuação do Estado em atividades públicas, como a prestação de serviços públicos,[3] por exemplo. É, portanto, adotada a ideia de que:

> (...) o vocábulo intervenção é, no contexto, mais correto do que a expressão atuação estatal: intervenção expressa atuação estatal em área de titularidade do setor privado; atuação estatal, simplesmente, expressa significado mais amplo. (...) Em outros termos, teremos que intervenção conota atuação estatal no campo da atividade econômica em sentido estrito; atuação estatal, ação do Estado no campo da atividade econômica em sentido amplo.[4]

---

2 "Art. 1º. A República Federativa do Brasil, formada pela união indissolúvel dos Estados e Municípios e do Distrito Federal, constitui-se em Estado Democrático de Direito e tem como fundamentos: (...) III - a dignidade da pessoa humana; IV - os valores sociais do trabalho e da livre iniciativa; (...)" e "Art. 170. A ordem econômica, fundada na valorização do trabalho humano e na livre iniciativa, tem por fim assegurar a todos existência digna, conforme os ditames da justiça social, observados os seguintes princípios: I - soberania nacional; II - propriedade privada; III - função social da propriedade; IV - livre concorrência;
V - defesa do consumidor; VI - defesa do meio ambiente, inclusive mediante tratamento diferenciado conforme o impacto ambiental dos produtos e serviços e de seus processos de elaboração e prestação;
VII - redução das desigualdades regionais e sociais; VIII - busca do pleno emprego; IX - tratamento favorecido para as empresas de pequeno porte constituídas sob as leis brasileiras e que tenham sua sede e administração no País. Parágrafo único. É assegurado a todos o livre exercício de qualquer atividade econômica, independentemente de autorização de órgãos públicos, salvo nos casos previstos em lei". A este respeito: "Justiça social, inicialmente, quer significar superação das injustiças na repartição, a nível pessoal, do produto econômico. Com o passar do tempo, contudo, passa a conotar cuidados, referidos à repartição do produto econômico, não apenas inspirados em razões micro, porém macroeconômicas: as correções na injustiça da repartição deixam de ser apenas uma imposição ética, passando a consubstanciar exigência de qualquer política econômica capitalista". (GRAU, Eros. *A ordemeconômica na Constituição de 1988*: interpretação e crítica. São Paulo: Malheiros, 2006. p. 224).

3 A respeito desses serviços: "O elemento mais importante e decisivo para se definir serviço público reside justamente no elemento formal do conceito, ou seja, a identificação do regime jurídico que deverá orientar a gestão e a realização desta atividade. O regime jurídico do serviço público é aquele informado pelas normas jurídicas que ficam nas órbitas dos princípios da prevalência do interesse público sobre o interesse privado e da indisponibilidade do interesse público pela Administração". (FRANÇA, Vladmir da Rocha. Conceito de serviço público na Constituição Federal. *Revista Brasileira de Direito Administrativo e Regulatório*, São Paulo, n. 1, p. 228-229, 2010).

4 GRAU, Eros. *A ordem econômica na Constituição de 1988*: interpretação e crítica. São Paulo: Malheiros, 2006. p. 94.

É semelhante a constatação de que:

> A Constituição já não é tão clara, como as anteriores, quanto aos modos de atuação do Estado na economia. Fala em exploração direta da atividade econômica pelo Estado e do Estado como agente normativo e regulador da atividade econômica. Quer dizer: o Estado pode ser um agente econômico e um agente disciplinador da economia. Pode-se manter, em face da atual Constituição, a mesma distinção (...) de que ela reconhece duas formas de ingerência do Estado na ordem econômica: a participação e a intervenção.[5]

Desta maneira, serão traçadas as características e os limites da intervenção do Estado na economia, mais especificamente, a intervenção estatal nas atividades de mercado realizadas pelos particulares. Para tanto, é indispensável manter em mente o processo histórico de alterações político-sociais que resultaram em diferentes maneiras de intervenção do Estado na economia.

No Brasil, pela concepção consagrada na Constituição Federal de 1988, a ordem econômica apresenta uma limitação ao liberalismo individualista, regrado apenas pelas leis de mercado, e consagra, dentre os dispositivos, uma série de direitos sociais de proteção dos interesses de toda a coletividade. Isso por que: "a visão estática da economia, predominante entre os autores neoclássicos da Escola Marginalista e sua análise fundada no individualismo metodológico é abalada, no século XX, com a crescente preocupação em torno da noção de desenvolvimento".[6]

Neste sentido, são objetivos expressos da República Federativa do Brasil: a construção de uma sociedade livre, justa e solidária, a garantia do desenvolvimento nacional, a erradicação da pobreza e da marginalização, bem como a redução das desigualdades sociais e regionais, além da promoção do bem de todos. Estes objetivos, conhecidos como objetivos fundamentais,[7] deverão ser considerados na interpretação das normas relativas à intervenção do Estado na economia.

---

5 SILVA, José Afonso da. *Curso de direito constitucional positivo.* São Paulo: Malheiros, 2004. p. 784.

6 BERCOVICI, Gilberto. *Constituição Econômica e desenvolvimento*: uma leitura a partir da Constituição de 1988. São Paulo: Malheiros, 2005. p. 45.

7 "Art. 3º Constituem objetivos fundamentais da República Federativa do Brasil: I - construir uma sociedade livre, justa e solidária; II - garantir o desenvolvimento nacional; III - erradicar a pobreza e a marginalização e reduzir as desigualdades sociais e regionais; IV - promover o bem de todos, sem preconceitos de origem, raça, sexo, cor, idade e quaisquer outras formas de discriminação".

Pelo exposto, diferentemente dos artigos 173, 175, 176 e 177,[8] nos quais está prevista a atuação do Estado como agente econômico, o art. 174 da Constituição Federal prevê a atuação do Estado como interventor da atividade econômica, ao estabelecer que: "como agente normativo e regulador da atividade econômica, o Estado exercerá, na forma da lei, as funções de fiscalização, incentivo e planejamento (...)".

Nesta norma resta autorizada pelo ordenamento jurídico brasileiro a intervenção do Estado na economia, não apenas como agente normativo e regulador diante das falhas de mercado, mas também nas funções de fiscalização, incentivo e planejamento. Isso significa dizer que, no Brasil, a intervenção do Estado na economia não ocorre apenas posteriormente, diante da verificação da existência de falhas de mercado, tais como externalidades negativas ou assimetrias de informação, mas também deve ser anterior e concomitante a estas, diante da previsão das funções de planejamento, incentivo e fiscalização.

Em outros termos, para além da intervenção decorrente das falhas de mercado, a intervenção também deve ser concomitante à realização das atividades econômicas. Em resumo, o Estado pode intervir anteriormente à realização das atividades econômicas, planejando a economia e criando incentivos diante da função de planejamento e incentivo, bem como fiscalizando o início destas atividades, por meio do poder de polícia.

No decorrer da realização das atividades econômicas, o Estado também pode intervir ao colocar em prática o planejamento feito, ao estipular incentivos para os sujeitos e ao continuar a fiscalização.

---

[8] "Art. 173. Ressalvados os casos previstos nesta Constituição, a exploração direta de atividade econômica pelo Estado só será permitida quando necessária aos imperativos da segurança nacional ou a relevante interesse coletivo, conforme definidos em lei. (...) Art. 175. Incumbe ao Poder Público, na forma da lei, diretamente ou sob regime de concessão ou permissão, sempre através de licitação, a prestação de serviços públicos. (...) Art. 176. As jazidas, em lavra ou não, e demais recursos minerais e os potenciais de energia hidráulica constituem propriedade distinta da do solo, para efeito de exploração ou aproveitamento, e pertencem à União, garantida ao concessionário a propriedade do produto da lavra. (...) Art. 177. Constituem monopólio da União: I - a pesquisa e a lavra das jazidas de petróleo e gás natural e outros hidrocarbonetos fluidos; II - a refinação do petróleo nacional ou estrangeiro; III - a importação e a exportação dos produtos e derivados básicos resultantes das atividades previstas nos incisos anteriores; IV - o transporte marítimo do petróleo bruto de origem nacional ou de derivados básicos de petróleo produzidos no País, bem assim o transporte, por meio de conduto, de petróleo bruto, seus derivados e gás natural de qualquer origem; V - a pesquisa, a lavra, o enriquecimento, o reprocessamento, a industrialização e o comércio de minérios e minerais nucleares e seus derivados, com exceção dos radioisótopos cuja produção, comercialização e utilização poderão ser autorizadas sob regime de permissão (...)".

Ademais, mesmo estando finalizadas as atividades econômicas em um determinado mercado, o Estado deve continuar a fiscalização, principalmente para verificar se estas foram encerradas dentro dos ditames legais.

No Brasil, assim, é permitido que o Estado intervenha no curso da Economia tanto estabelecendo normas, com a instituição de uma tributação indutora, por exemplo, quanto também regulando-a, ao determinar, também a título exemplificativo, a formação de estoques para controle de abastecimento,[9] de maneira que estas intervenções sejam anteriores, concomitantes e posteriores às atividades econômicas. Esta interpretação ampla do instituto da intervenção do Estado na Economia é, inclusive, a interpretação adotada pelo Supremo Tribunal Federal.[10]

---

9 Acerca do tema: "entende-se por controle de abastecimento o conjunto de medidas destinadas a manter no mercado consumidor matéria prima, produtos ou serviços em quantidade necessária às exigências de seu consumo. Essas providências constituem atos de intervenção no domínio econômico e, por isso mesmo, são da competência originária da União". (MEIRELLES, Hely Lopes. *Direito Administrativo Brasileiro.* (Atualizado por Eurico de Andrade Azevedo, Délcio Balestero Aleixo e José Emmanuel Burle Filho). São Paulo: Malheiros, 2009. p. 652).

10 "EMENTA: AÇÃO DIRETA DE INCONSTITUCIONALIDADE. LEI N. 7.844/92, DO ESTADO DE SÃO PAULO. MEIA ENTRADA ASSEGURADA AOS ESTUDANTES REGULARMENTE MATRICULADOS EM ESTABELECIMENTOS DE ENSINO. INGRESSO EM CASAS DE DIVERSÃO, ESPORTE, CULTURA E LAZER. COMPETÊNCIA CONCORRENTE ENTRE A UNIÃO, ESTADOS-MEMBROS E O DISTRITO FEDERAL PARA LEGISLAR SOBRE DIREITO ECONÔMICO. CONSTITUCIONALIDADE. LIVRE INICIATIVA E ORDEM ECONÔMICA. MERCADO. INTERVENÇÃO DO ESTADO NA ECONOMIA. ARTIGOS 1º, 3º, 170, 205, 208, 215 e 217, §3º, DA CONSTITUIÇÃO DO BRASIL. 1. É certo que a ordem econômica na Constituição de 1.988 define opção por um sistema no qual joga um papel primordial a livre iniciativa. Essa circunstância não legitima, no entanto, a assertiva de que o Estado só intervirá na economia em situações excepcionais. 2. Mais do que simples instrumento de governo, a nossa Constituição enuncia diretrizes, programas e fins a serem realizados pelo Estado e pela sociedade. Postula um plano de ação global normativo para o Estado e para a sociedade, informado pelos preceitos veiculados pelos seus artigos 1º, 3º e 170. 3. A livre iniciativa é expressão de liberdade titulada não apenas pela empresa, mas também pelo trabalho. Por isso a Constituição, ao contemplá-la, cogita também da "iniciativa do Estado"; não a privilegia, portanto, como bem pertinente apenas à empresa. 4. Se de um lado a Constituição assegura a livre iniciativa, de outro determina ao Estado a adoção de todas as providências tendentes a garantir o efetivo exercício do direito à educação, à cultura e ao desporto [artigos 23, inciso V, 205, 208, 215 e 217 §3º, da Constituição]. Na composição entre esses princípios e regras há de ser preservado o interesse da coletividade, interesse público primário. 5. O direito ao acesso à cultura, ao esporte e ao lazer, são meios de complementar a formação dos estudantes. 6. Ação direta de inconstitucionalidade julgada improcedente". (ADI nº 1950, Relator(a): Min. EROS GRAU, Tribunal Pleno, julgado em 03.11.2005, DJ 02.06.2006 PP-00004 EMENT VOL-02235-01 PP-00052 LEXSTF v. 28, n. 331, 2006, p. 56-72 RT v. 95, n. 852, 2006, p. 146-153).

O importante é observar que a intervenção a ser realizada pelo Estado deve atender aos preceitos constitucionais, sendo direcionada, portanto, à consecução dos objetivos contidos na Carta Magna, tais como os já citados objetivos de construção de uma sociedade livre, justa e solidária e de garantia do desenvolvimento nacional. Desta maneira, independentemente da forma de intervenção do Estado, seja por meio de normatização, seja por meio de regulação, a imposição de limites à liberdade de atuação do sujeito no mercado deve estar embasada na finalidade de obtenção do bem da coletividade. A este respeito, "a Constituição do Brasil de 1988 projeta um Estado desenvolto e forte, o quão necessário seja para que os fundamentos afirmados no seu art. 1º e os objetivos definidos no seu art. 3º venham a ser plenamente realizados".[11]

Desta maneira, intervenções estatais que limitem a situação econômica dos particulares devem guardar estrita observância com os direitos sociais historicamente conquistados, que estão previstos na Constituição Federal. Isso porque, intervenções desnecessárias ou até mesmo injustificadas, que de alguma forma restringem a possibilidade de atuação dos sujeitos, podem se mostrar economicamente ineficientes.

Por isso, mesmo que uma intervenção estatal na economia esteja fundada em normas consideradas constitucionais pelo ordenamento e que, além disso, detenham eficácia jurídica ao produzir efeitos perante os sujeitos, este fato, por si só, não significa que esta intervenção seja eficiente economicamente. Necessário se faz, portanto, acompanhar de perto as intervenções realizadas pelo Estado, exigindo-se a comprovação de que realmente concretizam os objetivos econômicos almejados.

A supressão dos interesses individuais por meio da intervenção estatal na economia deve então corresponder ao atendimento dos interesses coletivos.[12] Caso assim não seja verificado, ao invés de gerar eficiência econômica, estas intervenções poderão representar um

---

[11] GRAU, Eros. Constituição e serviço público. *In*: GRAU, Eros; GUERRA FILHO, Willis Santiago. (Org.) *Direito Constitucional*: estudos em homenagem a Paulo Bonavides. São Paulo: Malheiros, 2003. p. 259.

[12] Neste sentido: "Os fundamentos da intervenção na propriedade e atuação no domínio econômico repousam na necessidade de proteção do Estado aos interesses da comunidade. Os interesses coletivos representam o direito do maior número e, por isso mesmo, quando em conflito com os interesses individuais, estes cedem àqueles, em atenção ao direito da maioria, que é a base do regime democrático (...)". (MEIRELLES, Hely Lopes. *Direito Administrativo Brasileiro*. (Atualizado por Eurico de Andrade Azevedo, Délcio Balestero Aleixo e José Emmanuel Burle Filho). São Paulo: Malheiros, 2009. p. 603).

retrocesso à própria organização autônoma do mercado, visto que significará, para os sujeitos afetados, a piora da respectiva situação sem a verificação de um resultado positivo correspondente na sociedade. Isto significa dizer que, para além das determinações do art. 174 da Constituição Federal, a intervenção estatal na Economia também deve respeitar os princípios constitucionais da ordem econômica, previstos no art. 170 da Carta Magna.

Neste sentido, são princípios da ordem econômica: soberania nacional, propriedade privada, função social da propriedade, livre concorrência, defesa do consumidor, defesa do meio ambiente, redução das desigualdades regionais e sociais, busca do pleno emprego e tratamento favorecido para as empresas de pequeno porte. Atendendo aos limites deste artigo, alguns comentários[13] a respeito destes princípios serão feitos a seguir, a começar pelo princípio da soberania, antes da análise da intervenção econômica pela instituição de tributos.

2 Os princípios da Ordem Econômica e a intervenção do Estado na economia

A primeira concepção de soberania, denominada concepção clássica, estava diretamente ligada à ideia de reconhecimento internacional de poder. Tal concepção relacionava-se ao contexto histórico da época, traduzido no reconhecimento dos Estados que se formavam na Europa. Com a aparição do Estado Moderno, tem-se a transferência da soberania da pessoa do monarca para a nação e, com isto, este conceito passou a ser compreendido como a independência do Estado perante qualquer poder externo.[14]

---

[13] Isto por que: "O ponto de partida do intérprete há que ser sempre os princípios constitucionais, que são o conjunto de normas que espelham a ideologia da Constituição, seus postulados básicos e seus afins. Dito de forma sumária, os princípios constitucionais são as normas eleitas pelo constituinte como fundamentos ou qualificações essenciais da ordem jurídica que constitui". (BARROSO, Luís Roberto. *Interpretação e aplicação da constituição*: fundamentos de uma dogmática constitucional transformadora. São Paulo: Saraiva, 2002. p. 149). Ademais, "Os princípios são as normas-chaves de todo o sistema jurídico. (...) Em verdade, os princípios são o oxigênio das Constituições na época do pós-positivismo. É graças aos princípios que os sistemas constitucionais granjeiam a unidade de sentido e auferem a valoração de sua ordem normativa". (BONAVIDES, Paulo. *Curso de Direito Constitucional*. São Paulo: Malheiros, 2004. p. 287-288).

[14] Daí se tem a origem etimológica da palavra soberania: "(...) a faculdade que, num dado ordenamento jurídico, aparece como suprema. Tem soberania quem possui o poder supremo, absoluto e incontrastável, que não reconhece, acima de si, nenhum outro poder. Bem por isso, ele sobrepaira toda e qualquer autoridade (daí: *supra, supramus, soberano,*

Não se vislumbrava, assim, qualquer tipo de interferência estrangeira nas decisões internas de cada Estado. Atualmente, no entanto, com o desenvolvimento do Direito Internacional, o conceito de soberania se depara com a limitação do caráter absoluto dos desígnios de cada Estado. Há, portanto, obrigações externas a serem cumpridas perante os demais Estados soberanos, decorrentes dos costumes, princípios ou convenções internacionais.

Essa concepção de soberania[15] adveio da coordenação das situações que surgiram com a aproximação e o aprimoramento das relações internacionais. Pelas mesmas razões, o descumprimento das obrigações internacionais pode vir a acarretar sanções por parte dos outros Estados, pois o respeito às obrigações internacionais significa, também, o respeito às demais soberanias. Pela concepção moderna de soberania, assim, a restrição da atuação de um Estado não representa uma diminuição ou a limitação de sua soberania, mas sim, a concretização de um ato soberano. Em outros termos:

> O fato de que a soberania do Estado não é limitada pelo Direito Internacional (...), é inteiramente compatível com a realidade de que um Estado, ao reconhecer o Direito Internacional, fortalece sua soberania e, assim, pelos elementos do ordenamento jurídico interno, a assegura.16

No Brasil, além da inclusão deste princípio no rol do art. 170, a soberania é trazida[17] pela Constituição Federal como princípio fundamental do Estado Democrático de Direito.[18] Por esse princípio, assim, o Brasil exercita plenamente a autoridade do Estado, legislando, executando e decidindo as normas a serem cumpridas pelos indivíduos

---

soberania)". (CARRAZZA, Roque Antônio. *Curso de Direito Constitucional Tributário*. São Paulo: Malheiros, 2005. p. 125).

15 Hans Kelsen (1881-1973) foi o responsável por reiniciar as discussões sobre o conceito de soberania.

16 "Die Tatsache, daß die Souveränität des Staates durch kein (...) Völkerrecht eingeschränkt ist, ist durchaus mit der Tatsache vereinbar, daß ein Staat, dadurch daß er kraft seiner Souveranität das Völkerrecht anerkennt und so zum Bestandteil der Staatliche Rechtsordnung macht, seine Souveranität (...)". (KELSEN, HANS. *Reines Rechtslére*. Wien: Franz Deuticke, 1967. p. 343).

17 Há, na doutrina, divergência quanto à introdução do princípio da soberania no rol dos princípios constitucionais: "A soberania não precisava ser mencionada, porque ela é fundamento do próprio conceito de Estado". (SILVA, José Afonso da. *Curso de direito constitucional positivo*. São Paulo: Malheiros, 2004. p. 104).

18 "Art. 1º A República Federativa do Brasil, formada pela união indissolúvel dos Estados e Municípios e do Distrito Federal, constitui-se em Estado Democrático de Direito e tem como fundamentos: I - a soberania; (...)".

que habitam o território nacional. De igual maneira, pela concepção moderna de soberania, o referido princípio fundamental determina que o Brasil está submetido ao Direito Internacional, ainda que voluntariamente acate certas obrigações internacionais limitando seu âmbito de atuação, tudo em nome de sua vontade soberana.

Atualmente, assim, a ideia de soberania engloba, além do exercício pleno da autoridade do Estado em seu território, a relação do Estado internacionalmente, seja buscando o cumprimento de procedimentos dos outros Estados, nos limites de coordenação determinados pelo Direito Internacional, seja assumindo voluntariamente certas obrigações. A inclusão da soberania no rol dos princípios da ordem econômica representa, portanto, o objetivo de garantir a todos a existência digna, não por meio do isolamento, mas sim, pela integração econômica do Brasil.

Em relação aos princípios da propriedade privada e da função social da propriedade, trazidos pelo art. 170, estes devem ser analisados conjuntamente. Ambos encontram-se no rol de direitos e garantias fundamentais da Constituição Federal, restando assegurado no *caput* do referido artigo e no inciso XII, o direito à propriedade e, no inciso seguinte, a função social desta.[19]

Esta referência quase simultânea feita ao direito de propriedade e à relativa função social reflete, de um lado, a preservação de um direito individual conquistado com a política liberal, o qual, por outro lado, deve ser interpretado dentro da conformidade social estabelecida constitucionalmente. No Brasil, assim, o poder público assegura a todos a garantia do direito de propriedade, estabelecendo, por exemplo, normas determinando a inviolabilidade[20] desta, mas, ao mesmo tempo, restringe este direito individual ao estabelecer que a propriedade deve manter uma função social.

Diante da existência do interesse da coletividade relativo à digna existência das pessoas, portanto, o Estado passa a adotar medidas que possam então concretizá-lo. Uma destas medidas visando

19 "Art. 5º Art. 5º Todos são iguais perante a lei, sem distinção de qualquer natureza, garantindo-se aos brasileiros e aos estrangeiros residentes no País a inviolabilidade do direito à vida, à liberdade, à igualdade, à segurança e à propriedade, nos termos seguintes: (...) XXII - é garantido o direito de propriedade; XXIII - a propriedade atenderá a sua função social; (...)".

20 "Art. 5º (...) XI - a casa é asilo inviolável do indivíduo, ninguém nela podendo penetrar sem consentimento do morador, salvo em caso de flagrante delito ou desastre, ou para prestar socorro, ou, durante o dia, por determinação judicial; (...)".

à obtenção, por todos, do direito social da moradia e do trabalho,[21] reflete-se na premissa da função social da propriedade. No Brasil é então assegurada a função social da propriedade urbana[22] e a função social da propriedade rural.[23]

A função social, então, "(...) se manifesta na própria configuração estrutural do direito de propriedade, pondo-se concretamente como elemento qualificante na predeterminação dos modos de aquisição, gozo e utilização dos bens".[24] Nesse sentido, uma vez não sendo verificada a função social de uma propriedade, esta estará submetida ao instituto da desapropriação,[25] que "(...) é, assim, a forma conciliadora entre a garantia da propriedade individual e a função social dessa mesma propriedade, que exige usos compatíveis com o bem-estar da coletividade".[26]

Ao intervir, portanto, na economia, a fim de alcançar a eficiência o Estado brasileiro deve obedecer ao princípio da propriedade privada, dele não podendo se olvidar, sendo-lhe vedado, portanto, estabelecer aos sujeitos limites à fruição deste direito, exceto se não verificada a função social da propriedade, ocasião em que poderá ser determinada a desapropriação.

É importante observar, ainda, que o conceito de propriedade privada não se refere apenas à moradia das pessoas, mas também à

---

21 "Art. 6º São direitos sociais a educação, a saúde, a alimentação, o trabalho, a moradia, o lazer, a segurança, a previdência social, a proteção à maternidade e à infância, a assistência aos desamparados, na forma desta Constituição".

22 "Art. 182. A política de desenvolvimento urbano, executada pelo Poder Público municipal, conforme diretrizes gerais fixadas em lei, tem por objetivo ordenar o pleno desenvolvimento das funções sociais da cidade e garantir o bem- estar de seus habitantes. (...) §2º - A propriedade urbana cumpre sua função social quando atende às exigências fundamentais de ordenação da cidade expressas no plano diretor".

23 "Art. 186. A função social é cumprida quando a propriedade rural atende, simultaneamente, segundo critérios e graus de exigência estabelecidos em lei, aos seguintes requisitos: I - aproveitamento racional e adequado; II - utilização adequada dos recursos naturais disponíveis e preservação do meio ambiente; III - observância das disposições que regulam as relações de trabalho; IV - exploração que favoreça o bem-estar dos proprietários e dos trabalhadores".

24 SILVA, José Afonso da. *Curso de direito constitucional positivo.* São Paulo: Malheiros, 2004. p. 283.

25 "Art. 184. Compete à União desapropriar por interesse social, para fins de reforma agrária, o imóvel rural que não esteja cumprindo sua função social, mediante prévia e justa indenização em títulos da dívida agrária, com cláusula de preservação do valor real, resgatáveis no prazo de até vinte anos, a partir do segundo ano de sua emissão, e cuja utilização será definida em lei".

26 MEIRELLES, Hely Lopes. *Direito Administrativo Brasileiro.* (Atualizado por Eurico de Andrade Azevedo, Délcio Balestero Aleixo e José Emmanuel Burle Filho). São Paulo: Malheiros, 2009. p. 608.

propriedade das empresas que, de igual maneira, deve ser respeitada. Desta maneira, o estabelecimento destas deve ter como garantia o princípio da propriedade privada, também relacionado ao princípio da livre iniciativa,[27] desde que atendida a função social, devendo-lhes ser então asseguradas as liberdades de organização e de administração, feitas dentro dos moldes legais, não podendo o Estado neste âmbito intervir.

Esta ideia se relaciona ao princípio da livre concorrência, também contido no rol do art. 170 da Constituição Federal. Nesse sentido:

> Há quem distinga entre a livre concorrência e a livre iniciativa, definindo a primeira como o princípio norteador dos limites da última. Assim, afirma-se que todos têm direito de se estabelecerem no exercício de atividade econômica, desde que o façam competitivamente.28

Também neste sentido: "a livre concorrência está configurada no art. 170, IV, como um dos princípios da ordem econômica. Ela é uma manifestação da liberdade de iniciativa (...)".[29] O princípio da livre concorrência está ligado, desta feita, ao princípio da livre iniciativa, ao permitir ou ao facilitar a atuação dos particulares no mercado. Ao atuarem neste para a realização das atividades, aqueles não devem encontrar obstáculos decorrentes do abuso do poder econômico.

Como anteriormente afirmado, são objetivos contidos na Constituição Federal: a construção de uma sociedade livre, justa e solidária, a garantia do desenvolvimento nacional, a erradicação da pobreza e da marginalização, a redução das desigualdades sociais e regionais e a promoção do bem de todos. Numa sociedade livre, portanto, a atuação econômica dos sujeitos deve ser garantida, sendo mister a coibição,

---

27 Quanto a isso, "para o direito comercial, dois aspectos relevantes se concluem da inserção da livre iniciativa entre os fundamentos da ordem econômica. Em primeiro lugar, a constitucionalidade de preceitos de lei que visam a motivar os particulares à exploração de atividades empresariais. O primado da autonomia patrimonial das pessoas jurídicas, por exemplo, quando aplicado ao direito societário, tem o sentido de limitar o risco, de forma a que as pessoas não receiem investir em atividades econômicas em razão da possibilidade de elevado comprometimento de seu patrimônio. (...) Em segundo lugar, o prestígio que a liberdade de iniciativa recebe da Constituição significa, também, o reconhecimento de um direito, titularizado por todos: o de explorarem atividades empresariais". (COELHO, Fábio Ulhoa. *Curso de Direito Comercial*. São Paulo: Saraiva, 2004. v. 1, p. 188).

28 COELHO, Fábio Ulhoa. *Curso de Direito Comercial*. São Paulo: Saraiva, 2004. v. 1, p. 212.

29 SILVA, José Afonso da. *Curso de direito constitucional positivo*. São Paulo: Malheiros, 2004. p. 775.

pelo poder público, da limitação, do falseamento ou do prejuízo da livre concorrência. Neste sentido:

> Limitar a livre concorrência ou a livre iniciativa é barrar total ou parcialmente, mediante determinadas práticas empresariais, a possibilidade de acesso de outros empreendedores à atividade produtiva em questão. (...) Falsear a livre concorrência ou iniciativa significa ocultar a prática restritiva, através de atos e contratos aparentemente compatíveis com as regras de estruturação do mercado. (...) Prejudicar a livre concorrência ou iniciativa, por fim, significa incorrer em qualquer prática empresarial lesiva às estruturas do mercado, ainda que não limitativas ou falseadoras dessas estruturas.[30]

Em não se verificando a liberdade de atuação dos sujeitos, a consequência é, assim, a dominação por poucos do mercado mediante o abuso do poder econômico. Com isso, os preços tendem a ser maiores do que o custo marginal, como explicado em linhas anteriores. Esta é a razão pela qual a Constituição Federal determina a repressão do abuso do poder econômico que possibilite a dominação dos mercados, a eliminação da concorrência e o aumento arbitrário dos lucros.[31] E não apenas por intermédio de imposição de medidas sancionatórias estes abusos são combatidos, mas também previamente por meio da atuação de algumas agências reguladoras, como o Conselho Administrativo de Defesa Econômica (CADE), conforme dispositivos da Lei nº 8.884/94.[32]

Ademais, a edição da Emenda Constitucional nº 42, em 2003, possibilitou o estabelecimento de critérios especiais de tributação para prevenir desequilíbrios decorrentes da concorrência,[33] o que representa, também, uma forma preventiva de intervenção do Estado na

---

30 COELHO, Fábio Ulhoa. *Curso de Direito Comercial*. São Paulo: Saraiva, 2004. v. 1, p. 212-213.

31 "Art. 173 (...) §4º - A lei reprimirá o abuso do poder econômico que vise à dominação dos mercados, à eliminação da concorrência e ao aumento arbitrário dos lucros". Além disso, prevê o mesmo artigo que: "§5º - A lei, sem prejuízo da responsabilidade individual dos dirigentes da pessoa jurídica, estabelecerá a responsabilidade desta, sujeitando-a às punições compatíveis com sua natureza, nos atos praticados contra a ordem econômica e financeira e contra a economia popular".

32 "Art. 1º Esta lei dispõe sobre a prevenção e a repressão às infrações contra a ordem econômica, orientada pelos ditames constitucionais de liberdade de iniciativa, livre concorrência, função social da propriedade, defesa dos consumidores e repressão ao abuso do poder econômico".

33 Com esta emenda, foi inserido o art. 146-A no texto constitucional, com a seguinte redação: "Art. 146-A. Lei complementar poderá estabelecer critérios especiais de tributação,

economia, a fim de assegurar a eficiência no mercado. Outro princípio constitucional com o mesmo objetivo é o princípio do tratamento favorecido para as empresas de pequeno porte constituídas sob as leis brasileiras e que tenham sua sede e administração no País.

Como é sabido, o princípio da livre concorrência está fundado no direito fundamental da igualdade, a fim de permitir a todos a liberdade de atuação no mercado sem restrições decorrentes de abuso do poder econômico. Em regra, o Estado deve dispensar a todos tratamento igualitário, proporcionando semelhantes condições de atuação no mercado. A intervenção econômica do Estado de maneira diferenciada em relação aos sujeitos envolvidos se dá apenas de forma excepcional, conforme expressa previsão constitucional.

Desta maneira, resta autorizado e incentivado pela Constituição Federal o tratamento diferenciado que favorece as empresas de pequeno porte, fato que foi concretizado com a entrada em vigor do "Simples Nacional", em julho de 2007.[34] Também não macula o princípio da livre concorrência, o apoio e o estímulo ao associativismo, também constitucionalmente previsto.[35]

Os demais princípios do art. 170 da Carta Magna, quais sejam: os princípios da defesa do consumidor e do meio ambiente, bem como o princípio da redução das desigualdades regionais e sociais e o princípio da busca pelo pleno emprego, constituem o que a doutrina resolveu denominar de princípios de integração.[36] Estes princípios, de diferentes maneiras contribuem para a integração nacional e para o desenvolvimento econômico de modo sustentável e socialmente compromissado.

Neste sentido, a constatação de vulnerabilidade do consumidor perante o fornecedor em relações consumeristas fez com que o direito daquele fosse trazido pela Constituição Federal como um direito

---

com o objetivo de prevenir desequilíbrios da concorrência, sem prejuízo da competência de a União, por lei, estabelecer normas de igual objetivo".

34 Lei Complementar nº 123/2006.

35 "Art. 174. Como agente normativo e regulador da atividade econômica, o Estado exercerá, na forma da lei, as funções de fiscalização, incentivo e planejamento, sendo este determinante para o setor público e indicativo para o setor privado. (...) §2º - A lei apoiará e estimulará o cooperativismo e outras formas de associativismo".

36 A este respeito: "Juntamos aqui considerações sobre a defesa do consumidor, a defesa do meio ambiente, a redução das desigualdades regionais e sociais e a busca do pleno emprego. Chamamo-los de princípios de integração, porque todos estão dirigidos a resolver os problemas da marginalização regional ou social". (SILVA, José Afonso da. *Curso de direito constitucional positivo.* São Paulo: Malheiros, 2004. p. 776).

fundamental.[37] Com a edição do Código de Defesa do Consumidor, passaram, então, a ser direitos do consumidor: a proteção da vida, saúde e segurança, a informação adequada e clara sobre os diferentes produtos e serviços, dentre outros.[38]

Especificamente em relação ao direito à informação, por exemplo, tem-se a intervenção do Estado na economia a fim de atenuar os efeitos da assimetria de informação havida entre o consumidor e o fornecedor de bens e serviços, da qual decorre o aumento dos custos de transação. Como anteriormente afirmado, neste mesmo sentido, instituições eficientes serão aquelas capazes de fornecer informações ou incentivar a propagação destas a fim de reduzir as incertezas e diminuir os custos de transação suportados pelos sujeitos.

A defesa do meio ambiente também se encontra no rol de direitos e garantias fundamentais.[39] A preocupação contida na Constituição Federal sobre este tema, a torna

> (...) reconhecida internacionalmente como merecedora de elogios (...). De fato, a Carta de 1988 apresenta uma série de preceitos quanto à tutela ambiental, seja de forma fragmentada em diversos capítulos, seja em um capítulo específico do ambiente.40

---

[37] "Art. 5º (...) XXXII - o Estado promoverá, na forma da lei, a defesa do consumidor; (...)".

[38] "Art. 6º São direitos básicos do consumidor: I - a proteção da vida, saúde e segurança contra os riscos provocados por práticas no fornecimento de produtos e serviços considerados perigosos ou nocivos; II - a educação e divulgação sobre o consumo adequado dos produtos e serviços, asseguradas a liberdade de escolha e a igualdade nas contratações; III - a informação adequada e clara sobre os diferentes produtos e serviços, com especificação correta de quantidade, características, composição, qualidade e preço, bem como sobre os riscos que apresentem; IV - a proteção contra a publicidade enganosa e abusiva, métodos comerciais coercitivos ou desleais, bem como contra práticas e cláusulas abusivas ou impostas no fornecimento de produtos e serviços; V - a modificação das cláusulas contratuais que estabeleçam prestações desproporcionais ou sua revisão em razão de fatos supervenientes que as tornem excessivamente onerosas; VI - a efetiva prevenção e reparação de danos patrimoniais e morais, individuais, coletivos e difusos; VII - o acesso aos órgãos judiciários e administrativos com vistas à prevenção ou reparação de danos patrimoniais e morais, individuais, coletivos ou difusos, assegurada a proteção Jurídica, administrativa e técnica aos necessitados; VIII - a facilitação da defesa de seus direitos, inclusive com a inversão do ônus da prova, a seu favor, no processo civil, quando, a critério do juiz, for verossímil a alegação ou quando for ele hipossuficiente, segundo as regras ordinárias de experiências; (...) X - a adequada e eficaz prestação dos serviços públicos em geral".

[39] "Art. 5º (...) LXXIII - qualquer cidadão é parte legítima para propor ação popular que vise a anular ato lesivo ao patrimônio público ou de entidade de que o Estado participe, à moralidade administrativa, ao meio ambiente e ao patrimônio histórico e cultural, ficando o autor, salvo comprovada má-fé, isento de custas judiciais e do ônus da sucumbência; (...)".

[40] BELTRÃO, Antônio. *Direito Ambiental*. São Paulo: Método, 2009. p. 64.

Assim, para que uma atividade econômica seja realizada de maneira eficiente, não é suficiente a verificação de equivalência de valores numa alocação de recursos entre os sujeitos. Necessário se faz, também, que a realização da atividade não acarrete prejuízos ao meio ambiente, bem que é de uso comum de todos. Cabe ao Estado então acompanhar as atividades econômicas e nelas intervir a fim de diminuir a incidência de externalidades negativas.

Por fim, a redução de desigualdades regionais e sociais e a busca do pleno emprego relacionam-se diretamente com o objetivo constitucional de erradicação da pobreza e da marginalização e de redução das desigualdades sociais e regionais. Outrossim, a valorização do trabalho humano na ordem econômica encontra-se expressamente contida no *caput* do art. 170.

Não como afronta ao princípio da igualdade, mas sim, como efetivação deste, assim, é permitido ao Estado intervir na economia de modo a estimular a consecução de uma situação mais igualitária entre as diversas regiões do país, diminuindo, desta forma, os abismos existentes entre as condições sociais destas. O estímulo ao crescimento do número de postos de empregos no setor privado, com a manutenção da taxa de juros no mercado por um determinado período de tempo, por exemplo, ou a instituição de incentivos fiscais[41] são meios passíveis de serem utilizados pelo Estado a fim de alcançar os referidos objetivos na economia.

É de se observar, portanto, que:

> Na medida em que se entenda mercado como uma instituição que vise a criar incentivos, reduzir incertezas, facilitar operações entre pessoas, fica clara a ideia de que mercados aumentam a prosperidade e, portanto, o bem-estar geral. Intervenções em mercados podem ser tanto reguladoras quanto moderadoras do conjunto de operações neles realizadas.42

Desta maneira, como aqui apresentado, diversas são as formas de intervenção estatal na economia, que inclui, por exemplo, o estoque

41 Neste sentido, assim prevê a Constituição Federal: "Art. 151. É vedado à União: I - instituir tributo que não seja uniforme em todo o território nacional ou que implique distinção ou preferência em relação a Estado, ao Distrito Federal ou a Município, em detrimento de outro, admitida a concessão de incentivos fiscais destinados a promover o equilíbrio do desenvolvimento socioeconômico entre as diferentes regiões do País; (...)".

42 STAJN, Rachel. Law and Economics. *In*: ZYLBERSTAJN, Decio; STAJN, Rachel. (Org.). *Direito & Economia*: análise Econômica do Direito e das Organizações. São Paulo: Editora Campus, 2005. p. 36.

de produtos para abastecimento ou a fiscalização contra o abuso do poder econômico. O importante é observar, caso a caso, os limites constitucionais impostos a tais práticas, que se apresenta como indispensável para a obtenção da eficiência diante da existência de falhas de mercado.

Neste artigo é focada a intervenção do Estado na economia por intermédio da normatização, nos termos do art. 174 da Constituição Federal, mais especificamente, por meio da instituição de normas tributárias. Portanto, nas próximas linhas serão traçados alguns comentários a respeito do Sistema Tributário Nacional e da intervenção estatal mediante normas tributárias, bem como a verificação do atendimento aos princípios da ordem econômica.

3 Consideração dos efeitos econômicos das contribuições interventivas

A Constituição Federal determina que o Estado, a fim de obter a eficiência, deve intervir como agente normativo e regulador da atividade econômica. Com este objetivo poderão, então, ser editadas normas de intervenção do Estado na economia, desde que sejam observados os princípios constitucionais da ordem econômica descritos anteriormente. Neste trabalho, conforme explicitado, é dada especial atenção às normas tributárias que detêm tal finalidade. A este respeito:

> (...) o Estado interfere no domínio econômico por via do fomento, isto é, apoiando a iniciativa privada e estimulando determinados comportamentos. Assim, por exemplo, através de incentivos fiscais, o Poder Público promove a instalação de indústrias ou outros ramos de atividade em determinada região. Do mesmo modo, a elevação ou a redução da alíquota de impostos (...) é decisiva na expansão ou retração de determinado segmento da economia.43

No Brasil, não obstante a existência de divergência doutrinária,[44] é adotado pelo Supremo Tribunal Federal o entendimento de que

---

[43] BARROSO, Luís Roberto. *Temas de Direito Constitucional.* Rio de Janeiro: Renovar, 2003. p. 279-280.

[44] A este respeito: "A doutrina tem mantido (e o fez especialmente na vigência de textos constitucionais precedentes) acesa polêmica sobre a natureza, tributária ou não, de algumas prestações exigidas pelo Estado, designadamente os empréstimos compulsórios e certas figuras geralmente batizadas como contribuições. Tem-se discutido se, a par do imposto, da taxa e da contribuição de melhoria (arrolados no art. 5º do CTN

são cinco as espécies tributárias.[45] Com isto, apesar de a Constituição Federal não apresentar uma definição do que seriam os tributos, esta interpretação a respeito das espécies tributárias permite que o conceito de tributo previsto no Código Tributário Nacional[46] simultaneamente abarque os impostos, as taxas, as contribuições de melhoria, os empréstimos compulsórios e as contribuições especiais. Estas últimas abrangem as contribuições sociais, a contribuição de intervenção no domínio econômico, a contribuição de interesse das categorias profissionais ou econômicas.

A partir da promulgação da Constituição Federal de 1988, restou então superada para parte da doutrina e da jurisprudência pátria a visão tripartida dos tributos, prevista no Código Tributário Nacional,[47] passando a ser aceita a denominada visão quinquipartida.[48] Portanto,

---

como espécies de tributo), teriam ainda natureza tributária aquelas outras exações. E, quando admitida essa natureza, disputa-se também se elas seriam espécies distintas ou, ao contrário, se subsumiriam nalgum dos tipos nominados no citado artigo. O interesse dessas questões não está só na discussão acadêmica, pois da capitulação de tais figuras como espécies tributárias depende a sua sujeição aos princípios tributários, cuja aplicação pode modificar ou mesmo, em dadas situações, inviabilizar a exigência". (AMARO, Luciano. *Direito Tributário Brasileiro*. São Paulo: Saraiva, 2005. p. 27). Neste sentido, por exemplo, é o posicionamento a seguir expresso: "Daí se conclui que a CF adotou a divisão quadripartida: o tributo compreende o imposto, a taxa, a contribuição e o empréstimo compulsório. Parece-nos que as contribuições sociais, de intervenção no domínio econômico e de interesse de categorias profissionais ou econômicas, referidas no art. 149, devem se amalgamar conceptualmente às contribuições de melhoria mencionadas no art. 145, III, subsumindo-se todas no conceito mais amplo de contribuições especiais". (TORRES, Ricardo Lobo. *Curso de Direito Financeiro e Tributário*. Rio de Janeiro: Renovar, 2009. p. 371).

45 "De feito, a par das três modalidades de tributos (os impostos, as taxas e as contribuições de melhoria), a que se refere o art. 145 para declarar que são competentes para instituí-los a União, os Estados, o Distrito Federal e os Municípios, os arts. 148 e 149 aludem a duas outras modalidades tributárias, para cuja instituição só a União é competente: o empréstimo compulsório e as contribuições sociais, inclusive as de intervenção no domínio econômico e de interesse das categorias profissionais ou econômicas". (STF, RE nº 146.733-9/SP, voto do Rel. Min. Moreira Alves, DJ 29.06.92).

46 "Art. 3º Tributo é toda prestação pecuniária compulsória, em moeda ou cujo valor nela se possa exprimir, que não constitua sanção de ato ilícito, instituída em lei e cobrada mediante atividade administrativa plenamente vinculada".

47 "Art. 5º Os tributos são impostos, taxas e contribuições de melhoria".

48 Esta visão é obtida pela interpretação, em conjunto, do que preveem os seguintes artigos constitucionais: "Art. 145. A União, os Estados, o Distrito Federal e os Municípios poderão instituir os seguintes tributos: I - impostos; II - taxas, em razão do exercício do poder de polícia ou pela utilização, efetiva ou potencial, de serviços públicos específicos e divisíveis, prestados ao contribuinte ou postos a sua disposição; III - contribuição de melhoria, decorrente de obras públicas. (...) Art. 148. A União, mediante lei complementar, poderá instituir empréstimos compulsórios: I - para atender a despesas extraordinárias, decorrentes de calamidade pública, de guerra externa ou sua iminência; II - no caso de investimento público de caráter urgente e de relevante interesse nacional, observado o

as contribuições especiais, assim como as demais espécies tributárias, devem ser entendidas como prestações a serem suportadas pelo sujeito passivo da relação tributária, em cumprimento ao princípio constitucional da legalidade. Pela expressa previsão do Código Tributário, desta feita, os tributos não podem ser confundidos com sanções que decorram de ilícitos. Isso porque o que caracteriza um tributo é a solidariedade fiscal, e não a penalidade.

Desta maneira, então, e de acordo com o princípio constitucional da capacidade contributiva,[49] a participação de todos, respeitados os limites da capacidade individual de cada contribuinte, deve existir para a consecução dos fins do Estado. Assim, diante da existência dos referidos objetivos da República Federativa do Brasil, os quais estão previstos na Constituição Federal, torna-se necessária a obtenção, pelo Estado, de recursos que permitam a concretização destes no mundo dos fatos. O Estado, nesta perspectiva:

> (...) tem que se instrumentalizar para o atendimento dos fins traçados no ordenamento normativo. O Estado não existe por si só, como entidade lúdica. Tem um destino a cumprir e deve satisfação às finalidades encampadas no ordenamento normativo. Sua razão de ser está na própria Constituição. (...) Sendo assim, da mesma forma que o Estado tem finalidades a alcançar, deve ter os meios necessários para satisfazer os objetivos da comunidade.50

Esta visão construída pela doutrina jurídica acerca dos tributos se aproxima da ideia econômica da efetuação do pagamento de tributos pelos sujeitos, ao realizarem uma determinada atividade. Isso porque, para a Economia,

---

disposto no art. 150, III, "b". Parágrafo único. A aplicação dos recursos provenientes de empréstimo compulsório será vinculada à despesa que fundamentou sua instituição. Art. 149. Compete exclusivamente à União instituir contribuições sociais, de intervenção no domínio econômico e de interesse das categorias profissionais ou econômicas, como instrumento de sua atuação nas respectivas áreas, observado o disposto nos arts. 146, III, e 150, I e III, e sem prejuízo do previsto no art. 195, §6º, relativamente às contribuições a que alude o dispositivo".

49 "Art. 145 (...) §1º - Sempre que possível, os impostos terão caráter pessoal e serão graduados segundo a capacidade econômica do contribuinte, facultado à administração tributária, especialmente para conferir efetividade a esses objetivos, identificar, respeitados os direitos individuais e nos termos da lei, o patrimônio, os rendimentos e as atividades econômicas do contribuinte".

50 OLIVEIRA, Régis Fernandes. *Curso de Direito Financeiro*. São Paulo: Revista dos Tribunais, 2010. p. 30-31.

> (...) taxar um bem normalmente aumentará o preço pago pelos demandantes e diminuirá o preço recebido pelos ofertantes. Isso representa certamente um custo para os demandantes e ofertantes, mas, do ponto de vista do economista, o custo real do imposto é que ele diminui a produção. A produção perdida é o custo social do imposto.[51]

Para os economistas, portanto, a solidariedade fiscal, que é concretizada pela participação dos sujeitos ao contribuírem com o pagamento de tributos, simultaneamente representa uma retirada de parte da produção e o direcionamento desta como pagamento de custos de transação. Neste ponto, é de se ressaltar o reconhecimento da Economia quanto à importância do pagamento dos tributos, sendo isso entendido por esta ciência como um custo social. Entretanto, por outro lado, o Direito[52] também não pode abrir mão da visão econômica de que os tributos representam, para os sujeitos, um aumento de custos que serão por eles suportados.

Se o jurista se preocupar apenas com o conceito de solidariedade fiscal, que é concretizada pela contribuição tributária dos sujeitos em prol do bem comum, atendo-se, portanto, a uma visão eminentemente jurídica da tributação e ignorar os efeitos causados por esta instituição na economia, estará se afastando da eficiência econômica, que também é um objetivo almejado pelos Estados.

Ao lado da visão de solidariedade fiscal deve ser observado pelo Direito, portanto, que o pagamento dos tributos consiste em custos de transação a serem assumidos pelos particulares. Neste sentido, é desejo não apenas dos sujeitos individualmente considerados, enquanto contribuintes de determinada tributação, mas também de toda a sociedade, na consecução dos objetivos do Estado, que o pagamento de um tributo contribua para a verificação de melhorias na sociedade.

Isso significa dizer que uma norma jurídica que institua um tributo, mesmo sendo válida, vigente e eficaz para o Direito, poderá ser

---

51 VARIAN, Hal R. *Microeconomia*: princípios básicos. (Trad. Maria José Cyhlar e Ricardo Doninelli). Rio de Janeiro: Elsevier, 2006. p. 322-323.

52 A doutrina jurídica já reconhece o cuidado que deve ser legado à interpretação do princípio da solidariedade no Direito Tributário e afirma, neste mesmo sentido, que: É inegável a importância da solidariedade, mas ela deve ser praticada especialmente no gasto público. (...) O princípio da solidariedade constitui fundamento para a atuação do Estado, que há de promover a solidariedade social. E, para tanto, pode mesmo utilizar a tributação como mecanismo para a redistribuição de renda. Tudo isto, porém, há de ser feito sem desconsideração alguma pelo princípio da legalidade, até porque um não se contrapõe ao outro princípio. (MACHADO, Hugo de Brito. *Curso de Direito Tributário*. São Paulo: Malheiros, 2009. p. 45-46).

ineficiente para a Economia, se não possibilitar a efetiva ocorrência de uma melhora na situação dos cidadãos. Especialmente em relação aos tributos que se destinam à intervenção do Estado na economia, como será a seguir apresentado, estes devem efetivamente cumprir o papel para o qual foram instituídos. Assim, além de respeitar os princípios constitucionais da Ordem Econômica e Financeira, os tributos devem representar o aumento da eficiência econômica.

Caso isto não ocorra, e a perda de uns sujeitos com o pagamento de tributos não represente uma melhora para si ou para outrem, a eficiência econômica somente será obtida com a economia deste custo de transação que o tributo representa. Será necessária, portanto, uma mudança na conformação institucional, por meio da alteração das regras formais constituídas pelas normas jurídicas que estabelecem este tributo. Isso permite a afirmação de que:

> Contra a ideia de que Direito só pode ser entendido pelo uso de conceitos da doutrina legal tradicional, baseados na justiça e na equidade, economistas defendem que tal entendimento pode ser ampliado (suplantado?) pelos conceitos econômicos, incluindo o critério da eficiência econômica. Como tal, a Economia na Análise Econômica do Direito é um corpo literário que primariamente é composto (...) pelos conceitos de dentro da microeconomia e da economia do bem-estar, nos quais de organização eficaz são a eficiência de Pareto na troca, a eficiência de Pareto na produção (...).[53]

Diante dessas considerações, serão a seguir analisadas algumas características dos tributos brasileiros no tocante à possibilidade de intervenção econômica, principalmente em relação à finalidade destes e à destinação do produto da respectiva arrecadação, o que permitirá maior facilidade na observação da eficiência econômica.

---

[53] Do original: "Against the idea that law can be understood only through the use of the traditional legal doctrinal concepts based on justice and fairness, economics counters that such understanding can be augmented (supplanted?) by economic concepts, including the criteria of economic efficiency. As such, the Economics in Law and Economics is a body of literature that is comprised primarly (...) of the concepts within neoclassical microeconomics and welfare economics, where the operative organizing concepts are Pareto efficiency in exchange, Pareto efficiency in production (...)". (MEDEMA, Steven G.; MERCURO, Nicholas. *Economics and the Law*: from Posner to Postmodernism and Beyond. Princeton: Princeton University, 1997. p. 13).

4 Finalidade e destinação vinculada dos tributos na intervenção econômica

Cada uma destas espécies de tributos anteriormente referidos detém características próprias, tais como a competência para instituí-los, a determinação legal das hipóteses de incidência ou as modalidades de lançamento aplicáveis às espécies, por exemplo. A fim de estudá-los com maior facilidade, a doutrina apresenta uma série de classificações, permitindo então que os tributos sejam entre si diferenciados.

É atribuído a Aristóteles[54] o início da sistematização científica por intermédio da classificação. Devido à popularidade desta forma de estudo nas ciências, grande é a diversidade de possibilidades de serem realizadas classificações. Especificamente no Direito Tributário, há a problemática das alterações normativas, que constantemente modificam a estrutura do sistema tributário:

> As dificuldades encontradas para a classificação das espécies de tributos decorrem do fato de que os sistemas tributários, não obstante as tentativas para dar-lhes lógica e racionalidade, não nasceram prontos e acabados; ao contrário, formaram-se ao longo da história, na medida das necessidades do Estado e de suas funções, que também evoluíram ao longo do tempo, e, modernamente, especializaram-se em órgãos autônomos, estatais e não estatais, a que o Estado delegou atribuições de interesse público, buscando, em consequência, provê-los com receitas legais.[55]

Neste sentido, por exemplo, foi aqui ressaltado que a promulgação da Constituição Federal de 1988 ampliou o rol de espécies tributárias. Tais espécies apresentam características específicas que permitem novas formas de classificação dos tributos. Atualmente, as espécies

---

[54] Sobre isto: "O uso por Aristóteles dos termos "gênero" e "espécie" é a base do uso biológico moderno dos termos. Ele os usou em todas as ciências". (ROBINSON, Timothy. *Aristotle in outline*. Indianopolis: Hackett, 1995. p. 12) Do original: "Aristotle's use of the terms "genus" and "species" is the basis of our modern biological use of terms. (...) He used them in every science". Neste sentido, afirmou Aristóteles que: "é evidente, então, que existe mais de uma espécie de justiça. Devemos buscar determinar o seu gênero e a sua diferença específica". (ARISTÓTELES. **Ética** *a Nicômaco*. (Trad. Pietro Nasseti). São Paulo: Martin Claret, 2005. p. 107), ao tratar da justiça distributiva, que é a justiça que se manifesta na distribuição de bens divisíveis, e a justiça corretiva, pela qual é restabelecida a igualdade. (ARISTÓTELES. **Ética** *a Nicômaco*. (Trad. Pietro Nasseti). São Paulo: Martin Claret, 2005. p. 108-111).

[55] AMARO, Luciano. *Direito Tributário Brasileiro*. São Paulo: Saraiva, 2005. p. 69-70.

tributárias podem ser classificadas, por exemplo, quanto à competência impositiva, podendo então ser federais, estaduais ou municipais. Os tributos ainda podem ser classificados, por exemplo, quanto à repercussão econômica, sendo neste caso taxados como diretos ou indiretos,[56] ou mesmo quanto ao exercício da competência, qual seja, privativo, comum ou residual.[57]

Diante desta variedade de classificações, bem como pela possibilidade de estipulação de novos critérios classificatórios, faz-se necessário estipular, no caso concreto, os critérios que mais contribuem para a análise a ser realizada. Nesta perspectiva, apresentam-se como úteis para o presente artigo, sobre a eficiência econômica da intervenção estatal por tributos, as classificações destes quanto à finalidade ou à função e a classificação quanto à destinação do produto da arrecadação. Como poderá ser constatado a seguir, tais classificações se aproximam quando a matéria a ser analisada se refere às contribuições especiais.

a) Classificação quanto à finalidade ou à função

De acordo com esta classificação, a finalidade ou a função de um tributo pode ser fiscal ou extrafiscal, ou ainda, parafiscal. Neste sentido, então, são fiscais os tributos cuja finalidade precípua é a arrecadação de recursos para os cofres públicos, que posteriormente serão utilizados para a realização da atividade financeira do Estado. Assim, diante da existência de necessidades públicas a serem supridas, bem como da estipulação das finalidades do Estado pelo respectivo ordenamento jurídico, nos termos anteriormente referidos, cabe à atividade financeira desenvolvida pelo Estado arrecadar os valores indispensáveis para a consecução dessas finalidades.

---

56 A respeito desta classificação: "Direto é o imposto que assim se caracteriza quando, numa só pessoa, reúnem-se as condições de contribuinte de direito (aquele que é responsável pela obrigação tributária) e contribuinte de fato (aquele que suporta o ônus do imposto). (...) Indireto é o imposto que comporta, na operação, dualidade de pessoas: contribuinte de direito (aquele que é responsável pelo pagamento do tributo – também denominado de sujeito passivo direto); e contribuinte de fato (aquele que efetivamente suporta o ônus do imposto – também denominado de sujeito passivo indireto)". (CASSONE, Vittorio. *Direito Tributário*: fundamentos constitucionais da tributação, definição de tributos e suas espécies, conceito e classificação dos impostos, doutrina, prática e jurisprudência. São Paulo: Atlas, 2006. p. 82).

57 Sobre isto: "A competência tributária é discriminada pela Constituição entre a União, os Estados, o Distrito Federal e os Municípios. Compreende a competência legislativa plena, e é indelegável, salvo as funções de arrecadar ou fiscalizar os tributos, ou de executar leis, serviços, atos ou decisões administrativas em matéria tributária e outras de cooperação entre essas entidades públicas, conforme dispuser lei complementar (...)". (SILVA, José Afonso da. *Curso de direito constitucional positivo*. São Paulo: Malheiros, 2004. p. 702-703).

A atividade financeira do Estado é, assim, "(...) a atuação estatal voltada para obter, gerir e aplicar os recursos financeiros necessários à consecução das finalidades do Estado que, em última análise, se resumem na realização do bem comum".[58] Como receitas derivadas que são, os tributos arrecadados destinam-se aos cofres públicos, a partir do que já podem ser direcionados para o cumprimento das finalidades estabelecidas no orçamento, em atenção ao princípio da legalidade. Os tributos cuja função seja preponderantemente a arrecadação de valores para serem utilizados na atividade financeira do Estado consistem, portanto, em tributos fiscais.

Um exemplo de tributo fiscal é representado pelo imposto de renda e proventos de qualquer natureza, que é o responsável pelo maior volume de arrecadação fiscal.[59] Assim, o tributo é classificado como fiscal "(...) quando seu principal objetivo é a arrecadação de recursos financeiros para o Estado".[60] Por outro lado, quando o objetivo de um tributo é "(...) a arrecadação de recursos para o custeio de atividades que, em princípio, não integram funções próprias do Estado, mas este a desenvolve através de entidades específicas",[61] tem-se, assim, um tributo com função parafiscal.

Esta diferenciação entre as funções dos tributos se deu pelas seguintes razões:

> As funções do Estado se ampliam e se diversificam. Criam-se, por exemplo, sistemas oficiais de previdência e assistência social, que devem ser financiados não só com recursos oriundos da arrecadação de impostos, mas também com receitas específicas. Essa especificidade justifica a distinção da figura impositiva. (...) A par disso, o Estado reconhece e prestigia certas entidades representativas de categorias profissionais (sindicatos, conselhos profissionais), dadas as funções de interesse público que as animam.[62]

O tributo com função parafiscal se caracteriza, portanto, pela afetação dos recursos obtidos com a arrecadação respectiva para a finalidade de realização de atividades a serem desenvolvidas por

---

58 HARADA, Kiyoshi. *Direito Financeiro e Tributário.* São Paulo: Atlas, 2009. p. 4.

59 Neste sentido: "O imposto de renda é de enorme importância no orçamento da União Federal, onde figura como a principal fonte de receita tributária". (MACHADO, Hugo de Brito. *Curso de Direito Tributário.* São Paulo: Malheiros, 2009. p. 315).

60 MACHADO, Hugo de Brito. *Curso de Direito Tributário.* São Paulo: Malheiros, 2009. p. 68.

61 MACHADO, Hugo de Brito. *Curso de Direito Tributário.* São Paulo: Malheiros, 2009. p. 68.

62 AMARO, Luciano. *Direito Tributário Brasileiro.* São Paulo: Saraiva, 2005. p. 72.

entidades específicas.[63] Assim, apesar de serem sujeitos ativos da relação jurídica tributária a União, os Estados e o DF, além dos municípios,

> [e]m algumas oportunidades, porém, verificamos que a lei instituidora do gravame indica sujeito ativo diferente daquele que detém a respectiva competência, o que nos conduz à conclusão de que uma é a pessoa competente, outra a pessoa credenciada a postular o cumprimento da prestação. (...) Dois aspectos, por conseguinte, hão de ser atendidos para que venhamos a isolar o chamado tributo parafiscal: 1) sujeito ativo indicado expressamente na lei instituidora da exação, diferente da pessoa política que exerceu a competência; e 2) atribuição, também expressa, do produto arrecadado, à pessoa apontada para figurar como sujeito ativo.[64]

Ao lado dos tributos fiscais e parafiscais encontram-se os denominados tributos extrafiscais, na classificação quanto à finalidade, como adiantado em linhas anteriores. A doutrina reconhece na função extrafiscal de um tributo a possibilidade de atuação do Estado de, por meio deste, intervir em determinada situação econômico-social. Pode ser observado, então, que: "há extrafiscalidade quando o legislador, em nome do interesse coletivo, aumenta ou diminui as alíquotas e/ou as bases de cálculo dos tributos, com o objetivo principal de induzir os contribuintes a fazer ou a deixar de fazer alguma coisa".[65] Desta forma, o que se percebe cada vez com maior clareza é que, de uma função meramente arrecadatória, os tributos passam a exercer também a função regulatória da economia.

Tal característica permite a visualização de certas prerrogativas aos tributos extrafiscais, os quais, pela finalidade que detêm, não estão submetidos às determinações de alguns dos princípios tributários,

---

63 Em consideração às contribuições previdenciárias, tais foram as alterações estipuladas com o advento da Lei nº 11.471: "Art. 1º. A Secretaria da Receita Federal passa a denominar-se Secretaria da Receita Federal do Brasil, órgão da administração direta subordinado ao Ministro de Estado da Fazenda. Art. 2º. Além das competências atribuídas pela legislação vigente à Secretaria da Receita Federal, cabe à Secretaria da Receita Federal do Brasil planejar, executar, acompanhar e avaliar as atividades relativas a tributação, fiscalização, arrecadação, cobrança e recolhimento das contribuições sociais previstas nas alíneas a, b e c do parágrafo único do art. 11 da Lei nº 8.212, de 24 de julho de 1991, e das contribuições instituídas a título de substituição.

64 CARVALHO, Paulo de Barros. *Curso de Direito Tributário*. São Paulo: Saraiva, 2007. p. 247.

65 CARRAZZA, Roque Antônio. *Curso de Direito Constitucional Tributário*. São Paulo: Malheiros, 2005. p. 106-107.

quais sejam: o princípio da anterioridade e o princípio da legalidade.[66] Isto porque é permitida a alteração da alíquota de alguns impostos por intermédio de decreto, como no caso do imposto sobre produtos industrializados.

Assim, a necessidade de rapidez na realização de manobras estatais com o fito de intervir na economia demanda a concessão, pela própria Constituição Federal, da possibilidade de ser efetuada uma rápida alteração na conformação institucional que determina a aplicação destes tributos, o que é concretizado pela exceção da alteração das alíquotas ao princípio da legalidade e a não submissão ao princípio da anterioridade.

Isto não significa dizer, entretanto, que os tributos extrafiscais não representem também uma fonte de arrecadação para realização da atividade financeira do Estado, assim como os tributos fiscais. Apenas a finalidade precípua deste tributo é a intervenção e não a arrecadação. Neste sentido:[67]

> Há tributos que se prestam, admiravelmente, para a introdução de expedientes extrafiscais. Outros, no entanto, inclinam-se mais ao setor da fiscalidade. Não existe, porém, entidade tributária que se possa dizer pura, no sentido de realizar tão só a fiscalidade, ou, unicamente,

---

66 Sobre o princípio da legalidade no Direito Tributário: "Proclama o inciso I do art. 150 da Constituição ser vedado exigir ou aumentar tributo sem que a lei o estabeleça. O princípio é informado pelos ideais de justiça e de segurança jurídica, valores que poderiam ser solapados se à administração pública fosse permitido, livremente, decidir quando, como e de quem cobrar tributos. Esse princípio é multissecular, tendo sido consagrado, na Inglaterra, na Magna Carta de 1215, do Rei João Sem Terra, a quem os barões ingleses impuseram a necessidade de obtenção prévia de aprovação dos súditos para a cobrança de tributos (*no taxation without representation*)". (AMARO, Luciano. *Direito Tributário Brasileiro*. São Paulo: Saraiva, 2005. p. 111). Já em relação ao princípio da anterioridade: "(...) quanto à maioria dos tributos, a Constituição exige que a lei criadora ou majoradora do tributo, sobre ser anterior à situação descrita como fato gerador, seja anterior ao exercício financeiro de incidência do tributo". (AMARO, Luciano. *Direito Tributário Brasileiro*. São Paulo: Saraiva, 2005. p. 120). É de ser observado, no entanto, que: "nesse contexto o trato das garantias do contribuinte exige especial atenção. Não se deve admitir que os princípios da legalidade e da anterioridade da lei tributária, que são garantias do contribuinte, sejam simplesmente minimizados ou descartados. Como a restrição a esses princípios constitucionais é admitida simplesmente para que os impostos regulatórios possam ser utilizados com determinadas finalidades, é da maior importância a questão de saber se as alterações neles processadas por atos do Poder Executivo têm realmente, em cada caso, a finalidade que justifica esse regime jurídico excepcional". (MACHADO, Hugo de Brito. *Curso de Direito Tributário*. São Paulo: Malheiros, 2009. p. 45).

67 Também: "No atual estágio das finanças públicas, dificilmente um tributo é utilizado apenas como instrumento de arrecadação. Pode ser a arrecadação o seu principal objetivo, mas não o único". (MACHADO, Hugo de Brito. *Curso de Direito Tributário*. São Paulo: Malheiros, 2009. p. 68).

a extrafiscalidade. Os dois objetivos convivem, harmônicos, na mesma figura impositiva, sendo apenas lícito verificar que, por vezes, um predomina sobre o outro.[68]

Assim, como anteriormente afirmado, a instituição de um gravame ao particular, representando a piora da situação por ele vivida, deve representar, para os fins de obtenção de eficiência econômica, a melhora da situação de outrem. A intervenção da economia por meio da imposição de tributos, em especial um tributo extrafiscal, cuja finalidade é a regulação de uma determinada situação, deve atender a tal finalidade. Esta observação remete a atenção deste artigo à outra classificação, que diz respeito à destinação do produto da arrecadação.

b) Classificação quanto à destinação do produto da arrecadação

Por esta perspectiva, os tributos podem ser classificados entre tributos de arrecadação vinculada ou de arrecadação não vinculada. Não há concordância na doutrina jurídico-tributária brasileira a respeito da importância da destinação do produto da arrecadação para o Direito Tributário. De um lado, parte da doutrina afirma que ao Direito Tributário não cabe analisar este tema. Neste sentido:

> (...) o destino que se dê ao produto da arrecadação é irrelevante para caracterizar a natureza jurídica do tributo. Coincide, a ponto, com o limite de especulação do Direito Tributário, que não se ocupa de momentos ulteriores à extinção do liame fiscal. Aquela entidade que vier a preencher os requisitos estipulados no art. 3º do Código Tributário Nacional será, juridicamente, um tributo, a despeito da destinação que for atribuída aos valores arrecadados.[69]

Assim, nesta perspectiva não poderia ser objeto de estudo do Direito Tributário a verificação da destinação da arrecadação. Tal atribuição seria apenas do Direito Financeiro. Em sentido oposto, há quem defenda que o Direito Tributário seja apenas um ramo do Direito Financeiro: "O Direito Financeiro se divide em vários ramos (...). O Direito Tributário é o ramo mais desenvolvido, que oferece

---

68 CARVALHO, Paulo de Barros. *Curso de Direito Tributário*. São Paulo: Saraiva, 2007. p. 245-246.

69 CARVALHO, Paulo de Barros. *Curso de Direito Tributário*. São Paulo: Saraiva, 2007. p. 30-31.

normas melhor elaboradas, em homenagem à segurança dos direitos individuais".[70]

O entendimento adotado neste artigo não se situa nem num extremo, nem no outro. Portanto, diante da possibilidade de identificação de um objeto próprio, qual seja: o tributo, dotado de um sistema de métodos interpretativos e princípios próprios, é aqui primeiramente considerado que o Direito Tributário é um ramo autônomo do Direito, ligado ao Direito Financeiro, mas não a este subordinado.

Por outro lado, há, também, autores que acreditam que o Direito Tributário não deve se ater ao destino do que foi arrecadado com a tributação. Assim, diante da leitura do art. 4°, do Código Tributário Nacional,[71] parte da doutrina defende que: "não se venha argumentar que a destinação do produto da arrecadação é irrelevante para a determinação da natureza jurídica específica do tributo".[72] Neste sentido, também:

> Se classificar é necessário, e se a destinação integra o regime jurídico específico do tributo (ou seja, é um dado juridicizado), não se pode negar que se trata de um critério (jurídico) hábil à especificação do tributo, ou seja, idôneo para particularizar uma espécie tributária, distinta de outras. E, obviamente, não se deve invocar o art. 4° do Código Tributário Nacional, mesmo porque ele não condiciona o trabalho do legislador constituinte, que pode utilizar o critério da destinação para discriminar esta ou aquela espécie tributária, sem que a norma infraconstitucional o impeça.[73]

Há utilidade, assim, principalmente para a verificação da eficiência econômica dos tributos, na classificação destes quanto à destinação da arrecadação. Para além disso, a participação do contribuinte no pagamento dos tributos, concretizando a solidariedade fiscal, se sustenta na crença de que todos contribuem, nos limites da capacidade contributiva que detêm, para a obtenção do bem comum de todos, por meio do suprimento das necessidades públicas. Portanto, como já afirmado, pela perspectiva da Economia, os tributos são custos sociais a serem suportados pelos particulares.

---

70 TORRES, Ricardo Lobo. *Curso de Direito Financeiro e Tributário.* Rio de Janeiro: Renovar, 2009. p. 12.

71 "Art. 4º A natureza jurídica específica do tributo é determinada pelo fato gerador da respectiva obrigação, sendo irrelevantes para qualificá-la: I - a denominação e demais características formais adotadas pela lei; II - a destinação legal do produto da sua arrecadação".

72 MACHADO, Hugo de Brito. *Curso de Direito Tributário.* São Paulo: Malheiros, 2009. p. 416.

73 AMARO, Luciano. *Direito Tributário Brasileiro.* São Paulo: Saraiva, 2005. p. 78.

Por esta razão é que não pode ser defendido que o Direito Tributário deve se abster da preocupação com o real cumprimento da finalidade de cada tributo, sob o argumento de que isto extrapolaria o limite de especulação do respectivo objeto de análise. Num Estado democrático, a noção tributária de solidariedade fiscal e a participação dos sujeitos, que contribuem com parte da riqueza que detêm, para a concretização desta, não permitem a ausência do Direito Tributário na observação do posterior cumprimento da finalidade dos tributos que são estabelecidos. É de se lembrar, ademais, que:

> A vinculação ao fato do Estado dá-se precisamente para realçar o caráter sinalagmático da obrigação tributária. (...) Os fins constitucionalmente predeterminados revelam uma diretriz constitucional. Nem o legislador, nem o administrador podem adestinar ou tredestinar o produto da arrecadação das contribuições, sob pena de crime de responsabilidade e nulidade do ato administrativo.[74]

Em relação à destinação da arrecadação, os tributos podem assim ser classificados como não vinculados ou vinculados. Os tributos não vinculados são aqueles cujo fato gerador não se liga a uma atividade estatal específica relativa ao contribuinte, conforme previsão do Código Tributário Nacional.[75] Tais tributos são cobrados, portanto, para alcançar o bem comum, mediante a realização da atividade financeira do Estado.

Mais especificamente, o produto da arrecadação destes tributos é direcionado, conforme a atuação política desenvolvida, nos gastos públicos previamente definidos na lei orçamentária. Um exemplo é trazido com o imposto, cuja destinação da arrecadação é não vinculada, conforme expressa previsão constitucional.[76] Assim: "o tributo,

---

[74] COÊLHO, Sacha Calmon Navarro. *Curso de Direito Tributário Brasileiro*. Rio de Janeiro: Forense, 2005.

[75] "Art. 16. Imposto é o tributo cuja obrigação tem por fato gerador uma situação independente de qualquer atividade estatal específica, relativa ao contribuinte".

[76] "Art. 167. São vedados: (...) IV - a vinculação de receita de impostos a órgão, fundo ou despesa, ressalvadas a repartição do produto da arrecadação dos impostos a que se referem os arts. 158 e 159, a destinação de recursos para as ações e serviços públicos de saúde, para manutenção e desenvolvimento do ensino e para realização de atividades da administração tributária, como determinado, respectivamente, pelos arts. 198, §2º, 212 e 37, XXII, e a prestação de garantias às operações de crédito por antecipação de receita, previstas no art. 165, §8º, bem como o disposto no §4º deste artigo; (...)". Também são não vinculadas as taxas e as contribuições de melhoria, a não ser, no caso das primeiras, se as taxas forem judiciárias, conforme a redação atual da Constituição Federal: "Art. 98. (...) §2º As custas e emolumentos serão destinados exclusivamente ao custeio dos serviços afetos às atividades específicas da Justiça".

na forma do imposto, torna-se o instrumento para realizar a justiça que opera por meio de uma redistribuição dos rendimentos".[77]

Os recursos obtidos com os impostos representam, assim, parcela das receitas derivadas que constituem o orçamento para o custeio das despesas públicas, as quais devem trazer benefícios para a coletividade, não sendo possível identificar, individualmente, os beneficiados. Neste sentido:

> Impostos (art. 145, I, da CF) são exações desvinculadas de qualquer atuação do estadual, decretadas exclusivamente em função do *jus imperii* do Estado. Seu fato gerador é sempre uma situação independente de qualquer atividade estatal específica, relativa ao contribuinte. O imposto sempre representa uma retirada da parcela de riqueza do particular, respeitada a capacidade contributiva deste.[78]

Já os tributos vinculados são aqueles cuja receita obtida deve ser exclusiva e totalmente direcionada ao atendimento de uma atividade determinada. É o que acontece com os empréstimos compulsórios[79] e as contribuições especiais. A respeito destas últimas, "a Constituição de 1988 introduziu no sistema tributário brasileiro a técnica dos impostos afetados a finalidades específicas, dando-lhes o nome de contribuições".[80]

O produto da arrecadação destas espécies tributárias tem, portanto, prévia determinação quanto ao direcionamento que terão na atividade financeira do Estado. A respeito das contribuições:

> (...) A existência de finalidades específicas a que elas se propõem é seu diferencial constitucional. É irrelevante que o Código Tributário Nacional, em seu art. 4º, proíba a consideração da destinação do produto da arrecadação como critério para identificação das espécies tributárias, já

---

77 SACCHETTO, Cláudio. O dever de solidariedade no Direito Tributário: o ordenamento italiano. *In*: GRECO, Marco Aurélio; GODOI, Marciano Seabra de. (Org.). *Solidariedade Social e Tributação*. São Paulo: Dialética, 2005. p. 26.

78 HARADA, Kiyoshi. *Direito Financeiro e Tributário*. São Paulo: Atlas, 2009. p. 305.

79 Assim prevê a Constituição Federal: "Art. 148. A União, mediante lei complementar, poderá instituir empréstimos compulsórios: I - para atender a despesas extraordinárias, decorrentes de calamidade pública, de guerra externa ou sua iminência; II - no caso de investimento público de caráter urgente e de relevante interesse nacional, observado o disposto no art. 150, III, "b". Parágrafo único. A aplicação dos recursos provenientes de empréstimo compulsório será vinculada à despesa que fundamentou sua instituição".

80 COÊLHO, Sacha Calmon Navarro. *Curso de Direito Tributário Brasileiro*. Rio de Janeiro: Forense, 2005.

que este diploma normativo é anterior às Constituições que trouxeram a possibilidade de instituição de contribuições.[81]

Nestes termos, além de extrafiscal, as contribuições são tributos de destinação do produto da arrecadação vinculada. Sobre isto:

> As contribuições de intervenção no domínio econômico caracterizam-se pela finalidade interventiva. A própria contribuição, em si mesma, há de ser um instrumento de intervenção, vale dizer, há de ter função tipicamente extrafiscal, função de intervenção no domínio econômico, e os recursos com a mesma arrecadados devem ser destinados especificamente ao financiamento da atividade interventiva.[82]

Feitas estas considerações a respeito das espécies tributárias e da classificação destas, bem como da situação do objeto em estudo nesta perspectiva, se passará, no próximo tópico, ao estudo da intervenção do Estado na economia por meio de contribuições especiais.

5 A intervenção do Estado na economia pela instituição de contribuições especiais

Desde a primeira Constituição brasileira, promulgada em 1824, se tem a previsão de arrecadação de contribuições.[83] O emprego deste vocábulo, no entanto, referia-se ao que hoje se entende como tributos e, por isso, foi substituído pelo termo "imposto" na Constituição da República de 1891.84 A utilização do termo tributo começa a ser

---

81 CANADO, Vanessa Rahal; SANTI, Eurico Marcos Diniz. *Direito Tributário e Direito Financeiro*: reconstruindo o conceito de tributo e resgatando o controle da destinação. *In*: COÊLHO, Sacha Calmon Navarro (Org.). *Contribuições para a seguridade social*. São Paulo: Quartier Latin, 2007. p. 309.

82 MACHADO, Hugo de Brito. *Curso de Direito Tributário*. São Paulo: Malheiros, 2009. p. 65.

83 "Art. 15. E' da attribuição da Assembléa Geral (...) X. Fixar annualmente as despezas publicas, e repartir a contribuição directa. (...) Art. 171. Todas as contribuições directas, á excepção daquellas, que estiverem applicadas aos juros, e amortisação da Divida Publica, serão annualmente estabelecidas pela Assembléa Geral, mas continuarão, até que se publique a sua derogação, ou sejam substituidas por outras. Art. 172. O Ministro de Estado da Fazenda, havendo recebido dos outros Ministros os orçamentos relativos ás despezas das suas Repartições, apresentará na Camara dos Deputados annualmente, logo que esta estiver reunida, um Balanço geral da receita e despeza do Thesouro Nacional do anno antecedente, e igualmente o orçamento geral de todas as despezas públicas do anno futuro, e da importância de todas as contribuições, e rendas publicas".

84 Assim, por exemplo: "Art 72 - A Constituição assegura a brasileiros e a estrangeiros residentes no País a inviolabilidade dos direitos concernentes à liberdade, à segurança

utilizado para designar o gênero das espécies tributárias na Constituição da República dos Estados Unidos do Brasil de 1934.[85] Nesta Carta fica estabelecida, pela primeira vez num texto constitucional, a forma tripartite de custeio da previdência.[86]

Esta forma de custeio permanece na Constituição dos Estados Unidos do Brasil de 1937,[87] que também determina a cobrança de contribuições sindicais. Já a Constituição de 1946 é a responsável pela estruturação da visão tripartida dos tributos,[88] que seria consolidada com a publicação do Código Tributário Nacional, em 1966. Nesta Constituição é retomada a previsão da instituição de contribuição de melhoria, suprimida no texto de 1937.

Em 1967, com a promulgação da Constituição da República Federativa do Brasil, permanece a visão tripartida dos tributos,[89] nos termos citados anteriormente. Pela primeira vez é prevista uma contribuição para atender à intervenção no domínio econômico,[90] bem como

---

individual e à propriedade, nos termos seguintes: §30 - Nenhum imposto de qualquer natureza poderá ser cobrado senão em virtude de uma lei que o autorize".

85 "Art. 186 - O produto de impostos, taxas ou quaisquer tributos criados para fins determinados não poderá ter aplicação diferente. Os saldos que apresentarem anualmente serão, no ano seguinte, incorporados à respectiva receita, ficando extinta a tributação, apenas alcançando o fim pretendido".

86 "Art. 121 - A lei promoverá o amparo da produção e estabelecerá as condições do trabalho, na cidade e nos campos, tendo em vista a proteção social do trabalhador e os interesses econômicos do País. §1º - A legislação do trabalho observará os seguintes preceitos, além de outros que colimem melhorar as condições do trabalhador: h) assistência médica e sanitária ao trabalhador e à gestante, assegurando a esta descanso antes e depois do parto, sem prejuízo do salário e do emprego, e instituição de previdência, mediante contribuição igual da União, do empregador e do empregado, a favor da velhice, da invalidez, da maternidade e nos casos de acidentes de trabalho ou de morte; (...)".

87 "Art. 138 - A associação profissional ou sindical é livre. Somente, porém, o sindicato regularmente reconhecido pelo Estado tem o direito de representação legal dos que participarem da categoria de produção para que foi constituído, e de defender-lhes os direitos perante o Estado e as outras associações profissionais, estipular contratos coletivos de trabalho obrigatórios para todos os seus associados, impor-lhes contribuições e exercer em relação a eles funções delegadas de Poder Público".

88 "Art. 30 - Compete à União, aos Estados, ao Distrito Federal e aos Municípios cobrar: I - contribuição de melhoria, quando se verificar valorização do imóvel, em consequência de obras públicas; II - taxas; III - quaisquer outras rendas que possam provir do exercício de suas atribuições e da utilização de seus bens e serviços".

89 "Art. 18 - sistema tributário nacional compõe-se de impostos, taxas e contribuições de melhoria e é regido pelo disposto neste capítulo em leis complementares, em resoluções do Senado e, nos limites das respectivas competências, em leis federais, estaduais e municipais".

90 "Art. 157 - A ordem econômica tem por fim realizar a justiça social, com base nos seguintes princípios: (...) §8º - São facultados a intervenção no domínio econômico e o monopólio de determinada indústria ou atividade, mediante lei da União, quando indispensável por motivos de segurança nacional, ou para organizar setor que não possa ser desenvolvido

o empréstimo compulsório.[91] Nesta Constituição também é continuada a contribuição social[92] e a contribuição sindical.[93] Tais previsões se repetem em 1969[94] e nas posteriores emendas.[95]

Não procede, portanto, a afirmação de que as contribuições especiais e os empréstimos compulsórios surgiram apenas com a promulgação da Constituição Federal de 1988. O que ocorria apenas era que a interpretação majoritária até então defendida se alinhava com a visão tripartida dos tributos, determinada pelo Código Tributário Nacional.

A partir da Constituição Federal de 1988, foi se consolidando na doutrina e na jurisprudência pátria a visão quinquipartida dos tributos, conforme explicitado no tópico anterior. A respeito disso: "é induvidosa, hoje, a natureza tributária dessas contribuições".[96] Também:

---

com eficiência no regime de competição e de liberdade de iniciativa, assegurados os direitos e as garantias individuais. §9º - Para atender à intervenção no domínio econômico, de que trata o parágrafo anterior, poderá a União instituir contribuições destinadas ao custeio dos respectivos serviços e encargos, na forma que a lei estabelecer".

[91] "Art. 19 - Compete à União, aos Estados, ao Distrito Federal e aos Municípios arrecadar: (...) §4º - Somente a União, nos casos excepcionais definidos em lei complementar, poderá instituir empréstimo compulsório. (...)".

[92] "Art. 158 - A Constituição assegura aos trabalhadores os seguintes direitos, além de outros que, nos termos da lei, visem à melhoria, de sua condição social: (...) XVI - previdência social, mediante contribuição da União, do empregador e do empregado, para seguro-desemprego, proteção da maternidade e, nos casos de doença, velhice, invalidez e morte; (...)".

[93] "Art. 159 - É livre a associação profissional ou sindical; a sua constituição, a representação legal nas convenções coletivas de trabalho e o exercício de funções delegadas de Poder Público serão regulados em lei. §1º - Entre as funções delegadas a que se refere este artigo, compreende-se a de arrecadar, na forma da lei, contribuições para o custeio da atividade dos órgãos sindicais e profissionais e para a execução de programas de interesse das categorias por eles representadas".

[94] "Art. 163 - São facultados a intervenção no domínio econômico e o monopólio de determinada indústria ou atividade, mediante lei federal, quando indispensável por motivo de segurança nacional ou para organizar setor que não possa ser desenvolvido com eficácia no regime de competição e de liberdade de iniciativa, assegurados os direitos e garantias individuais. Parágrafo único. Para atender a intervenção de que trata este artigo, a União poderá instituir contribuições destinadas ao custeio dos respectivos serviços e encargos, na forma que a lei estabelecer".

[95] Redação da Emenda Constitucional nº 8, de 1977: "Art. 21. Compete à União: (...) §1º A União poderá instituir outros impostos, além dos mencionados nos itens anteriores, desde que não tenham fato gerador ou base de cálculo idênticos aos dos previstos nos artigos 23 e 24. §2º A União pode instituir: I - contribuições, observada a faculdade prevista no item I deste artigo, tendo em vista intervenção no domínio econômico ou o interesse de categorias profissionais e para atender diretamente a parte da União no custeio dos encargos da previdência social. II - empréstimos compulsórios, nos casos especiais definidos em lei complementar, aos quais se aplicarão as disposições constitucionais relativas aos tributos e às normas gerais do direito tributário".

[96] MACHADO, Hugo de Brito. *Curso de Direito Tributário*. São Paulo: Malheiros, 2009. p. 414.

> Todo o suporte argumentativo calcava-se na orientação do sistema, visto e examinado na sua integridade estrutural. Assim, outra coisa não fez o legislador constituinte senão prescrever manifestamente que as contribuições são entidades tributárias, subordinando-se em tudo e por tudo às linhas definitórias do regime constitucional peculiar aos tributos.[97]

As contribuições são, então, "ingressos necessariamente direcionados a instrumentar (ou financiar) a atuação da União (ou dos demais entes políticos) no setor da ordem social".[98] Por tal razão:

> Tem como fato gerador uma atuação indireta do Poder Público, mediatamente referida ao sujeito passivo da obrigação tributária. A contribuição social caracteriza-se pelo fato de que, no desenvolvimento pelo Estado de determinada atividade administrativa de interesse geral, acarretar maiores despesas em prol de certas pessoas (contribuintes), que passam a usufruir de benefícios diferenciados dos demais (não contribuinte). Tem seu fundamento na maior despesa provocada pelo contribuinte e na particular vantagem a ele proporcionada pelo Estado.[99]

De acordo com a leitura do atual texto constitucional que a prevê,[100] três são as modalidades de contribuições especiais: as sociais, as corporativas e as interventivas.[101] O referido artigo constitucional prevê, ademais, a submissão destas aos princípios tributários da legalidade e da anterioridade, com exceção deste último, em relação às contribuições sociais. A partir destas considerações, serão analisadas nas próximas linhas as modalidades de contribuições existentes.

Conforme expressa previsão constitucional,[102] a seguridade social no Brasil é custeada por meio de contribuições sociais, além da

---

[97] CARVALHO, Paulo de Barros. *Curso de Direito Tributário*. São Paulo: Saraiva, 2007. p. 43.

[98] AMARO, Luciano. *Direito Tributário Brasileiro*. São Paulo: Saraiva, 2005. p. 53.

[99] HARADA, Kiyoshi. *Direito Financeiro e Tributário*. São Paulo: Atlas, 2009. p. 310.

[100] "Art. 149 - Compete exclusivamente à União instituir contribuições sociais, de intervenção no domínio econômico e de interesse das categorias profissionais ou econômicas, como instrumento de sua atuação nas respectivas áreas, observado o disposto nos arts. 146, III, e 150, I e III, e sem prejuízo do previsto no art. 195, §6º, relativamente às contribuições a que alude o dispositivo".

[101] CARRAZZA, Roque Antônio. *Curso de Direito Constitucional Tributário*. São Paulo: Malheiros, 2005. p. 549.

[102] "Art. 195 - A seguridade social será financiada por toda a sociedade, de forma direta e indireta, nos termos da lei, mediante recursos provenientes dos orçamentos da União, dos Estados, do Distrito Federal e dos Municípios, e das seguintes contribuições sociais: I - do empregador, da empresa e da entidade a ela equiparada na forma da lei, incidentes sobre: a) a folha de salários e demais rendimentos do trabalho pagos ou creditados, a qualquer título, à pessoa física que lhe preste serviço, mesmo sem vínculo empregatício; b) a receita

contribuição da União[103] e de outras fontes.[104] Ficam assim estabelecidas as duas formas de financiamento da seguridade social: o financiamento indireto, por meio de recursos provenientes dos orçamentos públicos, e o financiamento direto, que se concretiza, por exemplo, com a cobrança das contribuições sociais dos trabalhadores. É a Constituição Federal que determina, também, o conceito de seguridade social,[105] cuja finalidade é assegurar a todos os direitos à saúde, à previdência e à assistência social.[106]

---

ou o faturamento; c) o lucro; II - do trabalhador e dos demais segurados da previdência social, não incidindo contribuição sobre aposentadoria e pensão concedidas pelo regime geral de previdência social de que trata o art. 201; III - sobre a receita de concursos de prognósticos. IV - do importador de bens ou serviços do exterior, ou de quem a lei a ele equiparar".

103 Prevê a Lei nº 8.212: "Art. 16 - A contribuição da União é constituída de recursos adicionais do Orçamento Fiscal, fixados obrigatoriamente na lei orçamentária anual. Parágrafo único. A União é responsável pela cobertura de eventuais insuficiências financeiras da Seguridade Social, quando decorrentes do pagamento de benefícios de prestação continuada da Previdência Social, na forma da Lei Orçamentária Anual".

104 De acordo com a Lei nº 8.212, também são fontes de custeio para a seguridade social: "Art. 27. Constituem outras receitas da Seguridade Social: I - as multas, a atualização monetária e os juros moratórios; II - a remuneração recebida por serviços de arrecadação, fiscalização e cobrança prestados a terceiros; III - as receitas provenientes de prestação de outros serviços e de fornecimento ou arrendamento de bens; IV - as demais receitas patrimoniais, industriais e financeiras; V - as doações, legados, subvenções e outras receitas eventuais; VI - 50% (cinquenta por cento) dos valores obtidos e aplicados na forma do parágrafo único do art. 243 da Constituição Federal; VII - 40% (quarenta por cento) do resultado dos leilões dos bens apreendidos pelo Departamento da Receita Federal; VIII - outras receitas previstas em legislação específica. Parágrafo único. As companhias seguradoras que mantêm o seguro obrigatório de danos pessoais causados por veículos automotores de vias terrestres, de que trata a Lei nº 6.194, de dezembro de 1974, deverão repassar à Seguridade Social 50% (cinquenta por cento) do valor total do prêmio recolhido e destinado ao Sistema Único de Saúde-SUS, para custeio da assistência médico-hospitalar dos segurados vitimados em acidentes de trânsito".

105 "Art. 194. A seguridade social compreende um conjunto integrado de ações de iniciativa dos Poderes Públicos e da sociedade, destinadas a assegurar os direitos relativos à saúde, à previdência e à assistência social".

106 É importante observar que, de acordo com o art. 196 da Constituição Federal, a saúde é "direito de todos e dever do Estado", independentemente de contribuição, assim como a assistência social, conforme previsão do art. 203, também da Constituição Federal. Já a previdência social tem caráter contributivo e é de filiação obrigatória, conforme determinação do art. 201, da Carta Magna. Ademais: "Além das contribuições sociais destinadas para esse fim, porém, existem outras orientadas para o campo não compreendido no âmbito da seguridade, pois "nela não estão incluídos os direitos à educação, à habitação e outros que compõem o conjunto da ordem social em todo o Título VIII da Constituição. É o caso, por exemplo, do salário-educação (art. 212, §5° do Texto Maior), destinado ao financiamento do ensino fundamental". (TOMÉ, Fabiana Del Padre. Alcance da imunidade das receitas de exportação (art. 149, §2º, I, da Constituição): a questão da Contribuição Social sobre o Lucro Líquido – CSLL. *In*: COÊLHO, Sacha Calmon Navarro. (Org.). *Contribuições para a seguridade social*. São Paulo: Quartier Latin, 2007. p. 326).

Desta maneira, pela previsão constitucional, tem o Estado o dever de atuar diretamente na proteção dos sujeitos, seja em relação às atividades laborativas que estes exercem, garantindo-lhes a proteção contra os riscos decorrentes da perda ou redução, permanente ou temporária, das condições de obter o próprio sustento, seja em relação à saúde, seja em relação à assistência social.

Pode ser observado, assim, que a contribuição social se caracteriza por deter uma finalidade específica, qual seja: o custeio da seguridade social, seguindo a classificação das contribuições especiais anteriormente expostas. A respeito desta finalidade é afirmado que: "a contribuição social é a contraprestação devida pela seguridade social e outros benefícios na área social, garantidos pelo Estado a determinado grupo da sociedade, de que decorra benefício especial para o cidadão que dele participa".[107]

Ao lado das contribuições sociais está a modalidade de contribuições conhecida como contribuições corporativas ou contribuições de interesse das categorias profissionais ou corporativas. É característica específica desta modalidade de contribuição a vinculação da entidade da categoria profissional ou econômica ao contribuinte. Tais contribuições:

> (...) são tributos destinados ao custeio das atividades das instituições fiscalizadoras e representativas de categorias econômicas ou profissionais, que exercem funções legalmente reputadas como de interesse público. O que faz aqui a União é disciplinar por lei a atuação dessas entidades, conferindo-lhes, para que tenham suporte financeiro, a capacidade de arrecadar contribuições legalmente instituídas.108

Isto significa dizer que, por meio da instituição destas contribuições, o Estado custeia o exercício de entidades que fiscalizam, representam ou regulamentam o exercício de certas atividades profissionais ou econômicas, tais como os conselhos regionais profissionais. Também são contribuições desta modalidade as contribuições que se destinam às entidades privadas de serviço social e de formação profissional que são vinculadas ao sistema sindical, como aquelas devidas

---

[107] TORRES, Ricardo Lobo. *Curso de Direito Financeiro e Tributário.* Rio de Janeiro: Renovar, 2009. p. 408-409.

[108] AMARO, Luciano. *Direito Tributário Brasileiro.* São Paulo: Saraiva, 2005. p. 55.

ao Serviço Nacional de Aprendizagem do Comércio (SENAC) ou ao Serviço Nacional de Aprendizagem Industrial (SENAI).

Além das contribuições corporativas referidas anteriormente, há a contribuição sindical, que está prevista no art. 8º, IV, da Constituição Federal.[109] Conforme interpretação deste texto, é considerado um tributo a contribuição prevista em lei, que é a contribuição social contida no art. 149, da Carta Magna. A outra contribuição, fixada por assembleia geral, não preenche o requisito da legalidade, não podendo, por isso, ser considerada como um tributo, nos termos do art. 3º, do Código Tributário Nacional. Ademais, esta última contribuição não é compulsória, diante do impedimento constitucional à obrigação de filiação sindical.[110] Tal é o entendimento do Supremo Tribunal Federal.[111]

Tais contribuições são classificadas como parafiscais, diante da delegação do poder impositivo para as referidas entidades, as quais realizarão os objetivos institucionais com o produto da arrecadação obtida. Trata-se, mais uma vez, da vinculação de uma das modalidades de contribuições especiais a uma finalidade específica:

> (...) a regra-matriz constitucional destas contribuições agrega, de modo indissociável, a ideia de destinação. Queremos com tal assertiva sublinhar que, por imperativo da Lei Maior, os ingressos advindos da arrecadação destes tributos devem necessariamente ser destinados à viabilização ou ao custeio de uma das atividades mencionadas no art. 149 da CF. Pouco importa se a atividade é desempenhada pela própria União ou por terceiro, delegatário.[112]

---

109 "Art. 8º - É livre a associação profissional ou sindical, observado o seguinte: (...) IV - a assembleia geral fixará a contribuição que, em se tratando de categoria profissional, será descontada em folha, para custeio do sistema confederativo da representação sindical respectiva, independentemente da contribuição prevista em lei; (...)".

110 Também do art. 8°, acima transcrito: "V - ninguém será obrigado a filiar-se ou a manter-se filiado a sindicato; (...)".

111 "EMENTA: CONSTITUCIONAL. SINDICATO. CONTRIBUIÇÃO INSTITUÍDA PELA ASSEMBLÉIA GERAL: CARÁTER NÃO TRIBUTÁRIO. NÃO COMPULSORIEDADE. EMPREGADOS NÃO SINDICALIZADOS: IMPOSSIBILIDADE DO DESCONTO. C.F., art. 8º, IV. I. - A contribuição confederativa, instituída pela assembleia geral - C.F., art. 8º, IV - distingue-se da contribuição sindical, instituída por lei, com caráter tributário - C.F., art. 149 - assim compulsória. A primeira é compulsória apenas para os filiados do sindicato. II. - R.E. não conhecido". (RE nº 198092, Relator(a): Min. CARLOS VELLOSO, Segunda Turma, julgado em 27.08.1996, DJ 11.10.1996 PP-38509 EMENT VOL-01845-04 PP-00843).

112 CARRAZZA, Roque Antônio. *Curso de Direito Constitucional Tributário*. São Paulo: Malheiros, 2005. p. 554.

A opção pela instituição de uma contribuição parafiscal para o custeio destes objetivos, no entanto, não é aplaudida por toda a doutrina:

> As contribuições corporativas são odiosas e antiquadas, nasceram com o fascismo e os governos autoritários ou intervencionistas do entre guerras (1920 a 1940). Em verdade, as próprias categorias econômicas e sindicais deveriam ter a liberdade de se organizarem e se autodisciplinarem com contribuições estatutárias, votadas pelos seus próprios membros e pagas pelos mesmos, sem a intermediação do Estado.[113]

A outra modalidade de contribuições especiais trazida pelo texto constitucional é a contribuição de intervenção no domínio econômico. Conforme aduzido anteriormente, a Constituição Federal determina a intervenção do Estado como agente normativo e regulador da atividade econômica, a fim de obter a eficiência, sendo permitida, neste sentido, a edição de normas de intervenção do Estado na economia, desde que observados os princípios constitucionais da ordem econômica.

A intervenção do Estado no domínio econômico já era prevista na Constituição Federal de 1937,[114] bem como na de 1946.[115] Entretanto, apenas na Constituição de 1967 surgiu uma contribuição com tal finalidade, denominada contribuição de intervenção no domínio econômico, como linhas acima indicado.

Prevista no art. 149 da Constituição Federal de 1988, a contribuição de intervenção no domínio econômico, assim como as outras modalidades de contribuição aqui referidas, caracteriza-se pela destinação do produto da arrecadação a que foram criadas, sendo estas classificadas, portanto, como tributos vinculados. Por esta perspectiva:

---

113 COÊLHO, Sacha Calmon Navarro. *Curso de Direito Tributário Brasileiro*. Rio de Janeiro: Forense, 2005. p. 481.

114 "Art. 135 - Na iniciativa individual, no poder de criação, de organização e de invenção do indivíduo, exercido nos limites do bem público, funda-se a riqueza e a prosperidade nacional. A intervenção do Estado no domínio econômico só se legitima para suprir as deficiências da iniciativa individual e coordenar os fatores da produção, de maneira a evitar ou resolver os seus conflitos e introduzir no jogo das competições individuais o pensamento dos interesses da Nação, representados pelo Estado. A intervenção no domínio econômico poderá ser mediata e imediata, revestindo a forma do controle, do estimulo ou da gestão direta".

115 "Art. 146 - A União poderá, mediante lei especial, intervir no domínio econômico e monopolizar determinada indústria ou atividade. A intervenção terá por base o interesse público e por limite os direitos fundamentais assegurados nesta Constituição".

"as contribuições, como refletido, têm um diferencial em relação às espécies tributárias previstas na Constituição (...): elas exigem, para a caracterização de sua espécie, a destinação específica do produto de sua arrecadação".[116]

Para além desta característica comum a todas as modalidades de contribuições, em relação à destinação do produto da arrecadação, a contribuição de intervenção no domínio econômico, no que se refere à classificação relativa à finalidade, é enquadrada como um tributo extrafiscal. Sendo assim, a função da imposição desta espécie tributária é eminentemente a intervenção do Estado em determinados setores da economia, quando necessário. Assim:

> É certo que todo e qualquer tributo interfere no domínio econômico. Mesmo o tributo considerado neutro, vale dizer, com função predominantemente fiscal, posto que a simples transposição de recursos financeiros do denominado setor privado para o setor público configura intervenção no domínio econômico. Por isto se há de entender que a intervenção no domínio econômico que caracteriza essa espécie de contribuições sociais é apenas aquela que se produz com o objetivo específico perseguido pelo órgão estatal competente para esse fim, nos termos da lei.[117]

Isto significa que esta modalidade de contribuição só poder ser instituída quando for de fato necessária uma intervenção do Estado. Neste sentido, também:

> Consistindo a extrafiscalidade no emprego de fórmulas jurídico-tributárias para a obtenção de metas que prevalecem sobre os fins simplesmente arrecadatórios de recursos monetários, o regime que há de dirigir tal atividade não poderia deixar de ser aquele próprio das exações tributárias. Significa, portanto, que, ao construir suas pretensões extrafiscais, deverá o legislador pautar-se, inteiramente, dentro dos parâmetros constitucionais, observando as limitações de sua competência impositiva e os princípios superiores que regem a matéria (...).[118]

---

116 CANADO, Vanessa Rahal; SANTI, Eurico Marcos Diniz. *Direito Tributário e Direito Financeiro*: reconstruindo o conceito de tributo e resgatando o controle da destinação. *In*: COÊLHO, Sacha Calmon Navarro (Org.). *Contribuições para a seguridade social*. São Paulo: Quartier Latin, 2007. p. 313.

117 MACHADO, Hugo de Brito. *Curso de Direito Tributário*. São Paulo: Malheiros, 2009. p. 415.

118 CARVALHO, Paulo de Barros. *Curso de Direito Tributário*. São Paulo: Saraiva, 2007. p. 246.

Para além dos parâmetros constitucionais, em atenção aos limites de competência e aos princípios, a intervenção do Estado na economia deve também alcançar a eficiência econômica, como defendido neste artigo. Isto porque, mesmo que esteja em conformidade com o texto constitucional, a instituição de uma contribuição de intervenção pode não ser economicamente eficiente.

Desta maneira, ao ser instituída uma contribuição de intervenção no domínio econômico, é indispensável, então, a constatação de que esta restrição imposta aos particulares de fato esteja apta a aumentar a eficiência. Caso contrário, se observará apenas a piora da situação de um determinado grupo de sujeitos, com a diminuição do patrimônio destes, sem uma correspondente melhora na situação econômica por eles vivida.

6 Conclusão

Foi premissa deste artigo a consideração de que a análise de um objeto, no caso, a análise de uma espécie tributária, não pode se limitar aos aspectos jurídicos que a embasa, mas também ao significado econômico desta imposição. Isso porque, para o particular, a prestação pecuniária compulsória que representa um tributo consiste em mais um dos diversos custos a serem por ele suportados numa transação. Desta maneira, se este custo foi criado com uma finalidade, como se observa pelas contribuições, é de se esperar que a perda representada pela assunção deste custo consista, com eficiência, na consecução da respectiva finalidade.

Não se poderia neste artigo defender o argumento de que a destinação diversa do produto arrecadado com as contribuições interventivas para finalidades diferentes daquelas previstas constitucional e legalmente, se justificaria pela demanda de receitas orçamentárias que é verificada no Brasil. Um erro não deve justificar outro. Se as fontes tributárias não são suficientes para satisfazer as despesas orçamentárias brasileiras, tem-se então mais um argumento para revisar o modelo tributário que é atualmente utilizado no Brasil.

É economicamente ineficiente apenas repassar este buraco orçamentário para um determinado setor da economia por meio da instituição de contribuições, sem refletir sobre as consequências deste ato. Afinal, o aumento dos custos de transação nas atividades especificamente afetadas pela instituição de contribuições especiais é invariavelmente repassado aos consumidores por meio do aumento dos preços destes produtos, o que, em última análise, pode ser prejudicial para a economia do Brasil.

Além disso, não parece ser o modo mais correto, pela perspectiva do princípio da transparência da Administração Pública, a obtenção de receitas tributárias pela criação de uma determinada espécie, utilizando, por exemplo, o argumento de intervenção no domínio econômico, e depois a realização do repasse do produto da respectiva arrecadação para outras finalidades não interventivas, as quais, inclusive, deveriam ser suportadas com a receita de impostos, tributo historicamente não vinculado.

Tentar esconder esta questão por meio da instituição de novas contribuições, onerando, com isso, setores específicos da economia, é criar um novo problema, nomeadamente para esses setores, os quais terão que suportar, isoladamente, as consequências das deficiências do sistema tributário como um todo. Com isto se verifica que o não cumprimento das finalidades para as quais são criadas as contribuições interventivas, torna-as ineficientes pela perspectiva econômica.

A partir desta constatação, faz-se necessário continuar acompanhando e fiscalizando a destinação que o produto da arrecadação deste tributo está recebendo. Em caso de não cumprimento das normas constitucionais que estipularam a arrecadação em leis orçamentárias, o Poder Judiciário deve ser acionado. Ademais, caso seja necessário para uma maior garantia de cumprimento, também deve ser realizada uma revisão do texto legal a respeito da aplicação dos respectivos valores, de acordo com as finalidades constitucionais. Se, ainda assim, a arrecadação das contribuições interventivas continuar a ser utilizada como crédito adicional para despesas outras, uma revisão acerca da instituição deste tributo deverá ser integrada aos planos de reforma tributária nacional.

Referências

AMARO, Luciano. *Direito Tributário Brasileiro*. São Paulo: Saraiva, 2005.

ARISTÓTELES. **Ética** *a Nicômaco*. (Trad. Pietro Nasseti). São Paulo: Martin Claret, 2005.

BARROSO, Luís Roberto. *Interpretação e aplicação da constituição*: fundamentos de uma dogmática constitucional transformadora. São Paulo: Saraiva, 2002.

BARROSO, Luís Roberto. *Temas de Direito Constitucional*. Rio de Janeiro: Renovar, 2003.

BELTRÃO, Antônio. *Direito Ambiental*. São Paulo: Método, 2009.

BERCOVICI, Gilberto. *Constituição Econômica e desenvolvimento*: uma leitura a partir da Constituição de 1988. São Paulo: Malheiros, 2005.

BONAVIDES, Paulo. *Curso de Direito Constitucional*. São Paulo: Malheiros, 2004.

CANADO, Vanessa Rahal; SANTI, Eurico Marcos Diniz. Direito Tributário e Direito Financeiro: reconstruindo o conceito de tributo e resgatando o controle da destinação. *In*: COÊLHO, Sacha Calmon Navarro (Org.). *Contribuições para a seguridade social*. São Paulo: Quartier Latin, 2007.

CARRAZZA, Roque Antonio. *Curso de Direito Constitucional Tributário*. São Paulo: Malheiros, 2005.

CARVALHO, Paulo de Barros. *Curso de Direito Tributário*. São Paulo: Saraiva, 2007.

CASSONE, Vittorio. *Direito Tributário*: fundamentos constitucionais da tributação, definição de tributos e suas espécies, conceito e classificação dos impostos, doutrina, prática e jurisprudência. São Paulo: Atlas, 2006.

COELHO, Fábio Ulhoa. *Curso de Direito Comercial*. São Paulo: Saraiva, 2004. v. 1.

COÊLHO, Sacha Calmon Navarro. *Curso de Direito Tributário Brasileiro*. Rio de Janeiro: Forense, 2005.

FRANÇA, Vladmir da Rocha. Conceito de serviço público na Constituição Federal. *Revista Brasileira de Direito Administrativo e Regulatório*, São Paulo, n. 1, p. 225-238, 2010.

GRAU, Eros. *A ordemeconômica na Constituição de 1988*: interpretação e crítica. São Paulo: Malheiros, 2006.

GRAU, Eros. Constituição e serviço público. *In*: GRAU, Eros; GUERRA FILHO, Willis Santiago. (Org.) *Direito Constitucional*: estudos em homenagem a Paulo Bonavides. São Paulo: Malheiros, 2003.

HARADA, Kiyoshi. *Direito Financeiro e Tributário*. São Paulo: Atlas, 2009.

KELSEN, HANS. *Reines Rechtslére*. Wien: Franz Deuticke, 1967.

MACHADO, Hugo de Brito. *Curso de Direito Tributário*. São Paulo: Malheiros, 2009.

MEIRELLES, Hely Lopes. *Direito Administrativo Brasileiro*. (Atualizado por Eurico de

Andrade Azevedo, Délcio Balestero Aleixo e José Emmanuel Burle Filho). São Paulo: Malheiros, 2009.

MEDEMA, Steven G.; MERCURO, Nicholas. *Economics and the Law*: from Posner to Postmodernism and Beyond. Princeton: Princeton University, 1997.

OLIVEIRA, Régis Fernandes. *Curso de Direito Financeiro*. São Paulo: Revista dos Tribunais, 2010.

ROBINSON, Timothy. *Aristotle in outline*. Indianopolis: Hackett, 1995.

SACCHETTO, Cláudio. O dever de solidariedade no Direito Tributário: o ordenamento italiano. *In*: GRECO, Marco Aurélio; GODOI, Marciano Seabra de. (Org.). *Solidariedade Social e Tributação*. São Paulo: Dialética, 2005.

SILVA, José Afonso da. *Curso de direito constitucional positivo*. São Paulo: Malheiros, 2004.

STAJN, Rachel. Law and Economics. *In*: ZYLBERSTAJN, Decio; STAJN, Rachel. (Org.). *Direito & Economia*: análise Econômica do Direito e das Organizações. São Paulo: Editora Campus, 2005.

TOMÉ, Fabiana Del Padre. Alcance da imunidade das receitas de exportação (art. 149, §2º, I, da Constituição): a questão da Contribuição Social sobre o Lucro Líquido – CSLL. *In*: COÊLHO, Sacha Calmon Navarro. (Org.). *Contribuições para a seguridade social*. São Paulo: Quartier Latin, 2007.

TORRES, Ricardo Lobo. *Curso de Direito Financeiro e Tributário*. Rio de Janeiro: Renovar, 2009.

VARIAN, Hal R. *Microeconomia*: princípios básicos. (Trad. Maria José Cyhlar e Ricardo Doninelli). Rio de Janeiro: Elsevier, 2006.

RISCO CAMBIAL EM CONTRATOS DE CONCESSÃO[1]

1 Introdução

A repetida frase de M Henrique Simonsen – "inflação aleija, cambio mata" – recordava, em períodos de elevada inflação, os riscos envolvidos na abrupta oscilação da taxa de câmbio para a economia nacional. No campo dos investimentos em infraestrutura, num cenário de crise fiscal estrutural e longeva anemia da poupança interna, o câmbio tem sido apontado como variável chave para atração de investimentos privados estrangeiros em ativos de infraestrutura de longo prazo de maturação.

Quatro tendências contemporâneas elevaram o câmbio a esta centralidade: 1) a extensa demanda por investimento em infraestrutura; 2) a escassez de recursos fiscais para fazer frente a este desafio; 3) o esgotamento do financiamento público como supridor de crédito para o setor privado; e 4) a instabilidade de curto prazo da taxa de câmbio como inibidora da atração de capital privado externo para o país.

A infraestrutura tem estado no centro da agenda nacional na última década. Os sucessivos Governos têm instituído programas que visam a ampliar o investimento, público e privado, na manutenção, construção e expansão da infraestrutura.

Esta tendência se manifesta de modo mais intenso desde 2007, com a criação do Programa de Aceleração do Crescimento – PAC, através do Decreto nº 6.025, de 22 de janeiro de 2007; pelo Programa de

[1] Escrito em coautoria com Marcelo Bruto, advogado e administrador. Mestre e Doutor em Administração Pública pela FGV/SP, é especialista em Políticas Públicas e Gestão Governamental do Ministério do Planejamento. Foi Diretor da Agência Nacional de Transportes Terrestres e é Vice-Presidente do Porto de Suape/PE.

Investimentos em Logística – PIL, lançado em 15 de agosto de 2012, e renovado, em sua segunda etapa, em 11.06.2015;[2] e o Programa de Parcerias de Investimentos – PPI, instituído através da Medida Provisória nº 727, de 12 de maio de 2016, convertida na Lei Federal nº 13.334, de 13 de setembro de 2016.

Subjacente a esta centralidade está o diagnóstico de que o país conta com estoque de infraestrutura logística insuficiente em relação a países em desenvolvimento. Segundo o Fórum Econômico Mundial, o Brasil, nona economia do mundo, ocupa a 81ª posição no índice geral de competitividade e a 111ª posição na infraestrutura rodoviária.[3] Ademais, o fluxo de investimentos nos últimos anos tem ficado também atrás dos demais países em desenvolvimento. Segundo Frischtak e Davies (2014),[4] o investimento médio em infraestrutura entre 2010 e 2013 (2,36% do PIB) foi inferior a países como Chile, Índia, China, Peru, Tailândia e Vietnã.

Esse diagnóstico que aponta a premência do investimento é compartilhado por diversos segmentos do Governo e da sociedade civil. O Plano Nacional de Logística de Transportes, revisado em 2011 pelo Ministério dos Transportes, indicou uma carteira de projetos logísticos que totalizavam R$423 bilhões de investimentos nos modais rodoviário, ferroviário e aquaviário, sendo que 66% não tinham fontes de financiamento definidos no Orçamento Geral da União através do PAC, mesmo em cenário, naquele momento econômico, de maior disponibilidade orçamentária e financeira.[5]

O Plano de Logística e Transportes da Confederação Nacional de Transportes – CNT, publicado no ano de 2014, apresentou necessidade de investimentos de R$987 bilhões em logística, sendo apenas no modal rodoviário R$361,7 bilhões. A Fiesp, em 2013, divulgou indicadores de oferta de infraestrutura no Brasil. No modal

---

2 MINISTÉRIO DA ECONOMIA. *Programa de investimento em logística*. 2015. Disponível em: http://www.planejamento.gov.br/apresentacoes/programa-de-investimento-em-logistica-pil. Acesso em 30 set. 2019.

3 WORLD ECONOMIC FORUM. *The global competitiveness report*. 2016-2017. Disponível em: http://www3.weforum.org/docs/GCR2016-2017/05FullReport/TheGlobalCompetitivenessReport2016-2017_FINAL.pdf. Acesso em 30 set. 2019.

4 *Apud* CAMARA BRASILEIRA DE INDÚSTRIA DE CONSTRUÇAO – CBIC. *Investimento em infraestrutura e recuperação da economia*. Brasília, CBIC, maio 2015. Disponível em: https://cbic.org.br/wp-content/uploads/2017/11/Investimento_Em_Infraestrutura_e_Recuperacao_da_Economia_2015.pdf. Acesso em: 15 set. 2019.

5 MINISTÉRIO DOS TRANSPORTES. *Projeto de reavaliação de estimativas e metas do PNLT*. Set. 2012. Disponível em: http://www.transportes.gov.br/images/2014/11/PNLT/2011.pdf. Acesso em 30 set. 2019.

rodoviário, o indicado nacional foi de 2,53km rodovias/10.000 hab., representando 53% do benchmark internacional, equivalente a 4,78km de rodovias/10.000 hab. Em relação ao indicador de qualidade, o Brasil alcança 19% do benchmark internacional em termos de rodovia pavimentada/total nacional.[6]

O diagnóstico de que é ampla a demanda por infraestrutura contrasta, por outro lado, com a escassez de recursos fiscais para fazer frente a tal desafio. Esse se agravou, entre 2015 e 2016, com a acentuação da forte crise econômica que constrangeu o investimento em infraestrutura através do orçamento fiscal, de que é exemplo a drástica redução da dotação alocada ao Ministério dos Transportes para a infraestrutura rodoviária para 60% da dotação alocada no ano de 2012. Este efeito é ainda maior sobre obras de expansão da malha, em razão do caráter mais rígido da despesa com manutenção em comparação com a ampliação de capacidade.

Ainda sobre o quadro fiscal, o diagnóstico prevalecente é de que o cenário restritivo não é meramente conjuntural, tendo em vista a trajetória crescente da dívida pública (o Brasil tem o maior déficit nominal entre países desenvolvidos e em desenvolvimento), que tem demandado medidas destinadas a limitar, a longo prazo, o crescimento real da despesa pública, sendo o maior exemplo a Emenda Constitucional nº 95, de 15 de dezembro de 2016, que instituiu o Novo Regime Fiscal.

Considerando as despesas obrigatórias e as inúmeras vinculações do orçamento geral da união, a perspectiva para a retomada do investimento público em infraestrutura é incerta, sugerindo que as concessões sejam apontadas como a opção disponível para que o país retome, nos próximos anos, uma trajetória sustentável de crescimento.

A resposta a este cenário de escassez viria, na terceira tendência, do investimento privado em infraestrutura.

Até recentemente, a disponibilidade de fontes de financiamento para o investimento privado em infraestrutura era suprida, essencialmente, por bancos públicos, em especial o BNDES, através de taxas de juros especialmente atrativas, a TJLP, cuja fixação, nos últimos anos, dissociava-se do custo de captação do tesouro nacional – a exemplificar, em 2013, quando houve rodadas de concessões de rodovias e aeroportos, o financiamento destinado ao programa era uma TJLP então

[6] FIESP. Índice *comparado de desempenho da infraestrutura de transporte (IDT)*. Disponível em: http://www.fiesp.com.br/indices-pesquisas-e-publicacoes/indice-comparado-de-desempenho-da-infraestrutura-de-transporte-idt/. Acesso em 28 set. 2019.

fixada em 5,5% a.a., acrescida de taxa de administração de 2% a.a. Não por acaso, o financiamento público ocupou larga liderança como fonte de crédito para a infraestrutura. Fleury (2016),[7] por exemplo, estima que em 2014 o BNDES e Caixa Econômica Federal responderam por mais de 75% dos financiamentos para a infraestrutura.

Esta fonte, porém, também secou. Desde 2011, com a edição da Lei Federal nº 12.431, de 24 de junho de 2011, o Governo Federal procurou diversificar as fontes de financiamento em infraestrutura com a criação de debêntures incentivadas, estimulando a captação de recursos no mercado. Esta tendência se acentuou nos últimos dois anos, o que inviabilizou a estratégia perseguida nos leilões de rodovias e aeroportos entre 2013/2014, intensiva na disponibilidade de financiamento via bancos públicos. Esta sinalização não se confirmou durante os anos subsequentes, resultando na grave crise que alcançou inúmeros contratos de concessão e redundou em extensos debates sobre sua renegociação e novos instrumentos legais para lidar com a relicitação de contratos, como foi o caso da Lei nº 13.448/2017.

Mais recentemente, a própria política de subsídios nos financiamentos através da TJLP passou a ser objeto de revisão, com a edição da Medida Provisória nº 777, de 26 de abril de 2017, que instituiu a TLP – Taxa de Longo Prazo, que procura levar à convergência entre a TLP e o custo de captação do Tesouro Nacional. A MP proíbe, ainda, a contratação de novas operações de financiamento com TJLP em projetos de infraestrutura, excetuadas operações de financiamento destinadas ao apoio a projetos de infraestrutura, objeto de licitações públicas cujo edital tenha sido publicado até 31 de dezembro de 2017.

Este contexto conduziu, naturalmente, à busca de novas fontes de financiamento de longo prazo, sendo uma opção natural a captação externa, considerando a histórica tendência de taxas de juros mais baixas no mercado internacional frente às taxas nacionais não subsidiadas. Tal oportunidade conduz à questão do risco cambial. Sendo a remuneração do investimento em ativos de infraestrutura no Brasil realizada em moeda nacional e o pagamento de dividendos e financiamentos externos em moedas internacionais, evidentemente que a oscilação da taxa de câmbio passa a ser questão central. Sob o regime de câmbio flutuante instituído em 1999, o risco de oscilações abruptas

---

[7] FLEURY. *O financiamento das C&P's no Brasil*: instituições e práticas. 2016. Disponível em: http://www.planejamento.gov.br/apresentacoes/infraestrutura-e-parceria-para-o-desenvolvimento/apresentacao-fleury-condicoes-de-financiamento-reduzida.pdf. Acesso em 28 set. 2019.

passou a ser objeto de tratamento no campo microeconômico, sendo especialmente elevados os impactos de desvalorizações significativas nos anos de 2002 (52%), 2008 (32%) e 2015 (47%), quando crises macroeconômicas alteraram o equilíbrio das taxas de câmbio.

Neste contexto, retornamos ao tratamento contratual das taxas de câmbio. Num cenário em que se busca estimular a atração de capital externo, e no qual o regime é de câmbio flutuante, a disciplina contratual das taxas de câmbio ganha grande relevância, o que parece ser o caso no cenário brasileiro, especialmente a partir de 2015.

O presente artigo busca contextualizar o debate em curso sobre o tratamento contratual do risco cambial, apresentando sua evolução histórica, alternativas em debate e seus efeitos.

2 O tratamento histórico do risco cambial

Assim como ocorreu com o próprio tratamento de riscos nos contratos administrativos, até meados dos anos 90, os contratos nacionais pouca atenção destinava ao tema do risco cambial. A alocação de riscos contratual, de forma geral, era disciplinada através de fórmulas gerais oriundas das doutrinas clássicas do direito administrativo, a exemplo das teorias da imprevisão e do fato do príncipe.

Nos contratos de concessão rodoviária da primeira etapa, marcados por forte impacto da experiência pregressa em contratos administrativos tradicionais, poucos riscos eram tratados de forma específica e direta, como o risco geral de tráfego. As demais cláusulas remetiam a conceitos jurídicos abrangentes, como ocorrências supervenientes, decorrentes de caso fortuito, força maior, fato da administração ou interferências imprevistas que resultassem em novos encargos ao concessionário.

A legislação tampouco era expressa sobre o tema, restando previsão genérica no art. 10 da Lei nº 8.987/1995, que valorizava o contrato como regramento chave da disciplina do seu equilíbrio econômico-financeiro ("sempre que forem atendidas as condições do contrato, considera-se mantido o seu equilíbrio econômico-financeiro"). Especialmente a partir dos anos 2000, a literatura especializada em direito e economia passou a tratar de forma mais direta a necessidade de tratamento contratual sistemático dos riscos, o que findou por se refletir na Lei de PPPs (Lei Federal nº 11.079/2004, a qual dispôs sobre a repartição objetiva de riscos entre as partes nos contratos de PPPs, previsão de seus artigos 4º e 5º).

Tal tendência doutrinária e legislativa refletia, ainda, o elevado risco resultante da disciplina genérica, que terminava por remeter ao judiciário a resolução de impasses jurídicos atinentes ao equilíbrio econômico-financeiro dos contratos, a exemplo dos efeitos da desvalorização ocorrida em 1999 após a alteração do regime cambial vigente.

Nos anos 2000, portanto, nova tendência se impôs de previsão de matriz de risco contratual, tornando-se prevalecente, porém, a alocação sistemática do risco cambial aos parceiros privados em concessões de distintas áreas, como aeroportos e rodovias.

A opção parecia pouco problemática num cenário em que, como visto, o país vivia raro momento de otimismo econômico e disponibilidade de fontes públicas de financiamento. Já naquele momento, no entanto, algumas vozes doutrinárias indicavam a necessidade de se repensar tal solução contratual a fim de se alcançar mercados externos de crédito. Era o caso de Marcos Pinto, do BNDES, para quem o Estado deveria assumir esse risco para viabilizar financiamentos internacionais, diante da assimetria entre o mercado de capitais local e internacional.[8]

A partir de 2015, com a alteração no contexto macroeconômico, a questão voltou à tona com novas alternativas de tratamento do risco cambial nos contratos de concessão.

3 Risco cambial na teoria e na experiência internacional

A regra de ouro para a alocação de riscos em contratos de concessão e PPP é, como se sabe, que se atribuam os efeitos dos eventos à parte que melhor pode gerenciá-los.

Essa gestão pode ocorrer em diferentes momentos: 1) na própria influência sobre a ocorrência ou não do evento; 2) na mitigação dos custos e/ou danos decorrentes do evento, uma vez que tenha ele ocorrido, através de respostas gerencialmente adequadas; ou 3) na capacidade de a parte absolver os custos do evento, de preferência, externalizando-os.

Note-se que não se trata de tratamento simples e direto, considerando que uma parte pode ser mais hábil na gestão do evento,

---

[8] PINTO, Marcos Barbosa. Repartição objetiva de riscos nas parcerias público-privadas. *Revista do BNDES*, v. 13, n. 25, p. 155-182, jun. 2006. Disponível em: https://www.bndes.gov.br/SiteBNDES/export/sites/default/bndes_pt/Galerias/Arquivos/conhecimento/revista/rev2506.pdf. Acesso em 05 out. 2019.

impedindo-o ou mitigando-o, mas pode sofrer mais na sua absorção, uma vez que ele ocorre. Tal dilema surge, em geral, nos contratos administrativos: os parceiros privados costumam ser mais aptos na gestão e resposta aos riscos, mas, na ausência de mercados de seguros desenvolvidos, o Estado pode absolvê-los com menor custo, dado que sempre pode externalizá-los para a sociedade, através da emissão de dívida, tributação ou inflação.

Na literatura, os riscos macroeconômicos, a exemplo de financiamento e câmbio, são, em geral, considerados como próprios do parceiro privado. Assim é, não porque os parceiros privados tenham especial aptidão para gerenciá-los, mas porque são definidos como riscos sistêmicos, suportados por todos os agentes econômicos que atuam no mercado nacional – motivo pelo qual, argumenta-se, não faria sentido o Estado oferecer uma proteção específica para um setor, enquanto todos os demais setores econômicos suportam tal risco. Esse entendimento é, por exemplo, o de Engel, Fischer e Galatovic.[9] Outro relevante autor, Yescombe,[10] destaca que, desde que não seja o evento resultante de uma ação discriminatória em relação ao contrato, tratase apenas do risco geral de se fazer negócio em um país, devendo ser suportado pelo privado.

Se assim é, o risco pode ser mitigado por mecanismos privados, como seguros e hedges. O tratamento distinto em relação a outras atividades econômicas, por discriminatório, poderia resultar em risco moral consistente em estímulos à busca por proteções específicas e discricionárias em detrimento de ofertas por vantagens competitivas reais em termos de preços mais baixos e qualidade nos serviços.

Em outro sentido, o próprio Yescombe (2007) ressalta, porém, que no caso de riscos de investimentos em diferentes países, a desvalorização cambial pode ser objeto de deliberada atuação política, demandando distinta caracterização. Em caminho similar, Grimsey e Lewis[11] apontam que flutuações da moeda sem disponibilidade de hedge devem ser objeto de compartilhamento de riscos entre os setores público e privado.

---

9 ENGEL, Eduardo; FISCHER, Ronald D.; GALATOVIC, Alexander. *The Economics of Public-Private Partnerships*: a basic guide. Cambridge: Cambridge University Press, 2015.

10 YESCOMBE, E. R. *Public Private Partnerships*: principles of policy and finance. London: Elsevier, 2007.

11 GRIMSEY, Darrin; LEWIS, Mervyn K. *Public Private Partnerships*: the worldwide revolution in Infrastructure Provision and Project Finance. Cheltenham, UK; Northampton, MA, USA: Edgar Elgar, 2008.

Nota-se, portanto, que a questão está longe de ser tratada por uma solução única. Em condições normais, em que há estabilidade de taxas de câmbio e baixo risco de atuação política na sua manipulação, trata-se o risco de flutuação cambial como risco ordinário, melhor mitigado pelo parceiro privado através de mecanismos de seguro cambial. Por outro lado, sendo a moeda variável administrada pelos Governos e suscetível a instabilidades, particularmente em países que rotineiramente sofrem com crises na balança de pagamentos, o mercado privado dificilmente oferece solução, sendo o risco caracterizado, sobretudo, como *político*.

Os Governos parecem estar reconhecendo isso e esta aparenta ser a solução de países da América Latina, nos quais elevados índices de renegociação apontados pelos seminais trabalhos de José Luis Guasch [12] apontam a alocação excessiva de riscos para o setor privado, como um dos motivos de destaque para a revisão prematura dos contratos. Segundo este autor, entre 2004 e 2010, entre as renegociações ocorridas, 22% eram relativas a frustrações nas projeções de demanda, 18% a eventos de natureza política e 15% a crises de bancabilidade dos projetos.

Assim, países como Chile, Colômbia e Peru, especialmente, têm investido em mecanismos de mitigação de riscos de demanda e proteção cambial, destacando-se, neste último campo, o atrelamento de parcela das tarifas cobradas de usuários, no caso de rodovias, ao dólar, o que tem servido para atrair capital externo a suas licitações.

4 Novas tendências de enfrentamento do risco cambial no Brasil

No período recente, o enfrentamento do risco cambial, em caráter pioneiro, foi realizado pelo Estado de São Paulo, nas concessões rodoviárias promovidas no ano de 2017.[13]

O mecanismo previsto terá aplicabilidade para compartilhamento de risco cambial em instrumento(s) de financiamento em moeda estrangeira, firmado(s) nos primeiros cinco anos a partir da assinatura

---

12 IPEA. *Concession PPP programs*: evaluation of international experience and global trends. Disponível em: http://www.ipea.gov.br/portal/images/stories/PDFs/160311_jose_luis_guasch.pdf. Acesso em 30 set. 2019.

13 Um exemplo é a concorrência internacional nº 05/2016, cujos documentos estão disponíveis em: http://www.artesp.sp.gov.br/transparencia-novas-concessoes-rodovias-itaporanga-franca.html. Acesso em 26 set. 2019.

do contrato, e somente poderá ser aplicado à parcela de financiamento em moeda estrangeira relativa aos investimentos vinculados a bens reversíveis e/ou outorga.

Sua ativação é uma faculdade a ser exercida pelo vencedor da licitação e se estende exclusivamente ao principal da dívida contraída em dólar - o contrato de financiamento é apresentado pelo concessionário à ARTESP. O mecanismo é aplicável para oferecer proteção cambial para instrumento(s) de financiamento com vencimento em até, no máximo, 14 anos, periodicidade anual ou semestral de amortização do principal, com ou sem carência.

A compensação do mecanismo se dá por meio da outorga variável devida pelo concessionário, e não da tarifa cobrada do usuário, com compensações mensais entre as partes (Concessionária e Poder Concedente). O valor a ser compensado por este mecanismo, para cada uma das partes, está limitado ao montante ou ao fluxo futuro de outorga variável.

De forma singela, o contrato estabelece fórmulas para apuração das parcelas de financiamento devidas pelo concessionário em reais e em dólar. Se, por ocasião do pagamento dos desembolsos, a parcela em real calculada naquele momento supera a parcela em dólar, a concessionária tem um débito com o Poder Concedente, compensado por meio da outorga variável; caso a parcela em dólar seja superior, há um crédito da concessionária, compensado no valor por ela devido ao Poder Concedente por meio da outorga.

A regra básica é a de que a outorga devida é de 3% da receita bruta, havendo um limite de 0% a 6% para pagamento da outorga mensalmente, após as compensações, podendo as partes optar por antecipar suas respectivas obrigações, ultrapassando, assim, a banda de 0-6% da Receita Bruta para a Outorga Variável; ou seja, a Concessionária pode optar por adiantar o valor devido ao Poder Concedente, e o Poder Concedente pode optar por adiantar o valor devido à Concessionária.

O Governo Federal, por sua vez, através do Ministério dos Transportes, Portos e Aviação Civil publicou, em fevereiro de 2017, consulta pública[14] voltada a ouvir a sociedade em relação ao mecanismo de cobertura cambial para concessões de aeroportos, considerando a escassez de fontes de crédito e a incipiência de mecanismos privados de hedge cambial.

---

14 MINISTÉRIO DOS TRANSPORTES. *Portaria nº XX de XX de fevereiro de 2017*. Disponível em: http://www.transportes.gov.br/images/2017/Consulta-Publica_Cambio/Minuta-Portaria-Cobertura-Cambial.pdf. Acesso em 30 set. 2019.

O mecanismo do Governo Federal tem, com alguns ajustes, inspiração no modelo paulista.

O mecanismo é descrito como o conjunto de regras e condições que viabilizam o *compartilhamento*, entre o Poder Público e o concessionário, do risco da variação cambial e dos seus efeitos sobre eventual financiamento em moeda estrangeira, tomado nos contratos de parceria. O mecanismo seria aplicável ao(s) financiamento(s) em moeda estrangeira contratados(s) dentro do período de até sete anos da data de assinatura dos respectivos contratos de parceria, sendo *uma opção do concessionário*, que só será ativada a partir de sua manifestação antes da assinatura do contrato.

Segunda a minuta de portaria, o contrato de parceria fixará os montantes máximos, em Dólares Americanos (US$), sujeitos ao mecanismo de cobertura cambial, e definirá o prazo de apuração e o prazo destinado exclusivamente às compensações decorrentes do mecanismo. As compensações decorrentes da variação cambial poderá ocorrer, a critério da SAC e da ANAC, sobre os pagamentos devidos pelo concessionário ao Fundo Nacional de Aviação Civil (contribuições ou outorgas variáveis), que representam um percentual da receita bruta anual.

A sua aplicação ocorre mensalmente, de forma cumulativa, até as datas previstas para a liquidação das obrigações de pagamentos assumidas pelo concessionário e que estiverem atreladas ao mecanismo de cobertura cambial, devendo ser prevista, no contrato de parceria, faixa contendo o limite máximo e mínimo de variação do mecanismo de cobertura cambial, que incidirá no pagamento das parcelas devidas pelo concessionário, com o objetivo de compensar o resultado das flutuações do câmbio durante cada período de compensação.

Sempre que o resultado da aplicação do mecanismo de cobertura cambial levar a valores que ultrapassem, para mais ou para menos, o limite máximo ou mínimo da faixa de variação das obrigações de pagamento do concessionário, o contrato de parceria deverá prever que a parcela excedente será registrada como "saldo do mecanismo cambial", a compensar entre as partes nos anos subsequentes, até o final da vigência do contrato de parceria.

De maneira mais simples e direta, a forma de aplicação do mecanismo ocorre a partir de um benchmarking que indica a trajetória esperada da taxa de câmbio. As flutuações que ocorram acima ou abaixo dessa trajetória são compensadas, para mais ou para menos, mensalmente, nos pagamentos devidos pelo concessionário, até os limites definidos contratualmente. As variações que não puderem ser compensadas a cada mês são calculadas separadamente e ajustadas, como créditos ou débitos, nas subsequentes obrigações de pagamento do concessionário.

Percebe-se, nos mecanismos concebidos pelos Governos Paulista e Federal, que não se aloca o risco ao usuário, mas ao Tesouro – as compensações cambiais são efetuadas sobre a outorga. Também não ocorre uma absorção total do risco, mas um compartilhamento, delimitado pelo limite da cobertura a ser previsto contratualmente, no caso Federal, e no limite da outorga variável, nas concessões paulistas. Por fim, outra preocupação manifesta é a de diferir os efeitos do mecanismo sobre os pagamentos devidos pelo concessionário ao FNAC, de forma a evitar variações exageradas do mecanismo de proteção cambial sobre os recebíveis do Fundo, bem como evitar pagamentos excessivos pelo privado no caso de valorização.

5 Conclusão

Os dilemas envoltos no tratamento cambial em contratos de concessão são bem explorados na literatura.

O mais óbvio dos problemas relacionados à assunção, pelo Estado, de parcela do risco cambial, está na externalização dos custos das maxidesvalorizações para terceiros, os usuários ou contribuintes, com elevados custos sociais. Menos obviamente, a proteção cambial relativa a uma variável macroeconômica chave, o câmbio, de um setor da economia, estabelece um regime distinto em relação a outros agentes econômicos atuantes na mesma economia, o que pode redundar em incentivos ao risco moral de todos os agentes buscarem proteções específicas às suas atividades.

O efeito decorrente da externalização do risco a quem não tem elevada aptidão gerencial – o Poder Concedente – pode ser considerado, pelo menos, mitigado pelos mecanismos dos Governos Paulista e Federal, por serem instrumentos facultativos, podendo o parceiro privado, dispondo de mecanismos privados de hedge mais vantajosos, optar por gerenciar tais riscos por instrumentos privados de gestão.

Finalmente, menciona-se (em especial para a realidade brasileira) que a proteção cambial pode se caracterizar, mesmo indiretamente, como mais um mecanismo de indexação dos preços futuros a moedas estrangeiras, reduzindo o efeito da política monetária como instrumento por excelência de controle da inflação. Esse risco é menos presente nos mecanismos criados pelos Governos Paulista e Federal, na medida em que a proteção é aplicada sobre receitas do Tesouro, e não sobre preços públicos, distintamente do que ocorre em países como Colômbia e Peru. Ainda assim há indexação de receitas federais à moeda estrangeira.

Sob a óptica positiva, talvez a mais premente seja a singela ausência de alternativas para a atração de capital externo para atividades de capital extensivas, de longo prazo e envoltas em elevados riscos políticos e regulatórios, como são os casos de ativos de infraestrutura. Para um país com tanta demanda por infraestrutura e escassez de poupança interna, os custos a pagar podem valer a pena.

Referências

ABDIB FORUM. *Propostas para a infraestrutura*. 2014. Disponível em: http://www.abdib.org.br/sala-de-imprensa/opiniao-abdib/propostas-para-a-infraestrutura. Acesso em 30 set. 2019.

CAMARA BRASILEIRA DE INDÚSTRIA DE CONSTRUÇAO – CBIC. *Investimento em infraestrutura e recuperação da economia*. Brasília, CBIC, maio 2015. Disponível em: https://cbic.org.br/wp-content/uploads/2017/11/Investimento_Em_Infraestrutura_e_Recuperacao_da_Economia_2015.pdf. Acesso em: 15 set. 2019.

CNI. *Concessões em transportes e petróleo e gás*: avanços e propostas de aperfeiçoamentos. 2014. Disponível em: http://arquivos.portaldaindustria.com.br/app/conteudo_24/2014/07/22/456/V12_Concessoestransportepetroleoegas_web.pdf. Acesso em 27 set. 2019.

ENGEL, Eduardo; FISCHER, Ronald D.; GALATOVIC, Alexander. *The Economics of Public-Private Partnerships*: a basic guide. Cambridge: Cambridge University Press, 2015.

FIESP. Índice *comparado de desempenho da infraestrutura de transporte (IDT)*. Disponível em: http://www.fiesp.com.br/indices-pesquisas-e-publicacoes/indice-comparado-de-desempenho-da-infraestrutura-de-transporte-idt/. Acesso em 28 set. 2019.

FLEURY. *O financiamento das C&P's no Brasil*: instituições e práticas. 2016. Disponível em: http://www.planejamento.gov.br/apresentacoes/infraestrutura-e-parceria-para-o-desenvolvimento/apresentacao-fleury-condicoes-de-financiamento-reduzida.pdf. Acesso em 28 set. 2019.

GRIMSEY, Darrin; LEWIS, Mervyn K. *Public Private Partnerships*: the worldwide revolution in Infrastructure Provision and Project Finance. Cheltenham, UK; Northampton, MA, USA: Edgar Elgar, 2008.

IPEA. *Concession PPP programs*: evaluatin of international experience and global trends. Disponível em: http://www.ipea.gov.br/portal/images/stories/PDFs/160311_jose_luis_guasch.pdf. Acesso em 30 set. 2019.

MINISTÉRIO DA ECONOMIA. *Programa de investimento em logística*. 2015. Disponível em: http://www.planejamento.gov.br/apresentacoes/programa-de-investimento-em-logistica-pil. Acesso em 30 set. 2019.

MINISTÉRIO DOS TRANSPORTES. *Portaria nº XX de XX de fevereiro de 2017*. Disponível em http://www.transportes.gov.br/images/2017/Consulta-Publica_Cambio/Minuta-Portaria-Cobertura-Cambial.pdf. Acesso em 30 set. 2019.

MINISTÉRIO DOS TRANSPORTES. *Projeto de reavaliação de estimativas e metas do PNLT*. Set. 2012. Disponível em: http://www.transportes.gov.br/images/2014/11/PNLT/2011.pdf. Acesso em 30 set. 2019.

PINHEIRO, Armando Castelar; FRISCHTAK, Cláudio Roberto. *Gargalos e Soluções na infraestrutura de transportes*. Rio de Janeiro: Ed. FGV, 2014.

PINTO, Marcos Barbosa. Repartição objetiva de riscos nas parcerias público-privadas. *Revista do BNDES*, v. 13, n. 25, p. 155-182, jun. 2006. Disponível em: https://www.bndes.gov.br/SiteBNDES/export/sites/default/bndes_pt/Galerias/Arquivos/conhecimento/revista/rev2506.pdf. Acesso em 05 out. 2019.

WORLD ECONOMIC FORUM. *The global competitiveness report*. 2016-2017. Disponível em: http://www3.weforum.org/docs/GCR2016-2017/05FullReport/TheGlobalCompetitivenessReport2016-2017_FINAL.pdf. Acesso em 30 set. 2019.

YESCOMBE, E. R. *Public Private Partnerships*: principles of policy and finance. London: Elsevier, 2007.

asp?incidente=5731431&numeroProcesso=1221330&classeProcesso=RE&numeroTema=1094. Acesso em: 3 jun. 2024.

BROUSSEAU, Eric; GLACHANT, Jean-Michel (ed.). *The Economics of Contracts: Theories and Applications*. Cambridge: Cambridge University Press, 2004.

CASTRO E SILVA, Eric Moraes de; LIMA, Bruna Maria Nunes; CARVALHO, Vitória Bárbara da Silva. *Reforma Tributária Brasileira: uma Comparação Prática com o Sistema Canadense. Revista Direito Tributário Atual*, São Paulo, v. 56, p. 177-196, 1º quadrimestre 2024.

CHEN, Ping. *Economics Complexity and Equilibrium Illusion: Essays on Market Instability and Macro Vitality*. New York: Routledge, 2010.

COLANDER, David (org.). *Complexity and the History of Economic Thought: Perspective on the History of Economic Thought*. New York: Routledge, 2000.

CRISTOFORO, Sergio B.; VAIO, Franco. *Nonlinearity, Chaos & Complexity: The Dynamic of Natural and Social System*. Oxford: Oxford University Press, 2003.

DENT, E. *Complexity science: A worldwide shift. Emergence*, v. 7, p. 5-19, 1999.

DUPPE, Till; WEINTRAUB, Roy. *Finding Equilibrium: Arrow, Debreu, Mckenzie and The Problem of Scientific Credit*. Princeton: Princeton University Press, 2014.

ELSNER, Wolfram; HEINRICH, Torsten; SCHWARDT, Henning. *The Microeconomics of Complex Economies: Evolutionary Institutional Neoclassical and Complexity Perspectives*. London: Elsevier, 2015.

FREITAS, Rafael Véras de. *Equilíbrios econômico-financeiros das concessões*. Belo Horizonte: Fórum, 2023.

GARCIA, Flávio Amaral. Dispute boards e os contratos de concessão. *In*: CUÉLLAR, Leila *et al.* (org.). *Direito Administrativo e alternative dispute resolution*. 2. ed. Belo Horizonte: Fórum, 2022. p. 166-171.

GATTI, Domenico et al. *Agent-Based Models in Economics:* A Toolkit. Cambridge: Cambridge University Press, 2018.

GLEICK, James. *Caos: A criação de uma nova ciência*. 16. ed. Rio de Janeiro: Elsevier, 1989.

HART, Oliver. Incomplete contracts and control. *The American Economic Review*, v. 107, n. 7, p. 1731-1752, 2017.

HART, Oliver. Norms and the theory of the firm. *In*: BROUSSEAU, Eric; GLACHANT, Jean-Michel (eds.). *The Economics of Contracts:* Theories and Applications. Cambridge: Cambridge University Press, 2004. p. 180-192.

JURUBEBA, Diogo. *Contratações Públicas no Brasil:* uma abordagem de direito, economia e organizações. 2024. Tese (Doutorado em Direito) - Faculdade de Direito, Universidade de São Paulo, São Paulo, 2024.

KAERCHER, Gustavo; NOBREGA, Marcos. Equilíbrio econômico-financeiro de concessões à luz de um exame de caso: incompletude contratual, não ergodicidade e incerteza estratégica. *Revista Brasileira de Direito Público*, Belo Horizonte, v. 19, n. 75, p. 73-119, out./dez. 2021.

KLINK, Amir. *100 dias entre o céu e o mar*. São Paulo: Companhia de Bolso, 2005.

KNIGHT, Frank. *Risk, Uncertainty and Profit*. 2. ed. London: Houghton Mifflin, 1933.

LADYMAN, James; WIESNER, Karoline. *What is a Complex System?* New Haven: Yale University Press, 2020.

LIU, Hongliang; HOWLEY, Enda; DUGGAN, Jim. Co-evolutionary analysis: A policy Exploration Method for System Dynamics. *System Dynamics Review*, v. 28, n. 4, p. 361-369, 2012.

LOBO, Filipe; NOBREGA, *Marcos*. Shock absorber, traction e equilíbrio dinâmico dos contratos: pela necessidade de modos adaptativos, não lineares e informados por sistemas complexos para o reequilíbrio contratual. *Revista Brasileira de Direito Público*, Belo Horizonte, v. 22, n. 86, p. 33-57, jul./set. 2024.

LORENZ, Hans-Walter. *Nonlinear Dynamical Economics and Chaotic Motion*. New York: Springer, 1997.

LOUREIRO, Gustavo Kaercher; NÓBREGA, Marcos. Equilíbrio econômico-financeiro de concessões à luz de um exame de caso: incompletude contratual, não ergodicidade e incerteza estratégica. *Revista Brasileira de Direito Público*, Belo Horizonte, v. 19, n. 75, p. 73-119, out./dez. 2021.

MANDELBROT, Benoit; HUDSON, Richard. *The Misbehavior of Markets:* A Fractal View of Financial Turbulence. New York: Basic Books, 2007.

MANKIW, N. Gregory. *Princípios de microeconomia*. 6. ed. São Paulo: Cengage Learning, 2013.

MIROWSKI, Philip. *More Heat than Light:* Economics as Social Physics. Cambridge: Cambridge University Press, 1989.

MINSKY, Hyman. *Stabilizing an Unstable Economy*. 2. ed. New York: McGraw-Hill, 2011.

MOSINI, Valeria (org.). *Equilibrium in Economics:* Scope and Limits. New York: Routledge, 2007.

NÓBREGA, Marcos. Contratos incompletos e infraestrutura: contratos administrativos, concessões de serviço público e PPPs. *Revista Brasileira de Direito Público*, Belo Horizonte, v. 7, n. 25, p. 1-20, abr./jun. 2009.

NÓBREGA, Marcos. Risco e incerteza nos contratos do setor elétrico. *JOTA Info*, 27 jul. 2020. Disponível em: https://www.jota.info/opiniao-e-analise/colunas/coluna-da-abde/risco-e-incerteza-nos-contratos-do-setor-eletrico-08052020. Acesso em: 3 jun. 2024.

NÓBREGA, Marcos. *Um olhar além do óbvio:* temas avançados de licitações e contratos na lei 14.133/21 e outros assuntos. 2. ed. São Paulo: Juspodivm, 2024.

NÓBREGA, Marcos; TUROLLA, Frederico; VERAS, Rafael. *Contratação incompleta de projetos de infraestrutura*. Disponível em: https://www.researchgate.net/publication/372401108_Contratacao_incompleta_de_projetos_de_infraestrutura. Acesso em: 3 jun. 2024.

ORGANIZAÇÃO PARA A COOPERAÇÃO E DESENVOLVIMENTO ECONÔMICO (OECD). *Neutrality of Value Added Taxes in the Context of Cross-border trade*. International VAT/GST Guidelines. Paris: OECD, 2017.

PATELLI, Paolo (org.). Nonlinear Dynamical Systems in Economics. In: PATELLI, Paolo (org.). *Universality of Nonclassical Nonlinearity*. New York: Springer, 2006.

PRIGOGINE, Ilya. *O fim das certezas:* tempo, caos e as leis da natureza. São Paulo: Unesp, 2011.

ROSSER JR., J. Barkley. On the Complexities of Complex Economic Dynamics. *Journal of Economic Perspectives*, v. 13, n. 4, p. 169-192, 1999.

SAKAI, Yasuhiro. *J.M. Keynes Versus F.H. Knight:* Risk, Probability, and Uncertainty. Cham: Springer, 2019.

SAMPAIO, Patrícia; ARAÚJO, Thiago. Previsibilidade ou resiliência? Notas sobre a repartição de riscos em contratos administrativos. *Revista de Direito da Procuradoria Geral*, Rio de Janeiro, edição especial, p. 311-333, 2014.

SCHENK, Alan; THURONYI, Victor; CUI, Wei. *Value Added Tax:* A Comparative Approach. Cambridge: Cambridge University Press, 2015.

SMALDINO, Paul. *Modeling Social Behavior:* Mathematical and Agent-Based Models of Social Dynamics and Cultural Evolution. Princeton: Princeton University Press, 2023.

SUNDFELD, Carlos Ari. A ordem dos publicistas. *Revista Brasileira de Direito Público*, Belo Horizonte, v. 3, n. 8, p. 1-20, jan./mar. 2005.

TESFATSION, Leigh; JUDD, Kenneth L. (ed.). *Handbook of Computational Economics*. Amsterdam: Elsevier, 2006.

TIPKE, Klaus. Princípio de Igualdade e Ideia de Sistema no Direito Tributário. *In*: MACHADO, Hugo de Brito (org.). *Direito Tributário:* Estudos em Homenagem ao Prof. Ruy Barbosa Nogueira. São Paulo: Saraiva, 1984. p. 515-527.

VARIAN, Hal R. *Microeconomia:* uma abordagem moderna. 9. ed. Rio de Janeiro: Elsevier, 2015.

WEINTRAUB, Roy. *How Economics Became a Mathematical Science*. Durham: Duke University Press, 2002.

WILLIAMSON, Oliver E. *The Economic Institutions of Capitalism:* Firms, Markets, Relational Contracting. New York: Free Press, 1985.

Esta obra foi composta em fonte Palatino Linotype, corpo 10
e impressa em papel Offset 75g (miolo) e Supremo 250g (capa)
pela Gráfica Star7.